JN059108

子どもの虐待防止・法的実務マニュアル

【第7版】

日本弁護士連合会子どもの権利委員会 編

明石書店

はじめに〜第7版刊行にあたって〜

　1998（平成10）年6月に、私たち日本弁護士連合会子どもの権利委員会が本書の初版を出してから23年になります。その間、2000（平成12）年の児童虐待の防止等に関する法律の成立を含め、児童福祉法等は何度かの大きな改正を経てきており、そのつど、本書も改訂を重ねてきました。本書第6版は、2016（平成28）年の児童福祉法等の大改正（児童福祉法の理念に子どもの権利主体性、子どもの意見の尊重や子どもの最善の利益の考慮が明記された等）、さらに、2017（平成29）年の改正による一時保護の2か月越えについての司法審査の導入及びいわゆる28条審判における家庭裁判所のよる勧告の拡大等を受けて、2017（平成29）年に出版しました。

　今回は、4年ぶりの改訂となります。2018（平成30）年の民法改正により2022（令和4）年4月1日から成年年齢が18歳に引き下げられること、2019（令和元）年の改正により親権者等による体罰の禁止が明記されたこと及び2020（令和2）年の改正により特別養子縁組制度が大きく変更されたこと等を反映したほか、2019（令和元）年の改正の付則で規定された懲戒権の在り方の検討（現在、法制審議会親子法制部会で審議中）、児童の意見表明権を保障する仕組みの検討（2021年5月に厚生労働省子どもの権利擁護に関するワーキングチームがとりまとめを公表）についても言及し、児童虐待の状況の変化等も踏まえ、大幅に内容を見直しました。

　児童相談所における児童虐待相談対応件数は、毎年過去最多を更新し、2020（令和2）年度には20万5029件（速報値）に及びました。新型コロナウイルス感染拡大のなかで、子どもが同居する家庭における配偶者に対する暴力（面前DV）による警察からの通告が増加したり、子どもの日常生活に対して様々な制限がなされるなど、子どもの成長発達や心理に大きな影響を及ぼしています。私たち大人は、子ども達が安心して成長発達ができる環境を保障することが、ますます求められています。

　本書は、初版から一貫して、各地で実際に子どもの虐待防止活動に関わってきた弁護士の活動の蓄積を踏まえ、その法的ノウハウをすべてまとめ、法的実務のポイントを解説し、あわせて子どもの虐待防止活動に必要な医学、心理学、福祉に関する情報・知識を盛り込んでいます。今回も、子どもの権利委員会小委員会のメンバーを中心に、試行錯誤のなかで得た知見をすべて出して、議論をしてまとめたものです。私たちは、子どもの権利擁護に取り組む皆様と活動するなかで、さらに研鑽を深め、子どもの虐待予防、防止のための実効的な法制度に向けて、活動を強化していきたいと考えています。

本書が、児童相談所や市町村、NPO など様々な立場で子どもの虐待防止に取り組まれている皆様にお役に立つことができれば幸いです。
　　2021（令和 3）年 12 月

日本弁護士連合会子どもの権利委員会

委員長　**安保千秋**

子どもの虐待防止・法的実務マニュアル【第7版】

●目次●

【凡例】

1　法令の略記
　　　　児福　　　児童福祉法
　　　　児福規　　児童福祉法施行規則
　　　　児福令　　児童福祉法施行令
　　　　児虐　　　児童虐待の防止等に関する法律
　　　　児虐規　　児童虐待の防止等に関する法律施行規則
　　　　家事　　　家事事件手続法
　　　　家事規　　家事事件手続法施行規則
　　　　人訴　　　人事訴訟法
　　　　行手　　　行政手続法
　　　　行審　　　行政不服審査法
　　　　行審規　　行政不服審査法施行規則
　　　　行訴　　　行政事件訴訟法
　　　　民　　　　民法
　　　　民訴　　　民事訴訟法
　　　　民訴費　　民事訴訟費用等に関する法律
　　　　国賠　　　国家賠償法
　　　　戸　　　　戸籍法
　　　　刑　　　　刑法
　　　　刑訴　　　刑事訴訟法
　　　　少年　　　少年法
　　　　警職　　　警察官職務執行法
　　　　弁護　　　弁護士法
　　　　配暴　　　配偶者からの暴力の防止及び被害者の保護等に関する法律
　　　　学校　　　学校教育法
　　　　精保　　　精神保健及び精神障害者福祉に関する法律
　　　　人保　　　人身保護法

2　文献等の略記
①判例集等
　　　　民集　　　最高裁判所民事判例集
　　　　家月　　　家庭裁判月報
　　　　家判　　　家庭の法と裁判
　　　　判時　　　判例時報
　　　　判タ　　　判例タイムズ
　　　　判自　　　判例地方自治
②書籍等
　　　コンメンタール
　　　　　　　　磯谷文明・野町朔・水野紀子編集代表『実務コンメンタール児童福祉

法・児童虐待防止法』有斐閣，2020 年 12 月 25 日

手引き

日本子ども家庭総合研究所編『子ども虐待対応の手引き――平成 25 年 8 月厚生労働省の改正通知』有斐閣，2014 年 4 月
（厚生労働省雇用均等・児童家庭局総務課『子ども虐待対応の手引き（平成 25 年 8 月改正版）』2013 年）

3　通知等

児童相談所運営指針

厚生労働省雇用均等・児童家庭局長通知「児童相談所運営指針」（子発 0901 第 1 号令和 3 年 9 月 1 日による最終改正）

一時保護ガイドライン

厚生労働省子ども家庭局長通知「一時保護ガイドライン」（子発 0786 第 4 号平成 30 年 7 月 1 日）

第 ① 章

児童虐待アウトライン

1 児童虐待とは何か ·····································

1 ‖ はじめに

　平成28年5月27日、児童福祉法等の一部を改正する法律が成立し、それにより、「児童の権利に関する条約」（以下「子どもの権利条約」という。）の基本理念が児童福祉法に明記されることとなった。すなわち同改正によって、「全て児童は、児童の権利に関する条約の精神にのっとり、適切に養育されること、……（中略）……その他の福祉を等しく保障される権利を有する」（児福1条）と定められるなど、子どもが権利の主体であるということが明記された。また、第2条では、「全て国民は、児童が…（中略）……その意見が尊重され、その最善の利益が優先して考慮され……（中略）……るよう努めなければならない」と定められ、子どもの意見が尊重されること、子どもの最善の利益が優先されること等が明記された。

　その後、平成29年6月14日の児童福祉法の改正において、一時保護に関して親権者等の意に反して2か月を超えて引き続き行う場合、従前までは児童福祉審議会の意見を聴取するものとされていたものについて、家庭裁判所の承認を得なければならなくなった。また、児童福祉法第28条審判における保護者に対する家庭裁判所の指導勧告制度に関しても、従前より設けられていた審判承認時の勧告に加えて、審判前や却下時の審判においても勧告ができるようになるなど、いわゆる司法関与が強化された。

　しかしながら、その後も重篤な児童虐待事案が相次いで発生し、令和元年6月19日には児童虐待防止対策の強化を図るための児童福祉法等の一部を改正する法律が成立した。その中で、保護者がしつけと称して体罰（＝身体的虐待）を行い、その結果、死亡事例をはじめとする重篤ケースが後を絶たないこともあり、児童虐待防止法において、体罰の禁止が明文化された。さらに、その附則第7条第4項において、子どもの権利擁護のあり方について施行後2年後までに検討し、必要な措置を講じるものとされた。それを受けて、厚生労働省内に子どもの権利擁護に関するワーキングチームが設置され、令和3年5月子どもの意見表明権をはじめとする子どもの権利擁護のあり方についてとりまとめがなされた。

　また、令和元年には、特別養子縁組制度の年齢制限の引き上げなどを盛り込んだ民法や家事事件手続法等の改正もなされた。

2 ‖ 児童虐待の定義

　児童虐待とは、児童虐待防止法第2条において、保護者がその監護する児童（18歳に満たない者をいう。）に対し、次に掲げる行為（後述）をすることをいうと定義されている。

　同法第2条は、児童虐待の主体を、「親権を行う者、未成年後見人その他の者で、児童を現に監護するもの」としている。そのため、親権者でなくても現に児童を養育している祖父母や親戚のほか内縁の夫や内縁の妻等による同法第2条各号に列挙する行為も、児童虐待防止法の規定する児童虐待にあたる。一方で、児童を監護しているとはいえない、きょうだいや親権者の交際相手等の第三者による子どもへの虐待行為については、同法の児童虐待の定義にはそのままあてはまらない。しかし、これらの者の子どもへの虐待行為について、親権者が適切な防止策を講じないなど親権者が第三者による虐待を放置していると評価できる場合には、親権者が「保護者としての監護を著しく怠」っているとして、同法第2条第3号の児童虐待にあたる。ただし、児童相談所としては、子どもや家庭に対する支援の必要性を考える際には、児童虐待防止法上の児童虐待に該当するかどうかはそれほど重要ではない。児童相談所への通告対象となる子どもは、虐待を受けている児童ではなく、

〔児童虐待の類型とその具体例〕

種類	児童虐待防止法における定義	具体例
身体的虐待	児童の身体に外傷が生じ、または生じるおそれのある暴行を加えること（1号）	蹴る、投げ落とす、首を絞める、熱湯をかける、布団蒸しにする、溺れさせる、逆さ吊りにする、異物を飲ませる等。
性的虐待	児童にわいせつな行為をすることまたは児童をしてわいせつな行為をさせること（2号）	性交、性的行為の強要、性器や性交を見せる、ポルノの被写体にする等。
ネグレクト	児童の心身の正常な発達を妨げるような著しい減食または長時間の放置、保護者以外の同居人による前2号または次号に掲げる行為と同様の行為の放置その他の保護者としての監護を著しく怠ること(3号)	食事を与えない、衣服や住居を極端に不潔・不衛生な状態にする、乳幼児を家や車のなかに放置する、子どもが望むのに登校させない（登校禁止）等。
心理的虐待	児童に対する著しい暴言または著しく拒絶的な対応、児童が同居する家庭における配偶者に対する暴力（配偶者（婚姻の届出をしていないが、事実上婚姻関係と同様の事情にある者を含む。）の身体に対する不法な攻撃であって生命または身体に危害を及ぼすもの及びこれに準ずる心身に有害な影響を及ぼす言動をいう。）その他の児童に著しい心理的外傷を与える言動を行うこと（4号）	無視、脅かし、他のきょうだいと著しく差別する、「お前なんか生まれてこなければよかった」などの子どもの心を傷つける言動、DV（配偶者からの暴力）を見せる等。

要保護児童（児福25 I）であるからである。

　なお、同法第3条は、「何人も、児童に対し、虐待をしてはならない」と定めており、保護者に限らず、あらゆる者からの児童に対する虐待行為を禁じている。

3 ‖ 特徴的な虐待類型

（1）虐待による乳幼児頭部外傷／乳幼児揺さぶられ症候群　☞ 第4章コラム参照

　臨床的に虐待が疑われる乳幼児の頭部外傷を「虐待が疑われる乳幼児頭部外傷（Abusive Head Trauma in infants and young children：AHT）と呼ぶ。過去には、乳幼児揺さぶられ症候群（Shaken Baby Syndrome：SBS）と呼称されていることもあったが、揺さぶり以外の虐待によっても頭部外傷が生じることもありうることから、現在ではAHTと呼ぶことが推奨されている。

　AHTは乳幼児に大きな障害を残すことも多い重度の身体的虐待であるが、AHTの被害者は乳幼児であることから自ら虐待行為について説明することができないことや高度な医学的所見が必要になること等からその受傷機序を明らかにすることが困難な場合があり、児童相談所としては難しい対応を迫られることとなる。詳細はコラム参照。

（2）代理によるミュンヒハウゼン症候群

　代理によるミュンヒハウゼン症候群（Munchausen Syndrome By Proxy：MSBP）とは、主として母親が子どもの病気や症状をねつ造して、子どもを医療機関に連れて行き、子どもの病気や症状の原因等について虚偽の説明をするというものである。病院で検査や治療を受けることを目的として自分の病気をねつ造する人に対する病名として、「ミュンヒハウゼン症候群」というものがあるが、自分の病気をねつ造せずに子どもの病気をねつ造することから、「代理によるミュンヒハウゼン症候群」とよばれる。

　日本小児科学会によれば、代理によるミュンヒハウゼンを疑う徴候として、以下の項目をあげている[1]。

　1）持続的、あるいは反復する症状（病気）の存在
　2）子どもの全身状態は良いのにもかかわらず養育者は危機的な症状や重篤な検査結果を伴う病歴を訴える
　3）子どもの側を離れようとせず、よく面倒をみているようにみえるが、重篤な臨床状況に直面してもあわてるそぶりがみられない

1　日本小児科学会ウェブサイト「子ども虐待診療の手引き」https://www.jpeds.or.jp/modules/guidelines/index.php?content_id=25

4）養育者と分離をすると症状が落ち着く

5）通常の診療において有効な治療が無効である

6）過去にいくつもの医療機関を受診している

また、病気や症状をねつ造する態様としては、

①　子どもに薬剤や異物を飲み込ませたり、異物を血管に注射したり、窒息させるなど、実際に具合の悪くなる症状を作り出す場合

②　体温を偽って申告したり、子どもが吐いてもいないのに「吐いた」と言うなど、単なる虚偽の症状を申告する場合がある。

①の場合はそれ自体が身体的虐待であるが、②の場合も、子どもを長期間家庭環境から離れた入院環境に置いて心身の健全な成長発達を阻害する点や、各種の身体的侵襲を伴う検査を強いる点で、ネグレクトおよび身体的虐待であり、また、子どもの年齢が大きくなって、子ども自身が母親による行為の意味を知ったときのショックを考えると、心理的虐待であるともいえよう。

このように、代理によるミュンヒハウゼン症候群においては、病気や症状を「ねつ造する行為」が虐待行為に該当するものである。一般的に、このようなねつ造行為は、「原因不明の病気をもったかわいそうな子どもを献身的に看病する母親」という立場に自分を置くためになされることが多いと言われるが、これ自体は虐待行為の動機に関わるものであり、児童虐待対応としては、この点を十分にアセスメントして支援等を行っていく必要がある。

（3）医療ネグレクト

医療ネグレクトとは、医療水準や社会通念に反して子どもにとって必要かつ適切な医療を受けさせないことをいう。

成人である患者自身が治療を拒んだ場合は自己決定権として尊重すべきだが、子どもの治療の場合は、事実上、親権者である親の同意が必要とされているため、親が治療を拒否することは、子どもの「治療を受ける権利」を侵害することになりかねない。

したがって、治療により完治することが明白であるにもかかわらず、宗教上の理由等により、子どもに治療を受けさせない場合にはネグレクトといえる。一方、手術等で必ずしも成功率が高くない場合や、一時的な延命にしかならない場合、また、命はとりとめても重い障がいが残る場合もあることから、どのような医療が「子どもにとって必要かつ適切な医療」と判断するのかは非常に難しい。なお、日本小児科学会によれば、

①子どもが医療行為を必要とする状態にある

②医療行為をしない場合に不利益を生じる可能性が高い

③その医療行為の有効性と成功率に高さが認められている

④保護者が要望する治療・対処法の有効性が保障されていない

⑤通常であれば理解できる方法と内容を説明している

といった要素を医療ネグレクトを判断するためのメルクマールとしてあげている。これらの要素についても、いずれも評価を含むものであり、参考とすべきものではあるが、判断はなお困難であると考えられる。

（4）教育虐待・教育ネグレクト

　教育虐待とは、教育に関する子どもへの虐待の総称であり、以下のようなものが典型的な例としてあげることができる。しかし、実際にはこれらに限られるものではなく多種多様であり、また、反対に以下の例に該当したとしてもそれだけで「虐待」とまで評価できるかの判断が難しいものもある。しかしながら、保護者の子どもに対する対応が不適切なものであれば、児童相談所として何らかの対応が必要であることに違いはない。

①　子どもに対して著しく過大な量や時間の勉強を強いる

②　子どもの年齢や発達等に鑑みて極めて不相当なレベルの勉強を強いる

③　保護者が満足する成績がとれなかったり勉強量に達していなかったりする場合などに子どもの人格を傷つけるような叱責（暴言）や暴力に及んだり、さらには友だちと遊ばせない、食事を与えないといった罰を与える

④　子どもが登校を希望しているにもかかわらず学校に登校させない

⑤　子どもの学習環境を十分に保障しない

⑥　保護者が相当でない理由で子どもに登校をさせず、かつその他の必要な教育を受けさせない

⑦　進路等に関して子どもの意向を無視する

　上記の虐待行為ひとつひとつは、児童虐待防止法上の心理的虐待、身体的虐待またはネグレクト等に分類できるものであって、代理によるミュンヒハウゼンと同様、「教育虐待」という虐待類型が法律上規定されているわけではない。これらの虐待行為の態様や保護者がこれらの虐待行為に至る動機などを捉えて、「教育虐待」と整理することができる。

　通常、子どもの年齢や発達等によっては、親が子どもに勉強をさせることや、親が勉強方法や勉強時間などを決めることも一般的に見られるものである。これは親権者が子どもの利益のために子どもの「教育をする権利を有し、義務を負う」（民820）という親権の範囲に関するものであるが、その範囲を著しく逸脱するものを教育虐待と評価することができよう。

　保護者が教育虐待に至る主な要因（動機）としては、保護者の学歴に対するこだ

わりや学校等への拒絶感、きょうだい間の学力の差、子どもの発達特性の無理解、教育に限らずまたは教育等に限って子どもの意見を尊重しない子育て観などさまざまなものがあげられるが、これらに限られるものではない。特に子どもに知的障害や発達障害などの特性が認められる場合などでは、保護者が十分な障害受容や理解ができていないことが多いため、保護者支援を行うにあたっては医師や心理士等の専門家からの丁寧なフィードバックなどが必要となる。

4 || 児童虐待の実態

児童虐待の多くは、家庭内という密室で行われるために、その実態を把握することは困難であるが、厚生労働省が公表している児童相談所における虐待相談対応件数は、次ページの図のとおりである。

児童虐待の相談種別対応件数における性的虐待については、密室で行われることが通常であることに加えて、その事柄の性質上子どもから言い出しにくいものであるため、他の種類の虐待に比べて特に暗数が多いと思われる。

また、心理的虐待の件数が急増している背景には、児童虐待防止法の平成16年改正で面前 DV が虐待にあたることが明確化されたことを受けて、近年、警察庁の通達などにより、警察の面前 DV への意識が高まり、児童相談所への通告を積極的に行う動きが広がっているといった事情もある[2]。

---

2 平成16年9月21日警察庁丙少発第34号警察庁生活安全局長・警察庁長官官房長・警察庁刑事局長通達「児童虐待の防止等に関する法律の一部を改正する法律の施行について」等。

被虐待者の年齢別対応件数の年次推移

（単位：件）

	平成27年度 (2015)		28年度 ('16)		29年度 ('17)		30年度 ('18)		令和元年度 ('19)		対前年度	
		構成割合 (%)		構成割合 (%)		構成割合 (%)		構成割合 (%)		構成割合 (%)	増減数	増減率 (%)
総　数	103,286	100.0	122,575	100.0	133,778	100.0	159,838	100.0	193,780	100.0	33,942	21.2
0 〜 2 歳	20,324	19.7	23,939	19.5	27,046	20.2	32,302	20.2	37,826	19.5	5,524	17.1
3 〜 6 歳	23,735	23.0	31,332	25.6	34,050	25.5	41,090	25.7	49,660	25.6	8,570	20.9
7 〜 12 歳	35,860	34.7	41,719	34.0	44,567	33.3	53,797	33.7	65,959	34.0	12,162	22.6
13 〜 15 歳	14,807	14.3	17,409	14.2	18,677	14.0	21,847	13.7	26,709	13.8	4,862	22.3
16 〜 18 歳	8,560	8.3	8,176	6.7	9,438	7.1	10,802	6.8	13,626	7.0	2,824	26.1

注：平成27年度までは「0〜2歳」「3〜6歳」「7〜12歳」「13〜15歳」「16〜18歳」は、それぞれ「0〜3歳未満」「3歳〜学齢前」「小学生」「中学生」「高校生・その他」の区分の数である。

児童虐待の相談種別対応件数の年次推移

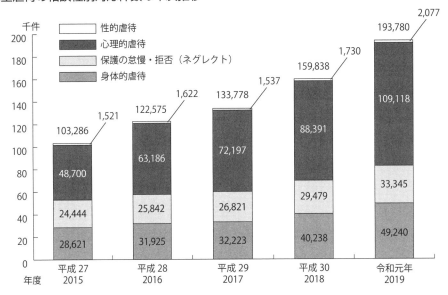

児童虐待相談における主な虐待者別構成割合の年次推移

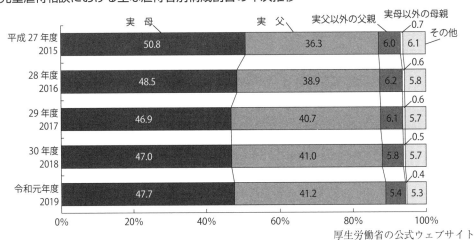

厚生労働省の公式ウェブサイト
https://www.mhlw.go.jp/toukei/saikin/hw/gyousei/19/index.html

2 児童虐待の原因と影響 ………………………………

1 ‖ 児童虐待の原因 [3]

　児童虐待は、身体的、精神的、社会的、経済的等のさまざまな要因が複雑に絡み合って起こると考えられている。その中でも、虐待に至るおそれのある要因や虐待のリスクとして留意すべき主な要素を４つに分類したものが次ページの表である。しかし、それらの要因を多く有しているからといって、必ずしも虐待につながるわけではない。虐待のおそれを適切に判断するためには、リスク要因とともに、虐待を発生させることを防ぐ家族のストレングス（強み）とのバランスを意識してアセスメントすることが重要である。

　以下、保護者側のリスク要因、子ども側のリスク要因および養育環境のリスク要因について個別に説明する。

（１）保護者側のリスク要因

　保護者側のリスク要因には、妊娠、出産、育児を通して発生するものや、保護者自身の性格や精神疾患等の精神的に不安定な状態から起因するものがある。

　また、保護者が精神的に未熟である場合は、育児に対する不安や日常的な生活ストレスが蓄積しやすい。保護者の特異な育児観や強迫観念に基づく子育て、あるいは子どもの発達を無視した過度な要求等もリスク要因としてあげることができる。さらには、保護者が乳幼児の発達に関する知識を正しく有していないことから、子どもができないことに苛立ちを募らせ、その結果として虐待行為に至ることもある。

（２）子ども側のリスク要因

　子ども側のリスク要因には、乳児、未熟児、障害児など、保護者にとって何らかの育てにくさを持っている子ども等があげられる。

（３）養育環境のリスク要因

　養育環境のリスク要因としては、家庭の経済的困窮と社会的な孤立が大きく影響している。また、未婚を含むひとり親家庭、内縁者や同居人がいて安定した人間関係が保てていない家庭、離婚や再婚が繰り返されて人間関係が不安定な家庭、親族などの身近なサポートを得られない家庭、転居を繰り返す家庭、生計者の失業や転職が繰り返される家庭、夫婦の不和、配偶者からの暴力等がリスク要因となる。ま

3　本項の記述及び次ページの表について、子ども虐待対応の手引き p.29 から p.33。

た、孤立した家庭は、子育てに関する情報をもっていなかったり、情報にアクセスできない状況にあり、そのことがリスクをより高めると考えられる。

（4）その他虐待のリスクが高いと想定される場合

妊娠届の提出が遅いことや母子健康手帳の交付を受けていないこと、妊娠中に妊婦健康診査を受診しないことなどは、胎児や自分自身の健康の保持・増進に努めていないことの大きな要因であると考えられ、出産後の養育環境についてもリスクが高いと考えられる。また、きょうだいに対して虐待歴がある場合には他のきょうだいへの虐待リスクに注意して対応する必要がある。

虐待に至るおそれのある要因（リスク要因）

１．保護者側のリスク要因 ・妊娠そのものを受容することが困難（望まない妊娠） ・若年の妊娠 ・子どもへの愛着形成が十分に行われていない。（妊娠中に早産等何らかの問題が発生したことで胎児への受容に影響がある。子どもの長期入院など。） ・マタニティーブルーズや産後うつ病等精神的に不安定な状況 ・性格が攻撃的・衝動的、あるいはパーソナリティの障害 ・精神障害、知的障害、慢性疾患、アルコール依存、薬物依存等 ・保護者の被虐待経験 ・育児に対する不安（保護者が未熟等）、育児の知識や技術の不足 ・体罰容認などの暴力への親和性 ・特異な育児親、脅迫的な育児、子どもの発達を無視した過度な要求　　　　　　等
２．子ども側のリスク要因 ・乳児期の子ども ・未熟児 ・障害児 ・多胎児 ・保護者にとって何らかの育てにくさを持っている子ども　　　　　　　　　　　等
３．養育環境のリスク要因 ・経済的に不安定な家庭 ・親族や地域社会から孤立した家庭 ・未婚を含むひとり親家庭 ・内縁者や同居人がいる家庭 ・子連れの再婚家庭 ・転居を繰り返す家庭 ・保護者の不安定な就労や転職の繰り返し ・夫婦間不和、配偶者からの暴力（ＤＶ）等不安定な状況にある家庭　　　　　等
４．その他虐待のリスクが高いと想定される場合 ・妊娠の届出が遅い、母子健康手帳未交付、妊婦健康診査未受診、乳幼児健康診査未受診 ・飛び込み出産、医師や助産師の立ち合いがない自宅等での分娩 ・きょうだいへの虐待歴 ・関係機関からの支援の拒否　　　　　　　　　　　　　　　　　　　　　　　　等

2 ｜ 児童虐待の影響

（1）子どもへの影響 [4]

児童虐待は、子どもの健全な発育・発達を阻害するばかりではなく、生涯にわた
る深刻な影響を及ぼすものであり、子どもに対する人権侵害の最たるもので、子ど
もの成長発達権 [5] を侵害するものである。

第1節での記載のとおり、児童虐待はいくつかのタイプに分けられ、またさまざ
まな虐待が複合していることも多く見られる。

そして、虐待による子どもへの影響は、虐待を受けていた期間、態様、子どもの
年齢や性格等によりさまざまである。

1）身体的影響

打撲、切創、熱傷など外から見てわかる傷、骨折、鼓膜穿孔、頭蓋内出血な
どの外から見えない傷、栄養障害や体重増加不良、低身長などが見られる。愛
情不足により成長ホルモンが抑えられた結果、成長不全を呈することもある。

身体的虐待が重篤な場合には、死に至ったり重い障がいが残る可能性がある。

2）知的発達面への影響

安心できない環境で生活することにより、落ち着いて学習に向かうことがで
きなかったり、ネグレクトの状態で養育されることで、学校への登校もままな
らない場合がある。そのために、もともとの能力に比しても知的な発達が十分
に得られないことがある。

また、虐待する保護者は子どもの知的発達にとって必要なやりとりを行わな
かったり、逆に年齢や発達レベルにそぐわない過大な要求をする場合があり、
その結果として子どもの知的発達を阻害してしまうことがある。

3）心理的影響

児童虐待による心理的影響は以下のとおり極めて多方面にわたる。

① 対人関係の障害

子どもにとって最も安心を与えられる存在であるはずの保護者から虐待を受
けることにより、子どもは欲求を適切に満たされることのない状態となる。そ
のために子どもは、愛着対象（保護者）との基本的な信頼関係を構築すること
ができなくなり、結果として他人を信頼し愛着関係を形成することが困難とな
り、対人関係における問題を生じることがある。たとえば、対人的に不安定な

4　本項の記述について、子ども虐待対応の手引き p.6 以下。

5　子どもが、「その人格の完全かつ調和のとれた発達のため、家庭環境の下で幸福、愛情及び理解のあ
る雰囲気の中で成長」する（子どもの権利条約前文）ための子ども固有の権利。国は「児童の生存及び
発達を可能な最大限の範囲において確保する」責任を有する（同条約第6条）。いずれも政府訳。

また、平成28年児童福祉法改正において、1条に「心身の健やかな成長及び発達」と規定された。

愛着関係となって両価的な矛盾した態度をとったり、無差別的に薄い愛着行動を示す場合がある。保護者以外の大人との間に、虐待的な人間関係を反復する傾向を示すこともある。

② 低い自己評価

子どもは、自分が悪いから虐待されるのだと思ったり、自分は愛情を受けるに値する存在ではないと感じたりすることがあり、そのため自己に対する評価が低下し、自己肯定感をもてない状態となることがある。

③ 行動コントロールの問題

保護者からの暴力を受けた子どもは、暴力で問題を解決することを学習し、学校や地域で粗暴な行動をとるようになることがある。そのために攻撃的・衝動的な行動をとったり、欲求のままに行動する場合がある。

④ 多動

虐待的な環境で養育されることは、子どもを刺激に対して過敏にさせることがあり、そのために落ち着きのない行動をとるようになる。ADHDに似た症状を示すため、その鑑別が必要となる場合がある。

⑤ 心的外傷後ストレス障害（PTSD）

受けた心の傷（トラウマ）は適切な治療を受けないまま放置されると将来にわたって心的外傷後ストレス障害として残り、思春期等に至って問題行動として出現する場合がある。

⑥ 偽成熟性

大人の顔色を見ながら生活することから、大人の欲求にしたがって先取りした行動をとるような場合がある。さらには精神的に不安定な保護者に代わって、大人としての役割分担を果たさなければならないようなこともあり、ある面では大人びた行動をとることがある。一見よくできた子どもに思える一方で、思春期等に問題を表出してくることもある。

⑦ 精神的症状

反復性のトラウマにより、精神的に病的な症状を呈することがある。たとえば、記憶障害や意識がもうろうとした状態、離人感等が見られることがあり、さらには強い防衛機制としての解離が発現し、解離性同一性障害に発展する場合もある。

以上のように、虐待は子どもの心身に深い影響を残し、その回復のためには長期間の治療やケアが必要となる。

また、最近の脳科学における研究により、児童虐待の結果、子どもの脳の正常な

発達が阻害されることが明らかになってきた[6]。被虐待ストレスによる子どもの脳への悪影響により、さまざまな反社会的行動が導かれ、暴力や虐待が世代を超えて受け継がれてしまう「世代間連鎖」の存在もしばしば指摘されている。

（2）親への影響

児童虐待は親にとっても大変不幸な出来事である。

子どもを虐待した親は、自己評価を下げ、ますます子どもに自信をもって接することができなくなる。その結果、力ずくで子どもの行動を抑制しようとしてさらに虐待を加えたり、子どもとの「虐待−被虐待関係」を固定化して捉えてしまい、自ら改善しようという意欲が失われてしまう。

その結果として、虐待が繰り返され、深刻化していくものと考えられる。このように、児童虐待は親にとっても深刻な影響を及ぼすものである。

---

6 「傷ついた子どもたちとその「後遺症」──脳科学の観点から」友田明美『家庭の法と裁判18』（2019年）日本加除出版

3 児童虐待と親権 ………………………………………………………

1 ‖ 親としての権利が問題となりうるいくつかの場面

〔設例〕

①最低限の面倒をみない

　子どもの身体的成長が、同年代の子どもに比べて著しく遅れている。また、汚れたままの洋服を何日も着続けている。夕食はコンビニエンスストアで買ったパンを食べ、しばらく風呂にも入っていないようである。

　「仕事で疲れて家に帰ると子どもの面倒をみる気力も残っていません。幸いうちの子は自分でコンビニでパンを買ってきて夕食を済ませてくれます。お風呂や着替えも自分で何とかしているんじゃないでしょうか。」

②学校に通わせない

　親が、中学生の長女に弟妹の面倒をみさせており、学校に通わせていない。親が自宅で長女に勉強を教えるということもしていない。

　「うちは子どもが多いので、長女が弟たちの面倒をみるのは当然です。家族で協力して生きていくということは学校の勉強よりもずっと大切で役立つことです。」

③しつけと称した暴力

　子どもの身体に多数のあざが発見された。親は、子どもが家のお金を持ち出したり、言うことを聞かなかったりしたので、しつけとして殴ったという。

　「悪いことをしないようにしつけをするのは親の務めじゃないですか。うちの子どもは言ってもわからないから殴るんです。普通に叱ってきくなら殴ったりはしませんよ。」

④治療行為の不同意

　子どもが学校で腹痛を訴え、病院に運ばれた。病院では盲腸と判断。すぐにも悪化しそうで早期の治療が必要である。しかし、親は「うちの子に治療は必要ない。」

と言って、同意しようとしない。

「うちの子は、今まで医者にかかったことはありません。いつも近所の方が祈祷によって治してくれていたからです。今回も病院での治療は不要ですから、同意はしません。」

　上記のケースはいずれも子どもに対する虐待と言いうるが、背景に、貧困や発達障害、親の思想信条など、単に虐待事案として対処するだけでは十分でない事情がある場合も多い。子どもの福祉を念頭に速やかに法的措置を検討するとともに、親への支援に目を配ることも大切である。

2 ‖ 親権とは

（1）親権の内容

　親権とは、親子という固有の身分関係から派生する、未成年の子どもを監護養育するために、その親に認められた権限や義務の総称である。

　親権の内容としては、身上監護権（民820）と財産管理権（民824）に大別され、身上監護権の具体的内容としては、居所指定権・懲戒権・職業許可権等が、財産管理権の具体的内容としては、子どもの財産に関する法律行為を代行する権限（法定代理権）や同意権が含まれる。

（2）親権の捉え方

　親権は、かつては子に対する支配権とされていたが、今日ではそのように解されることはない。また、「面会交流権」「懲戒権」として親の権利であるかのように捉えられることもあるが正しくない。

　親権は、社会や国との関係で見たときには、監護や教育に不当に介入されることを拒む「親の権利」であると捉えることができるが、子どもとの関係では、親のための権利ではなく、未成年の子どもの利益を実現する、親の「義務」「責任」として理解されるべきである。

　民法第820条にも「親権を行う者は子の利益のために…（中略）…義務を負う。」と明記されている。子どもの権利条約においては、親権規定ではなく親の養育責任として規定されており（第18条）、子どもには「父母によって養育される権利」があるとされている（第7条）。

　児童虐待の問題を考えるにあたっても、親権を親としての権利ではなく、子ども

に対する義務だと捉える視点が重要である。

（3）親権が問題となりうる場面（前記第1項〔設例〕）について
1）設例①について
　　設例①は、子どもの成長に必要な食事を与えておらず、子どもの着替えや入浴にも無関心で、最低限の面倒をみていない。「親権者としての義務を果たしていない」といえ、ネグレクト（監護放棄）の一種である。ただし、親の育児支援も視野に入れた対応が必要である。
2）設例②について
　　設例②では、子どもの学習権が侵害されている。学校に通わせないことは、これから社会性を身につけるべき子どもと社会の接点を奪い、子どもの成長発達権を大きく侵害する可能性がある。子どもが学校に行ける環境を整えるためには親に対する育児支援も検討しなければならない。仮に設例と異なり、自宅（やフリースクール等）での学習の機会が保障されている場合は、必ずしも虐待とまで言い切れない場合もありうる。
3）設例③について
　　虐待行為であるかどうかは、子どもの側から見てそれが児童虐待防止法第2条に該当する行為かどうかにより判断されるべきであって、それがしつけかどうかという親の主観によって行為が正当化されることはない。民法第822条には親権を行う者がその子を懲戒することができる旨を定めるが、それは「監護及び教育に必要な範囲内」で認められるものに過ぎず、これによって虐待や体罰にあたるような行為が許されないことは当然である。
　　これは当然のことであるが、従前「しつけ」を理由に虐待が行われることも多かったため、令和元年には児童虐待防止法第14条第1項が改正され、「児童の親権を行う者は、児童のしつけに際して、体罰を加えること…（中略）…により当該児童を懲戒してはならず、当該児童の親権の適切な行使に配慮しなければならない。」と明記されるに至った。懲戒の一態様として体罰、ましてや、子どもにケガが生じるおそれがあるような暴力は、身体的虐待であり、いかなる場合でも許されない。
4）設例④について
　　設例④の治療行為における同意権の問題は、親権から認められる法定代理権とみる余地もあるが、親権とは関係がないという考え方も有力である。親が宗教上の理由から治療を拒絶する等、信教の自由との関係でむずかしい問題を生じる場合もある。
　　いずれにしても、親が自由に同意権不行使を選択できるというわけではな

く、子どもの「治療を受ける権利」を侵害してはならない。子どもの命にかかわる問題である以上、正当な理由のない同意権の不行使は許されない。

3 ‖ 公的機関の介入と親権の関係

（1）一時保護や施設入所、里親委託

虐待を受けている子どもを発見した場合など、児童相談所等が介入して親権の行使の一部を制限し、子どもを一時的に親から分離する（一時保護。児福33）ほか、子どもを施設に入所させ、もしくは里親に預けることができる（同法27）。

（2）施設長や里親の監護権等

施設入所中または里親委託中の子どもについては施設長または里親が（児福47Ⅲ）、一時保護中の子どもについては児童相談所長が（児福33の2Ⅱ）、子どもの監護・教育・懲戒に関し、子どもの福祉のために必要な措置をとることができると定められている。さらに、親権者等は、施設長等のとる措置を不当に妨げてはならず（児福47Ⅳ、33の2Ⅲ）、施設長等は、子どもの生命・身体の安全確保のための緊急措置は、親権者等の意に反してもとることができる（児福47Ⅴ、33の2Ⅳ）。そして、具体的な「不当に妨げる行為」の考え方、対応方法等については、「『児童相談所長又は施設長等による監護措置と親権者等との関係に関するガイドライン』について」により、一定の基準が示されている。　☞第3章④6参照

（3）子どもの引取要求

児童相談所や施設等の公的機関が介入し、子どもが一時保護または施設入所した後、親権者から子どもの引取要求があったとき、親権との関係でどのように考えるべきか。

まず、一時保護中（児福33）に、親権者が子の引取りを求めてくる場合は、一時保護という行政処分の反射的効果により親権（特に監護権）が制限されていることから子どもの引渡請求権は制限されているので、引取要求に応じる必要はない。

家庭裁判所の承認（児福28）を受けて子どもが施設に入所し、あるいは里親に預けられている場合にも、子どもの引渡請求権は同様に制限されると考えるべきである。親権者の意に反するにもかかわらず、施設入所や里親委託が裁判所によって承認されているのであるから、その反射的効果によって当然に親権が制限されていること、施設長や里親が監護権を有していること（児福47Ⅲ）等から、親権者の引取要求を拒めるという結論には異論がない。

これに対し、当初の施設入所が親権者の意に反していないことより、裁判所の審

判手続を経ていないまま施設に入所している場合には、施設長の監護権の前提として、親権が制限されているとは言えないから、そのままでは当然に引取要求を拒むことはできない。そのため、虐待等の理由で引取要求に応じるべきでない場合は、ただちに一時保護に切り替えたうえで、児童福祉法第28条に規定する審判を申し立てる必要がある（児虐12の2Ⅱ）。ただし、一時保護に切り替えるにあたっては、一時保護の必要性の要件を充足している必要がある。

（4）面会通信の制限

一時保護中や施設入所中等の児童の保護のために必要がある場合、児童相談所長や施設長は、親権者の子どもに対する面会や通信を制限することができる（児虐12Ⅰ）。

☞第3章 4 7 参照

もっとも、行政指導の一態様として、親子関係調整のために当面は面会通信を行わないように求めているケースが多い。

（5）施設長や児童相談所長の親権代行権

施設で暮らす子どもに親権者がいない場合は、施設長が親権代行権を有し（児福47Ⅰ）、里親等委託中または一時保護中の子どもに親権者がいない場合は、児童相談所長が親権代行権を有する（児福47Ⅱ、33の2Ⅰ）。

（6）親権喪失・停止 ☞第2章 1 ～ 6 参照

親権を子どもの利益のために監護養育する親の義務と捉えると、虐待を繰り返し、親権を適切に行使しない（義務を果たさない）親の親権を制限することが必要となる場合もある。民法は、このような場面に備えて、親権喪失（民834）、親権停止（民834の2）、管理権喪失（民835）を規定している。「親権喪失」は期間を定めることなく親権のすべてを喪失させるものであり、親権停止は2年を超えない範囲で期間を定めて親権を停止する。管理権喪失は親権のうち財産管理権のみを制限するものである。

親権喪失・停止の具体的なメリットとしては、親権者の不当な干渉を避けられる、親の行為による債務負担を避けられる（子ども名義での携帯電話の契約等）といったことがある。

一方で、戸籍に親権喪失・停止の記載がされてしまう（家事116、戸81）ことの問題もある。

また、親子関係に対する非常に大きな干渉であることから、その後の関係に影響を及ぼすことは避け難い。子どもに対する丁寧な説明と十分な意思確認、そして事後のフォローが重要であることはいうまでもない。

4 被虐待児救出の流れ（児童相談所が主となってかかわる場合）

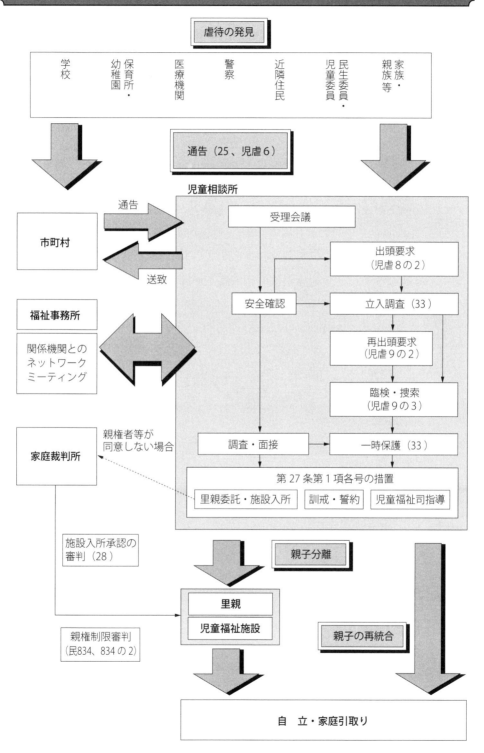

※本流れ図は典型的な例を示したものであり、これに限られるものではない。
※条文番号のみ示したものは児童福祉法

1 || 被虐待児の生命・身体の安全を確保する方法

　被虐待児が同居親等から虐待を受けている場合、まずは、被虐待児の生命・身体の安全を確保することが重要である。そのため、被虐待児の生命・身体の安全を確保する方法として、以下の各方法が考えられる。

（1）非同居親が虐待親に被虐待児の引渡しを求める方法
1）　監護者の指定または変更
　①　両親が婚姻中であるが別居している場合
　　　別居中の夫婦間における子どもの監護に関する事項については、当事者間に協議が調わない、または協議することができないときは、実務上、民法第766条第2項および家事事件手続法第154条第3項を類推して家事審判の対象とすることができるとされている（通説判例）。
　　　離婚成立前において、子どもと同居している親が虐待をしているケースにおいては、別居している親が自分を監護者に指定するよう家庭裁判所に請求することができ、監護者に指定された場合には、監護権に基づいて、子の引渡しを求めることができる。
　②　非同居親が親権者でない場合
　　　離婚後親権者である親が子どもを虐待している場合、親権者でない親が（親権者はそのままにして）自分を監護者に指定してもらうよう家庭裁判所に請求することができる。
　③　非同居親が親権者であるものの監護権者でない場合
　　　協議離婚の際、離婚後の実際の子どもの養育が親権者ではなく、監護者にゆだねられることがある。監護をすべき者または監護方法が不適当であって子どもの利益を害するときは、家庭裁判所は監護者の変更、監護についての相当な処分を命ずることができるとされている（民766Ⅲ、771）。そこで、非同居親が親権者であるものの虐待親が監護者の場合には、この規定に基づいて監護者の変更を申し立て、子どもの引渡しを求めることができる。
2）　人身保護請求
　　　別居中の夫婦間で子どもの引渡しを求める方法として、人身保護請求を利用できるかについて、最高裁判所は、平成5年10月19日判決（民集47巻8号5099頁）で「夫婦の一方が他方に対し、人身保護法に基づき、共同親権に服する幼児の引渡しを請求する場合において、幼児に対する他方の配偶者の監護

につき拘束の違法性が顕著であるというためには、右監護が、一方の配偶者の監護に比べて、子の幸福に反することが明白であることを要する」と判断した。

したがって、通常の子どもの取り合いのような場合は、家庭裁判所の専属的守備範囲として監護者の指定やそのための保全処分によるべきであるが、虐待に該当するときは人身保護請求を利用できる。

（2）虐待親等を被虐待児から引き離す方法

1）刑事告訴

虐待行為は、その態様により、暴行罪、傷害罪（身体的虐待）、保護責任者遺棄罪（ネグレクト）、強制わいせつ罪、強制性交等罪、監護者わいせつ罪及び監護者性交等罪、児童福祉法第34条第1項第6号違反、青少年健全育成条例違反（淫行処罰規定）などに該当しうるので、刑事告訴を行うことができる。加害者が親である場合には、被害者である子どもだけでなく、子どもの親族にも告訴権が認められている（刑訴232）。 ☞第6章 ② 参照

刑事告訴により、虐待親（加害者）が逮捕されれば被虐待児から虐待親等を引き離すことが可能となる。

なお、強制性交等罪等の性犯罪については、平成29年7月施行の刑法改正により、非親告罪となった。

2）「精神保健及び精神障害者福祉に関する法律」の措置入院、医療保護入院

都道府県知事は、精神障がい者が「その精神障害のために自身を傷つけ又は他人に害を及ぼすおそれがあると認めたとき」は、その者を精神病院等に入院させることができる（措置入院：同法29）。

また、「指定医による診察の結果、精神障害者であり、かつ、医療及び保護のため入院の必要がある者であつて当該精神障害のために」本人の同意に基づく「入院が行われる状態にないと判定された」場合などに、家族等のうちいずれかの者の同意（家族等がない場合または家族等全員が意思表示できない場合には市町村長の同意）があるときは、本人の同意がなくてもその者を入院させることができる（医療保護入院：同法33Ⅰ、Ⅲ）。なお、家族等とは、配偶者、親権を行う者、扶養義務者および後見人または保佐人をいい（同法33Ⅱ）、同法第33条第2項各号のいずれかに該当する者を除く。

虐待親等が、アルコール依存症、その他精神疾患を有している場合、治療のため、この措置入院や医療保護入院の制度が適用されると、虐待親等を被虐待児から引き離すことが可能となる。

（3）虐待親等を被虐待児に近づかせない方法

1）保護命令

「配偶者からの暴力の防止及び被害者の保護に関する法律」に規定される保護命令を利用した親子分離の方法も考えられる。

保護命令の内容として、被害者が同居する未成年の子どもに対する接近禁止命令も認められることになった（同法10Ⅲ。ただし、その子どもが15歳以上であるときは、子どもの同意が要件とされている）。

2 ‖ 虐待親等の不当な関与・不関与を排斥する方法

虐待親が親権を適切に行使しないこと、親権を主張して児童相談所等の権限行使を妨げることによって、被虐待児の福祉に反する事態が生じることがある（医療ネグレクト等）。

また、未成年後見人等が適切に権限を行使しないことによっても、同様の事態が生じうる。

このような場合には、以下の各方法によることが適当である。

（1）親権者変更

離婚の場合や認知された非嫡出子の場合、子どもは父母の一方の単独親権に服している。親権者である父または母が子どもの福祉のために不適当である場合や、事情の変更によって親権者の交替が適当な場合等、「子の利益のため必要があると認めるときは、家庭裁判所は、子の親族の請求によって、親権者を他の一方に変更することができる」（民819Ⅵ）。

そのため、親権者である父または母が子どもを虐待している場合には、子どもの福祉のために不適当であることから、親権等変更の申立てを行うことができる。

☞第2章 10 参照

（2）親権停止・喪失

未成年の子どもは父母の親権に服し（民818Ⅰ）、父母は親権者として子どもの利益のために子どもを監護し教育する権利を有し義務を負う（民820）。

親権者がこれを濫用するような場合、父または母（あるいは両方）の親権を全面的に喪失させる方法がある。これが親権喪失の審判である（民834）。また、2年以内の期間に限って父または母（あるいは両方）の親権を行うことができないようにする方法がある。これが親権停止の審判である（民834の2Ⅰ）。子ども、その親族、未成年後見人、未成年後見監督人、検察官のほか児童相談所長（児福33の7）

にも申立権が認められている。各審判が確定すると、親権停止の対象となった親は子どもの引渡請求権も含め、子どもに対する一切の親権を失うが、親子でなくなるわけではない（扶養や相続の面で変化はない。また、親権停止の場合、15歳未満の子どもの養子縁組については、親権の停止をされている父母の同意が必要である（民797Ⅱ））。☞第2章②、③参照

なお、親権者自身が家庭裁判所の許可を得て親権または管理権を辞する親権辞任制度（民837）の利用も考えられる。☞第2章⑥参照

（3）養子縁組、離縁

虐待親が親権を適切に行使しない場合等、虐待親に代わって、被虐待児のために親権を適切に行使する者が必要となる。その場合、被虐待児が虐待親以外の者と養子縁組をするという方法が考えられる。

養子縁組は、養子となる者が15歳未満であるときは法定代理人（親権者、未成年後見人）の承諾（いわゆる代諾）が必要であるが、15歳以上の場合には、法定代理人の承諾は不要である。また、未成年者を養子とする場合、家庭裁判所の許可が必要であるが、「自己又は配偶者の直系卑属を養子とする場合」は、家庭裁判所の許可は不要である（民798）。それゆえ、被虐待児が15歳以上であって、祖父母等との養子縁組を望んでいるときは、その子どもと祖父母だけの合意で縁組を届け出ることができ、虐待親の支配から逃れることができる。

逆に養親が虐待しているときは離縁の手続が必要となる。

なお、被虐待児が原則15歳未満であれば、特別養子縁組（民817の2以下）も可能である。特別養子縁組は、普通養子縁組と異なり、実親との親子関係等が終了する効果を有するもので、家庭裁判所の審判によって成立する。原則として実父母の同意が必要であるが、「父母による虐待、悪意の遺棄その他養子となる者の利益を著しく害する事由」がある場合は、同意は不要とされている（民817の6）。また、令和元年の法改正により、児童相談所長が特別養子適格の確認の審判を申し立てることも可能となった（児福33の6の2Ⅰ）。☞第2章⑬参照

（4）未成年後見人の解任

未成年者に対し、親権者がいないときや親権者が管理権を制限されているときは後見が開始し（民838①）、また、指定後見人（民839）がいないときには未成年被後見人（子ども）、その親族、利害関係人の請求により家庭裁判所が未成年後見人を選任する（民840Ⅰ）とされている。この未成年後見人が児童虐待を行っている場合がある。

未成年後見人に不正な行為、著しい不行跡その他後見の任務に適しない事由があ

るときは、家庭裁判所は、未成年被後見人（被虐待児）、その親族、未成年後見監督人、検察官の請求によって、または職権で解任することができる（民846）。職権解任ができるのが1つの特徴である。児童相談所長も選任、解任の申立権者として認められている（児福33の8、9）。したがって、未成年後見人が虐待を行っている場合には、当該未成年後見人を解任し、新たな未成年後見人の選任を求めることができる。

☞第2章9参照

3 ‖ 審判前の保全処分

　家事審判は、申立てがされてもすぐに結論（審判）が出るわけではない。調査および相手方の言い分を聞いたうえでの結論になるので、通常、早くても数か月かかる。

　そこで、家事事件手続法は家事審判の実効性を確保するため保全処分を認めている（監護者指定—家事157、親権喪失・停止—同法174、親権者の指定・変更—同法175）。子どもの状況などに鑑みて必要な場合は、各種の審判の申立てと同時に保全処分の申立てを検討するべきである。

6 児童虐待における関係機関との連携 ………

☞第5章参照

1 ‖ はじめに

　子どもを虐待から救うためには、虐待が行われている家庭と接触がある機関（保健所、保健センター、保育所・幼稚園・認定こども園、学校、民生・児童委員等）や公的機関のみならず、民間団体等をも含めた各分野の専門機関（医療機関、弁護士等）が、児童相談所や市町村の担当窓口と連携し、対応していくことが大切である。

　また、虐待環境から子どもを救い出した後も、その後の生活を支援していくためには、里親・児童福祉施設、婦人相談所、母子生活支援施設等が、前述の諸機関と連携していく必要がある。

2 ‖ 連携が必要な理由

　第1に、虐待は家庭という密室で行われることが多いが、関係する各機関が把握した情報を交換することにより、多くの情報を共有することが可能になる。

　第2に、得られた情報から最善の対応をとるためには、立場の違う複数の機関による多角的な検討が有益であり、各機関が関わることによって、虐待か否かの判断や、子どもへの影響やリスクについての判断を正確に下すことができるようになる。

　第3に、各機関が役割分担をしたうえで、それぞれの役割について意思統一をすることがあげられる。たとえば、子どもへの虐待を発見した機関が児童相談所に連絡をしても、児童相談所とその機関とがその後の援助の役割を話し合わずにいると、最悪の場合、児童相談所は連絡した関係機関がその後も見守り等をしてくれていると思い、関係機関は児童相談所が対応していると思って、結局、どこの機関も対応しないままになってしまうという事態も考えられる。その結果、子どもの命が失われたり、重篤な被害が生じたりすることは絶対に避けなければならない。

　このように、具体的事例への対応について連携するということは、情報の共有、適切な方針の決定、役割分担（責任分担）を関係機関で行っていくことが主な内容になり、そのためには、適切な時期に、適切な頻度でケース会議をもつことが最も合理的な方法といえる。会議を開催できない場合にも、情報の共有、援助方針の認識、役割分担の認識に齟齬が生じないよう、関係機関相互がしっかり連絡をとることが必要である。

　ケース会議においては、過去の失敗に拘泥することなく、将来の最善の援助のた

めに、それぞれの機関が何をすべきかを建設的に話し合うことが求められる。

3 ‖ 連携強化に関する立法と要保護児童対策地域協議会

　平成28年の児童福祉法改正により、市町村、都道府県、国それぞれが、各々の役割・責務を十分に認識し、円滑かつ効果的にその事務を遂行できるよう、市町村、都道府県、国の役割が明確化された（児福3の3）。すなわち、市町村は、基礎的な地方公共団体として、児童の身近な場所における児童の福祉に関する支援等にかかる業務を行う。都道府県は、市町村に対する必要な助言および援助を行うとともに、各市町村の区域を越えた広域的な対応が必要な業務を行う。国は、児童が適切に養育される体制の確保に関する施策、市町村および都道府県に対する助言および情報提供等を行う。

　市町村および都道府県の業務が適正かつ円滑に行われるよう、令和元年の児童福祉法改正において、国が市町村および都道府県に対して支援する努力義務が規定された。

　円滑かつ効果的に役割に応じた事務を遂行するためには、市町村、都道府県、国を中心に関係機関が十分に連携することが重要である。

　これらの連携を強化するものとして、要保護児童対策地域協議会等の制度があげられる。平成19年の児童福祉法改正により、地方公共団体は、要保護児童およびその保護者に関する情報の交換や支援内容の協議を行う機関として、「要保護児童対策地域協議会」（以下「協議会」という）を設置するよう努めなければならないとされた（児福25の2以下）。

　また平成20年児童福祉法改正において、支援対象として、要支援児童およびその保護者、ならびに特定妊婦が加えられた。

　協議会では、関係機関等の構成員が要保護児童等の適切な保護を図るために必要な情報の交換を行うとともに、要保護児童およびその保護者等に対する支援の内容に関する協議を行う。

　協議会では、情報の交換および協議を行うため必要があると認めるときは、関係機関等に対し、資料または情報の提供、意見の開陳その他必要な協力を求めることができる（児福25の3）と規定され、さらに、必要な個人情報を交換できるよう法は協議会の職務に関して守秘義務を課し（児福25の5）、情報の共有を促進している。

4 ‖ 児童虐待にまつわる関係機関

児童虐待に関わる関係機関

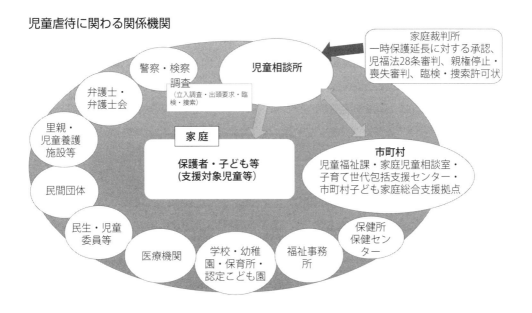

5 ‖ 関係機関の概要

（1）児童相談所

　児童相談所は、0歳から原則として18歳までの子どもに関する相談を受け、援助活動を行う専門的行政機関である。虐待の通告を受け、調査判定して処遇を行うが、法律上、子どものために一定の強制力がある権限も有しており、虐待にかかわる機関のなかでも中心的役割を期待されている。

　児童相談所（長）は、適切な処遇をするために、一時保護（児福33）、出頭要求・再出頭要求（児虐8の2、9の2）、立入調査（児福29、児虐9）、臨検・捜索（児虐9の3）等の強制的な権限や、2か月を超えての一時保護期間の延長承認審判申立権（児福33Ⅴ）、施設入所等が親権者の意に反する場合における家庭裁判所に対する施設入所等の承認審判申立権（児福28）、親権喪失・停止の審判申立権（児虐11Ⅵ、児福33の7）等の法的手続の申立権をもつ。

（2）市区町村

　市区町村は基礎的な地方公共団体として、児童の身近な場所における児童の福祉に関する支援等にかかる業務を担う。平成16年児童福祉法改正で、児童虐待通告先となり（児福25）、児童相談所の権限行為である親子分離等を伴わない、子育て支援で対応すべき事案については、児童相談所から市町村への送致も可能とされ

（児福26Ⅰ③）、事案の動的な態様を踏まえた連携が期待されている。

　また、市区町村が、身近な場所で子どもや保護者（親権を行う者、未成年後見人その他子どもを現に監護する者。以下同じ。）に寄り添って継続的に支援することで、児童虐待防止を図るべく、地域のリソースや必要なサービスと有機的につないでいくソーシャルワークを中心とした機能を担う拠点（市区町村子ども家庭総合支援拠点。以下「支援拠点」という。）の設置も努めるものとされた（児福10の2）。支援拠点では、①子ども家庭支援全般に係る業務（実情の把握、情報の提供、相談等への対応、総合調整）、②要支援児童および要保護児童等への支援業務（危機判断とその対応、調査、アセスメント、支援計画の作成等、支援および指導等、都道府県（児童相談所）による指導措置の委託を受けて市区町村が行う指導）、③関係機関との連絡調整、④その他の必要な支援を行うとされる。

（3）福祉事務所

　福祉事務所は、児童相談所や市町村と並ぶ要保護児童の通告先（児福25）であり、社会福祉法第14条に基づき設置されている社会福祉全般の窓口である。福祉事務所内には福祉事務所における家庭児童福祉の充実・強化を図るために、家庭児童相談室が設置されている。

（4）保健所、保健センター

　保健所は、地域保健法第3章の諸規定に基づき都道府県および指定都市等に設置されるもので、地域における保健衛生活動の中心機関である。児童福祉法上は、第12条の6において、児童相談所長が相談に応じた児童、その保護者または妊産婦について、保健指導その他の必要な協力を求めることができること等の役割が規定されている。

　これに対し、保健センターは、地域保健法第4章の諸規定に基づき市町村が設置するもので、設置は任意である（同法18Ⅰ）。母子保健法第11条、第12条により新生児訪問や乳幼児健康診査は市町村の役割とされており、保健センターを設置している市町村では保健センターがその事務を担っている。

（5）　子育て世代包括支援センター

　平成28年改正で母子保健施策が児童虐待予防等に資することに留意すべきことが明確化された（母子保健5Ⅱ）。

　これを受け、市町村に、妊娠期から子育て期にわたるまでの切れ目のない支援を行うための「子育て世代包括支援センター」（条文上は「母子健康包括支援センター」）の設置が努力義務化された（母子保健22）。子育て世代包括支援センター

は、妊娠・出産・子育てに関する各種の相談に応じ必要な情報提供・助言・保健指導を行うこと等により、もって地域の特性に応じた妊娠期から子育て期にわたる切れ目のない支援を提供する体制を構築することを目的とするものである。

　子育て世代包括支援センターと市町村に設置される支援拠点（上記（2）参照）は、同一の主担当機関が両方の機能を担い一体的に支援を実施することが推奨されている（大規模市部などでは、別々の主担当機関が機能を担い、情報共有するものとされる）。

（6）医療機関

　虐待は、救急医療機関や小児科医で発見され通告されることも多く、そのなかには、子どもの生命に危険が生じている場合もある。また、虐待等により子どもに医療を行う必要が生じている場合は、児童相談所が一時保護を行い、一時保護場所を医療機関とすることもある（一時保護委託）。

　児童相談所から医療機関に対して子どもの虐待の原因等について調査依頼を行うことも少なくない。平成28年改正により、「地方公共団体の機関及び病院、診療所、児童福祉施設、学校その他児童の医療、福祉又は教育に関係する機関（地方公共団体の機関を除く。）並びに医師、看護師、児童福祉施設の職員、学校の教職員その他児童の医療、福祉又は教育に関連する職務に従事する者は、市町村長、都道府県の設置する福祉事務所の長又は児童相談所長から児童虐待に係る児童又はその保護者の心身の状況、これらの者の置かれている環境その他児童虐待の防止等に係る当該児童、その保護者その他の関係者に関する資料又は情報の提供を求められたときは、当該資料又は情報について、当該市町村長、都道府県の設置する福祉事務所の長又は児童相談所長が児童虐待の防止等に関する事務または業務の遂行に必要な限度で利用し、かつ、利用することに相当の理由があるときは、これを提供することができる」（児虐13の4）との条文が追加された。この改正により、児童相談所への情報提供を行うことによる個人情報保護法違反等の懸念という問題は解決された。

　児童相談所としては、医療機関に対し、病院・医師・看護師に児童虐待の早期発見の責務があることおよび児童虐待防止に関する国及び地方公共団体の施策に協力する責務があること（児虐5Ⅰ・Ⅱ）を丁寧に説明し、積極的な情報提供を求めるべきである。

（7）保育所、幼稚園、認定こども園、学校、教育委員会

　子どもが生活をする場の一部となっている機関であり、虐待の発見や発見後の援助支援機関の一つとしての役割を果たす。児童相談所への情報提供については上述

の医療機関と同様である（児虐13の4）。

（8）警察

要保護児童等の発見、保護の面で関わる機関である。児童相談所が子どもの安全確認や一時保護をする場合に、児童相談所から援助を求められたときには、警察は必要な措置を講じるよう努めなければならないとされている（児虐10Ⅲ）。また、近年は警察からの児童相談所に対するいわゆる面前DV等の虐待通告が多くなっている。

（9）里親、児童福祉施設等

児童福祉法第27条第1項第3号による措置先である。虐待事案では、親子分離後の、家庭に代わる子どもの養育の場となる。虐待を受けた子どもは心的外傷（トラウマ）を負っている場合も多く、その養育は、子どもそれぞれが抱えるニーズを踏まえた対応が必要となる。☞第3章4 6参照

（10）配偶者暴力相談支援センター、母子生活支援施設 ☞第3章5 参照

DVを伴う子ども虐待被害の相談支援機関としては、配偶者暴力相談支援センターがある（配防3）。同センターでは、DV被害者（親）とともに、同伴する家族（子）について、緊急時における安全確保および一時保護を行う（配防3Ⅲ③。ただし、一時保護を他のセンター等に委託しているところもある）。

母子生活支援施設は児童福祉施設の一つであり（児福7Ⅰ）、都道府県等は、保護者が配偶者のない女子またはこれに準ずる事情にある女子であってその者の監護すべき児童の福祉に欠ける場合で、保護者から申込みがあったときは保護者および児童を保護しなければならないとされている（児福23Ⅰ）。

（11）自立のための施設 ☞第3章10 参照

主に20歳までの者に対し日常生活、就業支援等を行う自立援助ホーム、虐待等で居場所を失った子どもたちに安心して生活できる場所を提供する緊急避難先としての子どもシェルター等がある。また、就労困難な子どもが中長期的に過ごす場所として、ステップハウス「ぴあ・かもみ〜る」（名古屋）がある。さらに、DVシェルターやホームレス自立支援施設等の施設も事案によって子どもにも利用できる場合がある。

さらに、18歳以上の女性について売春防止法第34条に基づき一時保護を行う婦人（女性）相談所や同法第36条に基づき中期的に入居できる婦人保護施設、非行を犯した少年や成人を円滑な社会復帰と再犯防止のために一定期間保護する更生保護施設（更生保護事業法2Ⅶ。なお、施設によって対象者が異なる）、「緊急的住居

確保・自立支援対策」を根拠に保護観察所に登録する NPO 法人等が宿泊場所の供与と自立のための生活指導を各法人の特長を生かして行う自立援助ホームもある。それぞれの施設の特性と子どもの状況を踏まえて利用を検討したい。

(12) 児童委員

都道府県知事の推薦によって厚生労働大臣により委嘱された民間の有識者などが務めるのが民生委員であり（民生委員5Ⅰ）、民生委員は必ず児童委員を兼務することとされている（児福16Ⅱ）。児童に関することを専門的に担当する主任児童委員も置かれている（児福16Ⅲ）。その職務は、児童、妊産婦に対して、援助、指導等を行うこと、児童相談所の児童福祉司等の職務に協力すること、その他、必要に応じて児童、妊産婦の福祉の増進を図るための活動を行うことである（児福17Ⅰ）。虐待者の家庭の生活状況に詳しいことが多く、介入・分離・ケアに大きな役割を果たすケースがある。

(13) 民間団体

全国各地でさまざまな団体が多様な活動を展開している。電話相談、グループケアといった個別対応や、研修啓発活動、さらに虐待対応を担う人や団体への専門的知識の提供や上記自立等のためのケア施設の運営等、各団体の沿革などを踏まえ、さまざまな視点を活かして活動している。

(14) 家庭裁判所

児童相談所等の対応について、法律に基づき司法判断を行う。具体的には、2か月を超えての一時保護期間の延長承認（児福33Ⅴ）、親権者の同意が得られない場合の子どもの施設入所等の承認（児福28）、臨検捜索の許可（児虐9の3）、さらに親権喪失・停止等の判断等である。

また、家庭裁判所は少年事件の審判を担う機関でもあり、非行傾向のある被虐待の子どもの支援においても、重要な機関である。

児童相談所の権限行使に対する司法判断を担う家庭裁判所の役割の重要性は増している。

(15) 弁護士

児童相談所業務に対する司法関与の度合いが高まるにつれ、法律家の必要性も大きくなり、平成28年改正には、児童相談所において弁護士の配置またはこれに準ずる措置を行うものとされた（児福12Ⅲ）。

弁護士の役割は、上記配置弁護士として児童相談所に対する法的なアドバイスは

もとより、子ども本人や、保護者の代理人として関わることもある。また、家庭裁判所において事件（家事事件）を申し立てたり、手続参加したりする場合の子どもの手続代理人（家事23 I、II）としての関わりも重要である ☞第3章コラム参照 。弁護士は、関わるそれぞれの立場に応じた視点から、子どもの権利擁護を軸とした法的アドバイスの提供を担う。

(16) 児童福祉審議会

　児童福祉審議会は、児童福祉行政の客観性の担保と専門性の向上を図るべく、児童、妊産婦および知的障害者の福祉に関する事項を調査審議することを目的とする機関である（児福8、9）。都道府県および市区町村に設置される（ただし、地方社会福祉審議会（社福7 I）に、児童福祉に関する事項を調査審議させる場合には、児童審議会内に児童福祉専門分科会を設置すれば足りる）。

　児童虐待事案に関する児童福祉審議会の主な役割としては、①児童福祉法第27条第1項各号に基づく措置、措置の解除もしくは停止または措置変更の場合（訓戒または誓約書の提出を除く。）に意見を述べること（児福27 VI。ただし、児福令32 I・II）、②被措置児童等虐待に関し、通告や届出を受けること（児福33の12 I・III、33の15 I）、都道府県知事が講じた措置等に関して報告を受け、それに意見を述べること（児福33条の15 II・III）があげられる。また、児童虐待による死亡事例等の検証にあたる組織は、その客観性を担保するため、児童福祉審議会の下に部会等を設置することとされる（平成20.3.14雇児総発第0314002号（平成30.6.13子家発0613第1号））。

(17) 性犯罪・性暴力被害者のためのワンストップ支援センター

　第4次男女共同参画基本計画（平成27年12月25日閣議決定）により、各都道府県に最低1か所が設置されている。性犯罪被害者に対する専門の相談窓口機能をもち、必要に応じ、医師等による心身の治療、警察等への同行支援、弁護士による法律相談を中心とする、適切な支援を提供する支援団体である。児童の性的虐待事案において、急性期における医療的対応（緊急避妊、性感染症検査等）および司法的対応（被害申告のための警察への同行支援、刑事手続にかかる弁護士相談等）における連携先として期待できる。

7　児童虐待対応における弁護士の役割 ………

　児童虐待について、児童相談所を含めた関係機関からの相談・援助などで弁護士が関わる場面は、今後ますます増えていくことが考えられる。また、弁護士が日常業務の中で携わる離婚事件や少年事件、刑事弁護などにおいて、子どもへの問題意識をもってみると、児童虐待が見受けられるケースは決して少なくないはずである。

　虐待の対応には予防から救済に至るまでのさまざまな段階があり、いずれの段階においても、適正手続や人権保障が問題となる場面が出てくることから、法律の専門家である弁護士が、それぞれの段階において当事者や関係機関に法的アドバイスをしたり、代理人として関与したりする意味は大きく、その役割は重要である。

　本書では、本章第6節において、児童虐待対応の各場面における各機関の連携の重要性を論じているところ、弁護士が活動する場合も例外ではなく、活動の際には関係する各機関との連携を常に心がけることが必要である。

1 ‖ 子どもの人権保障および手続保障

　言うまでもないが、子どもには人権があり、子どもの人権は最大限尊重されなければならない。たとえ未成年であったとしても、子どもは親権者の所有物ではなく、親権者の子どもに対する親権行使は適切に行われるべきである。親権者による不適切な親権行使は親権の濫用として否定される。児童虐待は子どもに対する重大な人権侵害行為であることをしっかり認識する必要がある。

　平成28年改正の児童福祉法においても、子どもの人権保障が改めて確認されている。第1条で「全て児童は、児童の権利に関する条約の精神にのっとり、適切に養育されること、その生活を保障されること、愛され、保護されること、その心身の健やかな成長及び発達並びにその自立が図られることその他の福祉を等しく保障される権利を有する」と定められた。また、第2条では、社会のあらゆる分野において子どもの意見が尊重され、その最善の利益が優先して考慮されるよう努めることとされた。このように、児童福祉法の理念に関する部分において、子どもの人権保障が全面的に謳われている。

　手続法においても、平成25年施行の家事事件手続法では、たとえ未成年の子どもであっても意思能力があれば法定代理人によらず自ら手続行為ができる旨規定された（家事118）。具体的には、離婚調停、面会交流の調停・審判、監護者の指定の調停・審判、親権喪失・停止、管理権喪失の審判、親権者指定・変更の調停・審判、未成年後見に関する審判、養子縁組許可の審判（ただし15歳以上）、離縁の調停などの家事事件手続において、子ども自身が当事者あるいは利害関係人として参

加できるようになった。その際、参加する子どもが意見表明を行う機会を援助するため、家庭裁判所が職権で、あるいは子ども自身が自ら弁護士を手続代理人として選任できるようになった。　　　　　　　　　　　　　　　☞第3章コラム参照

このように、子どもの人権保障や手続保障が法律で求められており、児童虐待対応の各場面においても子どもの人権保障や手続保障が強く意識されるべきである。法律の専門家である弁護士が児童虐待対応の各場面に関わる意味は大きい。

なお、児童虐待防止法においては、学校、児童福祉施設、病院、都道府県警察等に加えて、弁護士についても、児童虐待の早期発見に努めなければならないと規定された（児虐5Ⅰ）。弁護士はその職務上、児童虐待を発見しやすい立場にあることを自覚し、子どもの人権保障のために社会正義を尽くす立場にあることを肝に銘じるべきである。

2 ‖ 児童相談所と弁護士の連携

☞第1章 8 参照

児童虐待は、子どもにとっての重大な人権侵害行為である。子どもの生命・身体を守るために、必要に応じて児童相談所が躊躇なく緊急の介入をすべきことも多い。

一方で、虐待が疑われた家族に対する関係機関の介入は、保護者の権利と衝突する可能性をはらんでいる。児童相談所の介入は適正な手続に基づいて実施される必要性がある。

平成29年改正の児童福祉法により、2か月を超えて引き続き一時保護を行うことが親権を行う者または未成年後見人の意に反する場合においては家庭裁判所の承認が必要となり（児福33Ⅴ）☞第3章 3 参照、児童相談所による一時保護の延長に司法審査が実施されることになった。児童福祉法および児童虐待防止法は頻繁に法改正が実施されており、今後も注視が必要である。

児童相談所は、子どもの人権保障・手続保障に加えて保護者に対する手続保障に対応するため、法律に関する専門的な知識や経験を要する業務を適切に行うことが強く求められている。

従来から、多くの都道府県・政令指定都市において、さまざまな形態（常勤・非常勤・契約など）で弁護士と児童相談所との連携が図られ、法的ニーズに対応してきた。児相相談所の弁護士との連携は必須であり、令和元年改正の児童福祉法により、児童相談所は、令和4年4月1日までに、措置決定その他の法律関連業務について、常時弁護士による助言・指導の下で適切かつ円滑に行うため、弁護士の配置またはこれに準ずる措置をとらなければならないことが法定された（児福12Ⅲ）。児童虐待対応の各場面に関して弁護士が求められる役割は年々増大してきており、

児童相談所と弁護士との連携は、ますます重要になってきている。

　なお、児童相談所に関わる弁護士のうち常勤弁護士以外の多くの弁護士は、児童相談所以外の仕事にも関わっているため、利益相反（弁護25）については十分配慮すべきである。児童相談所に関わる弁護士は、虐待を疑われる親からの事件相談については利益相反の関係から十分注意して相談を受けるかどうかを判断しなければならない。複数弁護士勤務の法律事務所においても、虐待を疑われる親からの事件相談については、他の弁護士との利益相反の関係から、十分注意して相談を受けるかどうかの判断をする必要がある。また、刑事事件の弁護人就任の際も、被害者が子どもであったり家庭内DVの案件である等児童虐待が疑われる場合は、児童相談所で事件係属していないかを児童相談所に問い合わせるなど受任の可否を慎重に判断すべきである。

3 ‖ 子どもからの相談

☞第1章 9 参照

（1）法律相談・家事事件手続等

　弁護士が虐待を受けている子どもから相談を受ける場合としては、少年事件の付添人活動や弁護士会等への電話相談・法律相談、子どもシェルターへの連絡等によりダイレクトに相談を受けることが考えられる。特に、総合法律支援法の改正（平成30年1月24日施行）により、DV等被害者法律相談援助が始まり、児童虐待を現に受けている者（ただし18歳未満）による再被害の防止に関して必要な法律相談について、刑事・民事問わず、日本司法支援センター（法テラス）を利用して弁護士による法律相談ができるようになったため、子どもから直接の相談を受けることが今後増加していくと考えられる。

　学校や児童相談所、子どもシェルターなどの他の関係機関に子どもがすでに被害を打ち明けており、それらの機関から必要に応じて弁護士が紹介される場合等も考えられる。

　離婚調停、面会交流の調停・審判、監護者の指定の調停・審判、親権喪失・停止、管理権喪失の審判、親権者指定・変更の調停・審判、未成年後見に関する審判、養子縁組許可の審判（ただし15歳以上）、離縁の調停などの家事事件手続において、弁護士が子どもの手続代理人に選任され、その際に子どもを支援する場合も考えられる。

　子どもの引渡しにかかる人身保護請求、ハーグ条約実施法に基づく子どもの返還申立事件の手続等において、弁護士が子どもの手続代理人に選任される場面も考えられる。

このように、さまざまな場面において、弁護士が子どもから相談を受けることが想定される。

（2）法律援助制度について
　子どもに対する法律援助制度（日弁連が会員から特別会費を徴収して法テラスに委託している法律援助事業の1つ）により、法テラスの民事法律扶助の対象とならないが、子どもが弁護士による法的支援を必要としている案件について弁護士費用を援助する制度も存在する。法律援助制度は、原則として子どもには償還義務を課さないで手続をすることができ、子どもに負担をかけないで代理人活動をすることができる。
　具体的な援助の対象となる活動として次のような活動があげられている（2012年3月日本弁護士連合会「子どもに対する法律援助制度の活用ガイド」参照）。児童虐待はそれ単体ではなく家庭内暴力・両親の離婚など複雑な事案の中で生じている場合がほとんどであり、当該制度を利用しての代理人活動ができるのであれば、積極的に制度利用がなされるべきである。
　①行政手続代理等
　　ア　行政機関（特に児童相談所）、児童養護施設等の施設との交渉の代理
　　イ　シェルターその他の施設等への入所へ向けた支援、入所中の支援、施設等から自立的生活への移行へ向けた支援
　　ウ　虐待等を行う親との交渉に関する代理、親との関係調整活動
　　エ　児童虐待事件に関する刑事告訴手続の代理、刑事手続で証人として出廷する子どもに対する法律援助
　　オ　学校等において体罰、いじめ等の人権侵害を受けているが、保護者が解決しようとしない事件についての交渉代理
　　カ　少年法第6条の2第1項の調査に関する付添人活動
　②訴訟代理等
　　キ　虐待する養親との離縁訴訟、扶養を求める調停や審判手続等の法的手続の代理（親権者の協力が得られないため、民事法律扶助の申込みができない場合）
　　ク　上記オに関わる法的手続の代理
　③子どもの手続代理人
　④以上に関わる法律相談

（3）弁護士の立場
　弁護士が、子どもから虐待の話を聴く場合には、全面的に子どもの立場に立っ

て、何を望んでいるのかを十分に聞くことが必要である。そのうえで、その子ども
にとって最善の解決策を法律の専門家の立場から、子どもと一緒に考えていくこと
になる。具体的な法的手続の必要がない場合であっても、法律の専門家として子ど
もの意思決定への助言や精神的なサポートをすることで子どもを大きく勇気づける
こともあるため、積極的な関わりが求められる。

　また、弁護士はあくまで法律の専門家であり、福祉や心理の専門家ではないこと
を自覚し、適宜これらの専門家である児童相談所などの関係機関と連携を図ること
が必要であろう。

　法的に何らかの対処が必要な場合（たとえば、刑事告訴、損害賠償請求、離縁の
請求など）には、子どもによる委任が可能な限り、子どもの代理人として活動する
ことになる。行政手続代理等について法的援助が必要だと考える際には、法律援助
制度を積極的に利用して子どもの代理人として活動をすることになる。

4 ‖ 親族等からの相談、依頼

　弁護士が、虐待を受けている子どもの親族（虐待をしていない方の親や祖父母な
ど）から、虐待を受けている子どもを何とかしてあげたい、保護者には任せておけ
ないので自分で引き取って育てたい、といった相談を受けることがある。

　親族が児童相談所に虐待の相談をしていない場合は、まずは児童相談所に虐待の
事実を通告するように伝えるべきである。児童虐待防止法第6条第1項において、
児童虐待を受けたと思われる児童を発見した者は、速やかに、これを児童相談所等
に通告しなければならないことが規定されている。弁護士としては、依頼者の相談
について守秘義務を守りつつ、上記法律違反にならないような対応が求められる。

　子どもが現に虐待を受けており、速やかに親子分離を行う必要がある場合につい
ては、児童相談所による一時保護を経るべき場合が多い。親族としても、積極的に
児童相談所と連絡を取り合って親子分離を進めるように協力する場面が多いと思わ
れる。

　親子分離された子どもが、その後の生活について子どもが親族との生活を希望す
る場合、親族としては自らが保護者に代わって利用可能な社会資源であるとして児
童相談所と密に連絡を取ってアピールすべきである。そして、必要に応じて、親族
は、親権喪失・停止、親権者変更その他の手続の申立人となり☞第2章 ②、③、⑩
参照、弁護士は申立人の代理人として活動することが考えられる。

　仮に継続的な親子分離がやむを得ない場合であっても、保護者以外に子どもが頼
るべき親族が存在するのであれば、親族との生活を模索すべく、子どものために代
理人として活動することが求められる。

5 ‖ 虐待を疑われる保護者からの相談

☞第1章10参照

（1）弁護士が、虐待をした保護者、あるいは、虐待をしたと疑われる保護者から相談を受けて、場合によっては代理人となることもある。

考えられるケースとしては、子どもが一時保護された保護者、一時保護が2か月を超える場合に一時保護の延長に反対し家庭裁判所の承認の申立てがなされた親権者からの相談 ☞第3章3参照、子どもの施設等入所措置に反対し児童福祉法第28条の申立てがなされた親権者からの相談 ☞第3章5参照、親権喪失・停止、親権者変更を申し立てられた親権者からの相談 ☞第2章2、3、10参照、あるいは離婚原因として子どもに対する虐待を配偶者から主張された保護者からの相談、さらには虐待行為が犯罪に該当して刑事事件となった際における保護者の弁護人としてかかわる場合 ☞第6章3参照などがあろう。

（2）弁護士の使命は、基本的人権の擁護と社会正義の実現であり（弁護士法1Ⅰ）、子どもの人権は最大限尊重されなければならない（児福1、2）。弁護士職務基本規程第21条は、「弁護士は、良心に従い、依頼者の権利及び正当な利益を実現するように努める」と規定しており、弁護士が依頼者の恣意的な欲求に盲従するものではないことが明記されている。それゆえ、たとえ虐待を疑われる保護者からの相談であっても、弁護士の社会的使命に照らして、虐待親の武器となって子どもの福祉に反する活動をすることは厳に慎まなければならない。

（3）相談者である保護者が虐待を認めている場合は、虐待してしまった保護者も援助が必要な立場であるという認識のもと、過去の虐待行為を非難するのではなく、なぜそうした行為に及んでしまったのか、どうすれば今後の再発を防げるのかを一緒に考えていく姿勢が必要である。

（4）これに対し、保護者が暴力を振るうなどの外形的事実についてはおおむね認めているが、たとえば「しつけ」と主張して虐待を正当化している場合（あるいは妄信的に「親権」を振りかざす場合も考えられる）には、保護者の言い分に十分耳を傾けながらも、むやみに保護者に迎合してはならない。もともと保護者の子どもに対する体罰は保護者の懲戒権行使の範囲を超えて暴行・傷害罪に該当すると考えられていたが、令和元年児童虐待の防止等に関する法律改正によりしつけを名目とした保護者の子どもに対する体罰については、法律上その禁止が明文化された。弁護士として、保護者には、体罰がたとえしつけであったとしても法律上許されな

い行為であることをはっきり伝える必要がある。

（5）保護者が虐待とされている行為自体の有無を争っている場合には、何が真実であるかを慎重に見極めることが必要である。

特に、子ども自身が保護者から虐待を受けたと言っているような場合には、子どもがあえて保護者を陥れるような話をすることはよほどの事情がない限りあり得ないという視点でかかわっていくことが肝要である。そして、時には、事実の有無よりも、その後の親子のかかわりを重視して、「子どものことが大切であればこそ事実関係にこだわらずに今後どのように子どもとかかわっていけば子どもとの信頼関係が回復するのかを考えることも必要である。」と保護者を説得することも考えられよう。

（6）なお、虐待の背景に、貧困や夫婦関係の破綻などの問題を抱えている場合も考えられ、背景となっている事態を解決することで虐待の再発を防ぐことができることもある。

たとえば保護者が多重債務者となっている場合には、自己破産申立てなどの法的整理手続があり、弁護士費用については法テラスの民事法律扶助制度を利用することも可能であることなどを説明してその手続を援助したり、離婚問題や配偶者からの暴力（「DV《ドメスティック・バイオレンス》」）がある場合に、離婚調停や保護命令といった手段をアドバイスしたり、これらの手続の代理人となることも考えられよう。

また、保護者が何らかの理由で生活に十分な収入がない場合には、生活保護や各種手当などの福祉手続の利用を勧め、必要であれば福祉相談員などとの連携を図ることも必要である。

（7）仮に、保護者からの相談で虐待が発覚したが、虐待の事実が児童相談所に知られていない場合、虐待の事実を知った弁護士は速やかに、児童相談所等に通告しなければならない（児虐6I）。弁護士には、守秘義務が課されていることから、すぐに通告しなくとも正当な業務行為として違法性が阻却される余地はあるが、十分な注意が必要である。

そもそも、児童虐待防止法の通告義務の規定の趣旨は虐待されている子どもの生命身体の保護であり、速やかに児童相談所が虐待事実の把握をすることにある。弁護士としては、基本的人権の擁護と社会正義を実現する社会使命の立場からは、たとえ高度な守秘義務があるとしても、子どもの生命身体の保護のために最善の努力が求められる。保護者に対して児童相談所に虐待の通告をするように説得するべき

であり、必要に応じて保護者の同意を得た上で弁護士が保護者に代わって児童相談所に通告することを模索すべきである。

6 ‖ 関係機関からの相談

虐待が発生した場合に関わりをもってくる関係機関としては、本章 6 で述べたとおり、さまざまな機関が考えられる。

これらの機関から弁護士が相談を受けた場合には、まずは児童相談所への通告の有無を確認し、「要保護児童」（児福25）または「児童虐待を受けたと思われる児童」（児虐6Ⅰ）に該当する場合には、市町村や児童相談所などへの通告を促すべきである。

そして、これらの機関に対しては、市町村、児童相談所、各種関係機関と協力しながら、児童の保護や親子関係改善等にあたるようにアドバイスをすることになる。

8 相談時の留意点 ～関係機関からの相談～ ....

1 ‖ 相談者から聴き取るべき情報

　虐待に関する相談を受けた場合には、早急にその後とるべき手段を選択するためにも、以下にあげるような基本的な情報を可能な限り聴き取る必要がある。また、基礎的な資料は直ちに収集するべきである。

　なお、虐待対応機関である児童相談所または市町村以外の関係機関等から相談を受けた場合には、いたずらに情報収集に時間をかけることなく、虐待が疑われる案件は早期に児童相談所または市町村への通告を促して子どもの安全確保を図る必要がある。

　聴き取るべき情報に漏れがないよう、次頁の一覧表を活用することも有益である。

　なお、平成28年児童福祉法改正において「支援を要すると思われる妊婦や児童・保護者を把握した医療機関、児童福祉施設、学校等は、その旨を市町村に情報提供するよう努めるものとする」旨の規定（児福21の10の5Ⅰ）が置かれたことや、妊娠期からの虐待予防の重要性が周知されてきたことに鑑み、支援を要する妊婦に関する相談の際には、既述の保護者に関する情報のほか、特に配慮が必要な妊婦として、次のような事情が指摘されていること[7]を念頭において情報を収集する。

相談者から聴きとるべき情報（妊婦に関する場合）

聴きとるべき項目	聴取結果
4　妊婦に関する相談の場合に聴き取るべき情報	
・妊娠出産歴（回数が多いか）	
・妊娠出産歴妊娠届出時期（遅いか）	
・望まない妊娠であるか	
・若年妊娠であるか	
・虐待歴、被虐待歴の有無	
・妊娠・中絶を繰り返していないか	
・死産や突然死歴	
・精神疾患の有無（精神科の薬を内服中・マタニティーブルーズや産後うつ病等を含む）	
・知的障害の有無	
・アルコール又は薬物依存が、現在または過去にあるか	
・ひとり親、未婚、連れ子がいる再婚の、いずれかに当たるか	
・内縁者や同居人がいる家庭か	
・経済的不安の有無	
・住所が不確定または転居を繰り返しているか	
・親族や地域社会から孤立しているか	
・夫や祖父母等の、身近な支援者の有無	
・夫婦不和、配偶者からの暴力（DV）等、不安定な状況にある家庭か	
・母子健康手帳未発行・妊婦健康診査未受診か	

7　平成26年3月　公益社団法人日本産婦人科医会「妊娠等について悩まれている方のための相談援助事業連携マニュアル改訂版」より抜粋。

相談者から聴きとるべき情報（関係機関等から相談を受けた場合）

聴きとるべき項目	参考資料	留意する点等	聴取結果
1　身分関係			
（1）　基本的な情報	戸籍・住民票などの客観的資料		
①子どもの氏名、年齢、性別、住所		・特に年齢には注意する（自ら動けない乳児か、義務教育年齢か、その直近かなどを意識する）	
②子どもの家族構成			
ア　保護者について		・保護者の氏名、年齢、性別、住所 ・子どもとの身分関係（法律上の親子か、親権者か等）	
イ　虐待していると思われる者について		・虐待していると思われる者の氏名、年齢、性別、住所 ・子どもとの身分関係（法律上の親子か、親権者か等）	
（2）　同居している者について	なし	・子どもは誰と同居しているか（同居の有無は客観的資料ではわからないので、その情報源も確認する）	
2　虐待被害の内容について		・子どもがどのような虐待を受けているのか、あるいはその可能性があるのか、保護の緊急性はどの程度高いのか、などについて判断するため、次に挙げるような情報を多角的に収集する。 ・注意すべき事項 (1)子どもが複数いる場合、子どもごとに内容を整理する。 (2)客観的に把握されている事項と推測される事項とは区別し、推測される事項についてはどのような事項からそのように推測されるのかを整理する。 ☞第3章 ①2参照 (3)資料がある場合には、確保、収集する ☞第3章 ⑤7参照	
（1）　外傷はあるか	カルテ、写真、検査結果、診断書、医師の意見書、報告書など		
①負傷の内容、程度、結果			
②負傷の原因として考えられること			
③負傷に関する保護者の説明内容と合理性		・保護者の説明内容はどのような内容か ・保護者の説明は合理的か ・医学的所見との矛盾の有無	
④これまでの負傷の経歴、頻度			
（2）　子どもの健康・発達について	乳幼児検診の記録、保育所や学校等での健康診断の記録など		
①栄養状態（身長、体重等）		・乳幼児の場合、現在の身長・体重だけでなく、これまでの身長・体重の発達曲線を描き、平均値と比較するとよい	
②衛生面		・子どもの身体や衣服の清潔は保たれているか	
③精神面		・知的発達、情緒的発達に問題はないか	
④疾病		・疾病の内容、程度、結果 ・疾病の原因として考えられること ・医学的所見と矛盾はないか ・これまでの疾病の経歴、頻度	
（3）　子どもの生活状況		・子どもが朝起きてから寝るまでの一日の生活の流れを丹念に追い、過度のしつけ・体罰がないか、ネグレクトの有無を確認する	
①学校、幼稚園、保育園の在籍の有無や経歴		・現在在籍している学校、幼稚園、保育園があるか、その名称 ・以前在籍していた学校、幼稚園、保育園がある場合、その名称	
②出席状況、成績		・現在の出席状況（「要保護児童等について、学校の欠席が続く場合等には、速やかに児童相談所へ情報提供を行うこと。これを踏まえて児童相談所等は連携して必要な対応を行うこと。」* ・現在の成績など ・以前と比較して出席状況や成績に変化はないか（変化は、その時期に子どもに何かがあったことを示すメッセージである）	

③子どもの生活や行動の状況		・情緒不安定はないか ・過度に乱暴だったり、逆に不自然に行儀が良すぎるようなことはないか ・表情が硬いことはないか ・年齢不相応な性的言動が見られないか ・食事への異常な執着がないか ・その他虐待をうかがわせる事情がないか	
④保護者の状況		・必要なとき連絡が取れるか ・子どもについて無関心・拒否的な面はないか ・家庭訪問を拒否していないか（「保護者が、学校や関係機関等による家庭訪問や子どもと会うことを拒む場合等は、リスクが高いものと認識すること」＊ ・子どもと一緒にいるときの保護者や子どもの様子に、不自然さがないか（両者の関わりの反応を含む）	
⑤学校などへの在籍がない場合	学校等からの報告書、聞き取りの記録など	・学校等以外の場所への外出機会はあるか ・外出場所のうち、定期的通院はあるか ・外出場所のうち、買い物への同伴はあるか ・外出場所のうち、家の外で遊ぶことはあるか ・子どもの生活について、近所で気付いていることはあるか ・子どもの問題行動（家出・徘徊、万引き、自傷・他害等）の有無	
（4）子どもは何と言っているか	聴き取りの記録、録音・撮影の記録など	・子どもは、誰に対して話したか ・子どもは、どのような状況で話したか ・子どもは、何と話をしたか	
（5）子どもが既に保護されている場合			
①保護した時の状況		・負傷・疾病の有無 ・健康状態 ・栄養状態 ・衛生状態 ・言動	
②一時保護所での生活の様子			
③心理所見			
④一時保護の前後で変化が見られた点など	保護時の写真、児童票等		
⑤保護者等について		・虐待していると思われる者の生活状況（職業、経歴、病気や障害の有無など） ・過去にも虐待歴があるか、あるとすればその内容、経過、指導・援助を受け入れたか ・転居歴が不自然に多くないか（「転居を繰り返す等関係機関とのかかわりを避ける場合等は、リスクが高いものと認識すること」＊ ・頼れる親族等がいるか	
⑥相談者について		・相談者の地位、立場、連絡先 ・相談者と子どもの関係、相談者と虐待していると思われる者の関係 ・これまでに相談した機関があれば、その機関とその時の対応	
⑦その他（これまでの関係機関の関与の経緯等）		・「児童相談所や市町村が支援を行っている家庭が転居した際の引継ぎを徹底すること」＊。	
3　活用できそうな資源はあるか		・相談者の地位、立場、連絡先 ・相談者と子ども関係、相談者と虐待している者の関係 ・これまでに相談した機関があれば、その機関と、その時の対応（「児童相談所や市町村が支援を行っている家庭が転居した際の引継ぎを徹底すること」＊	

＊　平成31年2月8日児童虐待防止対策に関する関係閣僚会議「「児童虐待防止対策の強化に向けた緊急総合対策」の更なる徹底・強化について」

2 ‖ 相談者への助言

相談者より必要な情報を聴き取ったうえで、相談者の立場や役割に留意しつつ、次に対応すべきこと（児童相談所への通告など）を示し、今後注意すべきポイント、記録の残し方、状況に変化があった場合の連絡先や連絡方法などを確認しておく。

（1）児童相談所からの相談

　児童相談所は虐待対応の中核となる機関であり、一定の情報を得たうえで、その後の法的対応について弁護士の助言を求めていることが多い。

　既に児童相談所が把握している情報を法的観点から整理し、審査請求への対応や児童福祉法第28条申立に必要な資料の確保について助言する。

　虐待者以外の親族らが離婚、監護者指定などの法的手続 ☞第2章参照 をとるために弁護士の支援が必要な場合や、子ども自身に弁護士の援助が必要な場合には、利益相反の観点より、児童相談所から相談を受けた弁護士とは別に、親族等の代理人となる弁護士を紹介することが望ましい。

　なお、平成28年児童福祉法改正により、児童相談所から市町村に事案を送致することが可能となった。市町村に送致するか否かの判断にあたっては、虐待対応のための強制力を伴った措置の権限が児童相談所のみに与えられていることを踏まえ、子どもの生命や心身に対する重大な被害が与えられる可能性がない事案であることを十分に確認するとともに、送致後も、市町村と連絡を密にとって事案の推移を把握する必要があることを助言する。

（2）市町村の虐待対応部署からの相談

　1）虐待対応における市町村の役割と児童相談所との関係

　　平成16年児童福祉法改正によって、児童相談に応じることが市町村の業務として法律上明確にされ、住民に身近な市町村において、虐待の未然防止・早期発見を中心に積極的に取り組むことが求められるようになった。

　　さらに、平成28年の児童福祉法改正において、市町村は、児童や妊産婦に対する必要な支援を行うための拠点の整備に努めるとともに、市町村が設置する要保護児童対策地域協議会の調整機関について専門職を配置することが規定された（児福10の2、25の2Ⅵ）。

　　法的対応など他に専門的な知識・技術が必要な業務や各市町村の区域を超えた広域的な対応が必要な業務については児童相談所が担当することに変わりはないものの、市町村の役割が増し、より専門性を備えることが求められている

といえる[8]。

　なお、児童相談所と市町村との役割分担においては、児童虐待事案の内容や緊急性・重篤性に関する認識を両者が共有することが重要であり、共通リスクアセスメントツールを利用するなどして綿密な連携をとることが求められている[9]。

2）助言について

　市町村から相談を受けた場合には、市町村の責務として市町村自身が対応すべきケースであるか、児童相談所による専門的な援助や判定が必要なケースであるかを検討する必要がある。

　一般の子育てサービス等の資源を活用することで対応できるような、比較的重症度の低いケースについては市町村が中心となって対応し、緊急な対応が必要なケースや、虐待か否かの判断が難しいようなケース、立入調査や一時保護、親子分離が必要なケースなどについては、児童相談所が対応することになる。

　また、当初は比較的重症度の低いケースと考えていたものであっても、事情が明らかになるにつれ、あるいは事情の変更により、一時保護を行うこと等も含めた毅然とした対応が必要になることもあるため、市町村で対応するケースについても概要は児童相談所に知らせておくと同時に、状況が変わった場合には、ためらわず速やかに、児童相談所にケースを移管するようアドバイスするべきである。

（3）（1）（2）以外の関係機関からの相談

　上記以外の関係機関　☞第1章 6 参照　は、その機関あるいは担当者が虐待への対応には不慣れな場合も多いので、相談を受けた場合には、まずはどのような事情から虐待を疑っているのかを丁寧に聴き取る必要がある。聴き取った内容から子どもが虐待を受けたと思われる場合には、児童相談所、市町村、都道府県の設置する福祉事務所への通告義務（児虐6、児福25）があることを説明する。

☞第3章 1 参照

　虐待の可能性や緊急度を判断するためには、児童相談所などの関係機関との情報交換が必要不可欠であることから、相談者が虐待と確信できずに抱え込んでいる場合であっても、名誉毀損などの心配はないことを説明し、通告を勧めるべき

8　平成29年3月31日雇児発第47号厚生労働省雇用均等・児童家庭局長通知「市町村子ども家庭支援指針（ガイドライン）について」。

9　同日雇児総発0331第10号厚生労働省雇用均等・児童家庭局総務課長通知「児童虐待に係る児童相談所と市町村の共通リスクアセスメントツールについて」。

である。

　また、その機関で把握した情報については、写真やメモなどにより、できるだけ具体的な情報を正確に記録し、通告時に、あるいは通告後であっても、資料として提供できるよう助言する。

　虐待を疑いながらも保護者との対立を避けたいとの思いから通告や情報提供をためらっている場合には、通告は守秘義務違反にはあたらないこと（児虐6Ⅲ）、児童相談所は通告者を特定する情報を保護者等には漏らさないこと（同法7）を説明する。もっとも、児童福祉法第28条申立の根拠資料等の情報内容から関係機関が情報源であることが明らかになることが避けられない場合もある。このような場合には、むしろ通告の義務性を説明し、家庭裁判所調査官による調査に応じるという形での情報提供などの工夫をしつつ、できるだけ負担感のない情報提供の協力を要請することになろう。

　なお、実務的には、これまでの積み重ねのなかで、通告および情報提供を積極的に行う方向での流れに動いている。また、個人の場合には、情報提供に伴う不安について相当の配慮が必要であるが、公的機関である場合には、単に虐待を疑われる保護者との対立等の不安があるというだけの理由で情報提供や通告を行わないというアプローチをすることは少なくなってきている。平成28年児童虐待防止法改正により、「児童相談所・市町村から被虐待児童等に関する資料等の提供を求められた場合、地方公共団体の機関に加え、医療機関、児童福祉施設、学校等が当該資料を提供できる」旨の規定（児虐13の4）が置かれた趣旨も踏まえ、関係機関に対しては、より積極的に情報提供を促す方向での助言を行うべきである。

　特に、学校や教育委員会に対しては、子どもの安全が確保されない限り、子どもからの虐待の申出等の情報元を保護者に伝えないことや、保護者から情報に関する開示の求めがあった場合には児童相談所と連携しながら対応する必要がある旨の助言を行うべきである[10,11]。

10　平成31年2月8日児童虐待防止対策に関する関係閣僚会議「「児童虐待防止対策の強化に向けた緊急総合対策」の更なる徹底・強化について」。
11　令和2年6月改訂版　文部科学省「学校・教育委員会向け虐待対応の手引き」。

9 相談時の留意点 ～子どもからの相談、聴き取り～・・・・・・・・・・・

1 ｜ 子どもからの相談

　子どもからの相談においては、子どもの言い分を受け止め、子どもにも分かりやすい言葉で対応し、子どもが安心して相談できる雰囲気と環境を作らなければならない。

　特に留意すべきこととして、子どもから虐待が疑われる話が出た場合には、原則として詳しい事情を聴くことを中止し、児童相談所等専門機関に対応を任せるべきである。真摯に対応しようとするあまり、その場で詳細に聴き取りを行ってしまうと、その後の聴取により子どもが何度も辛い被害に向き合わなければならなくなり、二次的な精神被害を受けるおそれがある。また、大人の態度の影響を受けて子どもの話が変遷してしまい、対応に支障が生じることも考えられる。

　もちろん、聴取を中止するに際しては、子どもに不安を与えないように、分かりやすい言葉で、専門機関に話を聴いてもらった方が良いこと、信用できる大人にきちんとつなげるよう手配をするので心配しなくてよいこと等を説明し、子どもの了解を得るようにする。円滑かつ速やかに専門機関につなげられるよう、日頃から連携を密にしておくことが望ましい。

　このように、虐待についての子どもからの聴き取りは、専門機関に任せることを念頭におくべきであるが、自らがその専門機関の一員として子どもからの聴き取りを行う立場になる場合もあると思われるため、以下に聴き取りの留意点等を示す。

2 ｜ 聴き取りにおける問題点

（1）概要

　一般的に、虐待は家庭内という密室で行われるため、第三者が事実を把握することは容易ではない。虐待の具体的な内容を知るためには、虐待を受けた子ども自身から話を聴くしか方法がない場合も多い。

　しかしながら、いまだ発達段階にある子どもから、正確に聴き取りを行うためには、さまざまな問題が存する。子どもからの聴き取りにおいては、子どもが話をしたがらず聴き取りを行うこと自体が困難な場合や長期間にわたって断続的に虐待を受けた場合などに記憶の一般化・概括化が起こり、具体的な事実の説明が難しいこともある。また、聴取方法によっては、子どもの記憶を汚染してしまう場合もあるため、聴き取りには一定の技術も必要である。

　そして、記憶喚起によって、子どもが二次的な精神的被害を受ける場合があるた

め、聴取者としてはこの点に最大限の配慮を要する。

（2）聴き取ることの困難性

　児童虐待の場合、大人に対して不信感を抱き、大人である弁護士に本当のことを話すこと自体放棄している場合もある。また、養育者が虐待者である場合が多く、養育者に対するおそれ、養育者に捨てられるのではないかとの不安を感じていることもある。さらに「自分が悪い子どもだから」と虐待を自分のせいだと思い込んで、虐待されていることを話すのは恥ずかしいと感じていたりするだけでなく、虐待を受けながらも虐待者である養育者に対して愛情を抱いている場合すらある。

　のみならず、トラウマ体験により、虐待の記憶を無意識的に抑圧し、否認してしまうこともあり得る。

（3）聴き取りの技術の必要性

　幼い子どもの場合、自己の経験と他者からの情報との区別がつきにくいという発達上の認知的特徴がある。

　子どもからの聴き取りにおいては、このような発達上の特性、虐待事実は子どもにとってトラウマ記憶であること、子どもによっては他者からの暗示を受けやすい場合があること、複数回同じことを聴かれると前に言ったことと整合させようとしたり、自分の回答が間違っているのかと不安になって話を変遷させることがあることに留意し、暗示や誘導等は避け、子どもの記憶を汚染しない方法で、正確な情報を得るよう気をつけなければならない。また、聴き取りを行う大人自身の意識にバイアスが生じていないかについても常に注意を払う必要がある。

（4）二次被害回避の必要性

　虐待によって心に深い傷を受けた子どもが、虐待の事実を話すことは、非常に大きな心理的負担を伴う。フラッシュバックしてパニックに陥ることすらあり得る。そのため、子どもからの聴き取りにより、そのような二次的被害が生じないように十分に注意する必要がある。

　聴き取りによる子どもの心理的負担が大きいと予想される場合は、子どもからの聴き取りに長けた心理士や児童精神科医等の専門家に話を聴いてもらい、弁護士は、心理的なサポートや法的手続の説明などによりバックアップをすることも検討されるべきである。

（5）まとめ

　以上のとおり、子どもからの聴き取りには、子どもの特性への理解とインタビ

ュー技術を要する。

なお、近年、子どもの負担を軽減するために、聴き取りを1回で済ませるよう多職種連携による協同面接が実施される例が増えている。その際には司法面接の技法がとり入れられることが多い。☞第1章コラム参照

3 ‖ 事実の聴き取りに関する留意点

（1）子どもの能力に合わせた聴き取り

子どもからの聴き取りといっても、対象年齢には大きな幅がある。また、単に年齢で判断できるものではなく、たとえば同じ小学6年生であっても、その理解力・語彙力・表現力等は一人ひとり異なる。

以下、聴き取りに関する留意点について説明するが、最も重要なことは、子ども一人ひとりの能力を把握しつつ、その能力に合わせて聴き取りを行うことである。

（2）事前の準備

1）事前の情報収集

子どもから聴き取りを行う場合において、家族関係等を聴き取ることが困難な場合も多い。既に児童相談所や警察等が関与するなどして、家族関係等が分かっている場合には、予めそれらの情報を得ておくことが望ましい。

ただし、子どもが、前もって得ていた情報と同じように答えるとは限らず、異なる場合も多々ある。前もって得られた情報が先入観となり、子どもに対する暗示・誘導等にならないよう注意すべきである。

2）実施場所

子どもから聴き取りを行う際、建物自体が静かで、子どもが安全だと感じられるような場所であることが重要である。また、特に年少者の場合、室内に物が置かれていると聴き取りに集中できない場合も多い。聴き取りを行う場所・状況にも十分に配慮すべきである。

3）録音・録画

子どもと聴取者双方が聴き取りに集中し、また、聴き取りの内容や態様を正確に残すためにも、可能であれば、聴き取りは録音・録画しておくべきである。

録音・録画は、後日、聴き取りの方法が問題となり、偽りの記憶症候群[12]で

---

12 偽りの記憶症候群（false memory syndrome）—実際に起きていない事柄を自分が体験したものと強く信じ、またそれを信じない人を拒絶する状態。虐待があったという被害者の供述が、精神療法の場面で治療者（医師やカウンセラー）が誘導尋問的に虐待のことを聞き出してしまったため、本人もそれが本当であると信じ込んでしまったものであって、事実ではないと争われるかたちで問題とされる。

あると主張される場合にも備えることができる。

　なお、録音・録画を行う場合には、その旨および理由を、子どもに分かりやすい言葉で説明をし、子どもの了解を得るようにする。

（3）信頼関係（ラポール）の構築

　子どもからの聴き取りにおいては、「子どもが安全で居心地が良いと感じられるようにすることが最も重要である。適切なラポールの形成の重要性は、いくら強調しても足りないほどである。子どもは自分が支持されていると感じると、虐待について正直に答え、自分から事実を説明してくれる」[13] といわれるほど、子どもとの信頼関係の構築は必要不可欠である。

　インタビュアーの前に突然連れてこられ、質問をされること自体、子どもにとって精神的な負担となり得る。そこで、自己紹介などの挨拶とともに、なぜ話を聴くのか、自分の役割はどのようなものか、録音する場合にはなぜ録音するのかなどの説明を行うことにより、信頼関係を構築しなければならない。また、「○○さんは、何をするのが好きですか」など、自分の知識や体験を自分の言葉で話すことを理解してもらい、信頼関係を築けるような質問を最初に行う方法もある[14]。

　さらには、次に述べる、子どもに話を促すような質問を心がけるなどの聴き取りの手法や子どもに対して手続等の情報を十分に与えることは、信頼関係の構築に役立つものである。

（4）聴き取りの手法・注意点

1）子どもに話を促すような質問を心がける

　　技術的には、条件設定のないオープンな質問で自由に話してもらうことからスタートし、誘導的にならない工夫が必要である。「この傷、お母さんがやったの？」というような質問は、母親がやったという誘導になってしまう。さらには聴取者が意図しなくても、加害者である親や被害者である子ども自身を責めるメッセージを子どもに感じさせてしまう。「この傷はどうしたの？」というような、子どもに話を促す質問を心がけるべきである。

　　このように質問することにより、子どもの答えが聴き手の先入観に影響されることを避けることもでき、正確な事実の聴き取りにも役立つ。

　　なお、子どもからの聴き取りにおいては、子どもがひとつずつ質問を理解し、答えやすいように、1文1質問の形が望ましい。

13　ウェンディ・ボーグほか著、監訳者藤川洋子・小澤真嗣『子どもの面接ガイドブック（虐待を聞く技術）』日本評論社、2003年10月。
14　仲真紀子編著『子どもへの司法面接（考え方とトレーニング）』有斐閣、2016年9月。

2）不安を抱える子どもの気持ちに寄り添うこと

　子どもには、家庭の秘密を守ろう、親をかばおうとする傾向があり、事実を話すことで親を悪者にしてしまうことになり、親と引き離されてしまうのではないかという不安がある。このような子どもの気持ちを受け止め、子どもが話してくれること自体に感謝を示してエンカレッジすることで、子どもに「事実を話そう」という気持ちが湧いてくることが期待できる。また、「自分が悪い子どもだから」と虐待が自分のせいだと思っていたり、親から捨てられるのではないかと不安を抱えたりしている場合に、このような思いや不安を言葉にしてあげることで、子どもに安心感を与えることができる場合もある。

3）責任のもてない保証を与えないこと

　子どもに安心感を与えたいと思うあまり、子どもに対し、良い結果を約束するなど保証をしてしまいそうになるが、責任のもてない保証は、結局は子どもを傷つけることになり、大人に対する不信を増大させることになりかねないので避けるべきである。

4）補助的道具の活用

　子どもによっては、言語性に乏しく、事実を言葉で表現することが難しい場合がある。特に性的虐待の場合には、子どもが体の部位の名称を知らなかったり、恥ずかしいこととして言葉にしにくいことも多い。このような場合、絵を描いたりすることが表現を助けることもある。なお、司法面接の手法によっては、人形[15]を使用することもあるが、使い方が難しく、軽々に使用することは避けた方がよい。

（5）子どもに対する説明、情報の提供

「子どもだから説明しても仕方ない」とか、「子どもだから難しいことは知らなくていいだろう」という考えで説明をしないことは、子どもに先の見えない不安感を与えることになりかねない。すでに述べたとおり、子どもと信頼関係を築くためには、子どもに対して十分に説明し、情報を提供することが必要である。また、各手続が、子どもが安心感を得、精神的な回復を図るきっかけとなる場合もある。

　そのため、今後予想される手続について、子どもの理解力等に応じて、正確な情

15　アナトミカリィ・コレクト・ドール（anatomically correct doll）：アナトミカル・ドールともいう。性教育、カウンセリングの現場において重要なコミュニケーションツールの１つとして世界中で使われている人形で、洋服と下着を付けていて、それぞれの性器の詳細、体毛も組み込まれている。性的虐待を受けた子どもの面接に用いられることもあり、その場合、手や頭などの周辺部から確認し徐々に中心部へという聴き方が、子どもへの負担感も少ないといわれている。他方において、子どもが幻想と現実との区別ができているかの検証が難しいなどの問題もあり、その利用方法には、一定の注意と技術が必要と思われる。

報をきちんと伝えることが必要である。特に、年長の子どもに対しては、子どもの意向や意見を尊重し、不安を取り除いてあげるために、手続や利用しうる機関、制度などについて、できるだけ詳細かつ正確な情報を提供するべきである。

具体的な事項としては、以下のものが考えられる。

1) 手続の説明
　　① 被害にあった子ども自身の被害回復手段について
　　　・刑事告訴　　　　　　　　　　　　　　　　　　　　☞第6章 ② 参照
　　　・民事手続による損害賠償請求
　　② 今後の生活について　　　　　　　　　　　　　　　☞第3章参照
　　　・一時保護、児童養護施設等への施設入所、里親委託等の措置の意義、親子の再統合の見通しなどについての説明
　　③ 親子の再統合が不適切な場合にとりうる手段の説明
　　　　　　　　　　　　　　　　　　　　　　　☞第2章、第3章 ⑦ 参照
　　　・親権喪失・親権停止、親権者変更・親権者指定、監護権者指定、養子縁組、離縁などの法的手段の存在と意義について
　　　・自立支援の仕組みについて　　　　　　　　　　　☞第3章 ⑩ 参照
2) その他の情報提供
　　法テラスの民事法律扶助や日本弁護士連合会の「子どもに対する法律援助」事業を活用することにより弁護士を依頼する方法もあることや、子どものためのシェルターの存在など、子どもが活用しうる制度の情報提供も積極的に行うべきである。

4 ‖ 電話等による相談の留意点

各地の弁護士会においては、子どもに対する電話による相談を行っているところも多い。

電話による相談においては、いつ子どもが電話を切ってしまうかわからないものの、性急に事実を聞き出すのではなく、あくまでも子どものペースに合わせて、子どもが安心して話すことができるような関係をつくることを心がける。子どもが虐待とは全然関係のない話を延々とすることもあるが、実はその間のこちらの受け答えで、「この人になら話せるか」と考えていることもある。

電話で関係をつくることができた場合は、面談につながるように努力すべきであるが、子どもにとっては、会うことの心理的抵抗は大きいので、面談を行う際にも、弁護士事務所まで出向いてほしいと言うのではなく、子どもにとって安心できる場所までこちらが出向いていくような配慮も有効である。

　なお、近年、連絡の手段として電話を使わない子どもが増えており、メールやSNSによる相談体制をとることも情報提供の手段として有益である。なお、活用にあたっては匿名性や拡散の可能性が高いことを踏まえた配慮が必要である。

10 相談時の留意点 ~虐待を疑われている親からの相談~・・・・・・・・

1 || はじめに

　虐待は、子どもに対する重大な人権侵害である。親からの相談を受ける場合、このことを忘れてはならない。親の言い分だけに依拠して子どもを親に委ねることで、新たな虐待行為が行われるかもしれないことを十分に警戒するべきである。

　一方で親（親権者）には子どもの居所指定権や監護教育権を含む親権があり、その親権や親の権利と衝突する可能性がある児童相談所や捜査機関の活動に問題点があるかどうかを慎重に検討する必要性も高い。

　児童福祉法上の措置は、親を加害者として処罰するためのものではなく、虐待する親も虐待される子どもも、いずれも家族機能の歪みによる被害者的な立場にあり、治療が必要であるという考え方に立って、子どもの福祉を守ると同時に、親が虐待に至ってしまった背景や動機を見つけ出し、要因を取り除くためにとられるものである。育児不安や家族不和、経済的困窮、親の精神疾患・発達障害、社会的孤立などが虐待の背景にあることは多く、こうした原因を取り除くことは、親と関係機関との協働作業である。したがって、親の感情に任せて関係機関との対立構造をいたずらに深めることがないように注意する必要がある。

　親が虐待行為を否定している場合には、親を弁護するために事実関係を争うことになるが、そのことは、被害者とされる子どもの言い分を否定することにつながる場合もあり、子どもに多大な精神的負担をかけたり、子どもを親と対決させたりすることにもなりかねない。

　親からの相談を受ける場合には、以上のようなことを念頭に置き、子どもの福祉を考えて行動する必要がある。

2 || 聴き取りのポイント

（1）家庭の状況など

　相談者と子どもとの関係（実父母か継父母あるいは養父母か）や家族構成、同居・別居の別などを、最初に詳しく聞いておく。

　その際に、相談者の子ども（きょうだいがいる場合はきょうだいについても）に対する感情や評価などについても聞いておくとよい。

（2）疑われている虐待の具体的内容

　次に、どのような虐待行為を疑われているのかを詳細に聞く必要がある。「い

つ、どこで、誰が、何を、どうした」という基本を押さえた上で、相談者が虐待を否定している場合には、「なぜ」相談者が疑われているのかについても情報や思い当たることがあれば聞いておくべきである。

その上で、相談者の言い分で、矛盾やおかしいと思う箇所があればそれを確認することも必要である。

ただ、相談者は「転んでケガをした」と説明しているが、病院は「転んでもこういうケガはしない」という場合のように、相談者にいくら質問をしても受傷の原因が明らかになるとは思えないようなときには、第三者の医師など、専門家の意見を求めるべきである。

（3）親自身の生育歴・被虐待歴

さらに、可能であれば親自身の生育歴や被虐待歴についても聴き取るべきである。親自身が虐待を受けて育ってきたような場合には、本人は意識していなくても、それが子どもに対する虐待の原因のひとつになっている場合もある。

また、被虐待歴がない場合でも、親自身に自分が子どものころのことを思い出してもらうことで、被害者である子どもの立場・子どもの気持ちに立って被害感情などを理解してもらうことにも役立つ。

3 ‖ 刑事事件の場合

☞第6章 ③ 参照

（1）虐待事実を否認している場合

刑事事件として捜査・起訴されたが親が否認している場合、弁護人としては、無罪を主張して弁護活動をすることになる。

しかし、そのような場合であっても、児童福祉法上の措置については、具体的に誰がどのような行為をしたかとは関係なく、「保護者に監護させることが著しく当該児童の福祉を害する場合」（児福28）にあたるか否かが重要な考慮要素として判断される点に注意が必要である。そのため、刑事弁護における「最善弁護」の要請を念頭に置きつつも、事案にもよるが、刑事事件で無罪を争っていても、子どもの福祉の観点から子どもの保護に同意したり子どもに対して謝罪の意思を表示したりすることは、必ずしも矛盾しないであろう。

また、公判においては、被害者特定事項の秘匿制度（刑訴290の2）に同意するなど、子どもに与える精神的負担を軽減させるような対応が望まれる。

さらに、公判で否認した場合には、被害者である子どもの供述調書を不同意にするか否かを検討することになるが、その場合でも、子どもに不当・不要な精神的苦

痛を与えないよう配慮することが必要である。

　したがって、調書の作成経過について調書作成者（警察官・検察官）の証人尋問をすることで、記載内容の信用性を弾劾するといった方法や、調書作成過程の録音やビデオ撮影がされている場合にはそれらを出してもらうなど、可能な限りの代替手段を検討し、子どもに証言をさせることはできる限り避けるべきである。

　さらに、どうしても証言が必要な場合であっても、まずは裁判所外における尋問（刑訴158）を検討し、裁判所における尋問の場合でもビデオリンク方式（刑訴157の6）や遮蔽措置（刑訴157の5）、付添人（刑訴157の4）等には、できる限り協力すべきである。

　親からの相談や弁護人としての打ち合わせに際しても、上記のようなことを念頭に置いた上で、親に対してその趣旨を丁寧に説明し、理解を得られるように努力すべきである。

（2）虐待事実を認めている場合

　虐待を認めている場合には、自己の行為を振り返らせ、親子関係の再構築のための一歩として刑事手続を位置づけることになるが、具体的な弁護活動としては、情状弁護が中心となる。

　親の生育歴、夫婦関係、家庭環境、精神疾患などのなかに、非難可能性の減少や、虐待の再発防止に結びつく有利な事情があれば、それを主張・立証していくことになるが、弁護人として個別の事情やその事情と事件との関係を主張・立証をすることに困難を伴う場合には情状鑑定[16]の利用も検討するとよい。

　また、被害者である子どもに関する児童相談所の調査記録中に、親にとって有利な情状が記載されていることもあるので、刑事訴訟法上の照会（刑訴279）や提出命令（刑訴99Ⅲ）の申立ても検討するとよい。

　さらに、再犯の防止の観点から、親への治療や環境調整等について関係機関に繋ぐなどの条件整備をすることが重要である。

4 ‖ 親がとり得る法的手続

（1）はじめに

　虐待している親や虐待を疑われている親の中には、関係機関に対する非難や攻撃

16　情状鑑定：訴因事実以外の情状を対象とし、裁判所が刑の量定、すなわち被告人に対する処遇方法を
　決定するために必要な知識の提供を目的とする鑑定。責任能力の有無を医学的に判断する精神鑑定とは
　異なり、家族歴・成育歴、本人の性格上の問題点、犯行時の精神状態などの量刑上参考となる背景事情
　などが対象となる鑑定であり、家庭裁判所調査官のOBなどが組織するNPOなどが行うこともある。

に終始している者が多い。そのために関係機関との信頼関係が築けず、親子分離の手続に進んでしまったり、かえって虐待の疑いを一層強くしてしまったりする場合も考えられる。

したがって、弁護士が親の援助者として、こうした不満を受け止めてあげると同時に、適切な法的手段をアドバイスする必要性は高い。

（2）資料等の開示

虐待をしている親や虐待を疑われている親から、関係機関がどのような事実調査をしたのか知りたい、子どもが何を言っているのか知りたいとの要望がなされることがある。その場合、以下のような手続によって資料等の開示請求が考えられるが、子どものプライバシー等を理由に非公開・非開示となり実効性が乏しい可能性が高いので、その旨を十分理解してもらう必要がある。

ア　情報公開条例に基づく公開請求

児童相談所の調査記録も公文書であり、情報公開条例の対象文書となることから、同条例に基づく公開を求めることが可能である。しかし、一般的には、個人が特定される情報はプライバシー保護を理由として非公開とされることが予想されるため、実効性は期待できない。

イ　個人情報保護条例に基づく開示請求

これに対し、個人情報保護条例に基づく開示請求は、自己情報の確認・訂正請求権を根拠とするものであることから、開示請求者のプライバシー保護を理由とする非公開は原則として認められない。

個人情報保護条例に基づく開示請求の場合、親が親自身の情報として請求をする場合と、子どもの法定代理人親権者として請求をする場合がある。

親自身の情報として開示請求をした場合には、親自身に関する情報は非開示とする理由が一般的にはないが、親の情報であると同時に子どもに関する情報にもあたる場合は、子どものプライバシー保護等を理由に開示を拒絶されることがある。

子どもの法定代理人親権者として請求した場合、法定代理人からの請求であっても本人との利益相反にあたる場合は請求を拒絶できるという趣旨の非開示条項があるところでは、虐待等を理由にそのほとんどが非開示となる場合もある。

（3）一時保護等に対する行政不服審査請求　☞第7章 2 参照

児童相談所の行った一時保護や面会通信制限等は、行政処分の一種であることから、行政不服審査法に基づく審査請求が可能である。

請求は、処分のあったことを知った日の翌日から3か月以内（行審18Ⅰ）に処

分庁の上級行政庁に対して行うこととされており（行審4④）、都道府県の児童相談所の上級行政庁は、当該都道府県知事である。

　手続については、同法第18条以下に規定されているが、審査請求をしても、一時保護等の効力は原則として停止しない（行審25Ⅰ）ことに注意が必要である。

（4）児童相談所長が行う家事審判手続の親側代理人

　児童相談所が家庭裁判所に対して、一時保護延長についての承認や施設入所措置承認の申立て（児福28）、また親権制限の申立て（民834・834の2）等をした場合に、利害関係参加を行う親の代理人として活動する場合もある。

　その際は、家庭裁判所は司法機関として中立であることを説明し、親の家庭裁判所に対する警戒心を取り去った上で、親の事情や言い分を積極的に主張したり、親の言い分に関する客観的な証拠などを収集・提出したりしていくことが求められる。

　なお、家庭裁判所の審判に不服がある場合には、高等裁判所に即時抗告をすることができる。

（5）28条承認後の、親からの子ども引取りを求める旨の相談など

　生活上の決定事項については、施設における生活の場合、施設長が監護、教育、懲戒に関する措置を行う権限をもっていることを親に説明した上で、相談内容がこうした権限を越えているか否かに沿ったアドバイスをすることになる。

　子どもの引取りを求める相談の場合、施設入所承認の審判書などにより承認時の事情を把握した上で、そこで認定された事情が、その後どのように変化しているかや現在の親子関係等について聴き取り、承認の基礎となった事情が解消している場合（たとえば、親のアルコール依存症により育児ができないことが承認の理由となっていた場合に、その後、親が治療に通って症状が軽快した場合など）には、児童相談所にそうした事情を積極的に伝えていくアドバイスや援助をしていくことになろう。

（6）人身保護請求　　　　　　　　　　　　　　　☞第2章⑫5参照

　児童相談所等の一時保護や施設入所措置が「法律上正当な手続によらない」（人身保護法2Ⅰ）場合には、人身保護請求が利用できる。

　「法律上正当な手続によらない」場合とは、「拘束又は拘束に関する裁判若しくは処分がその権限なしにされ又は法令の定める方式若しくは手続に著しく違反していることが顕著である場合」とされている（人身保護規則4）。

5 ‖ 親からの相談で虐待が発見された場合の通告

　弁護士は、職務上家庭内の問題に関与する機会は多く、児童虐待を発見しやすい立場にあることから、虐待についての早期発見努力義務を課されており（児虐5Ⅰ）、虐待された疑いがある児童を発見した場合には、通告義務（児福25、児虐6）に基づき、弁護士であっても通告する義務を負う。

　したがって、被害者である子ども自身や虐待者ではない親や関係者などからの相談で虐待が発見された場合には、児童相談所等に通告するべきであろう。

　これに対し、虐待者である親自身が相談者・依頼者である場合に、相談や打合せの過程で虐待が発見された場合には悩ましいところである。なお、児童福祉法第25条第2項において、刑法の秘密漏示罪の規定やその他の守秘義務に関する法律の規定は情報提供を妨げるものと解釈してはならないと規定されていることから、通告をしたとしても、弁護士法第23条で定められている守秘義務違反には当然には結びつかないものの、双方の規定の趣旨や具体的な事情に照らして注意深く対応する必要がある。　　　　　　　　　　　　　　　　　　☞第3章1️⃣4参照

1　司法面接とは

　いわゆる「司法面接」（forensic interview）とは、「法的な判断のために使用することのできる精度の高い情報を、被面接者の心理的負担に配慮しつつ得るための面接法」[1] と定義されるなど、専門的な訓練を受けたインタビュアーが、子どもの精神的な負担を最小限にしながら、児童虐待など（保護者によるものに限られない）の被害を受けた子どもに対し、その供述結果を司法手続で利用することを想定して実施する事実確認のための面接をいう。

2　司法面接の有用性

（1）　子どもからありのままの事実を聴き取る技法として

　一般に、子どもは、時間の経過によって記憶が減退しやすくまた、発達途中にあることから誘導や暗示の影響を受けやすいという認知的特性があるといわれる。そのため、児童虐待を受けた子どもの供述を司法手続において利用しようとする場合、その供述が誘導や暗示の質問によって引き出されたものであるとして、その任意性や信用性が争われることがある。そこで、できるだけ誘導性や暗示性を排して、子どもからありのままの事実を被害発覚から早期に聴き取るための面接技法が必要となり、そのために開発されたのが司法面接の技法である。

　司法面接は、面接のための約束事の確認、ラポール形成、出来事を思い出す練習、自由報告などといった順序で進められることが多い。自由報告においては、「はい」または「いいえ」で答えることのできるクローズドクェスチョン（例：「あなたはお父さんにぶたれたのですか」）ではなく、できる限り、子どもに自由な発言を促すオープンクェスチョン（例：「そのときのことを最初から最後まで全部教えてください」）を用いて行われる。

（2）　精神的負担を軽減させる目的

　他方、司法面接には、子どもの精神的負担を軽減させる目的もある。すなわち、児童虐待などを受けた子どもが医療機関、福祉機関、捜査機関、司法機関などから何度も被害事実の聴き取りを受けた場合、その度に被害事実を再体験し、さらなるトラウマを負うという二次被害にさらされることになる。かかる子どもの負担を可及的に低減させるため、調査および捜査の段階において、関係諸機関の専門家が一堂に会して別室で見守るなかで、訓練を受けたインタビュアーにより子どもからの聴き取りを行う。

1　仲真紀子編著『子どもへの司法面接—考え方・進め方とトレーニング』有斐閣、2016年9月

3 司法面接の対象事案

　我が国においては、司法面接の技法を用いた事実の聴き取りは、主として性的被害を受けた子どもに対する被害事実の確認の場面で行われている。しかし、他国では、身体的被害を受けた子ども、何らかの加害行為を目撃した子どもにも用いられているほか、知的または精神的な障がいがある大人に対しても用いられる例もある。

4 記録の保存の仕方

　子どもの言葉による表現能力は未熟であり、とりわけ、幼児の場合には身体表現で補完する場合もある。また、インタビュアーが身体を使って誘導していないことを示すためにも、後から面接の経過を確認できるように、質問と供述およびその状況の映像ならびに音声を全て同時に記録できるような DVD などの記録媒体で記録する必要がある。

5 我が国の取組の現状

　児童相談所における性的虐待対応については、「子ども虐待対応の手引き」（平成11 年 3 月 29 日児企第 11 号厚生省児童家庭局企画課長通知）において、司法面接の技法を用いた「被害事実確認面接」が紹介され、その後、児童相談所における性的虐待対応ガイドライン 2011 版が作成された[2]。現在、多くの児童相談所において、同ガイドラインにそって、被害事実確認面接が行われている。また、子どもの特性を踏まえた面接・聴取方法等を児童相談所、警察、検察で協議・実施する取組を試行的に実施することについて、「子どもの心理的負担等に配慮した面接の取組に向けた警察・検察との更なる連携強化について」（平成 27 年 10 月 28 日雇児相発 1028 第 1号雇用均等・児童家庭局総務課長通知）という通知等司法面接に関する通知が次々と出され[3]、3 機関の代表者による面接または 2 機関による面接を行った事例は、平成31・令和元年度には、1638 件となっている[4]。

　それ以外にも、大学や民間機関などでも関係機関等から依頼を受けて司法面接の技法による面接が実施されている。

....

2　児童相談所における性的虐待対応ガイドライン 2011 版　厚生労働科学研究費補助金（政策科学総合研究事業（政策科学推進研究事業））「子どもへの性的虐待の予防・対応・ケアに関する研究（研究代表者 柳澤正義）」児童相談所における性的虐待対応ガイドラインの策定に関する研究（研究分担者 山本恒雄）性的虐待の被害確認のための面接のあり方に関する研究（研究分担者（故）庄司順一）
3　「児童虐待防止対策の強化に向けた緊急総合対策」（平成 30 年 7 月 20 日児童虐待防止対策に関する関係閣僚会議）や「児童虐待事案に係る子どもの心理的負担等に配慮した面接の取組に向けた警察・検察との更なる連携強化の推進について」（平成 30 年 7 月 24 日付厚生労働省子ども家庭局家庭福祉課長通知）など。
4　法務省「代表者聴取の取組の実情」（性犯罪に関する刑事法検討会　第 7 回会議　配布資料 53）10 頁（令和 2 年 10 月 20 日）https://www.moj.go.jp/content/001331469.pdf

6　関係機関等に望まれる対応

　不適切な質問方法により子どもから聴き取りを行った場合、子どもの記憶が汚染されるという危険がある。そのため、専門的訓練を受けていない者が子どもの性的被害を認知した場合、そこでは被害事実の概要を聴き取るにとどめ、速やかに上記のような司法面接の技法による聴き取りを行っている機関に引き継ぐことが望ましい。

　また、聴き取った内容については子どもの福祉のために関係機関同士で十分に情報共有されることが望まれる。特に、児童相談所と捜査機関との間の情報共有に関しては、「児童虐待事案に係る子どもの心理的負担等に配慮した面接の取組に関する情報共有について」（令和元年6月7日付厚生労働省子ども家庭局家庭福祉課長通知）のとおり、児童相談所において家庭裁判所に提出する場合のみならず、子どもの措置の要否を検討するといった場合等にも、捜査機関側から児童相談所に対して情報提供する必要性が認められる場合があるとされている。

参考資料
・日本弁護士連合会「子どもの司法面接制度の導入を求める意見書」2011年（平成23年）8月19日
・木田秋津「チャイルド・アドヴォカシーセンターモデルの理論と実践—アメリカにおける多職種専門家チームによる虐待事案への対応」『自由と正義』61巻1号92頁

第 2 章

虐待防止と民事上の対応

1 親権制限制度について

　平成23年民法改正により、親権を終局的に喪失させるのではなく、期間を限定して親権行使を一時的に制限する制度（親権停止制度）が創設されるとともに、親権喪失の要件が明確化され、申立権者についても、子の親族、検察官、児童相談所長に加え、子、未成年後見人、未成年後見監督人にも請求権が認められることになった。

　全国の家庭裁判所における親権制限事件の新受件数は、平成23年が119件であったものが、平成24年が239件、平成25年が315件、平成26年274件、平成27年が267件、平成28年が316件、平成29年が373件、平成30年が399件、令和元年が374件と増加傾向にある。新受件数の内訳をみると、その半数以上が親権停止となっている。また、既済件数においても、平成24年のみ親権喪失が親権停止を上回っているものの、平成25年以降親権停止が全体の半数以上を占めている。親権喪失が全面的に親権を奪うものであったために、これまで家庭裁判所への申立て自体を躊躇していた事案において、親権停止が積極的に活用されていることがわかる。

　また、親権制限事件の認容事案における認容原因（虐待等の態様）をみると、親権喪失の認容理由は平均すると身体的虐待、性的虐待、ネグレクト、心理的虐待の割合に大きな差は認められないが、親権停止はネグレクトが半数近くを占めており、性的虐待は5％程度となっている。

親権喪失・親権停止が認容された事件の虐待類型別件数

1　親権喪失

年	身体的虐待	性的虐待	ネグレクト	心理的虐待	その他
平成24（2012）	4	3	3	2	2
25（2013）	5	8	8	3	4
26（2014）	7	4	11	4	4
27（2015）	4	3	11	11	0
28（2016）	3	5	2	1	3
29（2017）	8	2	14	0	4
30（2018）	9	6	4	4	8
令和1（2019）	12	6	16	14	6
合計	52	37	69	39	31

2 親権停止

年	身体的虐待	性的虐待	ネグレクト	心理的虐待	その他
平成24（2012）	3	0	9	2	1
25（2013）	17	8	29	5	15
26（2014）	4	2	23	5	9
27（2015）	14	2	39	11	5
28（2016）	15	5	34	13	27
29（2017）	15	8	36	6	14
30（2018）	27	3	25	21	16
令和1（2019）	35	7	51	15	18
合計	130	35	246	78	105

　最高裁の公表資料 https://www.courts.go.jp/toukei-siryou/siryo/zihukuhou/index.html による。複数の認容原因が存在することもあるため、認容原因の合計と認容件数は必ずしも一致しない。

2 親権停止 ・・

1 ‖ 概要

親権停止制度は、家庭裁判所の審判によって、2年以内の期間に限って親権者が親権を行うことができないようにする制度である（民834の2）。

親権停止制度は、親権を終局的に喪失させるのではなく、期間を限定して親権行使を一時的に制限するにとどめ、親権喪失と比較して要件面でのハードルを下げることにより、親権制限制度をより適切に運用しやすくすることを目的に導入された制度である。

親権停止制度の導入により、父母による親権の行使が困難または不適当であるものの、親権を喪失させるまでには至らない比較的程度の軽い事案や、医療ネグレクト等の一定期間の親権制限で足りる事案において、必要に応じて適切に親権を制限することができるようになった[1]。

平成24年4月の施行以来、親権停止の申立件数は増加傾向にあり、平成26年には親権停止の申立てが153件（うち認容例は40件）、平成27年には申立て192件（認容例58件）、平成28年には申立て202件（認容例83件）、平成29年には申立て250件（認容例67件）、平成30年には申立て246件（認容例79件）、令和元年には申立て252件（認容例89件）となっており、制度の活用が進んでいることがうかがえる。

☞第2章 1 参照

2 ‖ 申立権者

子、その親族、未成年後見人、未成年後見監督人、検察官（以上、民834）、児童相談所長（児福33の7）である。なお、児童福祉法における児童は18歳未満の者をいうが（児福4）、児童相談所長は、20歳未満の者について、親権喪失の審判を請求することができる（児福33の7。民法改正により成年年齢が18歳に引き下げられた後は18歳未満の者についてのみ行いうる。）。

子が申し立てる場合には意思能力があることが必要であるが、家庭裁判所に属する他の類型の事件におけるこれまでの実務に鑑みれば、15歳以上であれば、特段の事情のない限り意思能力があるとされるものと見込まれる。15歳未満であって

---

1 親権停止の審判例として、①宮崎家庭裁判所平成25年3月29日審判・家裁月報65巻6号115頁（未成年者の母および養父の親権を停止し、その期間をいずれも2年間と定めた事例）、②千葉家庭裁判所館山支部平成28年3月31日審判・判例タイムズ1433号247頁（特別支援学校に進学するにあたり療育手帳の取得等の手続を親権者が拒否する等、親権の行使が不適切であり未成年者の利益を害するとして親権停止を認めた事例）などがある。

も、事案ごとに、本人の成熟度等によって判断されることになると思われる。

　財産に関する権限のみを有する未成年後見人であっても、申立権が認められる。さらに、複数の未成年後見人または未成年後見監督人が共同してその権限を行使すべき場合であっても、それぞれの未成年後見人または未成年後見監督人が単独で申立てすることができる。

3 ‖ 要件

　(1) 父または母による親権の行使が困難または不適当であることと、(2) それにより子の利益を害することである（民834の2Ⅰ）。親権喪失の審判の要件と異なり、①父または母による親権の行使が「著しく困難又は不適当」、②子の利益を「著しく害する」とまでいえなくてもよく、③2年以内に原因となる状況が消滅する見込みがあるか否かも問わない。

4 ‖ 審理手続

　親権喪失・親権停止・管理権喪失の審理手続の項を参照。　　☞第2章 5 参照

5 ‖ 審理内容

　親権停止の審判では、親権を停止する期間を、「その原因が消滅するまでに要すると見込まれる期間、子の心身の状態及び生活の状況その他一切の事情を考慮して」2年以内で定めることとなっているため（民834の2Ⅱ）、上記親権停止の要件に関する審理のほか、その点も審理の内容となる。

　この点、親権停止期間を定める際の考慮要素として「子の心身の状態及び生活の状況その他一切の事情を考慮して」という文言が入ったのは、親の事情だけでなく子の側の事情やその他の事情についても十分に考慮すべきであるという趣旨である。

　もっとも、「その原因が消滅するまでに要すると見込まれる期間」を認定することが困難な事案が多いと思われ、実際に親権停止の審判がされた事案では親権停止期間を2年間とする事案の割合が多いようである[2]。　　☞第2章 1 参照

　そのため、親権停止を要する具体的な期間の判断が困難な場合、親権停止期間を2年間として申立てを行うべきであろう。なお、子が2年以内に成人する場合には、終期を記載するべきであろう。

2　最高裁判所事務総局家庭局「親権制限事件及び児童福祉法28条事件の概況—平成28年1月～12月」8頁、判例タイムズ1427号248頁［解説］2参照。

6 ‖ 審判の効果

　親権者は、審判で決定された親権停止期間中に限り親権を行使することができなくなる（民834の2）。具体的には、父母が共同親権を行使していた場合にその一方のみが親権停止の審判を受けたときは他方が単独で親権を行使することになり、父母双方が親権停止の審判を受けた場合には未成年後見が開始することになる（民838①）。なお、15歳未満の子を養子縁組する場合の同意権は失われないことに注意が必要である（民797Ⅱ但書）

　また、親権停止の審判がなされると子の戸籍にその旨が記載される（家事116①、家事規76Ⅰ①）。

　親権喪失の審判がなされた場合は、家庭裁判所によって審判が取り消されなければ親権が回復しないが（民836）、親権停止の審判がなされた場合は、審判において家庭裁判所が定めた親権を停止する期間が経過すれば自動的に審判の効果は失われ、親権が停止されていた父または母の親権が回復する。ただし、戸籍の記載は、期間経過によっても消えるわけではない。

7 ‖ 親権停止中の親子関係再構築支援

　親権停止の場合、停止期間満了後に親子関係の再構築が予定されているケースも多いと思われるため、そのようなケースでは段階的に親子の面会を実施することも検討すべきと考えられる。その場合、親子の面会の可否は、一次的には子の意向や状況によって判断されることになり、また子の監護者である未成年後見人等の意見も加味されることとなる。また、親権を停止された父または母としても、子の監護者に面会の実施を申し入れたり、家庭裁判所に親子の面会を求める調停を申し立てたりすることが可能と解されている。

8 ‖ 保全処分

　親権喪失・親権停止・管理権喪失の審理手続の項を参照。　　☞第2章 5 参照

9 ‖ 再度の申立て

　親権停止期間の更新または延長の制度は設けられていないが、親権停止の期間が満了後も、親権を停止されていた父または母に親権を行わせることが子の利益を害するときは、再度、親権の停止を申し立てることが可能である。

　再度の親権停止の申立権者は、初回の親権停止の申立ての場合と同じ、子、その親族、未成年後見人、未成年後見監督人または検察官および児童相談所長である。

　再度の親権停止の審判の申立ては、親権停止期間が満了する以前から申し立てることが可能である。そして、前回の親権停止期間の満了前に再度の親権停止の審判が見込まれる場合の申立てにおいては、「前審判確定の日の2年後の応当日から」必要とされる期間の親権停止を求めることになろう。なお、親権停止の審判の申立てによっては、親権の停止は維持されないため、再度の親権停止の審判が行われる以前に、前回の親権停止の期間が満了するおそれがある場合については、保全処分によることとなる。

10 ‖ 審判の取消し

　親権停止の審判がされても、それらの原因が消滅した時は、家庭裁判所は、本人またはその親族の請求によって、当該審判を取り消すことができる（民836）。また、児童福祉法により、児童相談所長にも申立権が認められている（児福33の7）[3]。

11 ‖ 親権喪失・管理権喪失の審判の請求との関係

　親権喪失・親権停止・管理権喪失の審理手続の項を参照。　☞第2章 5 参照
　28条申立てとの関係については親権制限制度の項を参照。　☞第3章 7 参照

3　親権停止の審判がされた後の親の生活状態、子の監護状況、子の意向等を考慮して、同審判が取り消された事例として、和歌山家庭裁判所平成27年9月30日審判・判例タイムズ1427号248頁、判例時報2310号132頁など。

3 親権喪失 ....

1 ‖ 概要

　親権喪失（民834）は、親権を期間の制限なく喪失させる制度であり、親権喪失を行う場合には、親権停止以上に子どもの意向を十分配慮することが必要である。

2 ‖ 申立権者

　子、その親族、未成年後見人、未成年後見監督人または検察官（民834の2Ⅰ）および児童相談所長（児福33の7）である。詳細は親権停止の同項目を参照。

3 ‖ 要件

　「父又は母による虐待又は悪意の遺棄があるときその他父又は母による親権の行使が著しく困難又は不適当であることにより子の利益を著しく害するとき」で、2年以内にその原因が消滅する見込みがないことが必要である（民834）。

　「虐待」とは児虐第2条に規定する虐待を指し、「悪意の遺棄」とは正当な理由がないのに著しく監護養育の義務を怠ることをいう。また、「親権の行使が著しく困難であるとき」とは、精神的または身体的故障などにより適切な親権の行使が不可能またはこれに近い状態にあることをいい、「親権の行使が著しく不適当であるとき」とは、子を虐待し、または通常未成年の子の養育に必要な措置をほとんどとっていないなど親権の行使の方法が適切さを欠く程度が高い場合や、父または母に親権の行使をさせることが子の健全な成長発達のために著しく不適当であることをいう。親権喪失の原因が認められる場合でも、短期間のうちにその原因が消滅すると見込まれる場合には親権停止の審判が適当であるため、2年以内に親権喪失の原因が消滅する見込みがあるときは親権喪失の審判をすることはできない（民834）[4]。

　親に精神疾患がある場合のように、親に帰責性ないし非難可能性がなくてもよい。なお、父母が共同親権を行使しているときに、父母一方についてのみ親権喪失の原因がある場合には、その一方のみを相手方として申し立てれば足りる。また、親権の代行が行われている場合（民833、867Ⅰ）にも準用されると解されている。

　「親権者が子どもの養育に必要な措置をとっておらず、養育監護の実績はほとんどなく、その上親権者はアルコール依存の程度が強く配偶者に対する暴力を含めそ

....

4　飛澤知行編著『一問一答　平成23年民法等改正』商事法務、2011年11月　参照。

の暴力傾向が強いのであって、親権者の適格性の観点からも親権喪失の一事情となりうる」として親権喪失が認められた事案（大阪高等裁判所令和1年5月27日決定家判24号86頁）、非親権者（実父）に親権者の変更をしようとしたが実母が内夫と婚姻し養子縁組したため親権者変更ができなくなった事案で、子どもの施設入所が長期間に及んでいることから子どもを退所させて家庭生活を送らせることが重要であるが、子どもの親権者らに対する拒否感情や親権者らの発言及び態度に照らして子どもを親権者らに引き渡すのは適当でないこと、親権者らが児童相談所から虐待と言われたことに強く反発して児童相談所への抗議行動等に終始し、子どもの監護養育や早期退所の必要性について配慮がうかがわれないこと等から親権喪失が認められた事案（名古屋家裁岡崎支部平成16年12月9日審判）がある。

4 ‖ 審理手続

親権喪失・親権停止・管理権喪失の審理手続の項を参照。☞第2章 5 参照

5 ‖ 審判の効果

　審判が確定すると、親権を喪失する親が子に対して有していた親権は将来に向かってすべて喪失し、対世的効力が生じる。ただし、親権の喪失はあくまで親権行使の権限が喪失するだけなので、他の法律関係（相続や扶養等）には影響しない。

　父母が共同親権を行使していたときに、その一方のみが親権喪失の審判を受けた場合には、他方が単独で親権を行使する。父母双方が親権喪失の審判を受けた場合には、未成年後見が開始することになる（民838①）。親権喪失の審判を受けた父母は、未成年後見人を指定することができず（民839Ⅰ）、また、自らも未成年後見人となることができないと解されている。

6 ‖ 戸籍への記載

　親権喪失の審判がされた場合には、子の戸籍にその旨が記載される（家事116①、家事規76Ⅰ①）。なお、親権喪失の審判が取り消され、または子が成年に達した後に新戸籍が編製され、または他の戸籍に入籍する場合には、親権喪失の審判およびその取消しの記載は移記されない。

7 ‖ 審判後の取消し

　親権喪失の原因が消滅したときは、家庭裁判所は、本人またはその親族の請求によって、親権喪失の審判を取り消すことができる（民836）。児童相談所長にも、20歳未満の者について、親権喪失の取消しの審判の請求権が認められている（児福33の7。民法改正により成年年齢が18歳に引き下げられた後は18歳未満の者についてのみ行いうる。）。

　親権喪失の審判の取消しの審判についても、親権喪失の審判と同様に、即時抗告をすることができる（家事172Ⅰ⑤⑥、86Ⅱ、172Ⅱ②）。

8 ‖ 保全処分

　親権喪失・親権停止・管理権喪失の審理手続の項を参照。　☞第2章⑤参照

9 ‖ 親権停止・管理権喪失の審判の請求との関係

　親権喪失・親権停止・管理権喪失の審理手続の項を参照。　☞第2章⑤参照
　なお、28条申立てとの関係については親権制限制度の項を参照。☞第3章⑦参照

4 管理権喪失 ·····································

1 ‖ 概要

　親権の効力のうち、財産管理権（民824）を喪失させる制度である（民835）。親権喪失が親権の全部を喪失させるのに対し、管理権喪失は、その一部である財産管理権に限って喪失を認める点に特徴がある。

　平成23年民法改正前も管理権喪失宣告制度が存在したが、子どもの財産が減少するおそれのある場合に限って喪失が認められ、申立権者も「子の親族又は検察官」に限られていた。平成23年民法改正により、要件が緩和され、子ども本人の申立権が認められるようになった。

　もっとも、改正後も利用件数は少なく、家庭裁判所における新受件数は5年間（平成27〜令和元年）の累計でも27件にとどまる[5]。

2 ‖ 申立権者

　子、その親族、未成年後見人、未成年後見監督人または検察官である。子ども本人の申立権は平成23年民法改正により認められた。詳細については親権停止の同項目を参照。　　　　　　　　　　　　　　　　　　　　　　☞第2章 ②2参照

　児童相談所長にも申立権が認められている（児福33の7）。児童相談所運営指針では、申立てを検討すべき例として、「施設入所中の子について、監護面の問題は生じていないものの、子に多額の財産があるため、親権者が子の利益に反して財産を損なうおそれがある場合」があげられている。

3 ‖ 要件

　「父又母による財産管理権の行使が困難又は不適当であることにより子の利益を害する」ことである。平成23年民法改正前は「親権を行う父又は母が、管理が失当であったことによってその子の財産を危うくしたとき」に限って喪失が認められていたが、現行法下では、必ずしも子どもの財産が減少するおそれがなくても喪失が認められる。たとえば、子どもが第三者と契約しようとする場合に、親権者が正当な理由もないのに同意（民5Ⅰ）を拒むことは、財産の減少をもたらすとは限らないが、これによって子どもの利益を害するときには、管理権の喪失が認められる。

5　裁判所ホームページ　https://www.courts.go.jp/toukei_siryou/siryo/sinkenseigen_jidouhuku
　　sihoujikengaikyou/index.html

また親権喪失と異なり、権限の行使が「著しく」困難または不適当であることまでは求められていない。

なお、親権者について破産手続が開始されたときは、破産法第61条により、当然に管理権喪失の原因となる。（東京高裁平成2年9月17日決定参照）。

4 ‖ 審理手続

親権喪失・親権停止・管理権喪失の審理手続の項を参照。 ☞第2章 5 参照

5 ‖ 審判の効果

管理権喪失の審判により、親権者は子どもの財産管理権を失う。父母が共同で親権を行使している子どもについて、父母の一方だけが管理権を喪失したときは、他方だけで財産管理を行うことになる。父母の双方について管理権喪失の審判があった場合、または単独親権者について管理権喪失の審判があった場合は、財産管理に関する部分についてのみ、未成年後見が開始することになる（民838①）。

管理権喪失の審判が確定したときは、裁判所書記官の嘱託により、子の戸籍にその旨が記載される（家事116①、家事規76Ⅰ①）。

6 ‖ 審判後の対応

管理権喪失の審判があった場合でも、その親権者は身上監護権（監護教育権、居所指定権、懲戒権および職業許可権）は失わないため、管理権喪失の審判を受けていない親権者または財産管理権のみを有する未成年後見人は、管理権喪失の審判を受けた親権者と協働して子どもに関わることになる。しかし財産管理権と身上監護権は重複して問題になることも多く（たとえば子どもがアパートを賃借して一人暮らしをする場合、賃貸借契約の締結は財産管理権に含まれるが、一人暮らしをすること自体は身上監護権の問題である）、両者が協力的な関係にないときは、双方の権限行使に支障が生ずるおそれがある。したがって、管理権喪失審判の申立てにあたって、特に管理権喪失の審判を受ける親権者が引き続き子どもと同居すると見込まれる場合は、財産管理権を有する親権者または未成年後見人が円滑に権限を行使できる見込みがあるかどうかを十分に検討する必要がある。

7 ‖ 保全処分

親権喪失・親権停止・管理権喪失の審理手続の項を参照。　☞第2章 5 参照

8 ‖ 取消請求

　管理権喪失の原因が消滅したときは、家庭裁判所は、管理権喪失の審判を受けた者またはその親族の請求により、管理権喪失の審判を取り消すことができる（民836）。また、児童福祉法により、児童相談所長にも請求権が認められている（児福33の7）。

9 ‖ 親権喪失・親権停止の審判の請求との関係

親権喪失・親権停止・管理権喪失の審理手続の項を参照。　☞第2章 5 参照

10 ‖ 民法第 830 条

　管理権を喪失しないまま、子が第三者から贈与を受けた財産について、親権者の財産管理権を及ばせない方法として、民法第 830 条がある。施設が児童手当の支払いを受けた後に児童名義の口座に預け入れる際には、民法 830 条第 1 項及び第 2 項にもとづき、児童に贈与した児童手当の管理を親権者に代わって施設長等が行うことにする意思表示を行い、児童名義の口座に預け入れた児童手当について、施設長等が管理権を有するようにしている（施設等受給者向け児童手当 Q&A）。

5 | 親権喪失・親権停止・管理権喪失の審理手続

1 ‖ 管轄

子の住所地を管轄する家庭裁判所の管轄に属する（家事167）。子の利益を確保する趣旨である。

2 ‖ 手続行為能力

子およびその父母は、意思能力を有する限り、法定代理人によらずに自ら手続行為をすることができる（家事168③、118）。

なお、申立てにより、または職権で、手続代理人（原則として弁護士、家事22Ⅰ）が選任されることがある（子について、家事42Ⅱ・Ⅲ）。

☞第3章コラム参照

3 ‖ 子の意思の把握

家庭裁判所は、親権喪失、親権停止または管理権喪失（以下「親権制限」という。）の審判をする場合には、15歳以上の子および子の親権者の陳述を聴かなければならない（家事169Ⅰ①）。この場合において、子の親権者の陳述の聴取は、審問の期日においてしなければならない（同項柱書）。子および子の親権者に対する手続保障を充実させる趣旨である。子の意向確認の方法としては、家庭裁判所調査官による調査手続がとられている。

なお、子が15歳未満であっても、家庭裁判所は、子の陳述の聴取、家庭裁判所調査官による調査その他の適切な方法により、子の意思を把握するように努め、審判をするにあたり、子の年齢および発達の程度に応じて、その意思を考慮しなければならない（家事65）。

4 ‖ 審判の告知

親権制限の審判は、申立人、利害関係参加人、親権制限事件の審判を受ける親権者および子に、裁判所が相当と認める方法で告知する必要がある（家事74Ⅰ、170①）。ただし、子については、子の年齢および発達の程度その他一切の事情を考慮して子の利益を害すると認める場合は、告知しなくてもよい（家事170但書）。なお、告知の方法は、送達によることが多い。

5 ‖ 即時抗告

各審判に対しては、各審判により親権を制限される者およびその親族がそれぞれ即時抗告することができる（家事172 I ①ないし③）。

また、各申立てを却下する審判に対しては、申立人、子およびその親族、未成年後見人ならびに未成年後見監督人が即時抗告することができる（家事172 I ④）。

即時抗告期間は2週間である（家事86 I ）。起算点については、即時抗告をする者が審判の告知を受ける者である場合には、その者が審判の告知を受けた日から即時抗告の期間が進行する（家事86 II ）。これに対し、審判の告知を受ける者でない者および子による各審判に対する即時抗告の期間は、各審判により親権に制限を受ける者が審判の告知を受けた日から進行する（家事172 II ①）。

6 ‖ 審判の確定

即時抗告がされることなく即時抗告期間（審判の告知を受けた日から2週間）が満了すると審判が確定する（家事74 IV ）。即時抗告された場合は、確定は遮断される（家事74 V ）。

即時抗告審については、これに対する決定の告知があった時点で確定し、特別抗告で失効する可能性があるにとどまる[6]。

7 ‖ 利害関係参加

親権者は、「審判を受ける者となるべき者」に該当することから、手続に利害関係参加することができる（家事42 I ）。また、子は、「審判の結果により直接の影響を受けるもの」に該当することから、家庭裁判所の許可を得て、手続に利害関係参加することができる（家事42 II ）。その際、家庭裁判所が職権で、あるいは子ども自身が自ら弁護士を手続代理人として選任できる。☞第3章コラム参照 ただし、家庭裁判所は、未成年者について、その年齢および発達の程度その他一切の事情を考慮して、利害関係参加することがその者の利益を害すると認めるときは、参加の許可の申立てを却下しなければならない（家事42 V ）。なお、家庭裁判所は、相当と認めるときは、職権で親権者および子を手続に利害関係参加させることができる（家事42 III ）。また、家庭裁判所は事実の調査をした場合において、その結果が当事者による家事審判の手続の追行に重要な変更を生じうるものと認めるときは、利害関係参加人となった者

6　金子修編著「一問一答家事事件手続法」商事法務2012年2月113頁。

に対しても事実の調査の通知を行う必要がある（家事 63）。

8 ‖ 保全処分

　子の利益のために保全処分が必要と考えられる場合は、本案の申立てとともに保全処分の申立てを行うこととなる。家庭裁判所は、親権制限の申立てがあった場合において、子の利益のため必要があると認めるときは、当該申立てをした者の申立てにより、各申立てについての審判が効力を生ずるまでの間、親権者の職務の執行を停止し、またはその職務代行者を選任することができる（家事 174 I ）[7]。

　親権者の職務の執行を停止する審判は、職務の執行を停止される親権者、子に対し親権を行う者または家庭裁判所により選任された職務代行者に告知することによって、その効力を生ずる（家事 174 II ）。

　また、家庭裁判所は、いつでも選任した職務代行者を改任することができる（家事 174 III ）。

　保全処分の申立人は、申立てを却下する審判に対して、即時抗告をすることができる（家事 110 I 本文）。ただし、職務代行者選任の申立てを却下する審判については、即時抗告をすることができない（家事 110 I 但書、②）。

　職務代行者について、親権停止で親権者から子どもの手術の同意が得られない医療ネグレクトのケース等、親権停止が必要となる期間が短く、本案の決定を待たずに申立てを取り下げる見込みであり、子どもを一時保護をしている場合には、親権者の職務の執行停止のみを申し立てて職務代行者を選任せず、親権を行う者がないものとして、児童相談所の親権代行（児福 33 の 2）によることがある。

9 ‖ 各審判の請求と包含関係

　親権喪失の審判の請求には、親権停止の審判の請求および管理権喪失の審判の請求が包含されていると解されているため、親権喪失の審判請求に対し、親権停止もしくは管理権喪失の審判をすることはできる。一方で、親権停止の審判の請求もし

7　親権停止を本案事件として審判前の保全処分（親権の停止および職務代行者の選任）が認められた事例として、①東京家庭裁判所平成 27 年 4 月 14 日審判・判例タイムズ 1423 号 379 頁、判例時報 2284 号 109 頁（親権者が宗教的信念を理由に手術に必要な輸血に同意しなかった事例）、②千葉家庭裁判所家裁館山支部平成 28 年 3 月 17 日審判・判例タイムズ 1433 号 247 頁（特別支援学校に進学するにあたり療育手帳の取得等の手続を親権者が拒否していた事例）、③東京家庭裁判所平成 28 年 6 月 29 日審判・判例タイムズ 1438 号 250 頁（重篤な心臓疾患を抱え、直ちに治療及び手術を受ける必要がある未成年者の親権者らについて、それまでの対応や現在の生活状況等に照らし、現在の緊急事態に迅速かつ適切に対応できるか疑問があるとした事例）、④広島家庭裁判所平成 28 年 11 月 21 日審判・判例 11 号 103 号（就職するにあたり必要となったパスポートの取得等の手続への協力を親権者が拒否していた事例。）などがある。

くは管理権喪失の審判の請求に対し、親権喪失の審判を行うことはできない。また、親権停止の審判の請求に対して管理権喪失の審判を、管理権喪失の審判の請求に対して親権停止の審判を行うこともできないと解される。

10 ‖ 各審判の請求と選択関係

各請求をどのように選択するかについては、個々の事案において判断せざるを得ないが、児童相談所運営指針においては、次のように記載されている。

「親権者の将来の改善意欲を削がない観点から、親権喪失に優先して親権停止の審判の請求を検討することを原則とするが、事案に応じて適切な方法を選択する。」「親権喪失の請求を行った場合であっても家庭裁判所の判断により親権停止の審判がされることもあり得ることから、いずれの請求が適当か判断が困難な場合には親権喪失を請求することもできる。」「財産管理権のみを制限する必要があり、身上監護権を制限する必要がない場合には、管理権喪失の審判の請求を検討する。」[8]。

なお、親権停止の期間中に、親権喪失の要件が満たされることになった場合には、親権喪失の審判を申し立てることも可能である。

親権制度比較一覧

	親権喪失（民834）	親権停止（民834の2）	管理権喪失（民835）
概要	親権を全面的に奪う制度。	2年以内の期間に限って親権者が親権を行うことができないようにする制度。	親権の効力のうち、財産管理権（民824）のみを喪失させる制度。
申立権者	子、子の親族、未成年後見人、未成年後見監督人、検察官（民834）／児童相談所長（児福33の7）		
要件	「父又は母による虐待又は悪意の遺棄がある時その他父または母による親権の行使が著しく困難又は不適当であることにより子の利益を著しく害するとき」で、2年以内にその原因が消滅する見込みがないこと。	「父又は母による親権の行使が困難または不適当であることにより子の利益を害する」こと。	「父又は母による財産管理件の行使が困難又は不適当であることにより子の利益を害する」こと。
管轄	子の住所地を管轄する家庭裁判所（家事167）		
手続行為能力	子及びその父母（いずれも意思能力を要する。家事168③、118）／申立または職権で手続代理人（原則弁護士、家事22Ⅰ）選任の可能性有（子について家事42Ⅱ・Ⅲ）。		
子の意思の把握	子の親権者及び15歳以上の子の親権者の陳述を要する（家事169Ⅰ①）／子が15歳未満の場合は、適切な方法により、子の意思を把握するように努め、子の年齢および発達の程度に応じて、その意思を考慮しなければならない（家事65）		

8 児童相談所運営指針　118頁

審判の告知	申立人、利害関係人参加人、審判を受ける親権者および子に、裁判所が相当と認める方法で告知する（家事74Ⅰ、170①）。ただし、子については、子の年齢および発達の程度その他一切の事情を考慮して子の利益を害すると認める場合は告知しなくてもよい（家事170但書）		
即時抗権者	各申立て認容の場合は、親権を喪失する者およびその親族 各申立て却下の場合は、申立人、子およびその親族、未成年後見人ならびに未成年後見監督人		
即時抗告期間	2週間（家事86Ⅰ）		
審判の効果	将来に向かって親権は全て消滅し対世的効力が生じる。	審判で決定された親権停止期間中に限り親権を行使することができなくなる（民834の②）。	（将来に向かって？）親権者は子どもの財産管理権を失う。
期間	定めなし	2年を超えない範囲 （再度の申立てが可能）	定めなし
戸籍への記載	子の戸籍にその旨が記載される（家事116①、家事規76Ⅰ①）。		
保全処分	子の利益のため必要があると認めるときは、申立てをした者の申立てにより、審判が効力を生ずるまでの間、親権者の職務の執行を停止し、またはその職務代行者を選任することができる（家事174Ⅰ）		
審判の取消	各請求の原因が消滅したときは、家庭裁判所は、本人またはその親族の請求によって、管理権喪失の審判を取り消すことができる（民836）。 児童福祉法により児童相談所長も取消の申立が可能（児福33の7）。		
各請求との包含関係	親権喪失の請求は、親権停止および管理権喪失の請求を包含するため、親権喪失の請求に対し、親権停止もしくは管理権喪失の審判を行うことが許される。	親権停止の請求に対し親権喪失もしくは管理権喪失の審判をすることはできない。	管理権喪失の請求に対し親権喪失もしくは親権停止の審判をすることはできない。
児童相談所運営指針における各請求の検討指針	親権者の将来の改善意欲を削がない観点から、親権喪失に優先して親権停止の審判の請求を検討することを原則とするが、事案に応じて適切な方法を選択する。なお、親権喪失の請求を行った場合であっても家庭裁判所の判断により親権停止の審判がされることもあり得ることから、いずれの請求が適当か判断が困難な場合には親権喪失を請求することもできる。		財産管理権のみを制限する必要があり、身上監護権を制限する必要が無い場合には、管理権喪失の審判の請求を検討する。

※いわゆる28条審判との比較、使い分けについては第3章⑦（213頁）の図参照

6　親権者・管理権者の辞任 ⋯⋯⋯⋯⋯⋯⋯⋯⋯⋯⋯⋯

1 ‖ 概要

親権者はやむを得ない事由があるときは家庭裁判所の許可を得て親権または管理権を辞することができる（民837）。

辞任にあたっては、裁判の謄本を添付した届出が必要である（戸80、38Ⅱ）。

2 ‖ 具体例

親権者が子を虐待している場合、易々と親権を辞することは期待できないように思われるが、実際には、親権喪失や管理権喪失を申し立て、その審理の過程で親権者や管理権者の辞任がなされた例もある。

3 ‖ 辞任の効果

親権もしくは管理権を辞任したことで、親権を行う者がいなくなり、または親権を行う者が管理権を有しない事態となった場合（民838Ⅰ）、辞任した父母は、家庭裁判所へ未成年後見人の選任を請求する義務を負う（民841：未成年後見人選任請求義務）。

これは、辞任した父母こそが最も早く未成年後見開始の事実を知る立場にある点に着目し、未成年後見人が欠ける状態を極力少なくするために課された義務であり、未成年被後見人保護を趣旨とするものである[9]。

もちろん、父母がかかる義務を負うからといって、父母以外の者による未成年後見人選任請求を妨げるものではない。むしろ、上記法令の趣旨に照らせば、父母による自発的な選任請求が期待できないような場合には、父母以外の者（児童相談所長等）が率先して未成年後見人選任請求を行うという運用が望ましいと考える（特に未成年被後見人の資力が乏しい事案においては、未成年後見人の報酬補助事業を利用できる児童相談所長申立てを積極的に活用することが期待される）。

なお、親権を辞任しても相続や扶養には影響はなく、扶養義務を免れない。

9　於保不二雄ほか編集『新版注釈民法（25）［改訂版］』有斐閣、2004年12月、301頁、Ⅱ（1）参照。

7 未成年後見制度 ·····························

1 ‖ 概要

　未成年者に対して、親権を行う者がないとき、または親権を行う者が管理権を有しないとき、後見が開始する（民838①）。親権者の死亡や、親権者が行方不明、収監されているなどで親権を事実上行使することができない場合を含む。さらに、親権喪失や親権停止により、法制度上の効果として親権ないし財産管理権を有する者が不存在となる場合もこれに該当する。成年後見と異なり、未成年後見を開始するための審判は必要とされておらず、同条各号に該当すれば、当然に未成年後見が開始する。ただし、未成年後見人選任申立てをして未成年後見人が現実に選任される必要がある。なお、父母の共同親権下にある未成年者について、片方の親のみが親権喪失等の審判を受けた場合には、もう片方の親が単独で親権を行使することになり（民818Ⅲ）、未成年後見は開始しない。これと異なり、離婚後に単独親権者となった者が死亡した場合には、生存する他方の親が当然に親権者とはならず、後見が開始すると解されている。

　未成年後見人選任審判申立ての新受件数[10]は、平成29年1911件、平成30年1879件、令和元年1729件とほぼ横ばい、平成19年（2675件）との比較では30％近く減少しており、未成年者の人口減（政府統計では平成19年から平成29年は約8％減）を考慮しても経年的には減少傾向といえる。

　もっとも、前述のとおり、親権制限制度の利用の増加に伴い、親権制限によって親権ないし財産管理権を有する者を欠き未成年後見が開始する未成年者は、増加傾向にある。

2 ‖ 未成年後見人の指定および選任の手続

　未成年後見人は、最後の親権者かつ管理権を有する者等が遺言で指定することができる（民839）。遺言による指定がない場合等は、次項で述べる申立権者の請求により、家庭裁判所が選任する。後述のとおり、複数後見人の選任やその場合の権限分掌ならびに法人後見も可能である。

　なお、未成年後見人が選任されると、未成年被後見人の戸籍に未成年後見人の戸籍事項が記載される。この戸籍への記載が、特に専門職が未成年後見人に就任するにあたって心理的な負担となることが指摘されている。

10　司法統計年報家事事件編第3表「家事審判事件の受理、既済、未済手続別事件別件数―全家庭裁判所」

3 ‖ 申立権者

未成年被後見人（未成年者）、親族その他の利害関係人（民840Ⅰ）、児童相談所長（児福33の8）である。なお、民法の一部を改正する法律（平成30年法律第59号）により、令和4年4月1日に成年年齢が18歳となるが、それまでの間は、児童相談所長は18歳、19歳の子どもについても未成年後見人選任の申立権を有する。

4 ‖ 児童相談所長による請求（児福33の8）の活用について

（1）施設入所措置中等社会的養護のもとにある未成年者のなかには、施設長等の親権代行権限（児福47①）により対応され、未成年後見人がいないことによる不利益が顕在化していない者もいると思われる。

しかし、かかる未成年者についても、自立にあたって現実に未成年後見人の活動が必要とされる前から未成年後見人との信頼関係を構築しておくことは、未成年者のより円滑な自立につながるものであり、未成年者の権利擁護に資するといえよう。このように、社会的養護のもとにいる未成年者についても、本来、資産の多寡を問わず、より積極的に児童相談所長の請求による選任がなされるのが望ましい。

（2）児童相談所長の請求による選任の場合等のなかには、未成年被後見人（未成年者）の財産がないか乏しい事案もある一方で、未成年後見に要する後見人報酬および実費は未成年者の財産から支出されるとされている（民861②、民862）。

そのため、未成年者の財産の状況によっては、未成年後見人がまったくの持ち出しで、かつ自らが後述の賠償等のリスクを負担して活動せざるを得ない場合がある。

そこで、親族以外が後見人となる事案で、児童相談所が必要と認め、管理財産が1,700万円未満の場合には、都道府県が家庭裁判所の定めた後見報酬のうち、月額2万円の範囲内で補助することや、都道府県を通じて加入する損害賠償保険を設けて、その保険料を補助する事業が開始されている[11]（ただし、都道府県によっては通達に基づいて事業要綱を改正していないこともあるため、事前に確認されたい）。したがって、管理財産が少ないと見込まれるが、後見人選任の必要がある事案の場合には、より積極的に児童相談所の請求による選任を行うことが望まれる。

11　令和元年12月12日子発1212第3号厚生労働省雇用均等・児童家庭局長通知「児童虐待防止対策支援事業の実施について」。

5 ‖ 未成年後見人の職務権限および役割

　未成年後見人の職務権限は、未成年者の財産管理にとどまらず、権限が財産管理に限定されない限り、身上監護事務や、身分行為の同意権等、親権を有する者とほぼ同一の範囲に及ぶ（民857、民859）。なお、未成年者に子がいる場合、未成年後見人は未成年者に代わり、親権を行使する（民867）とされている。

　さらに未成年後見人は、他の法律上の権限や義務がある場合がある。たとえば未成年後見人は、医療保護入院の同意権者である（精神保健及び精神障害者福祉に関する法律33Ⅰ）。少年法における「保護者」には、現に監護をしていない未成年後見人も含まれ（少年2Ⅱ）、家庭裁判所の調査を受けたり、審判への同席を求められ、未成年者に対する訓戒指導を求められることもあり（少年25の2）、警察から身柄の引取りを求められることもある。学校教育法の「保護者」にも、現に監護をしていない未成年後見人も含まれ（学校16）、未成年者に対し9年の普通教育を受けさせる義務を負う。

　未成年後見人は医療に関し、未成年者に同意能力がない場合には、監護権（民857、820）を根拠に同意することができると解されており、予防接種についての同意を求められることもある。

　さらに年長児の未成年後見人は、スマートフォンの契約、アパートの賃貸借契約、雇用契約、奨学金の借入れなどの契約内容の確認や、場合によっては契約締結の同意など、さまざまな役割を求められる。

　一方で未成年後見人は裁判所に対し、最低でも年1回、財産の状況等を報告する必要がある。

　未成年後見人は、未成年者を監督する法律上の義務を負うため、責任能力を有しない未成年者が故意または過失に基づく行為によって第三者に損害を与えた場合には、民法第714条により第三者に対して賠償義務を負う場合がある。さらに、未成年者に責任能力がある場合にも、民法第709条によって賠償義務を負う場合がある。

　こうした未成年後見人の賠償義務を塡補するために、上記4（2）の保険のほか、弁護士賠償責任保険の特約として加入する保険がある。

6 ‖ 複数後見

　成年後見と同様、未成年後見においても、複数後見は可能である。

　複数後見人が選任された場合、基本的には各後見人が身上監護や財産管理など、その権限を共同して行使することになる（民857の2Ⅰ）。もっとも、家庭裁判所が職権で、複数後見人のうちの一部の者について財産管理権限のみを行使すべきこ

とを定めたり（民857の2Ⅱ）、財産管理権限の事務を分掌して権限行使すべきことを定めたり（民857の2Ⅲ）することができることとなり、制度の活用の幅が広がった。なお、身上監護権限についての分掌は不可とされているので留意されたい。

　財産管理と身上監護は密接に関連することに加え、未成年者の最善の利益を図るためには、複数の後見人が未成年者の意向やその置かれた状況について共通の認識をもって後見業務にあたることが不可欠である。したがって、権限の分掌がなされているか否かにかかわらず、複数後見人間においては十分な情報共有と連携が必要である。

7 ‖ 法人後見

　後見制度では、法人後見も可能とされている（民840Ⅲ括弧書、なお、成年後見につき民843Ⅳ）。立法段階では児童養護施設などを運営する社会福祉法人が、施設退所後の未成年者の自立支援の役割として選任されることなどが想定され、法人後見の受皿が整備されていくことが期待されていたところ、現に未成年後見人業務を行うNPO法人等が設立されている。

　法人後見となった場合には、自然人後見の場合にしばしば問題となる未成年者の戸籍への後見人の本籍・筆頭者の記載の問題がなくなる。また、後見に伴う損害賠償リスクを一個人が担わなくて済むというメリットもある。職務内容としても、法人内部で職務を分担することが可能となり、個人として行うよりも負担感は少ないと見込まれる。

　もっとも、未成年者のニーズはそれぞれ異なるものであり、事務的、画一的な取扱いにならないよう留意が必要である。

8 ‖ 未成年後見監督人

　未成年後見監督人は、未成年後見人の遺言による指定の場合と同様に遺言による指定が可能なほか（民848）、家庭裁判所が必要と認めるときには、請求または職権により選任することができる（民849）。

　未成年後見監督人の権限は、①後見人の事務を監督すること、②後見人が欠けた場合に、遅滞なくその選任を家庭裁判所に請求すること、③急迫の事情がある場合に必要な処分をすること、④後見人またはその代表する者と未成年者との利益が相反する行為について未成年者を代表すること、とされている（民851）。また、未成年者の営業についての同意（民6）や、金銭の借入れや重要な財産に関する権利の得喪を目的とする行為など重要事項については、未成年後見人は後見監督人の同

意を得なければならず（民 864）、この同意を得ずになされた行為は、未成年者または未成年後見人が取消可能である（民 865）。

　なお、複数後見の制度整備に伴い、後見監督人についても、複数名がある場合には共同しての権限行使が原則とされ、財産管理権限について家庭裁判所の職権により権限分掌をすることができるなど、未成年後見人と同様の分掌が規定された（民852 による民 857 の 2 の準用）。

　未成年後見監督人が選任される事案では、未成年後見人が未成年者の身上監護を行っていることが多いものと解される。財産管理面の監督のみならず身上監護面の監督も忘れずに行い、複数後見人の場合と同様に、十分な情報交換と連携を行うことが望まれる。なお、後見監督人が付される事案では、未成年後見人は必ずしも後見監督人の選任を歓迎しないことも多いと考えられるが、有する権限を適切に行使しながら信頼関係を形成するよう努める必要がある。

8 虐待事件における未成年後見人の留意点

　虐待事件において、親権喪失・停止の審判を経て未成年後見人が選任されたケースでは、親による未成年者に対する不当な要求や、未成年者の自立（たとえば就労）の妨害行為が行われる場合もあり、法的権限をもって対処することも必要になる。

　一方、親権停止の事件などにおいては、親子関係の改善・再統合が図られる場合もありうる。児童相談所長が未成年後見人選任審判申立てをしている事案をはじめ、児童相談所などの福祉機関が関与している場合は、それらの機関とも必要に応じて連携をとり、齟齬のない対応をすることが必要であろう。

　さらに、親子再統合の過程では、児童相談所と未成年者の利害が対立することも考えられる。このような場合、未成年後見人は未成年者の法定代理人である以上、未成年者の意向を十分尊重したうえで児童相談所に対応していくことが望まれる。児童相談所長が未成年後見人選任の申立てをした場合であっても、未成年後見人は児童相談所からは独立した存在として、未成年者の権利利益のために活動すべきである。

9 未成年後見人の解任・辞任 ·····················

1 ‖ 概要

　未成年後見人に「不正な行為、著しい不行跡その他後見の任務に適しない事由があるとき」は、家庭裁判所は、被後見人たる子、その親族、後見監督人、検察官の請求により、または職権で、未成年後見人を解任することができる（民846）。この解任請求権は児童相談所長にも認められている（児福33の9）。

　また、前記のような後見の任務に適しない事由がある場合には、関係者は、未成年後見人に対し、辞任を促すことを検討すべき場合もあるだろう。

2 ‖ 活用が考えられる事例

　未成年後見人が被後見人たる未成年者を虐待している場合が典型である。

　児童相談所や親族の協力を得られなかった事例で、弁護士が家庭裁判所に対し未成年後見人解任の職権発動を促したものがある（ただし、結果的には家庭裁判所から事実上促された児童相談所が未成年者を一時保護し、未成年後見人も未成年者の施設入所に同意して分離が実現された）。このほか、未成年後見人が未成年者の財産を使い込んだ場合などにも、未成年後見人の解任が検討されるべきであろう。

10　親権者変更・指定 ……………………………………

1 ‖ 親権者変更

　離婚において父母の一方を親権者と定めたとしても、子の利益のために必要があると認めるときは、家庭裁判所は子の親族の請求によって親権者を他の一方に変更することができる（民819Ⅵ）。審判によって変更することも（家事39別表第二の第8項）、調停によることもできる（家事244）。しかし、親権者の指定と異なり、必ず審判あるいは調停によらなければならず、協議による変更は認められない。

　申立権者は「子の親族」と広くなっており、たとえば子の祖父母なども申し立てることができる。他方、子に申立権を認めるかどうかは争いがあり、多数説は消極的とされる。一般的には、新たに親権者になろうとする非親権者が申し立てる。

　子は、審判の結果に直接の影響を受けることから利害関係参加をすることができ（家事42Ⅱ。ただし、同条Ⅴにより許可されないこともある。子に手続行為能力があることについて家事168⑦の準用する同法118）、その場合、裁判長は弁護士を手続代理人に選任することができる（家事23Ⅰ・Ⅱ）。子が参加しない場合でも、家庭裁判所は適切な方法により子の意思を把握するように努め、審判をするにあたり、子の年齢および発達の程度に応じて、その意思を考慮しなければならない（家事65）。

　親権者変更の理由があるか否かは子の利益の観点から判断されるが、父母双方の事情（監護能力、精神的・経済的家庭環境、居住・教育環境、子との親和性や情緒的結びつき、監護補助者の有無など）、子ども側の事情（子の年齢・性別・心身の発達程度、従来の環境への適応状況、環境の変化への適応性、子の意向、父母および親族との親和性など）に加えて、父母の一方による実際の監護の実績を踏まえてこれを変更すべき事情の有無を検討して判断すべきものとされる。

　執行を保全し、または子その他の利害関係人の急迫の危険を防止するため必要があるときは、親権者変更の審判ないし調停の申立てと同時（または申立て後）に審判前の保全処分を申し立てることができる（家事175Ⅰ）。また、子の利益のために必要があるときは、親権者の職務執行の停止または職務代行者の選任を申し立てることができる（家事175Ⅲ）。

　子どもの虐待に関していえば、たとえば、離婚において父母の一方が親権者になった後、その親権者が子を虐待している場合、もう一方の親が親権者変更を求めることが想定される。実務上は審判前の保全処分として親権者の職務執行の停止や申立人を職務代行者に選任することを求め、保全処分が認められれば職務執行を停止された親権者に対して子を引き渡すよう求める申立てを行うことが考えられる。

民法第819条第6項は単独親権者の変更について規定していると解されている。したがって、子が第三者と養子縁組をし、子が実親と養親の共同親権に服している場合には、非親権親は親権者変更を求めることができないとされている[12]。また、親権者が死亡した場合、当然にもう一方の親が親権者になるわけではなく、未成年後見開始事由となるが、未成年後見人の選任の前後を問わず、もう一方の親が親権者変更を求めることは可能とされている。

2 ‖ 親権者の指定

親権者の指定については、①離婚の際の親権者の指定（民819Ⅰ）、②出生前に離婚し、出生後に親権者を父とする指定（民819Ⅲ但書）、③婚姻していない父母間で親権者を父とする指定（民819Ⅳ）がある。いずれの場合も父母の協議によって指定することができるが、協議がまとまらないときは家庭裁判所の調停または審判による（①については、調停または人事訴訟による）。

子どもの虐待に関していえば、①については相手方の親が子を虐待している場合に、②と③については母が子を虐待している場合に、それぞれ活用することが想定される。嫡出でない子の場合は、認知により父子関係が形成されることが前提となる。

手続については、①については、離婚に関する多数の文献に記載があるので、そちらを参照されたい。②と③については、親権者変更の項を参照されたい（ただし、申立権者が異なるなど、若干の相違はある）。

3 ‖ 親権に関する手続が家庭裁判所に係属した場合の児童相談所の対応

一時保護中に親権に関する手続（上記親権者変更あるいは親権者指定に関する手続）が家庭裁判所に係属し、またはこれらの手続が家庭裁判所に係属した後に一時保護をした場合、児童相談所が家庭復帰させようと考えた場合、いつ、いずれに子を帰すかが問題となる。

家庭裁判所の結論が出るまで、手続が係属していることのみを理由として一時保護を継続することは、子の利益に反し、また、手続の係属を理由とした一時保護期間延長は認められないと考えられている。一時保護を行った場合、原則として、一時保護時の保護者のもとに子どもを帰すこととなる。保護者の意に反して、子ども

---

12 最高裁判所平成26年4月14日決定・民集68巻4号279頁。なお、このような場合には監護者の指定の申立てができることについて第2章⑪参照。

を保護者ではない非監護親権者に引きわたせるかどうかについては議論が分かれるところである。なお、保護者が親権者でない場合の規律として児童福祉法第28条第1項第2号があり、同号の要件に該当する場合に、子どもを親権者のもとに帰すことが可能である。一時保護時の保護者以外の者に子どもを帰す場合には、同規定との均衡を意識する必要があろう。

　また、家庭裁判所の判断が確定し、親権者が変更ないし指定されたとしても、児童相談所は、改めて、新しい親権者の調査を行い、新しい親権者のもとへ子を帰すのが子の利益に適うかを判断した上で、一時保護解除をするのが望ましい。なお、一時保護解除に関する問題は、一時保護の節を参照されたい。　　☞第3章 ③ 参照

11 監護者の指定 ···

1 || 概説

　監護者は、子を監護する者である（親権者が監護する場合、親権のなかの身上監護権により監護するのであるから、別段監護者を観念する必要はない）。実務的には、たとえば、離婚時に父が親権者となるが、母が監護者となって、実際には母が子を育てるということが行われることがある。監護者の権限の内容はおおむね民法第820条の身上監護権に等しいものと考えられるが、厳密な範囲や、監護者が指定された場合の親権者の権限の範囲については、必ずしも明らかではない。監護者の指定は協議によるものであっても、審判によるものであっても、戸籍に記載されることはないから、第三者に対し監護権を証明するためには協議書や審判書などによるのが通例である。

　監護者の指定に関する事件が家庭裁判所に係属している場合、審判前の保全処分として仮処分その他の必要な保全処分を求めることができる（家事157Ⅰ③）。実務上は、仮に監護者と指定することや、仮に子の引渡しを求める保全処分がみられる[13]。

　民法第766条は、本来、父母が離婚する際に子の監護に必要な事項を定めることを想定しているが、離婚前でも婚姻関係が破綻して別居に至っている場合にも類推適用するのが定着した実務となっている。

　平成23年民法改正により、子の監護者を指定するときは子の利益を最も優先して考慮しなければならないと定められた（民766Ⅰ）。

2 || 父母間の監護者指定

　実務上は、別居中に、子を事実上監護している親がその地位を確たるものとするために監護者の指定を求めるケース、子を監護していない親が子を監護している親に対し子の引渡しを求める前提として監護者の指定を求めるケースがみられる。父母間の対立が深刻なケースでは協議や調停による解決がなかなか難しいため、審判の申立てと保全処分の申立てを同時に行うことが少なくない。

　いずれにせよ、父母のいずれが監護するのが子の利益に適うかという観点から判断されるが、裁判例においては、主たる監護者であった者による従来の監護に問題

13　東京高等裁判所平成28年6月10日判例タイムズ1446号136頁・家庭の法と裁判12号91頁、東京高等裁判所平成27年2月26日判例時報2307号76頁（もっともこの2つの事案は抗告審において審判前の保全処分が取り消された。）。ほかに東京高等裁判所平成24年6月6日判例時報2152号44頁等

がなく、その監護能力や監護態勢等に問題がなければ、今後の監護も主たる監護者であった者に委ねるのを基本的な考え方としていると思われる。もっとも、継続性の原則の立場を重視し監護者を母とした原審に対し、11歳になる子の意思を尊重しこれを覆し父を監護者とした裁判例がある[14]。

子の虐待に関していえば、虐待をしていた親について、監護者としての適性に問題があるとして、他方の親が自己を監護者に指定することを求め、虐待をしていた親に対して子の引渡しを求めるというかたちで監護者の指定が活用されることが想定される。

父母の一方が親権者となってその配偶者と子が養子縁組をしている場合、もう一方の親は親権者変更を求めることができないとされているため、かかる場合にもう一方の親が子の監護を求めるときは、監護者の指定を求めることが考えられる（要件を満たせば、親権停止等を申し立て、認められたうえで自らを未成年後見人に選任するよう求める方法も考えられる）。

3 ‖ 祖父母などの第三者による監護者指定申立て

これまで、祖父母などの第三者を監護者として指定できるかについては争いがあったが[15,16]、最高裁はできないと判断した。最高裁判所第1小法廷令和3年3月29日決定は、民法第766条第1項前段は父母が協議して定めるとし、同法第766条第2項は協議の主体である父母の申立てにより、家庭裁判所が子の監護に関する事項を定めることを予定し、民法その他法令において、事実上子を監護してきた第三者が、家庭裁判所に子の監護に関する事項を定めるよう申し立てることができる旨定めた規定はなく、子の利益を最も優先しなくてはならないとしても、第三者の申立てを許容する根拠となるものではないことを理由に、「父母以外の第三者は、事実上子を監護してきた者であっても、家庭裁判所に対し、子の監護に関する処分として子の監護をすべき者を定める審判を申し立てることはできないと解するのが相当である。」と判断した。

祖父母などの第三者が子の監護を希望する場合、祖父母などが親権停止の申立てを行い、未成年後見人の選任を受けるという方法を検討していくこととなる。

---

14 大阪高等裁判所令和元年6月21日決定判例タイムズ1478号94頁、家庭の法と裁判29号112頁
15 東京高等裁判所平成20年1月30日決定・家裁月報60巻8号59頁。
16 札幌家庭裁判所平成11年11月6日審判、大阪高等裁判所平成11年8月23日審判、福岡高等裁判所平成14年9月13日決定・家裁月報55巻2号163頁・判例タイムズ1115号208頁、大阪高等裁判所平成16年5月19日決定・家裁月報57巻8号86頁、金沢家庭裁判所七尾支部平成16年12月9日審判。

4 ‖ 監護者指定の手続が家庭裁判所に係属した場合の児童相談所の対応

　第2章「親権に関する手続が家庭裁判所に係属した場合の児童相談所の対応」を参照されたい。　　　　　　　　　　　　　　　☞第2章 10 3参照

12 子の引渡し ··

1 ‖ 概要

　児童虐待事件においては、虐待をしている者（親であることが多いが、親には限られない）から子を引き離し、安全を確保することが重要である。そのための方法として、裁判所に子の引渡しを求めるということが考えられる。

　身柄の引渡しに関しては人身保護法に基づく人身保護請求があるが、最高裁判所は、共同親権を有する夫婦間の子の引渡しに関し、人身保護請求の適用を限定する立場をとっており、人身保護請求ではなく家事事件としての子の引渡し請求によることが多い。親権者から、親以外の監護権を有しない第三者に対して引渡請求をする場合には、一般には、通常の民事訴訟か、人身保護請求によるべきものとされている。

　いずれの場合も、判決なり審判なりを得たとして、いかにその内容を実現するか（子の引渡しを受けるか）という点に困難が存する。

2 ‖ 家事事件としての子の引渡し

　共同親権者間や、離婚後の親権者と非親権者の間での争いの場合、前述のとおり、子の引渡しにおいて多く用いられているのは、家事事件としての子の引渡請求である。子の引渡しを子の監護権者の指定その他子の監護に関する処分と捉え、民法第 766 条第 3 項および家事事件手続法別表第二の第 3 項を適用ないし類推適用して、家庭裁判所に申立てを行う。あわせて審判前の保全処分も申し立てることが通常である。自身に親権や監護権がない場合には、親権者・監護者の指定（変更）の申立てと同時に、子の引渡しを求める。

　なお、離婚後の親権者が非親権者に対し、親権に基づく妨害排除請求として子の引渡しを求めることができるとしつつ、当該事案では権利の濫用にあたるとした判例がある[17]。

3 ‖ 第三者に対する子の引渡請求

　離婚後の親権者と非親権者の間の争いの場合、前項のとおり、家事事件として取り扱われることになるが、親ではないまったくの第三者に対し、親権者から子の引渡しを求める場合には、民事訴訟か人身保護請求によることになる。

17　最高裁平成 29 年 12 月 5 日民集 71-10-1803

離婚後の親権者が死亡し、子を事実上監護している親族に対し、非親権者の親が引渡しを求める場合のように、非親権者の親が、親ではないまったくの第三者に子の引渡しを求めるには、まず親権者の変更または未成年後見人選任の審判を申し立て、その審判後に子の引渡しを求めることになる。

4 ‖ 引渡しの実現方法

子の引渡しを命じられた場合の実現方法として、間接強制が認められることに争いはなく[18]、直接強制については、従前は動産に関する民事執行法第169条を準用し、少なくとも意思能力がない年齢の子の場合には直接強制を認めるという運用がなされてきた。しかし、令和元年5月に民事執行法が改正され（令和2年4月1日施行）、子の引渡しの直接的な強制執行が明文化された。

子の引渡しの直接強制は、間接強制の決定が確定した日から2週間を経過したとき（民執174Ⅱ①）、間接強制を実施しても、債務者が子の監護を解く見込みがあるとは認められないとき（民執174Ⅱ②）、子の急迫の危険を防止するため直ちに強制執行をする必要があるとき（民執174Ⅱ③）のいずれかの場合に認められる。つまり、必ずしも先に間接強制を行うことなく直接的な強制執行ができるようになった。

直接的な強制執行の決定をする場合には、債務者を審尋しなければならないが、子に急迫した危険があるときその他の審尋をすることにより強制執行の目的を達することができない事情があるときは、審尋を行わなくてよい（民執174Ⅲ）。

直接的な強制執行の手続を行う際、執行官は、債権者または代理人同席のもと、債務者の住居や占有する場所に立ち入り、子の捜索をし、必要があるときは、閉鎖した戸を開くために必要な処分をすることができるようになり（民執175Ⅰ①、Ⅴ、Ⅵ）、債務者が不在でも債務者の同意なく住居に立ち入り執行できるようになった。子の心身に及ぼす影響等が相当な場合は、債務者の住居や占有する場所以外の場所においても、占有者の同意または裁判所の許可を得て、当該場所に立ち入り、子の捜索をするなど子の監護を解くために必要な行為ができるようになり（民執175Ⅱ、Ⅴ、Ⅵ）、学校、保育園、幼稚園などで子の安全やプライバシーに配慮したかたちで執行できるようになった。

執行裁判所および執行官は、直接的な強制執行による子の引渡しを実現するにあたっては、子の年齢および発達の程度その他の事情を踏まえ、できる限り、当該強制執行が子の心身に有害な影響を及ぼさないように配慮しなければならない（民執176）。

18　最高裁判所平成31年4月26日決定裁民261号247頁は、子が明確に引渡しを拒絶している事案で、審判後の経過等を踏まえ、引渡請求の間接強制が権利濫用にあたるとした。

5 ‖ 人身保護請求[19]

(1) 共同親権者間における人身保護請求

人身保護法は、不当に奪われている人身の自由を、判決により、迅速かつ容易に回復させることを目的とする法律である（人身保護法1）。

最高裁判所平成5年10月19日判決[20]は、「夫婦の一方（請求者）が他方（拘束者）に対し、人身保護法に基づき、共同親権に服する幼児の引渡しを請求する場合」においては、「右幼児が拘束者の監護の下に置かれるよりも、請求者に監護されることが子の幸福に適することが明白であることを要する」として、明白性の要件が必要であることを明示し、共同親権者間の人身保護請求の適用範囲を限定的に解釈した。

ただし、最高裁は上記要件を満たす場合として、「幼児にとって、請求者の監護の下では安定した生活を送ることができるのに、拘束者の監護の下においては著しくその健康が損なわれたり、満足な義務教育を受けることができないなど、拘束者の幼児に対する処遇が親権行使という観点からみてもこれを容認することができないような例外的な場合」をあげており[21]、子どもが虐待を受けている場合にはこれに該当するとして人身保護請求の手続によることも考えられる。

(2) 共同親権者以外の者の間での人身保護請求

以上に対し、共同親権者以外の者に関しては、最高裁は、子の監護権を有する者が監護権を有しない者に対し、人身保護法に基づき幼児の引渡しを請求する場合には、幼児を請求者の監護のもとに置くことが拘束者の監護のもとに置くことに比べて子の幸福の観点から著しく不当なものでない限り、拘束の違法性が顕著であるというべきであるとしている[22]。

したがって、非親権者の親が子を勝手に連れ去ったといった場合には、人身保護請求の活用を検討すべきである。

(3) 手続

人身保護請求においては、手続の迅速性が法定されている。裁判所は速やかな裁判を義務付けられており（人身保護法6）、他の事件に優先して迅速に行わなければならない（人身保護規則11）。そして、審問期日は、（準備調査がなされる場合

19　人身保護請求一般については「例題解説　DV保護命令／人身保護／子の引渡し」（法曹会）参照。
20　最高裁判所平成5年10月19日判決・民集47巻8号5099頁。
21　最高裁判所平成6年4月26日判決・民集48巻3号992頁。
22　最高裁判所平成6年11月8日判決・民集48巻7号1337頁。

は別として）請求があった日から1週間以内に開かなければならず（同法12IV）、判決の言渡しは、特別の事情がない限り審問終結の日から5日以内（同規則36）とされている。

被拘束者には、裁判所の職権で国選代理人が選任される（同法14II、同規則31 II）。

裁判所は、審問の準備のため、事前に拘束の事由などにつき事件関係者から陳述を聞くことができる。この準備調査は選択的であるが、この調査を通じて紛争の実態を把握し、拘束者に自発的釈放を促したり、環境調整を図ったりするなどの機能も期待できる。

準備調査の後（準備調査が行われない場合は請求後ただちに）、審問期日が指定され、裁判所から拘束者に対して「審問期日に被拘束者を出頭させること、答弁書を提出すること」という人身保護命令が発令され（同法12II）、送達される（同法12IV）。拘束者がこの命令に違反し、被拘束者を審問場所に出頭させなかったりすると、勾引、勾留、過料に処せられることがある（同法12III）。被拘束者を隠すなどすると懲役などの制裁もある（同法26）。

審問期日は、拘束者、被拘束者、請求者およびその代理人の出席する公開の法廷で行われ、請求者の陳述、拘束者の答弁を聞いたうえ、疎明資料の取調べを行う（同法15）。被拘束者が子どもの場合、裁判所職員が子どもを別室で預かり、子どもの代理人が法廷に出頭するという運用が多い。人身保護請求事件において，拘束者が裁判所の命令に従わないため勾引される可能性が生じた際，裁判所からの依頼に応じて児童相談所が児童（被拘束者）を一時保護したという報告もある[23]。

判決言渡しは、原則として審問終結の日から5日以内に行われる（同規則36）。人身保護命令の効力により、判決時も、拘束者は被拘束者を出頭させなければならない。審問終結後、若干の休憩時間をとって、同日に行われることも多い。請求を認めるときは「被拘束者をただちに釈放し、請求者に引き渡す」という判決となる。判決は言渡しにより効力が生ずる。人身保護判決そのものには執行力はないと解されているため、実務上、被拘束者を裁判所が預かり、判決と同時にただちに請求者に引き渡すことにより判決を実現している。

なお、国際的な子の奪取の民事上の側面に関する条約の実施に関する法律に基づいて返還を命ずる旨の終局決定が確定したものの、その執行手続が奏功しなかったことから、人身保護請求がなされ、認容されたものとして、最高裁判所平成30年3月15日判決がある。

---

23 「児童相談所が人身保護請求事件に関わった一事例について」北海道児童相談所「研究紀要」28号17 〜25頁

13 養子縁組 ·······································

1 ‖ 概要

　養子縁組には、普通養子縁組（民792以下）と特別養子縁組（民817の2以下）の2つの制度がある。

　普通養子縁組は、養子となる者が成人である場合でも利用することができるものであり、成立要件も緩やかである。

　他方、特別養子縁組制度は、もっぱら養子となる子どもの利益をはかる目的で、その子どもが養育されている家庭において法律上も事実上も確固たる地位を保障するため、実親子関係に比肩しうるような強固で安定した法的枠組みを与える制度である。

2 ‖ 普通養子縁組

　普通養子縁組は、養親と養子の合意に基づき戸籍法の定めるところにより届出をすることで成立する（民799、739、戸66）。

　養子となる者の年齢制限はないが、養子となる者が15歳未満であるときは、その法定代理人の代諾が必要である（民797Ⅰ）。

　また、未成年者を養子とするには、家庭裁判所の許可を得なければならないが、自己または配偶者の直系卑属を養子とする場合は家庭裁判所の許可は不要である（民798）。

　養子縁組の解消のためには離縁を行うことになるが、離縁の結果、親権者が養親から実父母等へと変わるため、この点に配慮が必要である。

　子が15歳以上であるときは、子が養親と離縁の協議をし（民811Ⅰ）、双方の合意に基づく届出により離縁が成立する（民812、739、戸70）。調わないときは家庭裁判所に離縁調停または離縁訴訟を提起することになる。

　子が15歳未満であるときは、離縁後にその法定代理人となるべき者が子のために協議をし、離縁調停および訴訟の当事者となる（民811Ⅱ、815）。

　裁判上の離縁をするには離縁原因として定められている要件（民814Ⅰ各号）を満たす必要があるが、養親が養子を虐待しているケースでは「縁組を継続し難い重大な事由」（民814Ⅰ③）が認められる可能性が高いと思われる。

3 ‖ 特別養子縁組

（1）改正の経緯

　特別養子縁組制度は、昭和62年民法改正において創設されたが、保護者のない子どもや、虐待を受けた子どもで家庭復帰が困難な子どもに対して、安定した家庭的養育環境および永続的な親子関係を提供する方法として、特別養子縁組制度の利用が極めて重要な意味をもつとされ、いっそうの利用促進に向けて、民法改正がなされた（令和2年4月1日施行）。

　改正にあたり、課題とされたのは、主に次の3点であった。

①養子の年齢要件　年齢要件（改正前は、原則として審判申立時6歳未満）を徒過している事案についても親子としての実態があるものは特別養子縁組を認める必要がある。

②実父母の同意撤回の制限　審判手続が進んだ段階で実父母の同意が撤回されることによって、すでに形成された養親子関係が覆され、子の利益に反する事案がある。

③特別養子縁組成立の審判手続　養親候補者が審判手続を主導しなければならず、要件を満たすかどうかを判断できなかったり、実父母と対立することや自身のプライバシー情報が開示されることを負担に感じたりして、特別養子縁組の手続を躊躇してしまうことがある。

　これらの課題について、改正により、①養子の年齢制限が原則審判申立時15歳未満まで引き上げられるとともに、②実父母の同意撤回が制限され、また、③特別養子縁組の手続が「特別養子縁組適格確認の審判」と「特別養子縁組成立の審判」の二段階に分けられた上、前者の適格確認審判については養親に加えて児童相談所長も申立権者に加えられることとなった。

（2）養子候補者の上限年齢

　改正前に原則6歳未満であった養子候補者の上限年齢が、改正により原則15歳未満まで引き上げられた（民817の5Ⅰ）。特別養子縁組成立の審判の申立時に15歳未満であればよい。ただし、15歳に達する前から引き続き養親となる者に監護されている場合において、やむを得ない事由により15歳に達するまでに申立てができなかった場合は、15歳以上であってもよい（民817の5Ⅱ）。

　一方で、特別養子縁組成立の審判確定時に18歳に達している者は縁組が不可となり（民817の5Ⅰ後段）、普通養子縁組を検討するしかなくなるため、注意が必要である。

　なお、養子候補者が15歳以上の場合には、特別養子縁組の成立に養子候補者の同意が必要となる（民817の5Ⅲ）。

（3）特別養子縁組の手続

1）二段階手続の導入

　改正前には、申立権が養親候補者に限られた1つの手続であったが、上記改正により、「特別養子適格確認の審判」（家事164の2、児福33の6の2）と「特別養子縁組の成立の審判」（家事164）の二段階手続が導入された。

2）特別養子適格の確認の審判（第1段階）

　まず、第1段階の「特別養子適格の確認の審判」では、実父母の同意の有無（民817の6）、および、実父母による養育状況（民817の7のうち「監護が著しく困難又は不適当であることその他特別の事情がある場合」）の審理がなされる（家事164Ⅱ）。

　改正により、改正前の申立権者である養親候補者の他、新たに児童相談所長も申立人に加えられ（児福33の6の2）、児童相談所長による利害関係人としての参加（利害関係参加）も規定された（児福33の6の3、家事42Ⅶ）。その結果、①養親候補者が申立人となる従来の方法（必要に応じて児童相談所が家庭裁判所調査官の調査に応じる。）の他、②養親候補者が申立人となり、児童相談所長が利害関係人として参加する方法、及び③児童相談所長が申立人となる方法、の3パターンでの申立てが可能となった。

　利害関係参加では、当事者が行うことができる手続（具体的には、期日に出頭し、意見を述べたり、書面や書証を提出する等の行為）を行うことが可能となる。そのため、上記②のパターンでの申立ての場合には、児童相談所長が、養親候補者が把握していない実父母の情報や縁組同意の動機などを主張立証することで、養親候補者の負担軽減を図ることができる。

　児童相談所長が第1段階の審判を申し立てた場合、認容の審判の確定後、6か月以内に第2段階の審判の申立てがなされなければならない（家事164Ⅱ）（徒過すると第1段階の審判の効力は失われる）。

　なお、養親候補者が第1段階の審判の申立てを行う場合は、第2段階の審判の申立てと同時に行わなければならない（家事164の2Ⅲ）。

3）特別養子縁組成立の審判（第2段階）

　次に、第2段階の「特別養子縁組成立の審判」では、養親子のマッチング（民817の7のうち、特別養子縁組が「子の利益のため特に必要があると認められるとき」）について審理される。

　この審判は新たな身分行為についての申立てとなるため、申立権者は養親候補者に限定されている。

　実父母は、第2段階の審判の手続には参加できず（家事164Ⅳ）、養子候補者の法定代理人として手続行為をすることもできない（同Ⅲ）。また、住所ま

たは居所が知れている実父母には、審判日および審判の主文のみ通知される（家事 164 X）が、審判の主文には養親候補者は「申立人ら」等と表記されるため、養親候補者の氏名等が実親に知られることはない。

（4）実父母の同意の撤回制限

　実父母の同意は、①出生後 2 か月経過後になされ、②第 1 段階の審判の手続中に審問期日においてなされるか、または、調査官調査を経て裁判所に対し書面で提出された場合には同意がなされた時点から 2 週間を経過すると撤回できない（家事 164 の 2 V）。

（5）要件

1）養子候補者の上限年齢については上記（2）参照。原則として、第 2 段階の特別養子縁組成立の審判申立時に 15 歳未満でなければならない（民 817 の 5）。また、同審判確定時に 18 歳に達している者は養子となることができない（民 817 の 5 I 後段）。

2）養親となる者は配偶者のある者で夫婦共同でなければならない（民法 817 の 3）。また、年齢は 25 歳以上（他方は 20 歳以上であればよい）でなければならない（民 817 の 4）。

3）特別養子縁組をするには養子となる者の実父母の同意が必要である（民 817 の 6）。「父母がその意思を表示することができない場合又は父母による虐待、悪意の遺棄その他養子となる者の利益を著しく害する事由がある場合」には、父母の同意は不要とされている（民 817 の 6 但書）が、但書は厳格に運用されている。

4）実父母による養子となる者の監護が著しく困難または不適当であることその他特別の事情がある場合（民 817 の 7）に該当することが必要である。客観的にみて養子となる者の適切な監護が期待できないことである。改正にあたりこの要件を軽減することも検討されたが、親権喪失よりも要件を緩和することは実親子関係を断ち切るという重大な効果との兼ね合い等から困難であるという意見もあり、この要件を軽減することは見送られた。

　　なお、特別養子縁組を進めるにあたっては、子どもの最善の利益を確保する観点から、子どもが実方の父母によって育てられる可能性について十分に検討し、実方の父母が養育することは困難であるといった要保護性について確認すること必要であるため[24]、申立てに際しては、ケース毎に実父母の思いや養育能力、養育を支える社会資源の活用を慎重に検討することが求められる。

24　子発 0331 第 11 号令和 3 年 3 月 31 日児童相談所運営指針第 4 章第 3 節 3

5）子の利益のために特に必要があると認められるとき（民817の7）でなければならない。

6）成立要件ではないが、養親となる者が6か月以上の期間、監護した状況を考慮しなければならない（民817の8、試験養育期間）。

（6）効果

第2段階の特別養子縁組成立の審判が確定することで養子と実父母との親族関係が終了し（民817の9）、養親のみが親権者となる（民818Ⅱ）。

特別養子縁組成立の審判が確定した日から10日以内に特別養子縁組の届出をしなければならない（戸68の2、63Ⅰ）。

特別養子縁組の届出により、まず、養子について養親の氏とする単独の新戸籍が編製され、その後ただちに養親の戸籍に入る（戸20の3Ⅰ、18Ⅲ、30Ⅲ）。戸籍には「民法817条の2」によることが記載される。また、養子の戸籍をみても実親が誰かはわからないようになっている（もっとも、戸籍をたどることで実親を知ることは可能である。）。

このような処理がされるのは、①実親との法律上の親子関係の断絶の事実を新戸籍編製により表すことと、②その新戸籍には特別養子縁組事項が記載されるが、ただちに除籍となるので、公開の制限が働き、かつ、養親の戸籍に養子を入籍させるときに、特別養子縁組事項として民法の条文番号のみが記載され、また、実父母の戸籍が記載されないので、特別養子であることがただちにはわからない仕組とするためである[25]。

（7）成立件数

特別養子縁組の近年の成立件数は、平成29年が616件、平成30年が624件、令和元年が711件である[26]。

（8）特別養子縁組を解消する場合

特別養子縁組は未成年期から永続的な親子関係を築こうとする制度であるため、原則として離縁は予定されていない。

例外的に、養子、実父母または検察官の申立てにより、家庭裁判所が、「養親による虐待、悪意の遺棄その他養子の利益を著しく害する事由」があり、かつ、「実父母が相当の監護をすることができる」場合で、養子の利益のために特に必要があると認めるときに、離縁の審判をすることになる（民817の10Ⅰ、家事165、別表

25　南敏文監修『最新体系・戸籍用語辞典』日本加除出版、平成26年10月9日、347頁。
26　最高裁判所　司法統計

第一の第64項）。申立てと同時に、審判前の保全処分を申し立てることができる（家事166V）。

（9）児童相談所における実務上の注意点

1）児童相談所長の申立ておよび利害関係参加の検討[27]

　　特別養子適格の確認の審判にあたっては、申立人が実父母による養育状況の立証を求められることがあるが、養親候補者は実父母に関する資料を持たないことが多く立証は困難である。また、養親候補者が申立人となる場合には、審判手続において実父母と対立する場合があることや、実父母に氏名等のプライバシー情報が知られること等の精神的負担がある。

　　そこで、養親候補者の負担を軽減するという二段階手続の趣旨に照らせば、児童相談所長は第1段階の「特別養子適格確認の審判」に積極的に関与（申立て、または利害関係参加）することが望ましい。

　　児童相談所長の申立てによる特別養子適格の確認の審判の確定後は、養親候補者は6か月以内に特別養子縁組の成立の申立てを行う必要があるので（家事164II）、児童相談所長は、養親候補者に速やかに申立てをするよう促す必要がある。養親候補の選定に先立って、特別養子適格の確認の審判を申し立てた場合には、養子縁組里親などから養親候補者を選定し、特別養子縁組成立の申立てを行うことを勧奨する努力義務がある（児福33の6の2II）。

　　家事事件手続の当事者は原則として事件記録の閲覧謄写が可能であり、利害関係を疎明した第三者も相当と認めるときに記録の閲覧謄写が許可される（家事47）。そのため、申立書、報告書、書証等の作成提出にあたっては、実父母や養親候補者が記録を閲覧謄写する可能性があることを前提とした配慮が求められる。養親候補者が謄写した記録が、ライフストーリーワークの一環で養子本人に渡る可能性もあるので、この観点からも配慮が必要である。

2）養子縁組成立後の支援[28]

　　児童相談所は、養子縁組により養子となった児童等への支援を行うこととされている（児福12II、11I②チ）。

　　養子となった子どもに出自を知る権利を保障し、真実告知をどのように行うかは非常に重要なことであるので、養子となった子どもや養親が必要な支援を求め、受けられるように支援体制を整えることが必要である。

　　特別養子縁組については、縁組成立後少なくとも半年間は児童福祉司指導等

27　子発0331第11号令和3年3月31日児童相談所運営指針第4章第3節8、第4章第10節3
28　子発0331第11号令和3年3月31日児童相談所運営指針第4章第3節5

による援助を継続することとし、定期的に子どもの生活状況を確認し、養親と子どもから相談に応じる。

3）出自を知る権利への配慮

　　養子となった子どもが自らのアイデンティティの確立や心理的安定を確保する上で、自らのルーツを知ることは極めて重要であるが、他方で、養子となった子どもの実父母等の個人情報を保護することにも留意が必要である。

　　そこで、実父母等のプライバシー等に配慮しつつ、養子となった児童の出自を知る権利を保障するために、記録すべき情報や当該児童や養親に対して当該情報を提供するにあたって留意すべき点を示すために「民間あっせん機関による養子縁組のあっせんを受けて養子となった児童に関する記録の保有及び当該児童に対する情報提供の留意点について」（子家発0326第1号令和3年3月26日）が発出されている。同通知は、養子となる児童、実父母、養親候補者のそれぞれについて記録すべき情報、記録が望まれる情報を列挙し、提供のありかたについて示している。児童相談所運営指針[29]は、児童相談所においても同通知を参考にすることが望ましいとしている。

　　また、児童記録票のほかに、実父母から児童または養親への手紙や、写真についても保存することが望ましいとされている。

　　これらの記録作成、情報提供にあたって、特に留意すべき点は次のとおりである。

①　障害、健康障害、既往歴等の要配慮個人情報（個人情報保護法2Ⅲ）の取得にあたっては、原則として、本人から同意を得る必要があるが（同法17Ⅱ）、要配慮個人情報を書面または口頭等により本人から適正に直接取得する場合は、当該要配慮個人情報に関する本人が当該情報を提供したことをもって、当該個人情報取扱事業者が当該情報を取得することについて本人の同意があったものと解される。

②　氏名の記録にあたり、当事者が外国籍の場合は、将来、本国に照会をする可能性があるが、通称やカタカナ表記では照会ができないことがあるので、本国で通用する正確な氏名表記の記録が必要である。パスポートや出生証明書の写しを取得するよう努める。

③　実父母からは、情報提供等の希望として、ア）養子となった児童への情報開示、イ）養子となった児童からの連絡の可否、ウ）養親からの連絡の可否（児童に重大な疾患があり実父母の協力が必要な場合を含む。）、エ）養子と

なった児童が死亡したときの連絡について聴取し記録する。

④　実父母からは、命名の理由や、児童への思いを聴取し、記録することが望ましい。また、食べ物の嗜好や興味関心などに実父母との共通点を見出すと安心する養子も多いとの報告があるので、聴取事項の参考にすること。

⑤　実父母の障害・健康状態・既往歴については、養子となった児童のアレルギーの有無や将来障害・疾病を発病する可能性等の確認のため、養親ひいては養子となった児童が知る必要がある情報であり、養子となった児童のアイデンティティ確立や心理的安定のために知るべき情報の中でも、とりわけ養子となった児童の生命および健康にかかわる重要なものであり、実父母の同意がなくとも養子となった児童または養親に提供することができる。（個人情報保護法第23条第1項本文の例外規定である同項第2号の「人の生命、身体又は財産の保護のために必要がある場合」に該当し、「本人の同意を得ることが困難であるとき」といえる。）

4）民間あっせん機関との連携

　　厚生労働省が行った「令和元年度養子縁組民間あっせん機関実態調査結果」によれば、2019年度には326件のあっせん申込に対し、あっせん221件、翌年度に継続32件、自ら養育28件、その他45件の結果となっており、民間あっせん機関は特別養子縁組の制度の一翼を担っている。

　　「民間あっせん機関による養子縁組のあっせんに係る児童の保護等に関する法律」（平成30年4月1日施行）は、民間あっせん機関および児童相談所は、児童の最善の利益に資する視点から養子縁組のあっせんに必要な情報を共有する等により相互に連携を図りながら協力するように努めなければならないこととされている（同法4）。連携のあり方については、児童相談所は民間あっせん機関が養子縁組のあっせんをした子ども等を把握した場合には、関係機関と連携し、家庭訪問により子どもの状況を確認するとともに、市区町村の子育て支援行政や母子保健行政と連携して支援体制を構築するなど、必要に応じて支援を行う（児相運営指針第4章第3節の9（6））とされているほか、「民間あっせん機関及び児童相談所の連携のための手引き」（子家発0703第1号令和2年7月3日）に、養子縁組の各プロセスにおける連携のあり方が具体的に示されている。

5）国際養子縁組を検討する際の留意点

　　子どもの権利条約第21条により、子どもは出身国内において里親もしくは養家に託されまたは適切な方法で監護を受けることができない場合に限り、国際的な養子縁組を考慮することが認められる。

コラム　渉外養子縁組

　外国籍の子の養子縁組においては、子の本国法が定めるセーフガードの要件を満たす必要がある（法の適用に関する通則法 31 Ⅰ）。多くの国では、養子縁組には公的機関の許可が必要となる。また当事者以外の親族の同意を要件とする場合もあり、例えばフィリピンでは、養親の 10 歳以上の嫡出子及び同居している非嫡出子の同意が要件とされている。本国法が求める要件が日本社会の実情に合わない場合には「公序」によって排除する余地もあるが（法の適用に関する通則法 42）、本国法を排除した決定の場合、本国で承認されない可能性が高い。

　またそもそも、子の本国はどこかという点にも注意が必要である。例えばネパールでは、外国で生まれた婚外子には国籍が与えられない。よってネパール人の母が日本で産んだ婚外子は無国籍となり、本国法は常居所地である日本法となる（法の適用に関する通則法 42）。

　このように、国籍法や家族法は国によって実にさまざまであり、渉外養子縁組を取り扱う場合には、本国法を丁寧に調査する必要がある。また、養子縁組後にどこで生活するのか、養親の本国に帰化申請するのか等、個々の事情により、本国で有効な養子縁組にする必要があるのか、日本で有効な縁組で足りるのかも異なる。また最近では子の「出自を知る権利」の重要性が指摘されているが、戸籍で実父母をたどることができない外国籍の子の場合、実父母の情報をどのように管理するのかについてはほとんど検討されていないのが実情である。

　外国籍住民の数が増加しその背景も多様化する中で、今後、保護者のいない外国籍の子と日本に在住する外国籍の夫婦が養子縁組するケースなど、複雑な事案が増えることが予想される。こうした事案に適切に対応し、子の福祉に配慮した養子縁組を実現していくためには、専門家や関係機関の連携が不可欠である。

第 **3** 章

児童福祉行政機関による
法的手続

1 発見・通告 ·······································

1 ‖ 概要

　虐待から子どもを救うためには、虐待対応にあたる機関が事案を把握して迅速、適切な介入を行わなければならない。そのためには、虐待が行われている疑いがあることが外部に認識され、その情報が関係機関に伝えられる必要がある。

　児童福祉法第25条第1項は、「要保護児童を発見した者は、これを……（中略）……市町村、都道府県の設置する福祉事務所若しくは児童相談所に通告しなければならない」と規定し、「要保護児童（保護者のない児童又は保護者に監護させることが不適当であると認められる児童（児福6の3Ⅷ））」を発見した際の通告義務を課している。児童虐待を受けた児童は「要保護児童」にあたり、児童虐待を受けた児童を発見した者はこれに基づき通告義務を負う。さらに、児童虐待防止の推進を目的とした児童虐待防止法は、第6条にて、「児童虐待を受けたと思われる児童を発見した者は、速やかに、これを……（中略）……市町村、都道府県の設置する福祉事務所若しくは児童相談所に通告しなければならない」と規定し、虐待を受けたことが確実である児童に限らず、「虐待を受けたと思われる児童」を発見した場合にも速やかに通告を行うべきことを定めている。同法に基づきされた通告は、児童福祉法第25条第1項の規定による通告とみなされる（児虐6Ⅱ）。

　通告制度は、児童福祉を所管する行政機関に対し、家庭支援や虐待を受けた子どもの安全確保のための親子分離など、児童虐待の防止と介入に向けた活動の端緒を提供するものである。

　速やかな通告がなければ、児童虐待防止に向けた行政等の活動が遅れ、虐待を受ける子どもの生命や心身に重大なダメージを与える危険性を高めることになる。

　したがって、通告は、児童虐待対応において極めて重要である。

　そこで、児童福祉法および児童虐待防止法は、通告義務をすべての国民に課している。また、通告が促されるように、関係機関が通告者を特定する情報を漏らすことを禁じるとともに（児虐7）、職務上守秘義務を負った者が虐待の可能性を認知し通告した場合でも守秘義務違反とならないことを明らかにしている（児福25Ⅱ、児虐6Ⅲ）。

2 ‖ 児童虐待の発見

（1）発見のポイント

　児童虐待の疑いを認識するためには、子どもを漫然と見るだけでなく、発見のポイントを知ったうえで、意識的に子どもや保護者を見る姿勢が必要である。児童虐待を受けている疑いのある子どもを発見した者すべてに通告義務があることはもちろん、児童虐待防止法は、児童虐待を発見しやすい立場にある者、すなわち「学校、児童福祉施設、病院その他児童の福祉に業務上関係のある団体及び学校の教職員、児童福祉施設の職員、医師、保健師、弁護士その他児童の福祉に職務上関係のある者」に対して、児童虐待の早期発見に努めることを義務付けている（児虐5Ⅰ）。こうした規定に照らしても、特に児童にかかわる職業にある者は、児童虐待の発見のポイントを把握し、虐待を見逃さないように努めなければならない。

　児童虐待を疑わせる兆候は、子どもの外貌や表情、行動などから認められる場合が多いが、それらとともに、保護者の様子や子どものケガ等に関する保護者の説明内容にも注意が必要である。

　具体的な虐待発見のポイントについては、子どもの年齢や虐待の類型に応じてさまざまな事項が指摘されている。各種団体や行政機関がチェックリストなどを作成しているので、これらを参照しながら発見のポイントを把握しておく必要がある。

　虐待発見のポイントとして指摘される項目としては、以下のようなものがある。

虐待発見ポイント

① 身体的虐待	・**傷痕等** 嚙んだ痕、道具による傷痕、腹部・大腿内側等不自然な部位の内出血、皮下出血を伴う抜毛（心理的原因等により自ら一本ずつ抜く場合は皮下出血を伴わない。性的虐待や心理的虐待を疑う要因ともなりうる。）。 顔面側部の傷、首を絞めた痕。 境界が鮮明な火傷痕などの皮膚の傷害。 ・**骨折等** 複雑骨折、多発骨折、陥没骨折、骨折線の離解などの頭部骨折。 ・**鼓膜の破裂** ・**その他** 同時に複数の傷痕などが存在したり、繰り返してみられる場合。
〈特に乳幼児の場合〉	・唇の傷。 ・顔面の皮膚外傷。 ・乳幼児に硬膜下血腫、網膜出血、脳実質異常等の所見がある場合には、虐待による乳幼児頭部外傷（AHT、Abusive Head Trauma in Infants and Children）を疑う重要な契機となる。 ・新旧が混在する多発骨折、肋骨骨折、歩行開始前の四肢の骨折、肩峰骨折、骨盤骨折など。
※親の説明が傷の状況と一致しなかったり、内容が変遷を重ねたりする場合は、より一層虐待の可能性が高まる。	

② 性 的 虐 待	**・身体的特徴** 妊娠、肛門や性器の外傷など。 **・行動的特徴** 家出、非行（特に性非行）、自殺企図、アルコールや薬物の摂取、摂食障害、性的早熟、性格や行動の急激かつ著明な変化、他の子どもとの性的遊戯、家庭における葛藤の存在を示す問題行動やほのめかし、仲間との交際や身体的活動を避けるといった行動。 **・家庭環境** 家庭内における養父母、継父母、親の交際相手などの存在および、彼らとの関係不全。 **・家族間の関係等** 親子間の情緒的接触の欠如、親のアルコール依存、薬物依存、性犯罪の既往歴、極端に保護的・干渉的な親の態度。 ※なお、性的虐待の加害者は、義父母、養父母、実父母いずれの場合もあり、女児・男児いずれも被害対象となる。定義からは外れるが、きょうだいや祖父母からの性的加害例もあり、その場合はネグレクトや養育環境の悪さを示すものともなる。	
③ ネ グ レ ク ト	**・発育の遅れ** 成長曲線の最下層（－2SD）を極端に下回る、または、成長曲線の中途から突然下降する。家庭にいる間には身長・体重が増えなかったにもかかわらず、入院したり、施設に保護されたりすると、急に身長・体重が増えるなど。 **・行動など** 子どもの発達の遅れ、無表情もしくは表情の硬さ、怯えたような目つきなどの特徴や、本来であれば人見知りのみられる乳幼児期において誰にでも無差別的に愛着を求めるといった行動（情緒的ネグレクト、必要とされる情緒的かかわりの欠如）。 ・骨折、火傷、溺水などの事故が繰り返されるとき（子どもを安全に監督する義務を怠っている可能性がある）。	
④ 心 理 的 虐 待	・自己評価が著しく低い、自分を大切に思えないといった心理的問題。 ・年齢不相応な大人じみた言動。 ・不眠等（本来守られるべき親から否定される結果、精神的に不安定になり、何かに追いかけられる悪夢をみる、不眠に陥る）	
⑤ 複 数 の 虐 待 類 型 に 共 通 す る も の	（子どもの状況）	・保護者を怖がる、保護者の顔色を極端にうかがう。 ・保護者がいないとまったく関心を示さない。 ・表情や反応が乏しく元気がない、身体接触に過度に反応する。 ・家に帰りたがらない。 ・理由のはっきりしない遅刻・欠席が多い。 ・夜間に子どもだけで外出することが多い。 ・食べ物への執着が強く過度に食べる、極端な食欲不振。 <div align="right">など</div>
	（保護者の状況）	・家の中が乱雑・不衛生である。 ・夫婦仲が悪い、地域で孤立している。 ・子どもとのかかわり方に不自然なところがみられる。 ・保育士や教師等との面談を拒む。 ・発達にそぐわない厳しいしつけや行動制限をする。 ・精神的に不安定で異常な怒り方をする。 <div align="right">など</div>

さらに、保護者、家庭の特性として虐待のリスク要因が認められるか否かについても注意する必要がある。

虐待発生の一般的なリスク要因としては、予期せぬ（望んだわけではない）出産、若年出産、被虐待経験などの保護者側の要因、低出生体重児、障がい、発達特性などの子ども側の要因、単身家庭、転居を繰り返す家庭、孤立した家庭、経済的に不安定な家庭などの養育環境の要因、その他、きょうだいへの虐待歴、関係機関からの支援の拒否などが指摘されている[1]。こうしたリスク要因があれば虐待があるというものではないが、リスク要因のある家庭の子どもについては、虐待の兆候がないかを慎重に観察する必要がある。また、虐待の兆候が認められない場合でも、将来的に虐待がなされることがないように支援につなげることが必要な場合がある。

（２）発見後の対応

児童虐待の疑いがあると認める場合は、ただちに通告を行うべきである。虐待の事実が確実なものであるかを確認しようとして、通告が遅れることがないように注意しなければならない。

なお、子どもから虐待の事実を聴き取る場合には、聴き取りに関する留意点 ☞第1章 ⑨ を参照されたい。特に、性的虐待においては、子どもが性的虐待の事実を語ることの負担を軽減させ、かつ、陳述内容の正確性を担保するために、何度も聴き取りをすることは避けるべきである。

こうした子どもの心理的負担の軽減や子どもから聴き取る内容の信用性確保を目的として、刑事事件として立件が想定される重篤な虐待事例などにおいては、協同面接（警察・検察・児童相談所の3機関を代表した面接官1名が、子どもの特性に配慮した方法で面接を行うこと）の実施が推奨されている[2]。　☞第1章コラム参照

3 ‖ 通告の対象・内容・方式

（１）通告義務を負う者

通告は国民全員に課された義務である（児福25Ⅰ、児虐6Ⅰ）。

通告義務を負う者は、個人だけでなく、学校、病院などの関係施設も含まれている。

なお、令和元年児童虐待防止法改正では、学校、児童福祉施設等において、正当

1　子ども虐待対応の手引き30頁。
2　厚生労働省平成27年10月28日付通知「児童虐待事案に係る子どもの心理的負担等に配慮した面接の取組に向けた警察・検察との更なる連携強化の推進について」

な理由なく、児童虐待を受けたと思われる児童に関する秘密を漏らしてはならない旨規定された（児虐5Ⅲ）。この法改正の趣旨は、子どもが学校等に発したSOSが安易に子どもの保護者などに漏れることにより、子どもが危険に晒されることのないようにするためである。通告については、後述するとおり、その重要性から、通告義務が守秘義務に優先するのであり（児福25Ⅱ、児虐6Ⅲ）、この規定が、国および地方公共団体の施策への協力義務（児虐5Ⅱ）の遵守の妨げ、通告をためらわせることになってはならない（児虐5Ⅳ）。

（2）通告の対象

児童虐待防止法は、「児童虐待を受けたと思われる児童」を発見した場合に通告義務を課している（同法6Ⅰ）。なお、児童福祉法第25条第1項においても、要保護児童を発見した者の通告義務が定められている。

（3）通告すべき内容

虐待を受けていると思われる根拠、子どもの氏名、住所、虐待を行っていると思われる者と子どもとの関係など、虐待と考えられるケースに関連するさまざまな事情について認知できた範囲で通告すべきである。

（4）通告先

市町村、都道府県（政令指定都市・中核市等）の設置した福祉事務所、児童相談所である。

緊急対応が必要となるような重大な虐待の疑いがある場合には、児童相談所に通告すべきである。

なお、平成27年7月より、「189（いちはやく）」という全国児童相談所共通ダイヤルが運用されている。もっとも、同ダイヤルは一般の通告を受理する番号として設定されており、管轄部署につながるまでに手間を要するため、日頃、児童虐待に接する機会のある関係機関・関係者としては、原則的にはこのダイヤルではなく、管轄児童相談所ないし市町村等に通告することが望ましい。

（5）通告の方式

法律上、通告の方式に規定はなく、匿名でもよい。ただし、学校や保健所、医療機関などから児童相談所に通告する場合は、通告者を明らかにしたうえで、一定の書式によって通告することが望ましく、児童相談所などと関係機関との間で書式の整備も進んでいる。

（6）通告を受けた児童相談所等の責務

通告を受けた者は、通告者を特定させる情報を漏らしてはならない（児虐7）。

また、児童虐待が通告により児童相談所などに明らかとなった場合には、児童虐待防止法第8条において、児童相談所は速やかに児童の安全を確認することが求められている。児童相談所運営指針においては、「虐待通告受理後、原則48時間以内に児童相談所や関係機関において、直接子どもの様子を確認するなど安全確認を実施するのが望ましい」とされている。「児童虐待防止対策の強化に向けた緊急総合対策（平成30年7月20日児童虐待防止対策に関する関係閣僚会議決定）」において、立入調査の手順を、「子どもとの面会ができず安全確認ができない場合には、立入調査を実施し、あるいは必要に応じて警察への援助要請を行う」とされるなど、早期の安全確認の実施の徹底が求められている。

また、通告を受け児童虐待の事案を把握し、対応を開始した場合であっても、転居等により対応に切れ目が生じる場合があってはならない。平成30年3月、支援対象となっていた当時5歳の幼女が、香川県から東京都に転居後、虐待により死亡する事案があった。この件では、児童相談所間において、緊急性の認識などについて齟齬が生じていたことが問題視された。これを受け、上記「児童虐待防止対策の強化に向けた緊急総合対策」によって、子どもの安全確保を最優先とすること、転居した場合の児童相談所間における情報共有の徹底や安全確認ルールの徹底、関係機関との情報共有の強化、専門性の強化などが打ち出されている。

（7）身柄付通告

警察は、虐待による家出などが判明した場合、警察官職務執行法第3条第1項第2号の「迷い子」に準じて子どもを保護することができるが（『実務コンメンタール児童福祉法・児童虐待防止法』271頁）、原則としてその保護は24時間までであり、延長には簡易裁判所裁判官の許可状を要する（警職3Ⅲ）。保護した後は、家族など、引き取るべき者に通知しなければならないが、保護者に監護させることが不適当であると認められる場合は、「責任ある家族・知人等が見つからないとき」として、保護者に引き取らせずに児童相談所に通告したうえ、身柄を引き継がなければならない（警職3Ⅱ、児福25、児虐6）。一般に「身柄付通告」とよばれている。

4 ‖ 通告に関する諸問題

（1）通告義務と守秘義務

医師、公務員、弁護士など、個人の、あるいは、その他の秘密に触れることの多い職業に従事する者は、職務上知り得た秘密を第三者に漏らしてはならない。この

義務は、これらの職業に従事する者に課せられた職業倫理上の義務であって、守秘義務とよばれる。守秘義務は、法律の明文で規定されている場合もある（国家公務員法100Ⅰ、地方公務員法34Ⅰ、弁護士法23など）。

　しかし、児童虐待防止法第6条第3項は、守秘義務の規定は「通告をする義務の遵守を妨げるものと解釈してはならない」と規定し、職務上虐待を認知し通告した場合にも、守秘義務違反とはならないとしている（平成28年児童福祉法改正により、同法第25条第2項にも同様の規定が設けられた）。

　また、個人情報の保護に関する法律との関係においても、通告義務に基づく通告は、個人情報保護法第23条第1項第1号および各自治体の個人情報保護条例により、第三者提供が許される「法令に基づく場合」に該当するとされている。

（2）誤通告等

　通告後に虐待の事実がないと判明した場合、通告者は責任を問われるだろうか。

　児童虐待防止法第6条第1項は、「児童虐待を受けたと思われる児童を発見した者」に対して通告義務を課しており、客観的な裏づけがなくても通告者が主観的に児童虐待であると思えば、法律上通告義務を負うものと規定している。したがって、その義務に基づいて通告する限り違法行為にはならず、虐待の事実がないことを知りながらあえて通告した場合（故意）や、それに準ずるような場合（重過失）を除き、法的責任を問われることはない[3]。

　実質的に考えても、通告者が児童虐待かどうかを厳密に判断することは不可能であり、通告者に客観的な裏づけを求めることは、かえって通告をためらわせることとなり、通告を促そうとする法の趣旨を達成できない。

3　この点に関する裁判例：東京高判平成25年9月26日判時2204号19頁

2　調査[4]

1 ‖ 調査の開始

（1）市町村または都道府県（児童相談所）は、相談または虐待通告等を受けた場合、子どもおよび保護者についての援助の要否および必要な援助の内容を判断することを目的として、児童福祉司等の職員による調査を行う（児福10Ⅰ③、同11Ⅰ②ハ、同12Ⅱ[5]）。

　以下、児童相談所における調査を中心に記述する。

（2）児童相談所は、ケースを受理した後、受理会議（緊急のケースについては緊急受理会議）により、対応方針および担当者を決定し、調査を開始する。

　子どもの安全が確認できていない（子どもの安全に危険が及んでいる可能性がある）ケースにおいては、他の対応に優先して速やかな安全確認が求められる。

　安全確認については、「子どもを直接目視することにより行うことを基本とし、他の関係機関によって把握されている状況等を勘案し緊急性に乏しいと判断されるケースを除き、通告受理後、各自治体ごとに定めた所定時間内に実施することとする。当該所定時間は、各自治体ごとに、地域の実情に応じて設定することとするが、迅速な対応を確保する観点から、『48時間以内とする』ことが望ましい」とされている（児童相談所運営指針第3章第3節3）。

　また、安全確認とあわせて、保育園、学校、地方自治体等の関係機関や子どもが受診した医療機関等への問合せ等が行われる。

（3）児童福祉法第25条の6は、児童相談所は、同法第25条第1項の規定による通告を受けた場合において必要があると認めるときは、速やかに、当該児童の状況の把握を行うものとするとしているほか、児童虐待防止法第8条第2項は、児童相談所が同法第6条第1項の規定による通告（児童虐待に係る通告）等を受けたときは、児童相談所長は、必要に応じ近隣住民、学校の教職員、児童福祉施設の職員その他の者の協力を得つつ、当該児童との面会その他の当該児童の安全の確認を行うための措置を講ずるとともに、必要に応じ一時保護を行い、または適当な者に委託して、当該一時保護を行わせるものとするとし、児童相談所長に安全確認の義務を

4　調査についての行政の指針等については、①平成22年9月30日雇児総発0930第2号厚生労働省雇用均等・児童家庭局総務課通知「虐待通告のあった児童の安全確認の手引き」、②「子ども虐待対応の手引き」、③児童相談所運営指針にそれぞれ記載がある。

5　児童虐待防止対策の強化を図るための児童福祉法等の一部を改正する法律（令和元年法律第46号）により、令和4年4月1日の施行期日から第12条第2項から第12条第3項となる。

課している。

（4）虐待が認められるまたはそのおそれもしくは疑いがあるケースにおける調査の項目および虐待の認定・評価に際しては、「虐待通告のあった児童の安全確認の手引き」および同別添2の「子ども虐待評価チェックリスト」（本書141頁参照）に掲げられた項目が参考になる。

2 ‖ 調査の内容

（1）調査項目については次のものがあげられている（児童相談所運営指針第3章第3節4参照）。

① 子どもの居住環境および学校、地域社会等の所属集団の状況

② 子どもの家庭環境、家族の状況

③ 子どもの生活歴、生育歴

④ 子ども、保護者等の現況

⑤ 過去の相談歴等

⑥ 児童相談所以外の機関の子ども・家族への援助経過

⑦ 援助等に関する子どもや保護者等の意向

⑧ その他必要と思われる事項

（2）調査の内容は、前述のとおり子どもの安全確認をはじめとする現況の確認が優先されるが、あわせて、中長期的な援助のための情報の収集、一時保護およびその延長の要否を含むその後の法的対応を視野に、虐待その他の保護者の養育の内容を記録化することも行われる。

3 ‖ 調査の方法

調査の方法としては、面談、家庭訪問等による情報収集のほか、調査を拒んだ場合に刑事罰が科される立入調査および裁判官の発する令状に基づいて行われる臨検・捜索等がある。

（1）通告者、子ども、保護者等との面接

1）基本的なものとして、通告者、児童、保護者等の関係者から、通告時の状況や虐待の状況、児童や保護者の生活環境などの聴取を行う。

聴き取りは直接面接することによることが多いが、電話等によっても行われ

る。

調査目的で一時保護を行うこともありうる。

2）面接は、子どもや保護者について、自宅を訪問したり、児童相談所への来所を求めたりして行われるほか、子どもの通学する学校等を担当の児童福祉司等が訪問して行われることもある。自宅の訪問等の調査は原則として複数の職員により行われる。

3）面接については、児童福祉司のほか、児童相談所に所属する児童心理司が行うこともあり、事実関係の聴き取りに加えて心理面での状況についての把握も行われる。

4）調査の過程で子どもに身体的虐待の痕跡とみられる傷等があった場合は、写真を撮影する等して記録することが行われている。

（2）自宅等の訪問調査

児童相談所の担当児童福祉司等は、原則として、子どもおよび保護者の居所を訪問し、その居住環境を調査する。

訪問調査については、一般には保護者に承諾を求めて行われる。

近時、都市部においては、オートロックのマンション等が増加しており、連絡がとれない当事者について、訪問しても居宅の玄関に入れないこともあり、訪問が困難なケースもみられるが、そのような場合においては、建物登記簿から所有者を捜して居住者を確認し、マンションやアパート等の大家や管理会社に居住者を確認、法人所有のマンションやアパート等の場合は管理会社から所有する法人に問い合わせてもらう、郵便事業会社が把握する情報から居住者を確認するなどの方法を検討するとされている[6]。

訪問においては、住宅の広さ、清潔さ等の居住の環境や、同居したり、訪問したりしている親族や関係者の状況を把握することも行われている。

居所の状況については、写真を撮影するなどして記録化が行われることがある。

（3）関係機関等に対する照会

1）児童相談所は、関係機関に対し照会したり、資料の提供を受けたりして調査を行う。

当該照会は、児童福祉法第11条第1項第2号ハなどが、児童相談所から関係機関への照会が可能であることを前提としていることや、関係機関において協力する義務が定められていることに根拠を求めることができる。特

---

6 「虐待通告のあった児童の安全確認の手引き」平成22年9月30日雇児総発0930号第2号

に、児童虐待のケースにおいては、児童虐待防止法第13条の4にも根拠を求めることができる。これらの規定を説明し、迅速かつ詳細な協力を求めることが必要である。

児童虐待防止法第13条の4では「提供できる」と定められているが、個人情報保護法の「法令に基づく場合」として、目的外使用・第三者提供禁止の例外に該当するものとして、開示に理解を求めていくべきである。

2）地方自治体等の行政機関に対しては、戸籍謄本や住民票の写しを公用請求し、親族関係や住所を把握することや、保健所または保健センターに対する乳幼児検診に関するデータ、精神医学的な関与の有無などの問合せ、福祉事務所に対する生活保護受給の有無や内容の問合せ等が行われている。

3）子どもが受診している医療機関に対しては、診療情報の提供を求めることがある。なお、一時保護がなされた後において、児童相談所において、適切な医療機関に子どもを受診させ、その診断を得ることも行われている。

4）保育所、幼稚園、学校等に対しては、出欠状況、子どもの様子（身長、体重等のデータも含む。）、保護者とのやりとり等についての問合せが行われている。

5）子どもおよび保護者が居住する住宅が賃貸住宅である場合において、当該住宅の賃貸人に対し、問合せが行われることもある。

（4）収集した情報・資料の記録

上記の面談や照会等により得られた情報については、一般に経時的な経過記録が作成され、また、書面により入手した戸籍謄本または診断書等についてはファイルして保存される。

これらの調査において用いられた情報・資料については、家庭裁判所での審判手続に際しては、いずれも資料として提出されることがありうる。

その場合、聴き取り等の内容については経過記録のなかから必要な部分を整理した報告書を児童福祉司が別途作成することが多い。

近時においては、個人情報保護に関する条例に基づいて、保護者等から個人情報の開示請求がなされることもあり、情報・資料については適切な管理が求められる。

（5）安全確認における警察との連携

児童虐待防止法第10条第1項により、児童相談所長は子どもの安全確認のために必要なときは、立入調査を行う場合ではなくとも、その子どもの住所または居所の所在地を管轄する警察署長に対し、援助を求めることができるとされている。

保護者の態度等により児童相談所だけでは対応が困難なケースについては、児童

相談所は事前に警察署と相談のうえ、協力を求めることもある。

（6）警察との情報交換 [7]

　警察から通告がなされた事案や警察へ援助要請を行った事案は、その後の支援等の対応について警察へ情報提供するとともに、通告後に警察が得た新たな情報の提供を求めるなど、子ども及び家庭への対応を円滑に行うための相互の情報提供が行われる。

（7）協同面接

　刑事事件として立件が想定される虐待事例については、子どもの心理的負担の軽減および子どもから聴き取る話の内容の信用性確保のため、児童相談所、警察および検察の3機関が連携して被害事実を聴取する協同面接が行われるようになっている。

　児童相談所としては、子どもの特性を踏まえ、可能な限り子どもが安心できる和やかな雰囲気で面接がおこなわれるように、聴取方法や質問事項について、警察および検察と事前協議を行う必要がある。　☞第1章コラム、第6章 ②2参照

4 ‖ 立入調査権・質問権

（1）安全確認のための立入調査権と質問権

　虐待通告を受けた場合、児童相談所の児童福祉司等は、子どもの安全確認を速やかに行う必要がある。学校、住居を訪問するのが通例である。

　子ども・保護者の住居の訪問は、保護者の同意が得られれば住居内を確認することが可能であるが、保護者の同意が得られない場合においても、子どもの安全確認を速やかに行う必要がある。

　このような場合、児童福祉法第29条、児童虐待防止法第9条第1項に基づいて、都道府県知事（多くは児童相談所長に権限が委任されている。）に立入調査権、質問権を必要に応じて行使することになる。

　この立入調査、質問について、保護者が正当な理由なく拒んだ場合には、刑事罰（罰金刑）が科されることがある（児福61の5）。

（2）迅速な立入調査の必要

　立入調査は、虐待が疑われる場合において、保護者が調査に応じないときには、

7　平成30年7月20日子家発0720第2号厚生労働省子ども家庭局家庭福祉課長通知「児童虐待への対応における警察との連携の強化について」。

子どもの安全確認のために早期に行われるべきであり、児童相談所運営指針第3章においては、「虐待通告受理後、48時間以内に安全確認を行うことができない場合には、立入調査を実施すること」とされている。

立入調査における注意点については、「子ども虐待対応の手引き」第4章7に詳細に記載されている。

（3）立入調査の際に告知すべき事項

児童相談所運営指針第3章においては、「立入調査の実効性を高める観点から、立入調査を実施するにあたっては、正当な理由がないにもかかわらず立入調査を拒否した場合には罰金に処せられることがある旨を、可能な限り保護者に対して告知すること」「当該立入調査を拒否した場合、同法（児童虐待防止法）第9条の3第1項の臨検又は捜索が行われる可能性がある旨も併せて告知する」とされ、「さらに、上記の告知をしたにもかかわらず、立入調査に応じない状況があれば、その場において、立入調査を拒否したものと認める旨を言い渡すこととする」とされている。罰金を科す根拠規定は児童虐待防止法第9条、児童福祉法第29条、同法第61条の5である。

（4）専門家との連携

児童福祉法第29条の立入調査権の主体は、児童委員又は児童の福祉に関する事務に従事する職員と規定されており、警察官、医師、弁護士、教職員などについては、その主体となることはできない。

しかし、保護者が薬物を使用している可能性がある場合や、暴力的な抵抗が予想される場合には、警察官の協力を得て屋外に待機しておいてもらうことがある。また、医師や保健師に屋外で待機しておいてもらい、医学的、衛生学的な判断が必要な場合に保護者の了解を得て立ち入らせることも考えられる。

（5）警察官への援助要請

立入調査では保護者の頑強な抵抗にあうことがある。

このような場合、警察官の同行が効果的であることが多い。前述のとおり児童虐待防止法第10条第1項は、児童相談所が児童の安全確認、一時保護、立入調査および後述する臨検、捜索等を行うにあたり、必要があるときは、当該児童の住所等を管轄する警察署の署長に援助を求めることができると規定した。

同法第10条第2項は、この援助要請について「児童相談所長又は都道府県知事は、児童の安全の確認及び安全の確保に万全を期する観点から、必要に応じ迅速かつ適切に、前項の規定により警察署長に対し援助を求めなければならない」とし、

義務規定とされている。

立入調査において警察官の協力を得る具体的な援助の態様としては、

①　職務執行の現場に臨場したり、現場付近で待機すること

②　保護者等が暴行・脅迫等により職務執行を妨げようとする場合や児童への加害行為が現に行われようとする場合等において、警察官職務執行法第5条に基づき警告を発し、または行為を制止し、あるいは同法第6条第1項に基づき住居等に立ち入ること

③　現に犯罪にあたる行為が行われている場合に刑事訴訟法第213条に基づき現行犯人として逮捕するなどの検挙措置を講じること

等がありうる（子ども虐待対応の手引き　第4章7）。

なお、立入調査等の後、子どもを一時保護した場合においても、後日措置が解除され子どもが再び保護者のもとで養育されることも多いことから、警察と連携をする場合においても、ケースワークとのバランスについては留意が必要であろう。

（6）立入調査における有形力の行使

立入調査は、正当な理由がないにもかかわらず拒むなどしたときは、50万円以下の罰金に処せられるという罰則を伴うものであるが（児福61の5）、鍵を壊す等の物理的な破壊行動や、明確な拒否の意思表示をして、立ち入りを物理的に阻止しているにもかかわらず、物理的に排除して入室するといった行為はできないと考えられる（『実務コンメンタール児童福祉法・児童虐待防止法』362頁参照）。この場合には、後述する臨検・捜索によることとなる。

（7）立入調査権の行使について

立入調査の実施件数は、平成29年度77件、平成30年度80件、令和元年度100件である[8]。

5 ‖ 出頭要求・臨検または捜索

（1）出頭要求（児虐8の2）

都道府県知事は、児童虐待が行われているおそれがあると認めるときは、保護者に対し、児童を同伴して出頭することを求め、児童相談所の職員等に必要な調査または質問をさせることができる。

求められる要件は、児童虐待が行われている「おそれ」であり、後述の臨検また

8　福祉行政報告例（厚生労働省政策統括官）

は捜索の要件である「疑い」よりも緩やかなものとされている。

　具体的には、家庭訪問等の相当な調査によっても子どもの現状を確認できないケースなどで利用される。

　なお、出頭要求の方法としては、書面によって告知することが必要であり、手続の迅速性・安定性に鑑み、原則として直接職員が文書を交付して行うこととされ（児童相談所運営指針第3章）、郵便などによることは想定されていないため、保護者との面会が困難な事例においては、手続的に実施が困難なことも想定される。

　関係機関等への協力要請もして調査を尽くしたものの居住者が特定できない場合であっても、必ずしも出頭要求等の実施は不可能とはならず、例えば「〇〇号室にお住まいの方」という形での実施が考えられるとされている[9]。

　保護者が出頭要求に応じないときは、立入調査その他の必要な措置を講ずるものとされている。

（2）再出頭要求（児虐9の2）

　都道府県知事は、保護者が正当な理由なく立入調査を拒否した場合において、児童虐待が行われているおそれがあると認めるときは、当該保護者に対し、当該児童を同伴して出頭することを求め、児童相談所の職員等に必要な調査または質問をさせることができるとされている。再出頭要求の方法は、出頭要求の場合と同じである。

　平成28年の法改正により、再出頭要求を経なくても臨検・捜索を実施することができるようになったことから、児童の安全確認を早急に行う必要がある場合には、再出頭要求ではなくただちに臨検・捜索（児虐9の3）をするべきであろう。

（3）臨検・捜索（児虐9の3ないし10の6）

　1）都道府県知事は、保護者が正当な理由なく出頭要求を拒否した場合または立入調査に応じない場合において、児童虐待が行われている疑いがあるときは、児童の安全の確認を行いまたはその安全を確保するため、児童の住所または居所の所在地を管轄する地方裁判所、家庭裁判所または簡易裁判所の裁判官があらかじめ発する許可状により、児童相談所の職員等に児童の住所もしくは居所に臨検させ、または児童を捜索させることができる（児虐9の3）。

　臨検とは、住居等に立ち入ることであり、捜索とは、住居その他の場所につき人の発見を目的として捜し出すことをいう。

　保護者が調査に応じない場合に、児童虐待の早期発見・早期対応を可能とし、児

9　平成22年8月26日雇児総発0826第1号厚生労働省雇用均等・児童家庭局総務課長通知「居住者が特定できない事案における出頭要求等について」

童の安全確認・安全確保の強化を図る趣旨であるが、後述のとおり現状では多くは用いられていない。

2）臨検・捜索の要件は、①出頭要求あるいは立入調査を受けた保護者が、正当な理由なく、立入調査を拒み、妨げ、または忌避したこと、②児童虐待が行われている「疑い」があることである（児虐9の3）。

　想定されているのは、長期の閉じこもりやネグレクトのように児童を直接目視できず、児童の状況自体把握できないような場合などである。平成28年児童福祉法改正前は、再出頭要求まで経なければ臨検・捜索に進むことができなかったが、迅速性に欠けることから再出頭要求を必要としない、上記要件に変更された。

3）裁判所への許可状請求は書面で行うこととされている。添付資料として、①虐待が行われている疑いがあると認められる資料（近隣住民や保育所等の虐待を認めた関係者の陳述書、市町村における対応の記録、経過記録による児童福祉司作成の報告書等）、②臨検対象の住所・居所に子どもが現存すると認められる資料（当該児童の住民票の写し《居住者が特定できない場合でも出頭要求ができる》、臨検対象の住居の写真《可能な場合、子ども用の玩具・洗濯物など、当該住居での児童の生活を示す写真》など）、③保護者が立入調査に応じなかったことを証する資料（出頭要求、再出頭要求、立入調査の実施報告書の写し）が必要である（児童相談所運営指針第3章）。

4）臨検・捜索を実施するにあたっては、児童相談所の職員等は、処分を受ける者に対して許可状を提示しなければならない（児虐9の5）。また、児童相談所の職員等は臨検・捜索等をするときは、身分証明書を携帯し、関係者の請求があったときは、これを提示しなければならない（児虐9の6）。

　臨検・捜索の際、当該児童の住所もしくは居所の所有者、管理者等を立ち会わせなければならない。これらの者を立ち会わせることができない場合は、隣人で成年に達した者またはその地の地方公共団体の職員を立ち会わせなければならない（児虐9の9）。「その地の地方公共団体の職員」とは、児童相談所職員・都道府県職員ではなく、たとえば市町村の職員のことを想定している。

　なお、臨検・捜索は、許可状に夜間でもすることができる旨の記載がなければ、日没から日の出までの夜間にしてはならないとされている（児虐9の4）。

5）臨検・捜索をするにあたっては、解錠その他の必要な処分を行うことができるとされている。具体的には、アパートの管理者から鍵を借りて解錠する、窓を外すことなどであるが、錠を外す手段として錠を破壊することも、事案によっては必要な処分として行われる場合がある。なお、臨検・捜索の実力行使は、児童の安全確認または安全確保の目的のために必要最小限度において許容されるものであり、かつ、その手段・方法も社会通念上妥当なものである必要がある（『実務コンメン

タール児童福祉法・児童虐待防止法』674頁参照）。

　6）臨検・捜索を行った場合には、臨検・捜索の年月日、結果を記載した実施調書を作成し、立会人に示し、立会人とともに署名押印しなければならない（児虐10の2）。

　また、臨検等を終えたときは、その結果を都道府県知事に報告する（児虐10の3）。

（4）運用状況

　児童福祉法の平成28年改正において、正当な理由なく出頭要求を拒否した場合または立入調査に応じない場合においては、再出頭要求を要せずに、臨検・捜索を行いうることとなった。

　臨検・捜索の実施数は、平成29年度は5件、平成30年度は6件、令和元年度は1件であった[10]。

（5）不服申立ての制限

　臨検・捜索については、児童虐待防止法第10条の5により審査請求ができないとされ、同法第10条の6により行政事件訴訟法に基づく差止めの訴えを提起することができないとされている。

10　厚生労働省福祉行政報告例より抜粋

子ども虐待評価チェックリスト（確認できる事実および疑われる事項）

評価　3：強くあてはまる　2：あてはまる　1：ややあてはまる　0：あてはまらない

子どもの様子（安全の確認）	評価
不自然に子どもが保護者に密着している	
子どもが保護者を怖がっている	
子どもの緊張が高い	
体重・身長が著しく年齢相応でない	
年齢不相応な性的な興味関心・言動がある	
年齢不相応な行儀の良さなど過度のしつけの影響がみられる	
子どもに無表情・凍りついた凝視が見られる	
子どもと保護者の視線がほとんど合わない	
子どもの言動が乱暴	
総合的な医学的診断による所見	

保護者の様子	評価
子どもが受けた外傷や状況と保護者の説明につじつまが合わない	
調査に対して著しく拒否的である	
保護者が「死にたい」「殺したい」「心中したい」などと言う	
保護者が子どもの養育に関して拒否的	
保護者が子どもの教育に関して無関心	
泣いてもあやさない	
絶え間なく子どもを叱る・罵る	
保護者が虐待を認めない	
保護者が環境を改善するつもりがない	
保護者がアルコール・薬物依存症である	
保護者が精神的な問題で診断・治療を受けている	
保護者が医療的な援助に拒否的	
保護者が医療的な援助に無関心	
保護者に働く意思がない	

生活環境	評価
家庭内が著しく乱れている	
家庭内が著しく不衛生である	
不自然な転居歴がある	
家族・子どもの所在が分からなくなる	
過去に虐待歴がある	
家庭内の著しい不和・対立がある	
経済状態が著しく不安定	
子どもの状況をモニタリングする社会資源がない	

厚生労働省ウェブサイトより

3 一時保護 ···

1 ‖ 一時保護制度

（1）概要

　児童相談所長は、児童への虐待が疑われ、児童の安全を迅速に確保する必要や児童の心身の状況や養育環境の調査等をする必要がある場合など、必要性を認めたときに、短期間、親元から児童を分離させる一時保護を行うことができる（児福33）。一時保護がなされると、子どもは、一時保護所（児福12の4）や、適当な第三者に委託する一時保護委託先で生活を送ることになる。

　一時保護は、従前、児童相談所長が「必要があると認めるとき」に行うことができるとだけ定められていたが、平成28年の法改正により、一時保護は「児童の安全を迅速に確保し適切な保護を図るため、又は児童の心身の状況、その置かれている環境その他の状況を把握する」ためと一時保護の目的が明記された（児福33Ⅰ）。

　一時保護は、児童相談所長という行政機関の単独の判断で可能で、子どもの意思や保護者の意思に反しても執行できる。後述のとおり、一時保護は、子どもの行動の自由を制限するとともに保護者の監護権をも制限するものであるが、かような強力な権限を、司法審査も経ずに行政機関のみの判断で行えるとされていたのは、一時保護が極めて急を要する場合が多いこと、虐待や不適切な監護の状況から速やかに児童の安全を確保すべきこと、終局的な処遇を行うまでの短期的なものであること（一時保護は原則2か月を超えてはならないとされている（児福33Ⅲ）。）などが主な理由であった。しかし、平成29年法改正により一時保護の期間が2か月を超え、かつ、児童の親権を行う者又は未成年後見人（以下「親権者等」という。）の意思に反して一時保護を継続する場合には家庭裁判所の承認が必要とされ、限定的にではあるが、2か月を超えるごとに一時保護に対して司法審査が及ぶことになった（児福33Ⅴ〜Ⅶ）。

　また、児童福祉法上の児童は満18歳未満の者をいうため（児福4）、一時保護も満18歳未満の者にしかできないとされていたが、満18歳以上の者に対する一時保護が必要な場面もあり（たとえば、親権者の同意による施設に入所していた児童が満18歳となったのちに親権者が突如同意を撤回するなど）、平成28年法改正により18歳以上の者についても要件を具備すれば、限定的ではあるが、一時保護を行うことができることが条文上明記された。

　そして、一時保護中、児童相談所長は、親権者等がいない場合は親権を代行でき（児福33の2Ⅰ）、親権者等がいる場合でも、監護等に関して児童の福祉に必要な措置をとることも可能とされ（児福33の2Ⅱ）、親権者等はそれを妨げてはならな

い（児福33の2Ⅲ）。また、従前より、一時保護中、一定の要件を具備する保護者に対しては面会・通信の制限もできるとされていたが（児虐12Ⅰ）、さらに、平成29年法改正で一時保護中に接近禁止命令も行うことができるようになった（児虐12の4）。

（2）委託一時保護

　子どもが一時保護されると、一時保護所にて保護を行う場合のほか、他に適当な者に委託する場合もある（委託一時保護　児福33Ⅰ・Ⅱ）。

　「適当な者」すなわち委託一時保護の委託先について法律上の制限はなく、実務では乳児院・児童養護施設などの児童福祉施設、里親、医療機関などが委託先になることが多い。

　具体的には、乳児の場合、通常の一時保護所では人的、物的に対応できないので、乳児院に委託一時保護することが多いようである。また、児童福祉法第28条の承認を求める場合には、審判が確定するまでの間、児童養護施設に委託一時保護することが多い。これは、多くの一時保護所では通学ができないため、教育を受ける権利を保障するためにも、児童養護施設に委託一時保護して、そこから最寄りの学校に通わせることが望ましいからである。

　このほか、自立援助ホームや子どものシェルターも委託一時保護の委託先として活用されている。
☞第3章 10 4参照

（3）警察への委託一時保護

　警察がいわゆる身柄付通告を行う場合、児童相談所が遠隔地にある、または夜間にわたるため児童相談所がただちに子どもを引き取ることができないときに警察に一時保護を委託することもある[11,12]。

　いうまでもなく児童相談所長が行う一時保護は、子どもの安全の確保等を目的とするものであり、犯罪捜査・触法調査目的の警察への委託一時保護は違法である。福岡高等裁判所那覇支部平成19年1月25日判決[13]は触法少年に対する警察への委託一時保護を違法とし、沖縄県に対し損害賠償を命じている。

（4）一時保護の通知

　一時保護を実施する際には、子どもと保護者に対して、一時保護の理由、目的、

11　子ども虐待対応の手引き114頁、「一時保護ガイドラインについて」11頁など。
12　警察への委託一時保護の場合の扱いについては、平成13年3月8日警察庁丁少発第33号警察庁生活安全局少年課通知「児童福祉法第33条第1項に基づき警察が行う児童の一時保護について」を参照のこと。
13　裁判所ウェブサイト下級裁裁判例。

期間、入所中の生活、一時保護中の児童相談所長の権限等について説明を行う[14]。

　一時保護の開始を決定したときは、速やかに一時保護の開始の期日、理由および場所を文書で保護者に通知するとともに、行政処分として、不服申立てができること等を書面で教示する必要がある（行審82Ⅰ）[15]。

　ただし、緊急を要する場合などやむを得ない場合には、口頭で当該通知および教示を行い、一時保護を行った後、速やかに文書にて当該通知および教示を行うことも許される[16]。

　なお、通知の際、児童虐待を行った保護者に対し、当該児童の住所または居所を明らかにしたとすれば、保護者が児童を連れ戻すおそれがある等再び児童虐待が行われるおそれがあり、または当該児童の保護に支障をきたすと認められるときは、児童の住所または居所を明らかにしないものとする（児虐12Ⅲ）。

　また、一時保護の通知は父母が共同親権者の場合、両親宛てに行うことが原則である。DV被害により一方の親とともに避難した子どもを保護した場合については通知によって避難した子どもや親の所在が特定されないよう特段の配慮が求められる。

☞第4章 参照

（5）18歳以上の者の一時保護

　平成28年改正により、18歳以上の子は児童福祉法上の児童ではないものの（児福4）、以下に述べるような場合には一時保護ができることとなった。

　1）18歳より前に一時保護され一時保護が継続している者（児福33Ⅷ）

　　18歳より前の時点で一時保護されていたが、児童養護施設入所措置がとられていないような場合には、18歳になった以降も一時保護が継続できるとされた（児福33Ⅷ①、Ⅸ。児福33Ⅷ①の場合は、児福31Ⅳの措置について児童相談所から都道府県知事への報告までの一時保護を定め、児福33Ⅸは、都道府県知事が児福31Ⅳの措置（児福27Ⅰ。①から③またはⅡの措置）をとるまでの一時保護を定めているので、双方を合わせれば、施設入所措置等をとるまでの間一時保護が可能となる）。

　　また、自立援助ホームへの入居等の児童自立生活援助の実施が適当であると認められる場合も、18歳になった以降、児童自立生活援助の実施が適当である旨の報告を都道府県知事に報告するまで一時保護が可能である（児福33Ⅷ②）。

---

14 「一時保護ガイドライン」12頁、「子ども虐待対応の手引き」106頁。
15 「一時保護ガイドライン」5頁、13頁。
16 平成9年6月20日 児発第434号厚生省児童家庭局長通知「児童虐待等に関する児童福祉法の適切な運用について」。

２）措置延長中の者の一時保護

　従前は、18歳まで親権者が同意し、児童養護施設に入所し、そのまま措置延長されていたが、18歳になった後に親権者が同意を取り消したような場合には、18歳になった時点で一時保護がなされていないため、一時保護の対象とならなかった。

　しかし、平成28年改正により、このような場合でも、施設入所措置の同意の撤回等で一時保護が必要となった場合には、一時保護を行うことが可能とされるようになった（児福33 X・XI）。

2 ‖ 一時保護所

（1）児童相談所は、一時保護所を設置しなければならない（児福12の4）。一時保護所の設備および運営の基準については、「児童福祉施設の設備及び運営に関する基準」（以下「児童福祉施設最低基準」という。）の児童養護施設の規定が基本的に準用され（児福規35）、児童養護施設に準じた設備を整え、運営を行う必要がある。

（2）一時保護所においても、子どもの最善の利益、権利保障がなされなければならないことは当然であり（児福1～3）、児童福祉法第33条の2第2項に定める体罰禁止や児童福祉施設最低基準第9条の3に定める懲戒権の濫用禁止だけでなく、虐待行為がなされた場合には、児童福祉法第33条の10以下の被措置児童虐待の防止に関する規定が適用される（児福33の11、児童福祉施設最低基準9の2）。

　そして、入所した子どもからの苦情を受けつけるための意見箱や苦情窓口の設置を行い（児童福祉施設最低基準14の3）、子どもの権利擁護を図らねばならない。

（3）一時保護中の子どもの権利のうち学習権の保障は特に重要な問題であるが、通学を含めた外出を基本的に認めない一時保護所が多いようである。一時保護所から子どもの外出を一切制限することを定めた法律はなく、児童相談所長の一時保護の権限で外出を制限している状態である（「一時保護ガイドラインについて」8頁）。

　しかし、一時保護は学習権をはじめとする重大な権利制約を伴うことから、一時保護ガイドラインにおいても、外出、通学、通信、面会に関する制限は、子どもの安全の確保が図られ、かつ一時保護の目的が達成できる範囲で必要最小限とし（同8頁）、特にやむを得ず一時保護期間が長期化する子どもについては、特段の配慮が必要であり、教育や学習支援については都道府県または市町村の教育委員会等と連携協力を図り、具体的な対策について多角的に検討し、就学機会の確保に努める

とされている（同28頁）。

（4）学習権保障のほかにも、一時保護所においては、被虐待や非行などさまざまな背景をもつ子どもが同じ場所で日常を過ごすという、いわゆる「混合処遇」の弊害の解消を行うため、子どもの年齢等に配慮しつつ、原則として個室対応を基本とし、個別対応を可能とするような職員配置や環境整備を行うなど、一人ひとりの子どもの状況に応じた適切な支援の確保に配慮し、子どもが安全感や安心感をもてる生活の保障に努めなければならないとされている（同26頁）。

一時保護された子どもの処遇についても、子どもの意見が適切に表明されるような配慮が必要である。特に、一時保護の開始や解除にあたっては、子ども自身が置かれている状況や今後の見通しなどを把握できるよう、年齢等の特性を踏まえた説明を行った上で、適切な方法で子どもの意見を聴取することが重要である。また、一時保護の手続等の過程における子どもの意見聴取の際に、子どもが自らの意見を形成し、表明するための支援として、アドボケイトの仕組みについても検討されるべきである（令和3年4月22日付「児童相談所における一時保護の手続等の在り方に関する検討会とりまとめ」）。　　　　　　　　　　☞第3章コラム参照

3 ‖ 一時保護をめぐる諸問題

（1）一時保護の必要性

平成28年改正前の児童福祉法は、単に児童相談所長が必要と認めるときは一時保護ができるとだけ定められていたが、平成28年改正児童福祉法第33条第1項は、「児童の安全を迅速に確保し適切な保護を図るため、又は児童の心身の状況、その置かれている環境その他の状況を把握するため」とし、目的について明確化が図られた。

子どもが虐待を訴え保護を求めてきた場合はもとより、虐待により生命、身体の安全が脅かされる危険があるときは、ただちに一時保護を行う必要がある。また、ただちに子どもの生命、身体に危険があるとは言い難いとしても、虐待の有無や実態を調べるために親から分離して聴き取る必要があるなどの場合も、平成28年法改正で一時保護の目的が定められたことで一時保護の必要性が認められることがより明確となった。

（2）保護者の同意

児童福祉法では、一時保護を行うにあたり、保護者や親権者の同意は必要とされていない（児福33）。

従前の児童相談所運営指針では、一時保護を行うに際し、原則保護者の同意を得

たうえで行うよう定められていた。

しかし、児童虐待対応においては、対応が後手に回ることで、子どもの生命に危険が及ぶ可能性があることから、平成30年に策定された一時保護のガイドラインでは、子どもの安全確保が必要な場合であれば、保護者の同意がなくとも、一時保護を躊躇なく行うべきであるとされている（同Ⅱ「一時保護の目的と性格」2(1)）。

（3）警察との連携

一時保護の際に保護者の強い抵抗が予想される場合など、事前に警察に協力を求めることが必要な場合があろう。児童虐待防止法第10条第1項は、児童相談所長が、児童の一時保護を行おうとし、または委託した者に行わせようとする場合において、職務の執行に必要があると認めるときは、管轄の警察署長に対して援助を求めることができると定めている。また、同条第2項は児童の安全確保に万全を期する観点から、児童相談所長は必要に応じて迅速かつ適切に、警察署長に援助を求めなければならない旨を定めている。援助を求められた警察署長は、適切に権限を行使して一時保護の円滑な実施を援助する。

一時保護の現場付近に警察官が待機した例はいくつもあり、保護者が一時保護の執行を妨害した場合には、公務執行妨害罪として警告、制止することも可能であるし、現行犯逮捕することも可能である。また警察官が臨場すると保護者も自制することが少なくない。

もっとも、警察に協力要請するといっても、目的はあくまで福祉的対応であるから、児童相談所の主導により進められなければならない。

（4）一時保護中の子どもの親権と児童相談所長の権限

平成24年施行の児童福祉法改正により、児童相談所長は、一時保護を行った児童で親権者等のない者に対して親権を行うことが規定された（児福33の2Ⅰ）。

また、親権者等のある者についても、監護、教育および懲戒に関し、その児童の福祉のため必要な措置をとることができることが明確にされ（児福33の2Ⅱ）、その場合に、親権者等は、児童相談所長の措置を不当に妨げてはならないと規定された（児福33の2Ⅲ）[17]。さらに、児童相談所長の行う監護、教育および懲戒に関する措置は、児童の生命または身体の安全を確保するため緊急の必要があると認めるときは、親権者等の意に反しても、これを行うことができるとされた（児福33の2Ⅳ）[18]。

☞第3章④6参照

---

17 「『児童相談所長又は施設長等による監護措置と親権者等との関係に関するガイドライン』について」（平成24年3月9日付雇児総発0309第1号厚生労働省雇用均等・児童家庭局総務課長通知）参照。

18 「医療ネグレクトにより児童の生命・身体に重大な影響がある場合の対応について」（平成24年3月

（5）一時保護中の面会通信、引取要求等

　虐待を行った保護者から一時保護中の子どもに対する面会通信の要求があった場合において、子どもの保護のために必要があるときは、児童相談所長は、面会通信の全部または一部を制限することができる（児虐12Ⅰ）。この場合、制限を受ける者に対し、制限の理由等を記載した通知を交付する必要がある（児虐規2Ⅰ・行手14）。また、同法に基づく面会通信制限は行政手続法上の不利益処分であることから、弁明の機会を付与する必要があるが（行手13Ⅰ②）、夜間等緊急の場合は省略することができる（同条Ⅱ①）。もっとも、行政処分に至らない説得レベルであれば、「指導」として可能であるから、行政処分または指導のどちらの位置付けで行うべきかは、実情に応じて判断する必要がある。

　虐待から逃げてきた子どもを親と面会させることで、子どもが危険を感じて精神的に著しく不安定になる危険性があるため、面会通信の是非については慎重な判断が求められる[19]。また、面会通信がすべて制限されている場合において、虐待の防止および虐待を受けた子どもの保護の観点から特に必要と認められる場合は、6か月を超えない限度で接近禁止命令を行うことができる（児虐12の4Ⅰ）。

　従来、この接近禁止命令は、児童福祉法第28条の審判が行われて施設入所措置が行われている場合に限り認められていたが、平成29年改正法において、同意を得て施設入所等措置が行われている場合や一時保護中の場合にも認められることとなった。

　なお、一時保護中の場合等でも接近禁止命令が認められたことから、家事事件手続法第239条の審判前の保全処分は平成29年改正で削除された。

（6）一時保護における有形力の行使

　一時保護において有形力の行使が可能か問題となる。

　まず一時保護を行おうとする場所への立入りについては、立入調査（児虐9）や臨検・捜索（児虐9の3）、これに伴う必要な処分（児虐9の7）の要件を満たす必要がある。

　これに対し、一時保護それ自体については、子ども本人や保護者の意思に反して一時保護を行う場合に、逮捕にわたるような強制力を用いてまで子どもを保護者から引き離すことが許されるかが問題となる。一時保護においても、警職法による有形力の行使と同様、比例原則による規制に服するものの、一定の有形力の行使は許されよう。たとえば、虐待により怪我をしている子どもを一時保護するにあたっ

<hr />

　9日付雇児総発0309第2号厚生労働省雇用均等・児童家庭局総務課長通知）参照。
19　「『児童相談所長又は施設長等による監護措置と親権者等との関係に関するガイドライン』について」（平成24年3月9日付雇児総発0309第1号厚生労働省雇用均等・児童家庭局総務課長通知）。

て、一時保護を阻止しようとして子どもの肩に手をかけた保護者に対し、児童相談所の職員が保護者の手を取り、振り払うことは許されよう。有形力の行使には、より緩やかな有形力行使の態様がないか（必要性の原則）、子どもの保護が求められる程度に照らして過剰な有形力の行使でないか（相当性の原則）を検討することとなる。生命の危険が迫っていて急を要する場合でなければ、強引な実力行使がかえって子どもの福祉に反することとならないよう、子どもの状況を十分に踏まえた、細心の配慮が求められる（『実務コンメンタール児童福祉法・児童虐待防止法』392頁）。

（7）一時保護による児童の行動制限

児童相談所長は、一時保護を行った子どもで親権者等のない者に対し親権を行うとされ（児福33の2 I）、親権者等のいる子どもについても、監護、教育及び懲戒に関し、その児童の福祉のため必要な措置をとることができるから（児福33の2 II）、一時保護中の子どもの意に反しても、その行動の自由を制限することができる。

ただし、子どもに対して行い得る行動の自由の制限の程度は、自由に出入りできない建物内に子どもを置くという程度までであり、子どもの身体の自由を直接的に拘束すること、子どもを一人ずつ鍵の掛けた個室に置くことはできない（一時保護ガイドライン8頁）。そのような子どもの行動の自由を奪う強制的な措置が必要な場合は、強制的措置許可申請事件として家庭裁判所に送致する必要がある（児福27の3）。

（8）一時保護の期間と延長

一時保護は、児童の安全の迅速な確保および児童の心身の状況やその置かれている環境等の状況把握のために行われるものであるから（児福33 II）、基本的には長期間継続することは予定されていない。そのため、原則として一時保護を開始した日より2か月を超えてはならないが、必要があると認めるときは延長することができるとされている（児福33 III、IV）。

引き続き一時保護を行うことが親権者等の意に反する場合であって、児童福祉法第28条に基づく申立てまたは親権喪失、親権停止の申立て、もしくは未成年後見人の解任請求がなされていない場合は、児童相談所長または都道府県知事が引き続き一時保護を行おうとするときおよび引き続き一時保護を行った後2か月を超えて引き続き一時保護を行おうとするごとに、家庭裁判所の承認を得なければならない（児福33 V）。これまで、一時保護の期間を延長する場合は、都道府県児童福祉審議会の意見を聴取すれば足りていたところ、一時保護が子どもや親権者等に対する

制約を伴う点に鑑み、平成 29 年改正により司法審査が求められることとなった。

（9）引き続いての一時保護承認審判手続について

1）審理の形態

引き続いての一時保護承認審判事件については児童福祉法第 28 条承認審判事件と同じく家事事件手続法が適用され（家事別表第一の 128 の 2 項、家事 234 以下）、通常の審判手続に服することになる。実務上、本審判手続は一時保護開始から 2 か月以内に家庭裁判所において審理が行われることが想定されていることから、迅速な審理が行われており、申立てから 2 週間程度で審判が出されるような運用がとられている。

申立てから約 10 日後に審問期日において親権者等の陳述の聴取がされ（家事 236）、15 歳以上の児童に対しては書面または調査官面接により陳述の聴取が行われる（家事 65、236）。審判結果は親権者等に告知され（家事 237）、審判に対しては即時抗告も可能である（家事 238）。そのため、承認の審判が出されてもただちに審判が確定することはない（家事 85、86、74Ⅳ）[20]。

2）審理の対象

本審判の審理の対象は文言上明らかではないが、2 か月を超えて一時保護を継続することの必要性があるか否かであると考えられる。すなわち一時保護開始後 2 か月を経過した時点でなお一時保護の必要性が存続しているかということである[21]。

当初の一時保護の必要性については、直接の審理対象ではないものの、その判断に影響を与える重大な要素であることから、まず一時保護の当初の必要性について十分に主張・立証した上で、2 か月を経過しようとしている時点までに当初の一時保護が必要であると判断される事情がなお存在しているのか、事情の変更があるのか等の延長の必要性について主張、立証しておくべきであろう[22]。

一時保護の延長が必要と思われるケースは千差万別である。たとえば、①28 条審判申立ての準備をしている場合、②施設入所方針であるが児童の医療機関への入通院が必要なため当面施設入所が難しい場合、③児童や保護者の情

20 「一時保護ガイドライン」17 頁、児童福祉法及び児童虐待の防止等に関する法律の一部を改正する法律（平成 29 年法律第 69 号）の施行に係る Q & A QA 集
21 『実務コンメンタール児童福祉法・児童虐待防止法』399 頁、大阪高等裁判所平成 30 年 6 月 15 日決定　家庭の法と裁判 21 号 92 頁
22 谷嶋弘修「児童虐待の現状・近年の児童虐待防止対策をめぐる法改正について〜虐待を受けている児童等の保護についての司法関与を強化する平成 29 年改正法を中心に〜」家庭の法と裁判 13 巻 26 頁

報についてさらに収集や状況評価等を行わなければ援助方針が決められない場合、④2か月を超えるものの、保護者の変化が十分期待できるため、もうしばらくケースワークを行う必要がある場合等、さまざまな場面が考えられよう。

　なお、この点に関し、一時保護開始後に都道府県知事（または権限の委任を受けた児童相談所長）が児童福祉法第27条第1項または第2項の措置をとったとしても、これを理由としてただちに延長の必要性が認められなくなるものではない。同条項の措置は複数とられることもあるからである[23]。

3）親権者等の同意と翻意
①　親権者等の同意

　引き続いての一時保護承認審判が必要となる要件として、引き続き一時保護を行うことが当該児童の親権を行う者または未成年後見人の意に反する場合とされている（児福33Ⅴ）。

　この「意に反する」とは、従前児童福祉法第28条の審判申立てにおいて解釈されてきたのと同様、親権者等が積極的に一時保護の延長に反対の意思を表明していることをいう。親権者等が一時保護の延長に同意しているとまではいえなくても、積極的に反対の意思を表示していない場合には、審判がなくても一時保護の期間を延長することができるものと解される。

　ただし、現在施設入所措置等の親権者等の意思確認の際に親権者等の承諾書を原則として徴求する運用をしているのと同様、慎重な意思確認がなされることが望まれる。
②　同意の撤回、翻意がある場合

　児童福祉法第33条第5項は、親権者等の意に反して一時保護期間の延長を行う場合に家庭裁判所の審判を求めているが、当初一時保護に同意をしていた親権者等が途中で翻意することは少なくない。2か月経過前に同意が撤回された場合、少なくとも、審判申立てだけは一時保護開始から2か月経過前に行っていなければならない。期間経過による救済規定がない以上、一時保護の延長が違法になる可能性がある。

　そのため、児童相談所の運営としても、撤回される可能性がある案件については、引き続いての一時保護承認審判の申立てをする前提で、初動調査から保護者へのフィードバックまで行う必要がある。

　2か月経過後に同意が撤回された場合については、さらに2か月経過する前に引き続いての一時保護承認審判の申立てをすれば足りる。

23　大阪高等裁判所平成30年7月30日決定　家庭の法と裁判21号78頁、『実務コンメンタール児童福祉法・児童虐待防止法』388頁．

③　申立後に親権者等が同意をした場合

　　申立後、当初の一時保護から2か月経過前に親権者等が同意した場合は、申立ての取下げを検討することとなる。2か月が経過したが、審判が出される前に親権者等が同意した場合には、一時保護から2か月が経過している以上、申立てを取り下げることなく、家庭裁判所の判断を得ておく必要がある。

4）申立後の2か月を超える一時保護について

　　引き続いての一時保護承認審判の申立後、「やむを得ない事情」があるときは、2か月を経過した後も引き続き一時保護を行うことができる（児福33Ⅵ本文）。ただし、申立てが却下された場合は、却下審判の結果を考慮してもなお一時保護の必要性が認められる場合に限られる（同条項但書）。

　　この「やむを得ない事情」としては、①一時保護開始から2か月経過前に申立てをしたが、審判がなされていない場合、②児童相談所側が不服申立てをし、高等裁判所で争っている間（家庭裁判所の審判が確定するまでの間）または③児童相談所が即時抗告を行うことができる期間（却下の審判の告知を受けた日から2週間）が満了していない場合があげられる[24]。申立てが却下された場合については、家庭裁判所の判断を尊重する観点から、たとえば、子どもの帰宅のための準備がすぐに整わない場合など、却下の審判結果を考慮してもなお引き続き一時保護を行う必要があると認めるとき等があげられる[25]。

　　なお、承認の審判が出された場合の次の2か月の一時保護期間の起算点はこの承認の審判の確定日から起算する（児福33Ⅶ）。

24　「一時保護ガイドライン」17頁
25　谷嶋弘修「児童虐待の現状・近年の児童虐待防止対策をめぐる法改正について〜虐待を受けている児童等の保護についての司法関与を強化する平成29年改正法を中心に〜」家庭の法と裁判13巻26頁

4 児童福祉法第27条第1項第3号の措置

1 ‖ 概要

子どもに対する虐待が疑われる場合、児童相談所長は、その職権で一時保護をすることにより、虐待が疑われる環境下から子どもの分離を図ることができる（児福33）。

しかしながら、この一時保護は、あくまでも緊急措置として認められたものであり、長期間分離することまでは予定されていない。

そのため、児童相談所としては、一時保護をした後、調査を行ったうえで「保護者」のもとにただちに子どもを返すのが適当でないと判断する場合には、児童福祉法第27条第1項第3号に基づいて、長期分離を図る（以下、児童福祉法第27条第1項第3号による措置を「3号措置」という。）。この措置をとるには、あくまで親権を行う者または未成年後見人の意に反しないことが必要である（児福27Ⅳ）。

☞第3章 5 3(2)参照

そして、3号措置は、「児童」に対する措置であることから、当該子どもが原則満18歳に達するまでに施設入所等の措置をとる必要がある（児福27Ⅰ、4Ⅰ）。もっとも、満18歳に達するまでに施設入所等の措置がとられていれば、子どもが満20歳に達するまで、当該措置を継続することができる（同法31Ⅱ）。 ☞第3章 6 参照

なお、児童福祉法第27条の措置権限については、多くの都道府県において知事から児童相談所長に委任されている（同法32Ⅰ）。

2 ‖ 措置の内容

3号措置の内容は、児童を小規模住居型児童養育事業を行う者もしくは里親に委託し、または乳児院、児童養護施設、障害児入所施設、児童心理治療施設もしくは児童自立支援施設に入所させることである（児福27Ⅰ③）。

3 ‖ 措置先

措置先については、平成23年3月に発出された「里親委託ガイドライン」[26] において里親委託優先の原則が明確化された。平成28年の児童福祉法改正により、新たに第3条の2が設けられ、家庭による養育の支援を原則としつつ、それが困難

---

26 平成23年3月30日雇児発0330第9号厚生労働省雇用均等・児童家庭局長通知。

な場合の社会的養護においては、「家庭における養育環境と同様の養育環境」すなわち養子縁組による家庭、里親家庭、ファミリーホームでの養育が原則とされた。そして、子どもの情緒行動上の問題が大きいなど、施設での専門的なケアが望ましい場合などに、当面は例外的に施設での養育が選択されるが、その場合でも「できる限り良好な家庭的環境」すなわち小規模で家庭に近い環境（小規模グループケアやグループホーム等）において養育されるよう、必要な措置を講じなければならないとされた[27]。

（1）里親

里親とは、家庭での養育が困難または受けられなくなった子どもに、自身の家庭において温かい愛情と正しい理解をもった環境のもとでの養育を提供する者のことである。

里親への委託児童数は4人以下、実子を合わせても6人以下（児福規1の33 I、里親が行う養育に関する最低基準17 I）であり、専門里親への委託児童数は2人以下（里親が行う養育に関する最低基準17 II）である。

里親委託の場合には、里親と当該委託児童とのマッチングや交流が必要であることから、実際の委託までにある程度の時間を要する。また、長期間の委託のみならず、短期間委託される児童もおり、ニーズに合わせた柔軟な委託がなされている。

里親には、養育里親（児福6条の4①）、養子縁組里親（同②）、親族里親（同③）の類型がある。また、養育里親の一部として、より困難な課題を抱える児童を養育する専門性の高い専門里親がある（児福規1条の36）。

これらは、要保護児童（保護者のない児童または保護者に監護させることが不適当であると認められる児童（同法6の3 VIII））の養育を委託する制度である点では共通する。

このうち、養子縁組里親は、養子縁組によって委託児童の養親となることを希望する里親を特に類型化したものである。これは、子どもへの永続的な家庭環境の保障という観点から特別養子縁組が重要であることから設けられている。また、親族里親は、児童の両親その他当該児童を現に監護する者が死亡、行行不明、拘禁、入院等により当該児童を監護することができない場合に、民法上の扶養義務者およびその配偶者である親族に当該児童の養育を委託する類型である。なお「死亡、行方不明、拘禁、入院等により当該児童を監護することができない場合」には、虐待や養育拒否により養育が期待できない場合や精神疾患により養育できない場合なども含まれる[28]。養育里親を経験した後、養子縁組里親となる場合もある。里親に支

27　平成28年6月3日雇児発0603第8号「児童福祉法等の一部を改正する法律の公布について（通知）」。
28　平成23年3月30日雇児発0330第9号「里親委託ガイドラインについて」（一部改正、平成30年3

給される手当などは、以上の類型のいずれに該当するかによって異なる。

　子どもの権利条約第20条では代替的養護の第一に「里親委託」があげられており、また前述のとおり平成28年の児童福祉法改正において家庭と同様の環境における養育の推進が規定された（児福3条の2）ことから、実務においても、里親委託が優先的に検討されている。

	養育者の要件	対象児童
1）養育里親 [29]	①要保護児童の養育についての理解および熱意ならびに要保護児童に対する豊かな愛情を有していること。②経済的に困窮していないこと [30]。③養育里親研修を修了。④欠格事由に該当しないこと。⑤養育里親名簿に登録されていること。	要保護児童。
2）専門里親 [31]	養育里親のうち、①次のいずれかに該当。　ア）養育里親として3年以上委託児童の養育経験。　イ）3年以上児童福祉事業に従事した者で、都道府県知事が適当と認めた者。　ウ）その他都道府県知事がア、イと同等の能力を有すると認めた者。②専門里親研修を修了。③委託児童の養育に専念できる者。	要保護児童のうち、児童虐待等の行為により心身に有害な影響を受けた児童、非行等の問題を有する児童または身体障害、知的障害もしくは精神障害がある児童であって、養育に関し、特に支援が必要な児童。
3）養子縁組里親 [32]	①養子縁組を希望する者。②要保護児童の養育についての理解および熱意ならびに要保護児童に対する豊かな愛情を有していること。③経済的に困窮していないこと。④養子縁組里親研修を修了。⑤養子縁組里親名簿に登録されていること。	要保護児童。
4）親族里親 [33]	①3親等以内の親族およびその配偶者。②養育里親の認定に準じて都道府県知事が判断。	要保護児童のうち、①親族里親に扶養義務のある児童。②児童を現に監護する者により養育が期待できない児童。

月30日子発0330第10号）。
29　児福6の4①、34の19〜21、児福規1の35。
30　親族による養育里親の場合には、経済的に困窮していないことという要件は、親族里親と同様に適用されない（児福規1の35②）。また、養育里親研修についても、相当と認められる範囲で研修科目の一部を免除することができる（児童福祉法施行規則第1条の34の厚生労働大臣が定める基準2）。
31　児福規1の36、同1の37。
32　児福6の4②・34の19〜21、児福規36の42Ⅱ。
33　児福6の4③、児福規1の39。

もとより、子どもは大規模な施設での集団生活よりも、家庭的な環境のなかで養育されることが望ましい。しかし、令和2年度末現在、社会的養護にある子ども34,791人のうち、里親に委託されている子どもの数は5,832人、ファミリーホームに委託されている子どもの数は1,660人であり、これら里親等への委託率は全体の21.5％にすぎない。一方、乳児院へ委託されている子どもの数は2,760人、児童養護施設へ委託されている子どもの数は24,539人であり、両者を合わせた割合は78.4％と、里親等への委託率の3.6倍にも上る。また、令和2年度末現在、登録されている里親13,485世帯中、実際に委託を受けている里親は4,609世帯であり、約34％にすぎない。そのため、よりいっそう里親委託を推進していくことが望まれる[34]。

（2）小規模住居型児童養育事業を行う者

　小規模住居型児童養育事業とは、家庭的養護を促進するため、要保護児童に対し、この事業を行う住居（ファミリーホーム）において、児童間の相互作用を活かしつつ、児童の自主性を尊重し、基本的な生活習慣を確立するとともに、豊かな人間性および社会性を養い、児童の自立を支援するものである[35]。里親制度拡充の一助として制度化された。

　養育者の住居において養育を行う点では里親と同様であるが、委託児童数が5～6人と里親より多く、いわば里親型のグループホームである。

　なお、令和2年度末時点で、ファミリーホームは417か所であり、委託児童数は1,660人である[36]。

（3）乳児院

　乳児院とは、「乳児」等を対象とし、これを入院させて「養育」する児童福祉施設である（児福37）。

　「乳児」とは、「満1歳に満たない者」と定義されているが（児福4Ⅰ①）、同法第37条は、こうした「乳児」のほか、保健上、安定した生活環境の確保その他の理由により特に必要のある場合には、幼児についても、乳児院に入所させることができるとした。

　平成16年児童福祉法改正以前は、幼児について「おおむね2歳未満の」との年齢制限が規定されていたが、同改正により削除され、3号措置を行うにあたり、き

34　厚生労働省ウェブサイト「社会的養育の推進に向けて」（令和3年5月）https://www.mhlw.go.jp/content/000784817.pdf
35　小規模住居型児童養育事業とは、児童福祉法第27条第1項第3号の措置に係る児童について、厚生労働省令で定めるところにより、要保護児童の養育に関し相当の経験を有する者その他の厚生労働省令で定める者（里親を除く）の住居において養育を行う事業をいう（児福6の3Ⅷ、児福規1の31）。
36　前出注34「社会的養護の推進に向けて」

ょうだいで共に入所させるなど、より柔軟に入所施設を選定することが可能となった。また、乳児院においてようやく愛着対象を見つけた児童にとって、乳児院から児童養護施設への措置変更の負担が大きいことから、負担軽減のために、措置変更を減らすという意味合いもある。

　なお、乳児院は、入院中の子どもの養育にとどまらず、退院した子どもに対する「相談その他の援助」も行うものとされており（児福37）、乳児院を離れた子どもへのサポートも、その機能として期待されている。

　また、ほとんどの一時保護所において乳児に必要な設備や職員配置がなされていないため、通常、乳児院は、乳児の一時保護委託先となっている。

（4）児童養護施設

　児童養護施設とは、保護者のない児童、虐待されている児童その他環境上養護を要する児童を入所させて養護する施設である（児福41）。

　ここでいう「児童」には原則として乳児は含まれないが、安定した生活環境の確保その他の理由により特に必要のある場合には、乳児の入所も認められる（児福41）。これは、乳児院に関する児童福祉法第37条と同様、3号措置における入所施設選定の柔軟化に資する規定といえる。

　また、従前は入所定員が100人以上の大規模な児童養護施設が多かったが、家庭的養育を目指す流れから、入所児童を12人以下のグループに分け、そのユニット（1養育単位）で生活をする小舎制、本体施設の支援の下で地域の民間住宅などを活用して家庭的養護を行うグループホーム、地域において小規模なグループ（6〜8名）で家庭的養護を行う小規模グループケアが多くなり、小規模化、地域分散化が進められている。令和元年10月時点で、児童養護施設の定員総数28,292人のうち、小規模グループケアの定員は本体施設内8,078人（28.6％）、別棟2,382人（8.4％）、分園型1,090人（3.9％）、グループホームは2,718人（9.6％）となっている[37]。

　なお、児童養護施設は、退所した子どもに対する「相談その他の自立のための援助」（児福41）も、その目的としている。近年、施設出身者のアフターケアの重要性が再認識され、この機能の強化が求められている。

（5）障害児入所施設

　障害児入所施設には、1）福祉型障害児入所施設と、2）医療型障害児入所施設がある。

37　前出注34「社会的養護の推進に向けて」

1）福祉型障害児入所施設は、障害児を入所させて、保護、日常生活の指導および独立自活に必要な知識技能の付与を行うことを目的とする施設であり、2）医療型障害児入所施設は、障害児を入所させて、保護、日常生活の指導、独立自活に必要な知識技能の付与のほか治療を行うことを目的とする施設である（児福42）。

障害児入所施設には、措置によるほか契約により入所することができる[38]から、措置により入所した児童が20歳に達した場合であっても、施設と契約することにより入所を継続することが可能である[39]。

（6）児童心理治療施設

児童心理治療施設とは、環境上の理由により社会生活への適応が困難となった児童を短期間入所させ、あるいは保護者の下から通わせて、社会生活に適応するために必要な心理に関する治療および生活指導を主として行い、あわせて退所した者について相談その他の援助を行う施設である（児福43の2）。

平成28年の児童福祉法改正により、その名称が改められた（改正前は「情緒障害児短期治療施設」）。

家庭環境、学校における交友関係その他の環境上の理由により社会生活への適応が困難となった児童に対するケアと援助を目的とし、その手法として短期入所と通所の2つの選択肢を用意している点に特徴がある。

児童養護施設と異なり、職員として医師、心理療法担当職員および看護師が配置されており、職員の配置も手厚くなっている[40]。

（7）児童自立支援施設

児童自立支援施設とは、不良行為をなし、またはなすおそれのある児童および家庭環境その他の環境上の理由により生活指導等を要する児童を入所させ、または保護者のもとから通わせて、個々の児童の状況に応じて必要な指導を行ってその自立を支援するとともに、退所した子どもに対する相談その他の援助を行う施設である（児福44）。

平成9年の児童福祉法改正によりその名称が改められ（改正前は「教護院」）、入所措置のほか通所措置が追加されるとともに、その対象者が環境上の理由により基本的な生活習慣の習得がなされていない児童にまで広げられた。また、同じ改正に

38　平成19年3月22日障発第0322005号厚生労働省社会・援護局障害保険福祉部長通知「障害児施設給付費等の支給について」
39　民法の一部を改正する法律（平成30年6月13日成立、令和4年4月1日施行）により、民法の成年年齢が18歳に引き下げられることとなるため、改正法施行後は児童が18歳に達した場合、契約を締結することが可能となる。
40　児童福祉施設の設備及び運営に関する基準73Ⅰ、42Ⅰ・Ⅲ。

おいて学校教育の実施が義務付けられた。

　児童自立支援施設は、従前は夫婦制（夫婦が寮担当の寮長、寮母となり、入所児童と生活を共にしつつ支援する形態）が中心であったが、現在は交替制（数名の職員が交替して全日の勤務にあたる。）に移行しつつある。直近では、58施設中、夫婦制は18施設であり、交替制は39施設、単独制が1施設である[41]。夫婦制は、家庭的な雰囲気のなか、一貫性のある継続した支援ができるというメリットがあるが、多角的な視点をもちにくいというデメリットもあると思われ、また職員の拘束時間が長く、なり手が不足していることから、交替制が主流となってきた。

　なお、児童自立支援施設において強制的措置をとる場合（鍵がかかる部屋に収容する等）は、一時保護として認められる場合や児童福祉施設の長の親権代行（児福47）として認められる場合を除き家庭裁判所に送致し、強制的措置の許可を得る必要がある（少年6の7Ⅱ）。また、この強制措置をとることができる施設は、国立きぬ川学院および国立武蔵野学院の2か所のみである。

4 ‖ 親権者等の意に反しないこと

　以上述べた3号措置は、いずれも、親権を行う者または未成年後見人（以下「親権者等」という。）の意に反して行うことができない（児福27Ⅳ）。

　児童福祉法は、「保護者」が親権者等である場合とそれ以外の者である場合とを区別したうえで、前者の場合は、3号措置が親権者等の意に反するときは家庭裁判所の承認を得る必要があるとしている（児福28Ⅰ①）。また後者の場合は、当該児童を親権者等に引き渡すことを原則的対応とし、親権者等への引渡しが児童の福祉のため不適当であると認めるときは、家庭裁判所の承認を得て3号措置をとることとしている（児福28Ⅰ②）。

　なお、このような家庭裁判所の承認が必要となるのは、親権者等が反対の意を積極的に示している場合に限られる（児福27Ⅳ参照）。したがって、親権者等が、積極的に同意していなくとも、同意も不同意も表明しないような場合や、親権者の一方が同意し、他方が沈黙している場合なども、家庭裁判所の承認なく3号措置をとることが可能である。

☞第3章 ⑤ 3(2) 参照

5 ‖ 児童福祉審議会への諮問

　都道府県知事は、政令の定めるところにより、3号措置をとる場合およびこれを

41　全国児童自立支援施設協議会ウェブサイト　http://zenjikyo.org/

解除、停止、変更する場合には、都道府県児童福祉審議会の意見を聴かなければならない（児福27Ⅵ）。なお、児童福祉法第28条第1項第1号による家庭裁判所の承認を得て同様の措置を行う場合は、審議会への諮問は不要である。

これを受けて政令では、(1) 児童もしくはその保護者の意向が当該措置と一致しないとき、または (2) 都道府県知事が必要と認めるときに諮問が必要と定める（児福令32Ⅰ）。もっとも、上記 (1) または (2) に該当する場合であっても、緊急を要し、諮問を行う時間的余裕がないときには、この諮問は措置後の報告に代えることができる（児福令32Ⅱ）。

なお、上記 (2) の場合として、児童相談所の援助指針と児童または保護者との意向は一致しているが、措置解除をめぐって、より幅広い観点からの客観的な意見を求めることが妥当と判断される場合などが挙げられる。例えば、児童福祉法第28条による施設入所等の措置を解除する場合などである（児童相談所運営指針）。

6 ‖ 一時保護中、措置中の児童の親権と児童相談所長・施設長等の権限

（1）法規定
1）親権を行う者または未成年後見人のない児童

親権を行う者または未成年後見人があるに至るまでの間に児童に対して親権を行うのは、以下の表に示すとおり、一時保護中は児童相談所長（児福33の2Ⅰ）、施設入所中は児童福祉施設の長（児福47Ⅰ）、里親等委託中は児童相談所長（児福47Ⅱ）である。

ただし、いずれの場合においても、児童が15歳未満であるためその法定代理人として養子縁組の承諾をする場合（民797）には、厚生労働省令（児福規36の28、39）の定めるところにより、都道府県知事の許可を得なければならない（児福33の2Ⅰ、47Ⅰ、47Ⅱ）。

「親権を行う者のない」場合としては、親権を行う者が死亡した場合、親権喪失等の審判がなされた場合などの親権を行使する権限を有する者がない場合のほか、親権者が行方不明であるなど、事実上、親権を行使することが不可能な場合もこれにあたると考えられている[42]。

2）親権を行う者または未成年後見人のある児童

施設入所中等の児童に関する監護、教育および懲戒に関して、施設長等はその児

42　児童相談所運営指針94頁

親権を行う者または未成年後見人のない児童		
一時保護中は、児童相談所長が、	親権を行う者又は未成年後見人があるに至るまでの間、児童に対し親権を行う	33条の2第1項
里親等委託中は、児童相談所長が、		47条2項
施設入所中は、児童福祉施設長が、		47条1項

親権を行う者または未成年後見人のある児童		
一時保護中は、児童相談所長が、	監護、教育及び懲戒に関し、福祉のために必要な措置をとることができる。	33条の2第2項、3項
里親等委託中は、里親等が、	これに対し、親権を行う者又は未成年後見人は、当該措置を不当に妨げてはならない。	47条3項、4項
施設入所中は、児童福祉施設長が、		47条3項、4項

童の福祉のため必要な措置をとることができ、これに対し、親権を行う者または未成年後見人は、施設長等による措置を不当に妨げてはならないとされている。「必要な措置」をとる権限を有するのは、一時保護中は児童相談所長（児福33の2Ⅱ）、施設入所中は児童福祉施設の長（児福47Ⅲ）、里親等委託中は里親等である（児福47Ⅲ）。令和元年改正により、施設長等による体罰禁止が明文化された（児福47Ⅲ但書、33の2但書）。

　これらの権限行使に対し、親権を行う者または未成年後見人は、施設長等による措置を不当に妨げてはならない（児福33の2Ⅲ、児福47Ⅳ）。

　また、児童の生命または身体の安全を確保するため緊急の必要があると認めるときは、親権を行う者または未成年後見人の意に反しても、これを行うことができる（児福33の2Ⅳ、47Ⅴ）。これは、たとえば、施設入所中の子どもに緊急に医療を受けさせる必要があるが緊急に親権者等の意向を把握できない場合や、親権者等が治療に同意しない場合においても、施設長の判断により、医療機関は児童等に必要な医療を行うことができることを意味する。

　そして、当該規定については、緊急時以外は親権者等の意に反した措置をとることができないという趣旨ではないことにも注意が必要である[43]。

　また、施設長等が、児童の生命または身体の安全を確保するため緊急の必要があると認め、必要な措置をとった場合には、措置の内容について、入所措置を行った都道府県知事等に報告することとされている（児福47Ⅴ）[44]。

　なお、里親等委託中の児童について、「親権を行う者又は未成年後見人」のない場合とある場合で、親権を行使する者と必要な措置を行う者が異なる点は注意が必要である。

43　児童相談所運営指針95頁
44　児童相談所運営指針95頁

（2）「必要な措置」の範囲

「必要な措置」の範囲は、おおむね、親権のうちの身上監護権と等しく、児童に対する医療行為に係る同意権も含むと解されている。他方で、財産管理権や法律行為についての法定代理権は含まれないとされるが、児童相談所長等が、監護、教育に関し必要な措置をとるなかで、一定、児童の僅少な財産についてもその権限が及びうると思われる[45]。

「必要な措置」の範囲について上記のように解すると、親権等と一部重なる部分が生じることとなり、両者の関係性が問題となる。

この点、児童福祉法は、一時保護処分や施設入所措置等に、児童にかかる親権等を直接制限する効果を定めてはいないものの、児童の親権者等は、児童相談所長等による「必要な措置」を「不当に妨げてはならない」としている。しかし、いかなる行為が「不当」とされるかについては、法には規定がなく、以下に記載のガイドラインも参考にしつつ、個別に判断していくしかない。

なお、児童相談所運営指針においては、施設長が判断に迷う場合には、児童相談所が相談に応じることとし、児童相談所は、必要に応じて、都道府県児童福祉審議会の意見を聴いたうえで、施設長に対し、助言・指導を行うこととされている[46]。

また、施設長等と親権者等とで意向が対立する場合には、児童相談所がその調整にあたることとされている。具体的には、児童相談所は、双方の主張の妥当性を検討し、必要に応じて都道府県児童福祉審議会の意見を聴いたうえで、施設長等の措置が妥当であるか判断し、同措置が妥当である場合には、親権者等に対し、措置の妥当性について説明し、理解を得られるよう努めることとされている[47]。

（3）親権等と「必要な措置」との関係についての検討

1）ガイドライン

「必要な措置」と親権等との関係については、「児童相談所長又は施設長等による監護措置と親権者等との関係に関するガイドライン」[48]に具体例が示されている。

同ガイドラインにおいては、親権者等の不当な主張や行為により「必要な措置」が妨げられているような場合であっても、親権制限等の司法手続を経ることなく、親権者等の主張や行為を排斥し、その児童等の福祉のために「必要な措置」をとることとされている。

他方で、「必要な措置」に限られるものとはいえ、児童相談所長や児童福祉施

45　子ども虐待対応の手引き 170 頁
46　児童相談所運営指針 95 頁
47　児童相談所運営指針 95 頁
48　平成 24 年 3 月 9 日雇児総発 0309 第 1 号厚生労働省雇用均等・児童家庭局総務課長通知。

の長などにこのような強い権限が与えられていることからすれば、権限の濫用とならぬよう、児童等の福祉に照らし必要な措置であるかにつき慎重に判断することや、その措置の実施にあたってもできる限り親権者等の理解を得て監護措置をとることといった配慮が求められる。

２）各論

　日常的な生活の範囲内の事柄については、「監護、教育及び懲戒に関」する限り、殊更に親権者等の意見を聴かず、施設長等の判断により事を進めてよいものも含まれると思われる。

　しかし、親権者等は依然として親権を有しているのであり、施設長等の措置を「不当に」妨げてはならないとされるのみであるから、施設長等は、自らの措置が児童の福祉に照らし正当であるかどうか、権限の濫用になってはいないかについて注意する必要があることはもとより、可能な限り、親権者等の親権の行使・主張についても受け止め、検討することが望ましいといえよう。

　以下、実務において問題となりうる事項について、１つの考え方を示したい。

ア　契約行為（法律行為）一般

　「必要な措置」の範囲について、おおむね、親権のうちの身上監護権と等しく、財産管理権や法律行為についての法定代理権は一切含まれないと解すると、施設長等は、「必要な措置」として、たとえば、児童等のために携帯電話の契約を結ぶ（児童等に代わって児童のために携帯電話の契約を結ぶ、あるいは、児童等が行った携帯電話の契約に対し同意を行う）などということはできないということになる。

　この点を突き詰めて考えると、子どもが施設等の外部の第三者との間で何かをしようとすれば、およそ契約行為（法律行為）の話となりうるのであって、それらのすべてに施設長等が関与できないとなれば、たとえば、学習のために必要な参考書を購入することさえも、「必要な措置」としてはできないということにもなりかねない。

　したがって、その実効性を確保する意味でも、一定、児童等の僅少な財産に対しても「必要な措置」の権限は及びうると思われ、施設長等が契約行為を行うこともある程度は可能であると考える。

　しかし、仮に、施設長等の「必要な措置」によってはカバーできない契約行為であったとしても、親権者等の反対への対抗手段が親権制限のみということになるわけではない。

　そもそも、未成年者であっても、年齢に応じて、一定の範囲では自ら契約を結ぶことが可能であると考えられる。また、未成年者が親権者等、法定代理人の同意を得ずに法律行為（契約行為）をした場合でも、同行為は取り消されうる状態となる

のみであり（民5Ⅱ）、取り消されるまでは有効な契約として存在している。したがって、契約行為の相手方が、後に同契約を取り消されうる可能性も認識したうえで、なお契約締結に応じてくれるのであれば、親権者等の同意なく、契約を結ぶことも可能である（ただし、親権者等がこれに気づき、後に取り消されてしまうリスクは残存する）。

　また、親権者等の法定代理人から目的を定めずに処分を許された財産の処分については、未成年者の自由であるとされており（民5Ⅲ）、同処分については、親権者等によっても取り消すことはできない。

　施設長等は、こういった規定を理解し、ときには相手方の説得等も行い、子どもの福祉に照らし適切な対応を図っていくことが望まれる。

イ　医療行為

　たとえば、子どもが比較的かかりやすい病気（風邪など）の治療、日常的な怪我の治療、入院を伴わない精神科治療やカウンセリングなどについては、親権者の意見を聴く必要はないものと思われる。

　しかし、以下のような法律上、別段の定めがなされているものや、危険を伴うものなどについては、個別の検討が必要である。

（ア）予防接種（定期接種および臨時接種）

　予防接種には、予防接種法の定める定期接種と臨時接種のほか、予防接種法に基づかない任意接種がある。定期接種には、ポリオや日本脳炎などが、任意接種には、おたふく風邪や季節性インフルエンザ（65歳以上は定期接種）などの予防接種が該当する。臨時接種とは、まん延予防上緊急の必要性があると認めるときに行われる臨時の予防接種をいう（予防接種法6）。本書執筆時において、新型コロナウイルスワクチンの接種は、予防接種法上の臨時接種とみなして実施するものと規定されている（予防接種法附則7Ⅱ）。以下、予防接種実施規則の定める予防接種法に基づいて行う定期接種および臨時接種について記載する。

　予防接種を行うにあたっては、被接種者または保護者（親権を行う者または後見人）から文書による同意を得なければならない（予防接種法2Ⅶ、予防接種実施規則5の2Ⅰ）。なお、本書執筆時現在、新型コロナウイルスワクチンの接種については、16歳以上であれば、保護者の同意は不要である旨通達されている[49]。

　ここで、保護者には施設長等が含まれていないため、原則として施設長等が「必要な措置」として同意することはできないので、注意が必要である。ただし、児童等が施設等に入所している場合であって、当該児童等の保護者と連絡をとることが

49　令和3年7月5日厚生労働省健康局健康課予防接種室・厚生労働省子ども家庭局家庭福祉課・厚生労働省社会・援護局障害保健福祉部障害福祉課障害児・発達障害者支援室事務連絡「児童養護施設等入所者等への新型コロナウイルス感染症に係る予防接種について」

できないことその他の事由により当該児童等の保護者の同意の有無を確認することができないときには、当該児童等の保護者に代わって施設長等が同意をすることができる（予防接種実施規則5の2Ⅱ）[50]。

　令和3年3月31日厚労省通知「予防接種実施規則第5条の2第2項に基づき行われる児童相談所長等の予防接種に係る同意について」[51]には、被接種者の保護者と連絡をとることができず、施設長等が保護者に代わって同意をすることができる場合の例として、以下の表のとおり示されている。なお、被接種者の保護者が居所不明である場合には、施設長等が同意をすることができるとされる（予防接種実施規則5の2Ⅰ解釈）。また、接種にあたっては、児童の年齢等も勘案した上で、当該児童本人の意思を尊重するよう規定されている。もっとも、施設長等が代わりに同意できる場面は、あくまで、上記のように連絡がとれなかったり、同意の有無が確認できなかったりする場合であって、保護者が同意しない旨を明確に示しているような場合には、施設長等が代わりに同意することはできない。

　なお、接種の機会ごとに保護者の文書による同意を得ることが困難であることが想定される場合には、児童相談所または児童福祉施設において、保護者の包括的な同意文書を事前に取得しておくことも差し支えないとされている。

　以上は予防接種法に基づく定期接種および臨時接種について述べたものであり、任意接種にはあてはまらないので留意されたい。

被接種者の保護者と連絡をとることができない場合の例		
(1)		定期接種のようにあらかじめ定められた期間に1～数回接種することが予定されている予防接種
	ア	1～2か月程度、毎週、保護者へ電話連絡または同意文書の送付をしても回答がなく、児童相談所等の関係機関や親族等からの協力を得てもなお保護者の同意が確認できない場合
	イ	1～2か月程度、複数回、保護者宅への訪問等を行っても、一度も面会ができず、児童相談所等の関係機関や親族等からの協力を得てもなお保護者の同意の有無が確認できない場合
(2)		(1) 以外の予防接種
	ア	1～2週間程度、複数回、保護者へ電話連絡または同意文書の送付をしても回答がなく、児童相談所等の関係機関や親族等からの協力を得てもなお保護者の同意の有無が確認できない場合
	イ	1～2週間程度、複数回、保護者宅への訪問等を行っても、一度も面会ができず、児童相談所等の関係機関や親族等からの協力を得てもなお保護者の同意の有無が確認できない場合

50　令和3年4月1日改正により「長期間にわたり」要件が削除された。

51　令和3年3月31日健発0331第1号、子発0331第1号、障発0331第4号厚生労働省健康局長、厚生労働省雇用均等・児童家庭局長、厚生労働省社会・援護局障害保健福祉部長通知「予防接種実施規則第5条の2第2項に基づき行われる児童相談所長等の予防接種に係る同意について」の一部改正について

（イ）精神保健福祉法上の入院

医療保護入院については、家族等（配偶者、親権者、扶養義務者、後見人または保佐人）のいずれかの同意を要件としており[52]、施設長等は同意権者に含まれないので、やはり、施設長等が「必要な措置」として同意を行うことはできない。そのため、医療保護入院が必要であるのに親権者の同意が得られない場合には、親権停止審判の申立て等を検討することになる[53]。なお、親権者の同意については、父母の共同親権について定める民法第818条第3項の規定に従って、原則として父母双方の同意を要するものとされている[54] ことに注意が必要である。

他方で、任意入院については、「本人の同意」に基づいて入院を行うとされている（精神保健福祉法20）。ここでいう「同意」は、任意入院の基本的要件ではあるが、その意味は精神科病院の管理者との入院契約のような民法上の法律行為としての同意と必ずしも一致するものではなく、患者が自らの入院について拒むことができるにもかかわらず積極的に拒んでいない状態を含むものとされている。そのため未成年者である精神障害者が入院する場合であっても入院契約とは異なり親権者または後見人の同意を更に必要とするものではない[55]。

（ウ）心身への侵襲を伴う医療行為

最も深刻なかたちで問題になるのは、子ども等が病気やケガのために、手術などの危険を伴う治療を要するような場合である。

まず、医療行為の基礎となる契約について、これがどのような契約であるのか、そして、同契約を「必要な措置」として行うことができるのか、について、上記アで述べた問題と同様の問題が生じる。

次に、いわゆるインフォームド・コンセントとの関係で、治療に対する同意権をどのように考えるか、という問題がある。当該同意権は、自己決定権に由来するものと思われ、そうすると子ども等が自己決定可能な年齢に達していれば、親権者の意向にかかわらず、単独で同意することが可能であるように思われる。これに対し、いまだ児童等に同意権が認められない年齢の場合には、親権者等の法定代理人による代諾の問題になり得る。当該代諾をもって医療同意権として整理するのであれば、施設長等は、「必要な措置」の一環としてこれを行使できるのではないかと考えられる（一般的な医療同意権は施設長等が「必要な措置」の一環として行使

52　精神保健及び精神障害者福祉に関する法律33Ⅰ・Ⅱ。
53　平成26年3月20日厚生労働省社会・援護局障害保険福祉部精神・障害保険課事務連絡「『精神保健及び精神障害者福祉に関する法律の一部を改正する法律等の施行に伴うQ&A』の送付について」問2-13参照。
54　平成26年1月24日障精発0124第1号、厚生労働省社会・援護局、障害保険福祉部精神・障害保険課長通知「医療保護入院における家族等の同意に関する運用について」
55　精神保健福祉研究会『四訂精神保健福祉法詳解』中央法規2017年216頁。

できると解されている[56]）。すなわち、親権者等が正当な理由なく児童等に必要な医療行為に同意しないときは、「不当に妨げる行為」にあたるものと考えられるから、施設長等は親権者等の意向にかかわらず、児童等の福祉のために必要な医療行為に同意することが可能である。

しかしながら、施設長等が医療機関に対し医療行為の実施を求めたとしても、医療機関があくまでも親権者等の同意を求めたり、あるいは親権者からの妨害をおそれて医療行為の実施を控え、その結果、児童等の監護に支障が生じる場合がある。

このような場合には、まずは、施設長等の同意により児童等に対する医療行為が可能であることについて、医療機関に説明し、医療行為を行うよう説得する必要があるが、それでも医療行為に至らない場合には、親権制限の手続によることを検討することになる。

なお、親権制限の手続をとるだけの時間的余裕がないほど緊急性が高い場合には、児童福祉法第33条の2第4項、同法第47条第5項に基づく医療同意により対応すべきことはいうまでもない。

ちなみに、親権者等が医療の受診などに同意しない場合の対応については、「医療ネグレクトにより児童の生命・身体に重大な影響がある場合の対応について」[57]において、一定の基準が示されている。

☞第4章 7 参照

7 ‖ 保護者との面会通信等

（1）面会通信

① 概要

子どもと保護者とが個人的な関係や接触を保つことは重要であり、子どもと保護者との面会通信は、本来、双方の利益に資するといえる。この点、子どもの権利条約では、親の一方または双方から分離されている子どもが、定期的に親双方との個人的関係および直接の接触を維持する権利を有することを明らかにしている（9Ⅲ）。ただし、「子どもの最善の利益に反しない限り」という条件がついている。

子どもと保護者との面会通信は、それにより子どもの心身の健康や安全が脅かされる可能性があり、不適切である場合がありうる。児童相談所長等が面会通信を制限する際には、児童虐待防止法第12条に基づく行政処分としての面会通信制限と行政指導としての面会通信制限があるとされる[58]。

---

56 子ども虐待対応の手引き174、175頁。
57 平成24年3月9日雇児総発0309第2号厚生労働省雇用均等・児童家庭局総務課長通知。
58 子ども虐待対応の手引き114頁、磯谷文明・町野朔・水野紀子編集代表『実務コンメンタール児童福祉法・児童虐待防止法』有斐閣、2020年、691頁。

② 面会・通信の制限（児虐12Ⅰ）

　a）3号措置（児童福祉法第28条による承認を得たものと、親権者等の同意があるものとの両方を含む。）がとられ、またはb）一時保護が行われた場合において、「児童虐待の防止及び児童虐待を受けた児童の保護のため必要があると認めるとき」は、児童相談所長等は、当該児童虐待を行った保護者について、当該児童との面会および通信の全部または一部を制限することができる（児虐12Ⅰ）[59]。

　面会通信制限を単なる「指導」ではなく、児童虐待防止法第12条に基づく行政処分として行う場合には、行政手続法上の不利益処分にあたるため、処分の名宛人に弁明の機会を付与することが原則である（行手13Ⅰ②）。ただし、公益上、緊急に不利益処分をする必要がある場合には、弁明の機会の付与の手続を省略して差し支えない（行手13Ⅱ①）。弁明の機会の付与にあたっては、不利益処分の内容や根拠法令、不利益処分の原因となる事実を書面によって通知する必要がある（行手30）。

　また、実際に面会通信制限の行政処分をなす場合にも、決定通知書に、処分の理由を示すことが必要である（行手14Ⅰ・Ⅲ）[60]。不利益処分の理由の提示は、行政庁の判断の慎重と合理性を担保してその恣意を抑制することと、処分の理由を名宛人に知らせて不服申立てに便宜を与える趣旨であるから、その趣旨に照らして、どの程度の理由を提示すべきか検討しなければならない[61]。したがって、単に根拠法条を示すのみでは足りず、「児童の保護のため必要がある」（児虐12Ⅰ）ことについて事実関係を示して理由提示を行う必要があろう。

　ただし、面会通信制限の要件に該当する事実など、面会通信制限の処分の理由を正確に把握し、名宛人に示すだけの時間的理由がない場合には、制限と同時に理由を示す必要はない。もっとも、その場合には、制限を行った後、相当の期間内に理由を示さなければならない（行手14Ⅰ但書・Ⅱ）。

　制限を行うことができるのは、児童相談所長および当該児童について施設入所等の措置がとられている場合における当該施設入所等の措置にかかる同号に規定する施設の長であるとされている（児虐12Ⅰ）が、行政処分としての面会通信制限は、可能な限り児童相談所長がこれを行うべきである[62]。

　施設長が行政処分としての面会通信制限またはその解除を行った場合には、その旨を児童相談所長に通知する必要がある（児虐12Ⅱ）。

③ 行政処分と行政指導

59　当該要件は、厳格に適用されるべきであるとの指摘もある（磯谷文明・町野朔・水野紀子編集代表『実務コンメンタール児童福祉法・児童虐待防止法』有斐閣、2020年、691頁）。
60　面会通信制限の決定通知書の記載事項については、児童相談所運営指針97頁に記載がある。
61　最高裁判所平成23年6月7日判決・民集65巻4号2081頁等。
62　児童相談所運営指針96頁。

　施設入所中の子どもと保護者との面会・通信について、子どもの精神的安定の観点から望ましくないといった理由から、これを事実上制限し、かかる制限を徐々に緩和ないし解除していく段階的な指導・支援が試みられることがある。しかし、面会通信制限を行政指導として行う場合、あくまでも親権者等の任意の協力のもとで行われる必要がある。したがって、子どもや保護者が指導に従わない旨の意思を確定的に表明するなど、指導・支援を継続することが強制に渡る場合には、児童虐待防止法第12条の面会等の制限としてこれを行う必要がある。近年、地方裁判所の判断ではあるが、行政指導としての面会通信制限について国家賠償法上違法と判断された例があるため、注意されたい[63]。

（2）児童の住居所の秘匿（児虐12Ⅲ）

　児童福祉法第28条の承認を得た上で3号措置（親権者等の同意がある3号措置を含まない。）がとられ、または一時保護が行われている場合において、児童の住所または居所が保護者に知れると、児童が連れ戻される等、再び児童虐待が行われるおそれがあり、または当該児童の保護に支障をきたすと認めるときは、児童相談所長は、保護者に対し、当該児童の住居所を明らかにしないものとする（児虐12Ⅲ）。

　児童の住居所の秘匿については、条文上、児童福祉法第28条の承認を得た上での3号措置と一時保護の場合に限られており、親権者等の同意がある3号措置の場合は含まれていない。そこで、親権者等の同意がある3号措置にかかる児童の親権者等が児童の住居所の開示を求めてきたのに対し、これを非開示とすべき場合には、親権者等が（児童の住居所を明らかにしないことを前提とした）施設入所に同意していないとして、児童福祉法第28条の承認を求めることになろう。

（3）接近禁止命令（児虐12の4Ⅰ）

　都道府県知事または児童相談所長は、a）3号措置がとられ、または一時保護が行われ、かつ、b）児童虐待防止法第12条第1項に基づく面会通信の全部が制限されている場合において、c）児童虐待の防止および児童虐待を受けた児童の保護のために特に必要があると認めるときは、6か月を超えない期間を定めて、保護者に対し、

63　児童福祉法第12条第2項、第11条第1項第2号ニに基づく行政指導としての面会通信制限について、当該指導を前提に保護者と児童相談所の間で親子関係の再統合を目指して協議等が行われている場合でも、進捗状況や協議等を取り巻く客観的な状況の変化により、保護者が、児童相談所長に対し、行政指導としての指導にはもはや協力できないとの意思を「真摯かつ明確に表明」（任意性）し、直ちに指導の中止を求めていると認められるときには、他に特段の事情が存すると認められない限り、当該指導が行われていることを理由に面会通信制限の措置を受忍させることは許されず、このような児童相談所長の対応は、国賠法第1条第1項の適用上「違法」との評価は免れないと解するのが相当だとした事例がある（宇都宮地判令和3年3月3日判例集未搭載 DI-Law 搭載）。なお、同判決では、原告のうち一方の保護者については、前記「特段の事情」を認め、請求を棄却している。

児童の住居所、学校その他の場所において児童の身辺につきまとい、または児童の住居所、学校その他その通常所在する場所（通学路などの日常使用する経路を含む）の付近をはいかいしてはならないという命令を行うことができる（児虐12の4Ⅰ）。

旧来、接近禁止命令は、児童福祉法第28条の承認を得た上での3号措置がとられている場合にのみ行うことができたが、平成29年の改正によって、親権者等の同意のある3号措置がとられている場合や、一時保護が行われている場合にも、接近禁止命令を行うことができるものとされた。

当該命令をするときには、聴聞を行わなければならず（児虐12の4Ⅲ）、また命令の理由となった事実の内容、当該命令を受ける保護者の氏名、住所および生年月日、当該命令にかかる児童の氏名および生年月日その他必要な事項を記載した命令書の交付が義務付けられている（児虐14の2Ⅳ、児虐規4）[64]。

なお、接近禁止命令の期間は、特に必要があると認めるときには更新が可能である（児虐12の4Ⅱ）が、その場合にも、上記と同じように聴聞および命令書の交付の手続が必要とされている。接近禁止命令に違反した場合には、1年以下の懲役または100万円以下の罰金に処せられる（児虐18）[65]。

8 ‖ 措置中の子どもの権利保障

（1）概要

すべて児童は、子どもの権利条約の精神にのっとり、適切に養育され、心身の健やかな成長及び発達等を等しく保障される権利を有する（児福1）。同条は児童福祉施設等に措置されている子どもについても当然に適用されるのであって、措置中も常にその権利保障が図られなければならない。子どもの権利条約では、家庭環境を奪われた子どもが国から保護および援助を受ける権利を有する（20条）と明らかにし、適格で十分な職員と設備（3条）、職員による虐待等の禁止（19条）、親による放置や虐待の被害からの回復のための自尊心と尊厳を育成する環境（39条）、プライバシーを含む自由権と意見表明権（12条〜16条）、責任ある機関による定期審査（25条）を保障している。

もっとも、児童福祉施設において、近年、児童虐待の増加により施設入所等の措置をとられる子どもが増加しており、しかも心理的にも手厚いケアが必要な子どもが多く、その結果、個別対応が必要な児童が増加したことにより、施設の負担は一層顕著になってきている。施設内虐待の通告等の件数も増加している。一方、里親

64　命令書の記載事項の詳細については、児童相談所運営指針100頁。
65　なお、成年年齢を18歳に引き下げる民法の一部改正法（平成30年法律第59号）の施行（令和4年4月1日）により、第17条に繰り上げられることになる。

についても、登録里親および委託児童数は近年増加しているものの、里親側に必ずしも専門的な知識が十分でなかったり、里親を支援する仕組も貧弱であったりなど、課題も少なくない。

　そこで、厚生労働省は、省令や指針などにより、措置中の子どもの権利を保障し、積極的に擁護していくための枠組みを定め、具体的な取組を特に求めている。

（2）里親養育における権利保障

　「里親が行う養育に関する最低基準」[66] では、差別的な養育の禁止（5条）、虐待等の禁止（6条）、懲戒権限の濫用禁止（6条の2）、教育を受けさせる義務（7条）、健康管理への配慮（8条）、秘密保持（11条）などが明記され、里親養育における子どもの権利保障が図られている。

（3）施設における権利保障

1）権利保障の枠組み

　平成23年の児童福祉施設最低基準改正[67] により、子どもの居室の面積について引き上げられ、居室定員の上限が引き下げられるなどの改善が行われた。また、同基準の平成24年改正では、指導員および保育士の配置基準が引き上げられた。

　子どもたちが自立に向かって成長発達していくためには、子どもたち自らが各々の能力に応じて、自己決定権に基づきさまざまな事柄を主体的に選択していくことが必要であるが、施設に入所した子どもたちは、施設の決めた規律や職員の指導に管理され、身のまわりの小さなことですら自分で決めることができないことも多い。

　施設の職員による体罰や不適切な行動が問題になることもあり、最低基準においては体罰の禁止や、児童虐待行為その他当該児童の心身に有害な影響を与える行為を禁ずる規定も設けられている。

　施設等における子どもの権利を保障するためには、いわば上からの改善だけでなく、子どもたち自身に発言の機会を与え、施設運営に反映させていくことが必要である。

　社会福祉法においては、事業経営者が常に福祉サービスの利用者からの苦情の適切な解決に努めなければならないとされ、都道府県社会福祉協議会に運営適正化委員会を設置し、事業者に対して援助・勧告をすることが明記されている。このような流れのなかで、子どもの苦情に対して適切な対応をするため、個別施設に第三者機関を設置する取組も始められている。また、各地の地方自治体においても、子どもの権利侵害に対応するオンブズパーソン制度を立ち上げ、施設内の人権侵害ケー

66　平成14年9月5日付厚生労働省令第116号。
67　平成23年10月7日厚生労働省令第127号。

スについてもさまざまな取組を実践している。

さらに、児童福祉施設については平成24年度から第三者評価およびその結果の公表が義務付けられた（児童福祉施設の設備及び運営に関する基準第24条の3第29条の3、第45条の3、第76条の2、第84条の3）。第三者評価事業は、本来社会福祉事業の事業者が任意で受ける仕組だが、社会的養護関係施設については、利用者である子ども自身が施設を選ぶ仕組でない措置制度等であり、施設長による親権代行等の規定もあるほか、被虐待児童等が増加し、施設運営の質の向上が必要であることから義務付けられたものである。その後、平成26年に、従前実施されていた第三者評価事業において、共通評価項目にばらつきがみられる、第三者評価機関や評価調査者により、評価結果のばらつきがみられる、受審件数が少ない等の課題が指摘され、指針の全面改正が行われたほか、平成27年には社会的養護関係施設第三者評価通知が改正された。

2）具体的取組

児童養護施設運営指針では、より具体的な権利擁護の取組として、次のような取組が求められている[68]。

①子ども尊重と最善の利益の考慮
　・子どもを尊重した養育・支援についての基本姿勢を明示し、施設内での共通の理解を保つための取組を行う。
　・社会的養護が子どもの最善の利益を目指して行われることを職員が共通して理解し、日々の養育・支援において実践する。
　・子どもの発達に応じて、子どもの自身の出生や生い立ち、家族の状況について、子どもに適切に知らせる。
　・子どものプライバシー保護に関する規程・マニュアル等を整備し、職員に周知するための取組を行う。
　・子どもや保護者の思想や信教の自由を、保障する。

②子どもの意向への配慮
　・子どもの意向を把握する具体的仕組みを整備し、その結果を踏まえて、養育・支援の内容の改善に向けた取組を行う。
　・職員と子どもが共生の意識を持ち、子どもの意向を尊重しながら生活全般について共に考え、生活改善に向けて積極的に取り組む。

③入所時の説明等
　・子どもや保護者等に対して、養育・支援の内容を正しく理解できるような工夫を行い、情報提供する。

68　平成24年3月29日厚生労働省雇用均等・児童家庭局長通知「児童養護施設運用指針18頁以下。

・入所時に、施設で定めた様式に基づき養育・支援の内容や施設での約束ごとについて、子どもや保護者等にわかりやすく伝える。

・子どものそれまでの生活とのつながりを重視し、そこから分離されることに伴う不安を理解し受け止め、不安の解消を図る。

④権利についての説明

・子どもに対し、権利について正しく理解できるよう、わかりやすく説明する（権利ノートやそれに代わる資料を使用して施設生活の中で守られる権利について随時わかりやすく説明する）。

⑤子どもが意見や苦情を述べやすい環境

・子どもが相談したり意見を述べたりしたい時に相談方法や相談相手を選択できる環境を整備し、子どもに伝えるための取組を行う。

・苦情解決の仕組みを確立し、子どもや保護者等に周知する取組を行うとともに、苦情解決の仕組を機能させる。

・子ども等からの意見や苦情等に対する対応マニュアルを整備し、迅速に対応する。

⑥被措置児童等虐待対応

・いかなる場合においても体罰や子どもの人格を辱めるような行為を行わないよう徹底する。

・子どもに対する暴力、言葉による脅かし等の不適切なかかわりの防止と早期発見に取り組む。

・被措置児童等虐待の届出・通告に対する対応を整備し、迅速かつ誠実に対応する。

⑦他者の尊重

・さまざまな生活体験や多くの人たちとのふれあいを通して、他者への心づかいや他者の立場に配慮する心が育まれるよう支援する。

（4）子どもの権利保障の新たな展開

令和元年の児童福祉法改正附則第7条第4項において、政府は、施行後2年を目途として、児童の保護および支援にあたって、児童の意見を聴く機会及び児童が自ら意見を述べることができる機会の確保、当該機会における児童を支援する仕組の構築、児童の権利を擁護する仕組の構築その他の児童の意見が尊重され、その最善の利益が優先して考慮されるための措置のあり方について検討を加え、その結果に基づいて必要な措置を講ずることが定められた。

これを受けて厚生労働省に「子どもの権利擁護に関するワーキングチーム」が設

けられ、令和3年5月にとりまとめが公表された[69]。とりまとめでは、措置決定等にあたり、事前の子どもからの意見聴取を義務化すべきこと、子どもの意見表明支援について、都道府県に支援員の配置などの環境整備の努力義務を課すべきこと、児童福祉審議会を活用した権利擁護の取組を促進すべきことなどが指摘されている。

9 ‖ 被措置児童等虐待の禁止

（1）概要

施設や里親に措置中の子どもおよび一時保護中の子ども（以下「被措置児童等」という。）に対して、里親や施設職員、一時保護所の職員その他の者（以下「施設職員等」という。）が、虐待をしてはいけないことは当然のことである。しかしながら、児童虐待防止法が対応していない施設職員等による虐待事件が相次いで起こったことから、これに対応するため、児童福祉法に被措置児童等虐待禁止が明文化された（児福33の10以下）。なお、里親や施設長については、児童を現に監護する者として、児童虐待防止法の「保護者」にも該当するため、児童福祉法と児童虐待防止法の双方が適用されることになるが、第一義的には、措置を行う根拠法である児童福祉法に基づく措置を優先して講じることとされている。ただし、児童福祉法に基づく事業規制等による対応では不十分である場合は、さらに児童虐待防止法に基づく臨検・捜索等の対応も可能である[70]。

（2）定義

被措置児童等虐待とは、施設職員等が、被措置児童等に対して①身体的虐待、②性的虐待、③ネグレクト、④心理的虐待を行うことである（児福33の10）。なお、同居人や生活を共にする他の児童による①②④の行為の放置は③の類型にあたるとされている（児福33の10③）。

また、被措置児童等虐待の定義にあたらないものであっても、施設職員等が被措置児童等に対して行う「その他被措置児童等の心身に有害な影響を及ぼす行為」は、被措置児童等虐待と同様に禁止されている（児福33の11）。

さらに、令和元年の児童福祉法改正により、児童福祉施設長や里親、一時保護中の児童相談所長による体罰禁止が明文化された（児福47Ⅲ但書、33の2Ⅱ但書）。これらの者の指揮監督下にある施設職員等についても、児童に対する体罰が禁止さ

69　令和3年5月27日「子どもの権利擁護に関するワーキングチームとりまとめ」。
70　平成21年3月31日付雇児福発第0331002号、障障発0331009号厚生労働省雇用均等・児童家庭局家庭福祉課長、厚生労働省社会・援護局障害保健福祉部障害福祉課長知「被措置児童等虐待対応ガイドラインについて（通知）」10頁

れることは当然である。

（３）通告義務・通告による不利益扱いの禁止

　被措置児童等虐待を受けたと思われる児童を発見した者は、速やかに児童相談所等に通告する義務がある（児福33の12Ⅰ）。特に、弁護士は、児童福祉施設の第三者委員等の立場で児童から相談を受ける等して被措置児童等虐待を発見する機会が多い。子ども本人が届出しても適切に対応されない可能性もあることから、弁護士は、子どもが虐待を受けたと思われる場合には、速やかに通告し、迅速かつ適切な対応がなされるよう働きかけることが重要である。

　なお、この通告を行っても、それが虚偽であるもの及び過失によるものを除き、守秘義務違反にはならない（児福33の12Ⅳ）。ここでいう「過失によるもの」とは、「一般人であれば虐待があったと考えることには合理性がない場合の通告」であると解されている[71]。

　また、施設職員等は、この通告をしたことを理由として、解雇その他不利益な取扱いを受けない（児福33の12Ⅴ）。これは、施設等のなかで虐待事例を抱え込んでしまうことなく、早期発見・早期対応を図るために設けられたものである。

（４）対応の流れ

　1）被措置児童等虐待への対応の全体的な流れについては、次頁の図（厚生労働省「被措置児童等虐待ガイドライン」より[72]）を参照されたい。

　実際の端緒としては、上述した施設の第三者委員である弁護士等からの通告のほか、子どもから児童福祉司等への相談や施設からの事故報告等があげられる。通告・届出等があった場合には、的確かつ速やかに対応することが重要である。

　なお、養育里親もしくは養子縁組里親またはその同居人が被措置児童虐待その他児童の福祉に関し著しく不適当な行為をした場合には、当該養育里親または養子縁組里親はただちに養育里親名簿または養子縁組里親名簿から抹消される（同法34の20Ⅱ）。その結果、同一里親に委託中のすべての児童について、当該里親による養育が継続できない事態が生じることになる。

　2）被措置児童等虐待の状況の定期的な公表

　都道府県知事は、毎年度、被措置児童等虐待の状況、被措置児童等虐待があった場合に講じた措置その他厚生労働省令で定める事項を公表する（児福33の16）。

71　「被措置児童等虐待対応ガイドライン」20頁
72　平成21年3月31日付雇児福発第0331002号、障障発0331009号厚生労働省雇用均等・児童家庭局家庭福祉課長、厚生労働省社会・援護局障害保健福祉部障害福祉課長通知「被措置児童等虐待対応ガイドラインについて（通知）」12頁

被措置児童等虐待対応の流れ（イメージ）

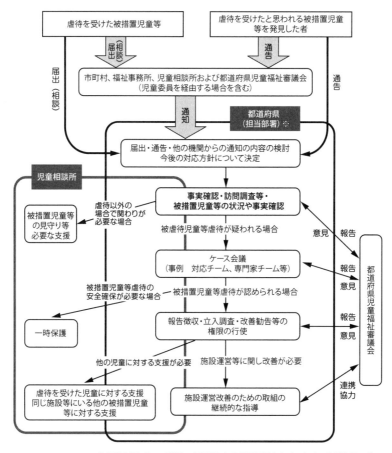

※各都道府県において担当の主担当となる担当部署を定めておくことが必要です。

公表する項目は、次のとおりである。
　①被措置児童等虐待の状況
　　・虐待を受けた被措置児童等の状況（性別、年齢、心身の状態像等）
　　・被措置児童等虐待の類型
　②被措置児童等虐待に対して都道府県が講じた措置（報告聴取等、改善勧告、改善命令、事業停止等）
　③その他の事項（児福規 36 の 30）
　　・施設種別
　　・虐待を行った施設職員等の職種

5 児童福祉法第28条の申立て......................

1 || 概要

（1）制度の概要

　都道府県知事（実務上の多くは措置権限の委任を受けた児童相談所長）は、子どもを児童養護施設や乳児院等の児童福祉施設に入所させる等の措置をとることができるが（児福27Ⅰ③）、親権を行う者または未成年後見人（以下「親権者等」という。）の意に反して措置することはできないとされている（児福27Ⅳ）。しかしながら、親権者等が虐待の事実自体を否認していたり、事実については認めていても虐待であるとの評価を争っている場合や、虐待は認めていても入所には応じられないと述べる場合など、さまざまな理由で、子どもを施設に入所させること等に反対の意思を示す場合がある。このような場合、親権者等の意に反するといって措置できないとすれば、措置入所等の制度は十分機能することができない。

　そこで、児童福祉法では、必要と認める場合には親権者等の意に反しても当該子どもを児童福祉施設に入所させること等を可能とする手続を規定している。

　同法第28条は、保護者が当該子どもの親権者等である場合で、「保護者が、その児童を虐待し、著しくその監護を怠り、その他保護者に監護させることが著しく当該児童の福祉を害する場合」において、当該親権者等が子どもを施設入所等させることに反対する場合には、都道府県知事はその者の同意に代わる家庭裁判所の承認を求めることができることとし（児福28Ⅰ①）、家庭裁判所の承認をもって、3号措置をとることができるとした。

　なお、保護者が親権者等でないときは、都道府県知事はまず、家庭裁判所の承認なしに子どもを保護者から分離して親権者等に引き渡すことができるほか、親権者等に引き渡すことが児童の福祉のため不適当であるときには、家庭裁判所の承認を得て3号措置することができるとされている（児福28Ⅰ②）。このような場合、実際には、一旦子どもを一時保護したうえで、親権者等へ引き渡すか、3号措置するための手続をとることになると思われる。

（2）申立状況

　令和元年の児童福祉法第28条第1項事件（以下この節では「28条審判」という。）の新受件数は493件、児童福祉法28条第2項事件の新受件数は103件である。また、同年中の既済件数は第1項事件が434件（うち認容件数が338件、却下件数が23件、取下げが67件、その他が6件）、第2項事件が112件（うち認容件数が

100件、却下件数が1件、取下げが10件、その他が1件）である[73]。

　近年の新受件数をみると、従前第1項事件の申立件数は、おおむね250件から300件程度の間を推移していたが、一時保護期間延長に対する司法審査導入以降、平成30年は372件、令和元年は493件と増加傾向にある[74]。

（3）親権との関係

　児童福祉法第28条の承認を得た上で3号措置がとられた場合でも、同条は単に当該子どもを3号措置をとることについて規定しているのみであって、親権者等の親権が直接的に制限される規定ではないから、親権者等の権限は引き続き存続する。しかしながら、3号措置が認められた以上、当該措置を妨げる行為は制限されるはずであり、親権者等は、子に対する監護権を喪失しているわけではないが、入所中の施設等に対し子どもの引渡しを求めることはできないと解されてきた。この点、平成23年改正児童福祉法第47条第3項において、児童福祉施設の施設長や里親等は、入所中または受託中の児童等について、親権者等がいる場合でも、監護、教育および懲戒に関し、その児童等の福祉のため必要な措置（以下「必要な措置」という。）をとることができ、児童等の親権者等は、当該必要な措置を不当に妨げてはならないと規定された。親権者が施設入所中等の児童を強引に連れ去る行為や、約束に反して施設等に返さない行為は「不当に妨げ」る行為の例として厚生労働省のガイドラインでも示され、施設入所中等の児童に関して、親権行使の及ぶ範囲が整理された[75]。

　このような親権行使に対する制限は、施設入所措置の反射的な効果であると解され、親権者の親権そのものを直接的に制限する親権喪失審判（民834）や親権停止審判（民834の2）の手続とは異なる。そのため、実際に親子分離を要する事案について相談を受けた場合には、いずれの手続をとるべきかを検討することになる。

　手続選択における考慮要素等については ☞第3章 [7] 2参照。

---

2 ‖ 申立権者

　児童福祉法第28条の申立ては、「都道府県」がすることができる（児福28Ⅰ）。

　実際には多くの場合、入所等措置権限が都道府県知事から児童相談所長に委任さ

73　司法統計年報（令和元年度）家事事件第3表
74　司法統計年報（令和元年度）　家事事件第2表
75　平成24年3月9日雇児総発0309第1号　厚生労働省雇用均等・児童家庭局総務部長通知「児童相談所長又は施設長等による監護措置と親権者等との関係に関するガイドライン」について

れているため（児福32 I）、児童相談所長が申立てを行っている。

3 ‖ 要件

（1）福祉侵害性

　児童を児童養護施設等に入所させる措置をとりうるのは、「保護者が、その児童を虐待し、著しくその監護を怠り、その他保護者に監護させることが著しく当該児童の福祉を害する場合」であると定められている。

　1）保護者

　　児童福祉法において「保護者」とは、「親権を行う者、未成年後見人その他の者で、児童を現に監護する者をいう」と定義されている（児福6）。

　　「親権を行う者」とは、民法上の親権者たる父母と親が未成年者の場合の親権代行者を指し、親権者がいない場合の児童福祉施設の長（児福47 I）を含むと解されている。

　　また、「親権を行う者」と「未成年後見人」は例示であり、これらの者でなくとも、現に児童を監護している場合には保護者に含まれる。現に児童を監護しているといいうるためには、必ずしも児童と同居したり、生活費を供与している必要はないが、保護の意思をもって保護を継続しており、事実上児童の保護や養育を行っていることが必要である[76]。

　2）児童

　　ここで「児童」とは、18歳に満たない者をいい（児福4）、3号措置は児童が対象となるため（もっとも、子どもの年齢が18歳に達したときも、すでに施設に入所等している場合は、20歳に達するまで延長することが可能である（児福31 II））、本条における家庭裁判所の承認申立ても、児童の年齢が18歳未満である場合になされるのが通常である。

　　ただし、18歳に達した者であっても、18歳に達する時点で一時保護中等であった場合には、新たに施設入所措置等をとることができる（児福31 IV）[77]。

☞第3章 ⑥ 参照

　3）児童を「虐待し、著しく監護を怠り、その他保護者に監護させることが著し

76　磯谷文明ほか編集『実務コンメンタール児童福祉法・児童虐待防止法』有斐閣、2020年12月、89頁。

77　従前はこのような場合における児童福祉法28条に基づく申立ての可否について議論があったが、平成28年児童福祉法改正により、申立てができる旨明記された。なお、平成30年民法改正により、18歳で成年となるため、18歳に達した者について児童福祉法第27条第1項第3号の措置をとる場合は、同条第4項、同法第28条の適用はなくなることとなる（改正前児童福祉法第31条第4項中、同法28条の読替規定部分等の削除）。

く当該児童の福祉を害する場合」であること[78]

　本条における「その他保護者に監護させることが著しく当該児童の福祉を害する場合」の文言は、「虐待し」、「著しく監護を怠り」との並列的例示ではなく「虐待し」、「著しく監護を怠り」を含む包括的例示であると考えられている。児童虐待防止法第2条で「児童虐待」と定義されている身体的虐待、性的虐待、心理的虐待やネグレクトが本条における児童の福祉を侵害する行為に含まれることは明らかであるが、それに限定されるものではない。したがって、児童相談所としては児童虐待の主張・立証に努めるべきことが原則ではあるが、必ずしもそれにこだわる必要はない[79]。実際には、それぞれの事案において、問題とされる保護者の行為が著しく児童の福祉を侵害するといえるかどうか、社会通念に照らし、柔軟に判断する必要がある。

　具体的には、子ども自身の特性に沿った養育ができていない事例[80]、親権者等に精神疾患等があり適切な養育が困難であった事例[81]等で、本条における福祉侵害が認定されている。

　なお、審判例の現状をみても、28条審判の申立てが認容された事案における認容原因（虐待等の態様）は、令和2年の統計で身体的虐待が220件と最も多いが、次いでネグレクト161件、心理的虐待140件、その他44件と続いており、実際の認容事案においても、典型的な類型に属さずその他と分類されるものが多数存在している[82]。

　虐待の事実の認定は難しい場合があり、裁判所としては、虐待の事実を認定することよりも、結論として3号措置の承認ができるかどうかを判断することが重要であることから、福祉侵害を認定する場合が多いとの指摘もある[83]。

（2）親権を行う者または未成年後見人の意に反すること
1）条文上の構造
　3号措置は、児童に親権を行う者または未成年後見人があるときは、その親権を行う者または未成年後見人の意に反してとることができない（児福27Ⅳ）

78　磯谷文明ほか編集『実務コンメンタール児童福祉法・児童虐待防止法』有斐閣、2020年12月、340頁。
79　厚生労働省雇用均等・児童家庭局総務課「子ども虐待対応の手引き（平成25年8月改正版）」、147頁。
80　京都家庭裁判所平成16年9月21日審判　家裁月報57巻3号30頁、水戸家庭裁判所平成30年5月28日決定判例タイムズ1459号246頁。
81　福岡家庭裁判所昭和56年4月28日審判　家裁月報34巻3号25頁、大阪家庭裁判所岸和田支部平成11年11月12日審判　家裁月報52巻4号36頁。
82　最高裁判所事務総局家庭局「親権制限事件及び児童福祉法に規定する事件の概況　令和2年1月〜12月」。https://www.courts.go.jp/vc-files/courts/2021/20210412zigyakugaikyou_r2.pdf
83　釜井裕子「児童福祉法28条第1項第1号の家庭裁判所の承認について」家裁月報50巻4号19頁、細谷郁「児童福祉法28条事件及び親権喪失等事件の合理的な審理の在り方に関する考察」家裁月報64巻6巻16頁。

☞第3章 4 4 参照 。これを受けて、児童福祉法第28条第1項柱書には、家庭裁判所の承認を得る要件の一として「第27条第1項第3号の措置を採ることが児童の親権を行う者又は未成年後見人の意に反するとき」と定められている。

2）親権を行う者

本条項における「親権を行う者」には、児童福祉施設の長が除外されている（児福27Ⅳ）。

民法第766条第1項によれば、子どもの親権者とは別に、子どもの監護者を定めることができるとされている。これにより、親権者とは別に監護者が指定されている場合であって、親権者は3号措置に反対しないが、監護者が当該措置に反対するときに、家庭裁判所の承認を得る必要があるか問題になる。

児童福祉法第28条の「意に反する」主体は、条文上「親権を行う者」とされており、文言どおり解釈すれば、家庭裁判所の承認は不要ともいえそうである。しかし、監護者は、親権の一部である「身上監護権」を行使するものであること、施設入所措置は監護者の監護権の内容に影響を与えることを考えると、ここにいう「親権を行う者」には、監護者として指定された者を含むと考えるのが制度趣旨に適うと考えられる[84]。

実際に、監護者が措置に反対している事例で、児童福祉法第28条の申立てをして承認された事例も報告されている。

3）「意に反する」の意義

① 意義

親権者等の「意に反する」とは、反対の意思が明らかであることをいう。

親権者が行方不明であるなど、親権者が意思を表明できない場合は、「意に反する」とはいえず、3号措置に家庭裁判所の承認は不要である。

親権者等が積極的に同意も反対もしない等、親権者等の意思がはっきりしない場合も、「意に反する」とはいえないため、家庭裁判所の承認によらずに3号措置をとりうる。

他方、親権者等の同意を得て3号措置をとったが、措置の継続中に親権者等が翻意して子どもの引取りを求めた場合には、「意に反する」こととなるので、いったん、一時保護に切り替えたうえで、家庭裁判所の承認を得て措置をしなおす必要がある（ただし、親権者等が翻意する可能性がある場合の対応につき、次項も参照）。

② 親権者等が翻意する可能性がある場合の対応

ア 問題の所在

---

84 磯谷文明ほか編集『実務コンメンタール児童福祉法・児童虐待防止法』有斐閣、2020年12月、341頁。

たとえば、親権者が同意と撤回を繰り返している経過があるとか、同意
　に条件を付けているとか、精神的に不安定で、明確な同意といえるのか判
　断が難しい場合であっても、先に述べたとおり、明確な反対がないといえ
　るのであれば、家庭裁判所の承認を得ずとも、3号措置をとることは可能
　である。

　　しかし、不同意の意思が明らかとなった場合に、一時保護に切り替え、
　その後に28条審判の申立てを行うこととなり、入所児童の安定的な地位
　が害される可能性がある（特に入所先の施設や里親に対し、強硬に引取り
　を要求する可能性がある場合には、現実の一時保護先を変更する必要が生
　ずるため、児童の環境に影響を与えてしまう。）。親権者等の意思がはっき
　りしない場合であっても、あらかじめ家庭裁判所の承認を求めておく必要
　性が生じるため、このような場合に承認を得ることができるか問題となる。

イ　「意に反する」の考え方

　　形式的に親権者が同意していても、従前の事実関係などから、翻意する
　可能性が高い等と指摘して、措置が承認される事例もある[85]。

　　これらの事例は、「意に反するとき」を要件としては維持しつつも、「意
　に反する」ことの事実認定を外形（同意書の有無等）からだけではなく、
　支援経過等もみながら翻意の可能性等を実質的に判断しているものといえ
　る。このような考え方が、実務の趨勢であると思われる。

4）「意に反する」かどうかの対象について

　　親権者が子どもの性非行を理由とする措置には同意するが、自らの虐待を理
　由とする措置には同意しないと述べている場合、「意に反する」ことにあたる
　として、施設入所措置を承認したものに、千葉家庭裁判所市川出張所平成14
　年12月6日審判[86]がある。同審判は、保護者による児童虐待を理由とする施
　設入所の措置により、児童虐待防止法等の法的効果が発生する以上、虐待を理
　由とする施設の入所措置に同意しないことは親権者の意に反するという。前項
　に述べた「意に反する」要件を緩やかに解する審判例の一種ともいえる。

　　しかし、3号措置は児童福祉法上の行政処分であるところ、必ずしも児童虐
　待防止法上の「児童虐待」があることが処分の要件となっているわけではな

85　児童養護施設への入所期間更新の承認を求める事案において、入所措置の更新について親権者父の同
　意があるとしても、父の脅迫的、自暴自棄な発言やこれまでの児童相談所への対応、父の健康状態や生
　活状況等に鑑みると、父が同意を翻意する可能性は大きい等として更新を認めた事例として、大阪高等
　裁判所平成21年3月12日決定　家裁月報61巻8号93頁。親権者父が、審問において児童の入所には
　同意するものの、児童の外泊を条件とするなどの言動から、容易に翻意して児童の引取りを強硬に主張
　するおそれが非常に大きいと認定した事例として、福岡家庭裁判所小倉支部平成11年12月1日審判
　家裁月報52巻6号66頁。
86　家裁月報55巻9号70頁。

い。処分の理由・内容によって処分の性質自体は変わらないのであるから、親権者等が行政処分によって生じる法的効果（子どもを施設に入所させること）自体に同意しているのであれば、理論上、家庭裁判所の承認は不要とも考えられよう。

このほか、3号措置の種別を限定した同意があっても、児童相談所がとろうとする具体的な措置の種別について反対する場合には「意に反する」に該当すると解される[87]。

5）父母間で同意・不同意の意思が異なる場合

① 原則

父母が婚姻中で親権が共同行使されている場合（あるいは複数の未成年後見人がいるとき）は、すべての親権者等の同意が必要であると考えられている。したがって、たとえば父母の一方が同意しているとしても、他方が明らかに反対している場合には、本条による承認が必要である。

② DV事案について

夫婦が婚姻中であるが、ドメスティックバイオレンス等により、子を伴って別居中（離婚未成立）であり、児童相談所が非監護親に連絡を行うと監護親の居所の情報が知れて、親子に危険が生じるおそれがあり、非監護親の同意・不同意の確認が難しい場合がある（同様の状況は一時保護や措置等、行政処分の通知先をどうするか等においても問題になる。）。

この場合の対応は非常に悩ましい。実務上、親権の共同行使ができない場合にあたるとして、監護中の親権者のみの同意を得て3号措置をとり、後に非監護親権者の反対意思が明確になった場合に、改めて家庭裁判所の承認を得るとの対応をせざるを得ない事案もある。地方公共団体には被害者の適切な保護を図る責務があり（配偶者からの暴力の防止及び被害者の保護等に関する法律2）、また配偶者からの暴力に係る被害者の保護に職務上関係のある者は、被害者の安全の確保および秘密の保持に十分な配慮を求められていること（同法23Ⅰ）からも、やむを得ないとの考えも成り立ちうるように思われる。

4 ‖ 申立ての趣旨

（1）審判の主文例

1）施設入所を求める場合

87　磯谷文明ほか編集『実務コンメンタール児童福祉法・児童虐待防止法』有斐閣、2020年12月、342頁。

「申立人が児童を児童養護施設に入所させることを承認する」

2）複数種別の措置を求める場合（解説につき、後記（2）2）参照）

① 「又は」事例

「申立人が児童を児童養護施設に入所させること又は里親に委託することを承認する」

「申立人が児童を乳児院又は児童養護施設に入所させること若しくは里親に委託することを承認する」

② 「及び」事例

「申立人が児童を乳児院及び児童養護施設に入所させることを承認する」

（2）解説

1）施設の種別の特定について

　　現在の実務では、児童相談所は、具体的な施設種別を特定して入所等の措置を承認するよう申し立て、家庭裁判所も特定された措置について承認をすべきものとされている（東京高等裁判所平成15年12月26日決定[88]）。過去には「児童福祉施設に入所させること」と概括的に認めた審判例も存在しているが（仙台家庭裁判所平成19年9月28日審判）、一般的ではない。

具体的な施設種別の解説については ☞第3章 4 3参照。

　　なお、乳児院・児童養護施設ではなく、児童心理治療施設や障害児入所施設への入所を求めていく場合には、施設の特殊性に鑑みて、当該施設への入所を求める理由を論じる必要があるだろう。

　　施設の種類を特定する場合でも、具体的な施設名（「児童養護施設○○学園」等）まで特定することはなく、児童相談所の選択にゆだねられる。入所施設等を親権者等に秘匿する必要がある場合もあるため、主文のみならず、審判の理由中においても、施設名を特定できない工夫が必要とされる場合もある。

2）複数の種別の措置を求めることについて

① 総論

　　上記の申立ての趣旨の例のとおり、児童相談所は、複数の種別の措置について承認を求めることができる。これは、承認後2年間の期間内に措置変更が予定されている場合に、予め家庭裁判所の承認を得ておくメリットを考えてなされる[89]。

88　家裁月報56巻9号35頁

89　福岡高等裁判所平成24年11月15日決定（家裁月報65巻6号100頁）は、原審が、児童養護施設若しくは情緒障害児短期治療施設に入所させることのみを承認した判断を相当でないとした上で、「申立人が、事件本人を、情緒障害児短期治療施設若しくは児童養護施設に入所させること又は里親若しくは小規模住居型児童養育事業を行う者に委託することを承認する」とした。その他、大阪家庭裁判所令和

　ただし、複数の種別の措置の承認を求めるにあたっては、必要性・合理性が要求されると解される。特に、裁判所によっては、具体的な主張立証を求められることもある。

　たとえば、大阪家庭裁判所平成19年8月21日審判[90]では、知的障害児施設、情緒障害児短期治療施設（現：児童心理治療施設）、児童養護施設または児童自立支援施設への入所措置の承認を求める申立てに対し、具体的事案のもとでは、知的障害児施設での入所を継続し、その結果を見たうえで次の具体的な措置先を決定する必要があるとして、知的障害児施設への入所のみの承認をしている。

　そのほか、乳児院と児童養護施設の複数承認を求めたところ、現段階では親子分離の必要性があるので乳児院への入所を認めるものの、児童養護施設への入所は認めないとして、一部のみの承認審判がなされたケースも報告されている。この場合、後に児童養護施設への措置変更が必要になった場合には、改めて措置変更の必要性を具体的に立証して承認を得なければならない。

　以下、いくつか典型的な事案について解説を加える。

② 乳児院と他の施設とを並列的に記載する場合

　一般的な運用として、子どもの年齢が2歳頃になると、乳児院から児童養護施設への措置変更がなされることが多い。そのため、子どもの年齢が2歳に近い場合の28条申立ては、あらかじめ双方の施設について入所承認を得ておくことが考えられる。

　乳児院と児童養護施設は、年齢差以外に本質的な違いはなく、一括して承認しても問題はないとして、比較的簡単に複数承認が認められる事例も多い。

　ただし、児童福祉法上は、乳児院は必要があれば就学前まで措置できることとされ（児福37）、児童養護施設も必要があれば乳児も措置できる（児福41）とされており、法律上は、2歳をもって措置変更が必須というわけではないことには注意されたい。とはいえ、現実的には入所先施設の環境の関係で、一定の年齢での措置変更が必要になることも多いため、この点を踏まえた検討や裁判所への説明が必要になることがある。

③ 施設と里親委託とを並列的に記載する場合

　平成28年の児童福祉法改正において、家庭と同様の環境における養育の推進が規定された（児福3の2）ことを受け、実務上、里親委託を目指すケースが増えてきている[91]。

2年3月6日審判等。

90　家裁月報60巻7号79頁

91　平成28年6月3日雇児発第0603第1号厚生労働省雇用均等・児童家庭局長通知「児童福祉法等の一

里親への委託を目指す場合、里親の候補者の選定や、里親と子どもとの試験的な交流等、正式な委託までに長期間の検討が必要になることが多い。そのため、いったん施設に入所のうえ、時間をかけて里親委託に至るケースもある。そこで、施設入所と里親委託とを並列的に承認を求めることは、一般的に合理的と考えられる。家庭裁判所に対しては、今後のステップ（支援計画）のなかで里親委託までの時間がかかることを示しながら、施設と里親の複数承認を求めることになる。

なお、なかには、里親委託中の機動的な親権行使の必要があったり、親権者等の反発が強く委託先の里親家庭が安心して子どもを受け入れづらいといった事案もある。このような場合は、そもそも 28 条審判の申立てではなく親権停止審判等を得たうえで措置する方法も積極的に検討すべきである。

5 ‖ 指導勧告制度

（1）概要

1）意義

家庭裁判所は、28 条審判の申立ての承認審判をする場合に、承認された措置の終了後の家庭その他の環境調整を行うために相当であると認めるときは、都道府県（児童相談所長）に対し、保護者に対する指導措置をとるよう勧告することができる（児福 28 Ⅵ）。これを承認審判時の指導勧告という。

また、家庭裁判所は、28 条審判の申立てがあった場合、審理途中であっても、都道府県（児童相談所長）に対し、期限を定めて、保護者に対する指導措置をとるよう勧告することができる（児福 28 Ⅳ）。これを審判前の指導勧告という。

さらに、家庭裁判所は、審判前の指導勧告を行った場合において、28 条審判の申立てを却下する審判をするときであって、家庭その他の環境調整を行うために相当であると認めるときは、都道府県（児童相談所長）に対し、保護者に対する指導措置をとるよう勧告することができる（児福 28 Ⅶ）。これを却下審判時の指導勧告という。

これらの指導勧告は、児童相談所が家庭裁判所の勧告の下で保護者指導を行うことで、その実効性を確保することを狙いとしている。

指導勧告制度は、まず、平成 16 年改正により、承認審判時の指導勧告が導入され、次いで、平成 29 年改正により、審判前の指導勧告及び却下審判時の

部を改正する法律の公布について」。

指導勧告が導入されている。

2）指導勧告の対象者

　指導勧告制度は、家庭裁判所が、児童相談所に対し、保護者を指導するよう勧告するものであって、保護者に対し、児童相談所の指導に従うよう勧告するものではない。保護者指導の実効性確保という趣旨からすれば迂遠な制度設計であるが、このような制度設計とした理由は、①保護者は28条審判の当事者ではないという審理構造上の理由のほか、②家庭裁判所は司法機関であるため、行政機関の指導に従うよう勧告することは法制上難しいとの考慮による。

3）手続

①　上申書の提出

　指導勧告は最終的には家庭裁判所の裁量で行うものであるが、家庭裁判所は、ケースワークに精通しているわけではないため、児童相談所の意向を踏まえて、ⅰ）指導勧告を行うかどうか、ⅱ）指導勧告を行うとしてその内容をどのようにするか、ⅲ）指導勧告書の写しを保護者に交付するかの判断をする。

　そこで、児童相談所としては、家庭裁判所に対し、ⅰ）保護者指導の必要性、児童相談所が予定している指導の内容とこれにより期待される効果、ⅱ）裁判所に指導勧告を求める理由、必要性、ⅲ）指導勧告書への記載を希望する内容、審判前の勧告を求める場合は、その期間、ⅳ）指導勧告書の写しの保護者への送付の要否、等を記載した上申書を適宜提出して、指導勧告に関する児童相談所の意向を家庭裁判所に伝えるべきである[92]。

②　保護者に対する通知

　家庭裁判所は、指導勧告を行ったときは、その旨を保護者に通知する（児福28ⅤⅧ）。

4）指導勧告に対する不服申立ての可否

　指導勧告は「審判以外の裁判」（家事99）に該当せず、不服申立てはできないと解される。

（2）　各指導勧告について

1）　承認審判時の指導勧告

①　活用方法

　たとえば、子どもにとって愛着のある親族（祖父母など）がおり、児童相談所としても、施設入所後に子と親族のかかわりを残しておきたいと考えて

92　児童相談所運営指針117頁以下参照。同指針上は、審判前の指導勧告の指導期間として、概ね2〜3か月程度の期間が設定されることを想定している。

いるのに、親権者とその親族との折り合いが悪く、親権者が親族の面会に反対をしているような場合がある。

このとき、入所先施設長による必要な監護の措置（児福47Ⅲ）として、面会を実施する方法も考えられるが、後の再統合を考えると、できる限り親権者の納得を得て実施したいという場合もあるだろう。そこで、家庭裁判所から児童相談所長に対し、子と親族との面会の場を継続的にもたせるような指導勧告を出してもらい、親権者らに送付された指導勧告書をもとに説明のうえ納得してもらうことで、面会を進めていくことができた、との事例がある。

そのほか、承認審判時の指導勧告を求めるケースとして、児童相談所運営指針では、以下のようなものがあげられている[93]。

i）　保護者が虐待等を認めず、児童相談所による指導が進まない事例

ii）　保護者がしつけと称して自らの暴力の原因が子どもにあると主張する事例

iii）　保護者の虐待等の結果として子どもが深夜徘徊、家出等を繰り返している場合であって保護者に虐待に対する認識を改めさせる必要がある事例

なお、厚生労働省が公表した「児童福祉法第28条に基づく審判前の勧告等の活用事例について」（以下「厚労省公表事例」という。）には、承認審判時の指導勧告が出された6事例が紹介されている[94]。

②　留意点

承認審判時の指導勧告は、保護者指導の実効性を確保するためのものであるが、あくまで、指導勧告は保護者への働きかけの一材料にすぎず、ケースワークの対話のなかで、保護者の認識が改まっていくことが望ましいと思われる。

2）　審判前の指導勧告

①　活用方法

審判前の指導勧告では、家庭裁判所が、勧告に基づく保護者指導の結果を踏まえて承認審判をするかどうか判断することが予定されており、一種の「試験観察」的な制度であると説明されることも多い。したがって、審判前の指導勧告の活用が想定されるのは、児童にとって不適切な養育環境が継続しており、このままでは家庭養育は困難であるが、家庭裁判所の勧告の下で実効性のある保護者指導が行われれば、家庭養育の可能性も考えられるよう

93　児童相談所運営指針116頁。

94　令和元年7月26日子家発0726第3号。

な事案である。

　審判前の指導勧告を求めるケースとして、児童相談所運営指針では、以下のようなネグレクト事例があげられている[95]。

　　ⅰ）　子どもの自宅が、物が散乱し、異臭がするなど、いわゆる「ゴミ屋敷」になっているほか、電気、ガス等のライフラインが断続的に停止するなど、子どもの生活環境が著しく損なわれる不適切な養育状況が続いているが、保護者が対応・支援を拒否し続けている事例

　　ⅱ）　保護者のネグレクトを原因とする 28 条審判に基づく親子分離中に、一定期間保護者指導プログラムを受講している保護者につき、プログラムの受講完了後、更に、プログラム受講の効果を見極めるため、親子生活訓練室での宿泊や一時帰宅を実施する必要があると求めているにもかかわらず、保護者はプログラムの受講が完了したらすぐに子どもを帰宅させるよう主張し続けており、児童福祉法第 28 条第 2 項ただし書に基づく更新の審判に当たって、このような状態が続く限りは親子分離を続けざるを得ない事例

　また、厚労省公表事例には、審判前の指導勧告が出された 4 事例が公表されているが、これにはネグレクト事例だけでなく、身体的虐待事例も含まれている。また、公表された 4 事例の指導勧告の期間はいずれも約 2 か月間となっており、審判結果は却下が 2 例、申立ての取下げが 2 例である。ただし、審判前の指導勧告に基づく保護者指導が奏功しない場合に、承認審判がなされる可能性はあり、現に承認審判がなされた事例も報告されている。

② 留意点

　審判前の指導勧告は、平成 29 年改正により導入された制度であり、具体的な活用方法はいまだ試行錯誤の段階にある。したがって、各児童相談所のケースワークのニーズと、申立代理人との創意工夫をもって、今後の具体的な運用を創りだしていくことが求められている。

　この点については、従前から、在宅支援ケースを念頭に保護者指導への司法関与の導入が議論されていた経緯を踏まえると、今後は、今までなされなかった「在宅のままの 28 条審判の申立て」を行い、審判前の指導勧告を求めていく活用方法も考えられる。

　たとえば、比較的緊急性の高くないネグレクトケースにおいて、在宅のままでの 28 条審判の申立てをし、家庭裁判所の指導勧告をもって、保護者にホームヘルパーの受入れや保育園の入所利用を求めて事態の改善を図りつつ、

95　児童相談所運営指針 116 頁。

勧告が奏功しなければ承認審判を求めるといった方策も考えられないではない。

　しかし、一時保護を経ない28条審判の申立てが、必要な資料収集や子どもの安全確保の点で果たして現実的な方策なのか、念入りな検討が必要と思われる。また、上記のような運用は、「現状では承認を得られない」見込みの事案において、指導勧告狙いによる強硬的な28条審判の申立てを頻発させかねず、本来粘り強く行うべきケースワークが減退するのではないかとの危惧もある。

3）　却下審判時の指導勧告

① 活用方法

　却下審判時の指導勧告は、審判前の指導勧告のもとでの保護者指導の結果、養育環境が改善し、家庭養育が可能となったが、今後も家庭裁判所の勧告に基づく保護者指導を継続する必要がある場合を想定している。

　却下審判時の指導勧告を求めるケースとして、児童相談所運営指針では、審判後も引き続き家庭裁判所の勧告に基づく実効性ある保護者指導を行うことが有効であると考えられるときに審判前の勧告と同様の勧告を求めることが想定される、とされている。厚労省公表事例では、4事例中却下事例が2例であり、うち1例につき、審判前の勧告と同内容の勧告がなされている。ただし、却下審判時の指導勧告が、審判前の指導勧告と同内容でなければならないわけではなく、審判前の指導勧告の期間中に指導すべき内容が変化することもありうる。したがって、あくまで現時点で必要と考えられる保護者指導につき、指導勧告を求めることが重要である。

② 留意点

　却下審判時の指導勧告に関しては、これまでも、施設入所等承認が却下相当とされる際に、単に却下するのではなく、その後の遵守事項等を合意したうえで取り下げる等、和解的な解決をとった事例が報告されており、その延長の方策として位置付けることができるかもしれない ☞第3章 5 7(7) 参照 。

　しかし、却下審判時の指導勧告を用いることができるのは、審判前の指導勧告を行った場合に限られるので（児福28Ⅶ）、児童相談所としては、申立ての直後から、先を見据えた手続追行が求められることになるだろう。

6 ‖ 審理の手続

（1）申立て

1）当事者など

　28条審判は、家事事件手続法別表第一第127項の事件である。そのため、

申立人と対立する立場の相手方がいるという構造の事件ではない[96]。ただし、手続保障の観点から一定の範囲の者に、陳述の聴取（家事236）、審判の告知（家事237）、即時抗告（家事238）等の手続関与の機会が保障され、それとは別に、利害関係参加（家事42Ⅱ,Ⅲ）が可能とされている。

当事者、またはそれに類似する立場の者としては以下のようなものがある。

① 申立人

　都道府県知事またはその委任を受けた児童相談所長が申立人となる。

② 子ども

　措置対象の子どもは事件本人となる（児童ごとに事件番号が付される。）。

　子どもは「当事者」ではなく、「審判を受ける者となるべき者」（家事42Ⅰ）でもないが、「審判の結果により直接の影響を受けるもの」として裁判所の許可を得て（または職権で）、利害関係参加（家事42Ⅱ、Ⅲ）することができ、参加が認められた場合は「当事者がすることができる手続行為」をすることができる（家事42Ⅶ）（ただし、申立ての取下げなど一部を除く。）。

　また意思能力を有する子どもは手続行為能力が認められ（家事235、118）、利害関係参加の申立ておよび参加後の手続を法定代理人によらず自ら有効にすることができる。参加に際して、必要があると認めるときは、裁判長は、申立てにより、弁護士を手続代理人に選任することができ、申立てがされない場合でも選任すべき旨を命じ、または職権で選任することができる（家事23Ⅰ、Ⅱ）。　　☞第3章コラム参照

　また、家庭裁判所は参加することが、子どもの「利益を害する」と認めるときは利害関係参加の申立を却下しなければならないとされている（家事42Ⅴ）。

　利害関係参加の有無にかかわらず、15歳以上の子どもには陳述聴取の機会が保障されるが（同236Ⅰ）、審判の告知の対象とはされておらず、即時抗告権も認められていない。　　☞第3章⑤7(4)参照

③ 親権者・未成年後見人・児童を現に監護する者

　「児童に対し親権を行う者」「児童の未成年後見人」（以下「親権者等」という。）も、上記の「②子ども」と同様に、審判の当事者ではなく「審判を受ける者となるべき者」（家事42Ⅰ）でもないが、「審判の結果により直接の影響を受けるもの」として利害関係参加することができる（家事42Ⅱ、Ⅲ）。

他方、親権者等でない「児童を現に監護する者」については「審判の結果に

[96] 「別表第二事件」を対象とした規定（家事66～71）が適用されない。「家事審判の申立書の写しの送付等」の規定（家事67Ⅰ）も適用されていない点に留意する必要がある。

191

直接の影響を受けるもの」にあたるかは必ずしも明白ではないが、親権者等と同じく利害関係参加（家事42Ⅱ、Ⅲ）ができると解されている[97]。

　これらの者については、利害関係参加の有無に関わらず、陳述の聴取（家事336Ⅰ）、審判の告知（家事237）が必要であり、即時抗告権も認められているため（家事238）、申立書の当事者等の表示欄に「親権者父」「現に監護する者」等として記載を要する[98]。

２）管轄

　28条審判は、子どもの住所地の家庭裁判所の管轄となる（家事234）。

　管轄の基準は上記のように子どもの「住所地」であるため、多くの場合、子どもがそれまで生活していた親の住居が子どもの「住所地」となるであろう。一時保護委託中の委託先等の住所を記載しなければいけないとは考え難い。

　児童福祉法第28条第2項の更新審判の場合には、すでに施設や里親宅で長く生活しているのでありそこが「住所地」となることが多いであろう。ただ、子どもの「住所地」を親権者等に知らせたくない場合がありうる。この場合には、申立書の記載に工夫が必要となることがある。上記のように子どもは事件本人としての地位を有するものであり法律上当然に住所記載が必要とされているわけではない。実務上、子どもの「住所地」を申立書に記載することが多いとはいえ、厳密には特定や管轄との関係で記載されるにとどまるのであるから、申立書が親権者等に送付される可能性がある場合や、親権者による閲覧・謄写が予想される場合には、住所を記載しない、施設や里親の現実の住所ではなく「住民票上の住所」を記載する、または家庭裁判所との協議のうえ、住所を秘匿とする等の対応が必要となる。

　また、家事事件手続法第234条の管轄がない場合であっても、状況によっては管轄権のない家庭裁判所に申し立てた上で、自庁処理（家事9Ⅰ但書）の裁判をするように職権発動を促すことが考えられる。

　例えば、28条審判の更新の場合（家事28Ⅱ）、28条第1項の承認審判を出した家庭裁判所が審理するのが相当な場合が多いと考えられることから、28条第1項の審判をした家庭裁判所に管轄がない場合でも、担当児童相談所が管轄内であったり児童を現に監護する者が管轄内に存在しているような場合には、自庁処理の裁判がされることも多いとされている[99]。この他、実務上、子どもの住所地（入所施設の住所地）の管轄裁判所に申立てをすると親権者に子

97　『実務コンメンタール児童福祉法・児童虐待防止法』有斐閣、344頁。
98　「家事事件手続法下における書記官事務の運用に関する実証的研究―別表第一事件を中心に―（司法協会）」734頁
99　「家事事件手続法下における書記官事務の運用に関する実証的研究―別表第一事件を中心に―（司法協会）」741頁

どもの居所が判明してしまうような場合には、その不都合性を説明して、担当する児童相談所の所在地を管轄する裁判所に申立てをして自庁処理の裁判を促し、自庁処理の裁判がされることも珍しくない。

3）申立て

申立ては申立書を提出してしなければならず（家事49Ⅰ）、申立書の必要的記載事項は「当事者及び法定代理人」「申立ての趣旨及び理由」である（家事49Ⅱ）。このうち、「申立ての趣旨」の具体的な記載については第3章⑤4を参照されたい。このほかに申立ての基礎となる事実として「事件の実情」を記載することとされている（家事規371）。実務上は、申立書の「申立ての理由」の項目のなかで「事件の実情」に該当する事実についても適宜記載することが多いであろう[100]。

児童相談所運営指針（第4章第10節1（4）ウ（ア））では、「事件の実情」として「事案の概要、当事者、事実経過、親権者等による子どもの福祉を侵害する行為の内容、親権者等の態度、保護者指導の経過、親子分離の相当性等」を記載することとされており、これを踏まえつつ事案に即して記載すべきである。

「申立ての理由」および「事件の実情」についての証拠書類があるときは申立書に添付する（家事規37Ⅱ）[101]。児童福祉法第28条第1項の要件は、虐待、著しい監護懈怠だけでなく、「保護者に監護させることが著しく当該児童の福祉を害する」場合も含まれる。このため、厳密な意味での虐待が認定されなくても最終的に著しい福祉侵害の事実が認められれば承認されうることを念頭に置いて主張を整理する（ただし、第一次的には虐待の主張立証を行うべき場合が多いであろう）。

（2）審理

1）本条のような強制的な親子分離の措置は、当該児童を現に監護する者および親権者等の権限を制限する結果を招来する。この点を考慮し、これらの者については審理において、当事者に準じた手続保障が図られ、家庭裁判所は当該児童を現に監護する者および親権者等の陳述を聴くことが必要とされる（家事236Ⅰ）。ここで、陳述を聴く方法は必ずしも審問に限られない。文書によることも、電話によることも、家庭裁判所調査官によることも可能である。しかし実務上は、上記の手続保障の要請から、審問期日を指定して審問を行うことがほとんどである。これにより、審判対象や争点を明確化し、調査すべき対象お

---

100 申立ての書式や手続については、長山義彦ほか『家事事件の申立書式と手続』（新版補訂）新日本法規出版、2017年5月、390頁、『家事事件手続書式体系Ⅰ』（第2版）青林書院、653頁も参照。
101 証拠書類、添付書類の例については児童相談所運営指針（第4章第10節1（4）ウ（イ）～（エ））を参照。

よび範囲を具体的に特定して効率的に調査官調査を行うことが可能となる。なお、親権停止、親権喪失または管理権喪失の審判の場合には、親権者の陳述の聴取は、審問の期日においてしなければならない（家事169柱書）。この点は28条と比較してより親権者の手続保障を重視しているといえる。

子どもが満15歳以上である場合には、子どもの陳述も聴かなければならない（家事236Ⅰ）。聴取の方法には、手続上、さまざまな方法がありうるのは「当該児童を現に監護する者および親権者等」の場合と同様である。

また、子どもが15歳未満である場合も、家庭裁判所は、子の陳述の聴取、家庭裁判所調査官による調査その他の適切な方法により、子の意思を把握するように努め、審判をするにあたり、子の年齢および発達の程度に応じて、その意思を考慮しなければならない（家事65）。

2）事件は、通常の家事審判事件と同様に調査官調査に付されるが、複数の調査官が対応することも多い。多くの場合、上記の子どもの陳述聴取も調査官調査（面談）によって実施される。児童相談所は、申立後、最初に調査官と面接を行い（受理面接）、当該児童の置かれている状況や特性などにより、調査における留意点（聴取時期、聴取場所、聴取内容等）があれば、それを伝えるべきである（たとえば、受験が近いので調査官調査を受験の時期をずらして実施してほしいなど）。

3）親権者や子どもと接している時間は、児童相談所のほうが家庭裁判所調査官や裁判官よりも相当に多いのであるから、家庭裁判所調査官や裁判官が、親権者の弁解にひきずられたりすることがないよう、留意すべき視点については早期に伝え、またその後も必要に応じて追加の主張立証を行うべき場合がある。

7 ‖ 審判手続の遂行

（1）標準的な進行と所要期間

家庭裁判所によっては、事案に応じ、申立後の早い段階で、家庭裁判所調査官が申立人と面談し、審理を円滑に進めるための手続進行上の留意点等を聴き取る運用がなされている。

このような早期の面談の有無にかかわらず、通常は、①裁判官が実施する審問により親権者等の意向が聴取され、②期日間の家庭裁判所調査官の調査により子どもの生活状況や課題、子どもの意向等が調査されるといった進行がなされることが多い。これらは事実の調査（家事56以下）として行われ、最終的に家庭裁判所の判断の根拠となる。

申立てがなされてから審判までの期間は、ケースによって違いがある。4か月

以内で終結するものが全体の約6割であるが、6か月を超えるものも1割程度ある[102]。

（2）主張の内容

本条の申立てにおいては、「保護者に監護させることが著しく当該児童の福祉を害する」ことの評価根拠事実を具体的に主張する必要がある。

そこで、児童相談所が把握している虐待行為の内容や不適切養育の内容といった過去の事実を具体的に主張するとともに、それによって現に児童が受けている心身の影響や保護者の反応等、今後保護者による監護を継続することが著しく児童の福祉を害することになる根拠事実を主張していくことになる。

なお、家事事件手続法において、本条の申立てを含むいわゆる別表第一事件については、申立書の写しの送付を定めた規定（家事67 I、家事規47）がなく、申立書を親権者等に送付することは法律上必須ではない。しかし、審理を円滑に進行するために必要であるとして、28条審判についても、家庭裁判所が原則として申立書の写しを親権者等に送付する、というのが現在の全国的な運用である。申立人は、申立時に、申立書の写しを親権者等の人数分、添付することが求められる。

（3）資料の提出

1）申立てに際しては、申立ての理由として主張する事実を基礎付ける資料を証拠として提出する必要がある。

前述のとおり、28条審判は別表第一事件であり、申立書、証拠資料、いずれもその写しを添付することは法の要請ではない。

もっとも、近時、裁判所が申立人に対し、証拠資料の写しについても提出を求める例が少なくない。これは裁判所が、28条審判を、あたかも別表第二事件のような児童相談所と親権者等との対審事件と捉えてしまうからだと思われる。

しかし、例えば、親権者に代理人がつき、記録の謄写が確実に予想されるといった事案であれば別にして、事案ごとに写しを提出するかどうかは慎重に検討すべきである。それは以下の理由による。

本来、28条審判は、純然たる当事者対立構造にない。子の福祉のため裁判所が国家の後見的見地から親子分離の要否を判断する公益性の高い手続である。そうであれば、その手続中もっとも重視されるべきは子の最善の利益にほかならない。裁判所より証拠資料の写し提出を求められた場合でも、親権者へ

102　最高裁判所事務総局家庭局「親権制限事件及び児童福祉法に規定する事件の概況」令和2年1月〜12月

の写し送付が子の利益を害することにならないか、審判後の中長期的なケースワークまで見据えて慎重に検討を加える必要がある。検討の結果、提出すべきでないとなれば、その点裁判所に対し理解を求めるべきである。

　もっとも、裁判所から親権者等に証拠資料の写しが送付されなかった場合でも、家庭裁判所の事件記録は当事者の請求があれば閲覧・謄写が可能（家事47Ⅰ・Ⅲ）という一般原則は本件手続にもあてはまる。親権者等は、利害関係参加（家事42）により当事者となった場合のみならず、利害関係参加をしていない場合であっても、審判の結果により直接の影響を受けるもの（家事42Ⅱ）として、事件記録の閲覧・謄写が認められるのが実務運用である。したがって、写し提出の有無にかかわらず、裁判所への提出資料については、親権者らにその内容が開示されるであろうという前提でその内容を精査しておく必要がある。

　なお、事実認定のために重要だが、親権者に開示されることはどうしても避けたいという資料が存在することもあろう。その場合、申立人としては、事件記録の閲覧・謄写を認めることで、誰にどのような危険が及ぶか、または、どの機関の業務にどのような支障が出るか等の事情を詳細かつ具体的に裁判所に上申し、親権者等からの閲覧・謄写が相当でないことを伝え、当該資料を非開示とするよう申し出をする運用となっている。裁判所によっては、非開示申出のための書式を用意しているので、確認しておくとよい。

　ただし、閲覧・謄写を認めるか否かは最終的に裁判所が判断するので、非開示申出を行ったとしても絶対に開示されないという保証はない。また、裁判所によっては、非開示の申出そのものに否定的で、提出をやめるよう促されることは少なくない。合理的根拠に乏しいものの、開示できない資料については事実の調査の対象としない、と伝えられた例もある。そのため、親権者等に開示ができない資料については、そもそも証拠として提出することが本当に必要不可欠なのかをよく検討すべきである。また、場合によっては当該部分をマスキングして写しを提出するなどの工夫をするとよい。

2）提出する証拠としては、身体的虐待の事案では、写真や目撃者等の事情聴取書などが考えられる。他にも関係者の陳述書、報告書、日記、業務録や医師（法医学者を含む。）の診断書や意見書などを提出することも考えられる。ネグレクトの事案では、当該家族にかかわってきた関係機関の経過報告書や、登校・登園の状況報告書、一時保護実施後の成長曲線の変化についての報告書などが考えられる。このような児童相談所以外の関係機関が作成した文書は、事実認定において特に重要である。しかし、関係機関によっては、さまざまな事情から情報の提供に非協力的な場合がある。平成28年の児童福祉関連法改正

では、関係機関が児童相談所から情報提供を求められた場合、より円滑な情報共有を図るべく、関係機関に対して情報提供を促すための規定がいくつか設けられた（児福21の10の5，児虐13の4、児福25の3参照）。こうした規定を念頭に、虐待対応のためには関係者間の連携が重要であることを伝え、協力を求めるべきである。

3）他方、児童相談所が作成した児童記録票や虐待通告書などの記録類（いわゆるケース記録）には、匿名性の高い情報や心理診断の結果など、当事者にそのまま開示されることが適当でない情報が含まれている場合がある。したがって、ケース記録をそのまま証拠として提出することは控えるべきであり、必要な部分のみを報告書等として作成し直すことが相当である。

4）証拠として提出したい資料のなかには、児童相談所が入手することが困難な資料もある。なかには、家庭裁判所からの照会や要請であれば資料提供するという意向を関係機関が有しているといったこともあるので、そのような場合には、家庭裁判所から関係機関へ照会してもらうよう調査を促す上申等をすることも考えられる。

5）申立後に証拠を追加提出することは可能であるが、少なくとも、申立書に記載した内容の根拠となる証拠については、申立時に提出すべきである。

（4）審判手続における子どもの法的地位

1）事件本人である子が15歳以上である場合には、家庭裁判所は、子の陳述を聴かなければならない（家事236Ⅰ）。また、子が15歳未満である場合も、家庭裁判所は子の陳述の聴取、家庭裁判所調査官による調査その他の適切な方法により、子の意思を把握するように努め、審判をするにあたり、子の年齢および発達の程度に応じて、その意思を考慮しなければならないこととされている（家事65）。28条審判手続においては、子の年齢にかかわらず、調査官調査という形で子どもの意向調査が行われることが多い。調査官が子どもの生活する場所に赴き、子どもと面接するほか、施設職員から子どもの日常生活を聴き取ったりするのが一般的である。

しかし、子どもの年齢や特性によっては、裁判官や家庭裁判所調査官に十分な意思の表明ができなかったり、本来の気持ちとは異なる意見表明を行ってしまう可能性もある。また、子どもが傷ついてしまう可能性も否定できない。とりわけ、PTSD症状が認められるような子どもの場合、調査官調査がきっかけとなってフラッシュバックが現れ、その後心身に顕著な不調をきたすようになった例もある。配慮が必要と考えられるケースでは、申立人において聴き取りにあたっての注意事項をあらかじめ家庭裁判所に申し入れるべきである。

2）事件本人となる子どもは、本条の審判の結果により直接の影響を受ける
ため、手続保障の観点から、家庭裁判所の許可を得て、利害関係人として手続
に参加することができる[103]（任意参加：家事42Ⅱ）。この場合、子どもに意思
能力があれば手続行為能力が認められる（家事235Ⅱ、118）。

　　また、子どもが自ら利害関係参加しない場合でも、家庭裁判所は相当と認め
る場合には、職権で参加させることができる（職権参加：家事42Ⅲ）。

　　家庭裁判所は、一切の事情を考慮して、子どもが家事審判の手続に参加する
ことが子の利益を害すると認めるときは、手続参加許可の申立自体を却下しな
ければならないとされている（家事42Ⅴ）。

3）子どもが手続に参加する場合、必要があると認めるときは、裁判長は、申
　立てにより、弁護士を手続代理人に選任することができる[104]（国選：家事23
　Ⅰ）。また、申立てがなくとも、裁判長は、弁護士を手続代理人に選任すべき
　旨を命じ、または職権で弁護士を手続代理人に選任することもできる（家事
　23Ⅱ）。

　　国選の手続代理人の選任方法には、裁判所が弁護士会に推薦依頼をし、推薦
された弁護士を選任する場合（推薦型）と、子どもが既に相談している弁護士
を候補者として選任申立てを行い、裁判長が候補者を選任する場合（候補者
型）がある。弁護士費用は裁判所が決定（家事23Ⅲ）する。当該弁護士費用
は手続費用となる（民訴費2⑩）が、条文上、手続費用とするためには実際の
支払が必要となるため、代わりに手続上の救助申立てを行う必要がある。最終
的に費用を誰に負担させるかは裁判所の判断による（家事28）。

　　このほかに、子どもが自ら手続代理人を選任することも可能である（私選）。

　　また、国選私選問わず、日弁連の「子どもに対する法律援助」の制度により
費用の援助を受けることができる。

4）児童相談所としては、子どもが手続に参加したいと考える場合には参加の機
　会が与えられるよう、子どもに利害関係参加の説明を行い、子どもの手続代理
　人候補者を弁護士会に推薦してもらうなどして子どもによる選任申立てを援助
　したり、あるいは子どもによる私選を援助したり、職権で子どもの手続代理人
　が選任されるよう家庭裁判所に職権発動を求めたりすることが望まれる。

　　なお、親権者等が子どもを代理して利害関係参加の申立てをし、候補者を立
てて子どもの手続代理人選任の申立てをする場合がある。しかし、候補者が親
権者等の手続代理人と同じ事務所に所属する弁護士であるなど、利益相反があ
ると思われる場合には、児童相談所は必要に応じて当該候補者を選任すること

103　日本弁護士連合会『子どもの手続代理人マニュアル（第5版）』書式1
104　日本弁護士連合会『子どもの手続代理人マニュアル（第5版）』書式2

に反対し、弁護士会経由で推薦された手続代理人を選任するよう上申を行うことを検討する。また、親権者等が私選で子どもに手続代理人をつけ、利害関係参加を申し立てた場合で、当該手続代理人に上記事情が認められる場合には、参加そのものを却下するように上申することも考えられる（家事42Ｖ）。

　選任された子どもの手続代理人としては、事件記録の内容をどこまで子どもに共有するかは慎重な検討が必要である。子どもの年齢および事情に応じて、説明の仕方を工夫する、口頭での共有に留めるなどの配慮が必要となる場合もある。

5）親権者等が児童相談所に対して敵対的な感情を抱いている場合、子どもが手続に参加し、手続代理人が子どもの意見表明を支援することで、後に親権者等の納得につながった実例がある。一方、参加によって、親権者等の非難の対象が子ども自身となる可能性もあることから、児童相談所は、参加の有無や参加態様に関しては、子どもに適切に情報提供をした上、真に子どもの意思に沿う方法となっているか慎重に見極める必要がある。

（5）審判における親権者等の法的地位

1）先述のとおり、本条の審判手続において親権者等は当事者ではないが、審判の結果により直接の影響を受ける者であるため、家庭裁判所は審判をする場合には親権者等の陳述を聴かなければならない（家事236Ｉ）。一般には、審問期日が親権者等の意見を聴取する場となっている。親権者等は審問期日への出席のほか、主張書面を提出することにより意見陳述を行うことができる。また、親権者等は、裁判所の許可を得て、利害関係参加することもできる（家事42Ⅱ）。

　また、親権者、未成年後見人でなくとも、「児童を現に監護する者」は意見聴取の対象となる（家事236Ｉ）。そのため、「児童を現に監護する者」についても、期日への出頭が必要となる。

2）利害関係参加の有無を問わず、前述のとおり、親権者等は、原則として事件記録の閲覧等をすることができる。閲覧等が認められないのは、事件関係者の利益を害するおそれ等があると認められる例外的な場合に限られる（家事47Ⅳ）。

　したがって、子どもの福祉のため、またはケースワークのために親権者等に閲覧・謄写をさせることを避けたい場合は、例外の要件を満たすことを家庭裁判所にあらかじめ上申する必要がある。

　実例としては、①通告者から入手した監視カメラの動画が虐待行為の唯一の証拠となるケースにおいて、証拠として提出した当該動画について親権者代理

人から閲覧・謄写請求がなされたので、通告者が特定されることを避けるため、「第三者の私生活の平穏を害するおそれがある」として非開示の上申をしたところ非開示とする旨の決定がなされたケース（判例集未搭載）や、②親権者父は施設入所に同意しているが親権者母が同意していないケースにおいて、直前までの養育者であった母の就労先など、母の居住地域が特定されるおそれのある情報を記載した証拠について、非開示の上申をしたところ、非開示とする旨の決定がなされたケース（判例集未搭載）などがある。

（6）代理人としての留意点

28条審判手続において、申立人は、過去の虐待行為についての主張にのみ注力するのではなく、将来にわたって子どもの最善の利益確保のため申立人としてどうあるべきか、との視点が必要である。それゆえ、代理人は、担当児童福祉司とのコミュニケーションを密にして、児童相談所の中長期的な支援方針を理解し、必要に応じて裁判所に示すべきである。近時、裁判所より、審判後の保護者に対するアプローチや指導、子どもに対する処遇計画などについて、児童相談所の方針の提出が求められることも増えている。

（7）取下げ、和解的解決

親権者から3号措置に対する同意が見込まれるといった理由で却下の公算が大きい場合等に、裁判所から申立ての取下げを検討するよう求められることがある。このようなときには、次のような点を検討すべきである。

まず、同意が見込まれる場合も、ただちに申立てを取り下げねばならないものではない。親権者が形式的には同意していても、実質的には同意があるとはいい難いとか、容易に同意を翻すおそれがあるといった場合には、なお保護者等の「意に反する」状況があるものとして、あくまで承認を求めていくことが必要である。

☞第3章 5 3参照

しかし、逆に同意を得て取り下げるほうが望ましいケースもある。たとえば、保護者との間で協議を行い、措置中に児童相談所が子どもに対して実施する指導の内容については児童相談所に一任するとか、面会通信の時期や回数等については児童相談所の判断に従う、といったことを今後の遵守事項として定めたうえで取下げを行うといった場合である。

いずれにしても、その後のケースワークにとって最も有益な結論が得られるように努めることが肝要である。

なお、平成29年の児童福祉法改正で、28条審判の審理中や却下審判時にも家庭裁判所が児童相談所に対する指導勧告を行うことができるようになったので、今後

はケースによって、この勧告を積極的に活用すべきである。　☞第3章⑤6(2)参照

（8）審判の告知

　審判は告知しなければならない（家事74）。告知の対象は、申立人および手続参加した場合の子ども（家事Ⅰ）ならびに児童を現に監護する者、親権を行う者および未成年後見人（家事237）とされている。告知の方式は、「相当と認める方法」とされている（家事74Ⅰ）が、実務では民事訴訟法上の送達の例によることが多い。そのため、対象者が行方不明のときは、最終的には公示送達がなされる。

（9）子どもが在宅の場合

　児童福祉法第28条第1項の申立ては、申立時点ですでに一時保護の手続がなされていることが多いが、子どもが在宅であっても申立てをすることは可能である。
　家庭裁判所の承認は、親権者等の同意に代わるものにとどまり、執行力を有するわけではない。したがって、子どもが在宅の場合、家庭裁判所の承認を得たからといって、それによりただちに子どもを施設等に強制的に移動させることができるわけではない。

8 ‖ 効果

（1）施設入所等の措置および更新

　家庭裁判所の承認により、3号措置をとることができることになる。審判は即時抗告期間経過により確定するため、措置を認める審判が効力を生ずるのは確定してからである（家事74Ⅱ但書、238）。即時抗告された場合には、抗告審の判断が確定するまで審判の効力は生じない。
　また、3号措置の期間は、当該措置を開始した日から2年を超えてはならない（児福28Ⅱ）。
　なお、承認の審判が確定したからといって自動的に3号措置がなされるのではなく、児童相談所は審判確定後に改めて3号措置を行う必要がある。そして、審判確定後に行われる3号措置は、審判とは別の行政処分であるから、処分の通知および不服申立ての教示など、行政手続法に定められた手続を行う必要がある。すなわち、これ自体を行政訴訟により争うことが可能である。ただし、28条事件において措置を行うことが承認されていることを前提とすれば、実質的には争う余地はほとんどない。
　なお、承認審判を得た上で3号措置を行うまでの期間制限についての明文規定はなく、承認審判後いつまでに措置を行うべきか問題となる。この点，法は措置の期

間を「措置を開始した日から2年」と規定（児福28II）しているところ，措置開始日を行政機関の裁量により無制限に選択することは法の趣旨から不合理であり、承認審判の確定後、合理的期間内に措置を行うべきであろう。

（2）親権者との関係

☞第3章 5 7参照

1）家庭裁判所の承認を得た上で3号措置を行った場合または一時保護を行った場合、住所または居所を明らかにすると保護者の連戻し等のおそれがある場合には、児童相談所長は、当該保護者に対し、住所または居所を明らかにしないものとされる（児虐12III）。

2）また、3号措置がとられ、または一時保護が行われた児童について、児童虐待の防止および児童虐待を受けた児童の保護のため必要があると認めるときは、児童相談所長等は、保護者の面会および通信の全部または一部を制限することができる（児虐12I）。

3）3号措置の後も執拗に児童の引渡しを求めてくる親権者もいる。そこで、児童虐待防止法は、面会通信制限（児虐12I）をしたうえで、さらに必要があると認めるときは、都道府県知事は、6か月を超えない期間を定めて、当該保護者に対し、当該児童の身辺等に付きまとうこと等の行為を禁止する命令を行政処分として出せることとする（接近禁止命令。児虐12の4I）。なお、平成29年の法改正に伴い、家庭裁判所の承認を得た上での3号措置の場合のみならず、親権者等の同意のある3号措置の場合や一時保護が行われている場合にも、接近禁止命令を行うことができるようになった。

4）なお、家庭裁判所の承認にもかかわらず、強引に施設などから児童を連れ去った場合、人身保護請求も検討する余地がある。

9 ‖ 不服申立て

（1）不服申立ての主体

28条審判の承認を得た上での3号措置またはその期間の更新の承認を求める審判については、申立てを承認する審判に対しては、児童を現に監護する者、児童に対し親権を行う者および児童の未成年後見人（家事238①、③）に、申立てを却下する審判に対しては、申立人（家事238②、④）に、即時抗告権が認められる。法文上、子どもには、利害関係参加の有無にかかわらず、即時抗告権は認められていない。

（2）審判に対する不服申立て

上記の即時抗告権者は、それぞれ高等裁判所に即時抗告でき、その申立期間は、その者が審判の告知を受けた日から2週間である（家事86）。

高等裁判所の決定に対しては、基本的に上訴は認められないが、その決定に憲法の解釈に誤りがある場合には特別抗告が（家事94Ⅰ）、法令の解釈に関する重要な事項を含むと認められる場合で当該高等裁判所が許可した場合には許可抗告が（家事97Ⅰ）、それぞれ認められる。

抗告裁判所は、審理の結果、即時抗告が不適法である場合には却下し、理由がない場合には棄却することになるが、即時抗告に理由があると認められた場合には、原則として自ら審判に代わる裁判をしなければならない（家事91Ⅱ本文）。不適法却下した審判を取り消すとき、または、事件につきさらに審理の必要があるときは、原審に差し戻すことができる（家事91Ⅱ但書）。

審判は即時抗告期間の経過により確定する。承認の審判が効力を生ずるのは確定してからである（家事74Ⅱ但書）。なお、特別抗告および許可抗告に確定遮断効はないから、高等裁判所の決定が告知されることにより確定する。

---

10 ‖ 更新

（1）概要

1）制度の概要

従前、家庭裁判所の承認を得た上での3号措置の期間には制限が設けられておらず、いったん承認がなされると、児童が18歳に達するまで措置を継続することが可能であった。しかし、平成16年の児福法改正により、3号措置の期間は開始から2年を超えてはならないとされつつ（児福28Ⅱ）、2年を経過しても引き続き措置を継続する必要がある場合は、児童相談所が再び家庭裁判所の承認を得て期間を更新することができるとされた（児福28Ⅱ但書）。

2）申立状況

令和2年における施設入所措置更新事件（以下「更新事件」という）の新受件数は146件（速報値。以下、令和2年の数値につき同じ。）である。また、同年中の既済件数は134件であり、このうち認容件数が127件、却下件数が0件、取下げが5件、その他（移送、当然終了等）が2件である[105]。

ここ5年間の新受件数はおおむね110件から150件程度の間を推移している。令和2年の更新事件の認容事案における更新回数は、1回目が71件、2回

---

[105] 最高裁判所事務総局家庭局「親権制限事件及び児童福祉法に規定する事件の概況　令和2年1月～12月」。

目が23件、3回目が18件、4回目が6件、5回目が7件、6回目が2件となっており、児童福祉法28条第1項事件（以下「28条事件」という。）の認容件数が年間200件から400件程度であることからすると、多くの事件では更新申立てに至らず、家庭引取りあるいは親権者等の同意のある措置に切り替えられていることがうかがわれる。

（2）要件
1）福祉侵害のおそれ

措置期間の更新が承認されるためには、「当該措置に係る保護者に対する指導措置の効果等に照らし」、当該措置を継続しなければ保護者がその児童を虐待し、著しくその監護を怠り、その他著しく当該児童の福祉を害するおそれがあると認められることを要する（児福28Ⅱ但書）。

このように「保護者に対する指導措置の効果等に照らし」との文言が加えられていることから、更新事件の審理に際しては、保護者に対する指導措置の内容および効果を勘案することは当然であるが、児童の心身の状態にも十分に配慮するなど諸要素を総合的に判断することが必要である。そこで、申立書においては、①児童に対する指導の経過および児童の心身の回復状況、②保護者に対する指導の経過およびその効果、③児童の福祉の確保のための措置継続の必要性、④児童にとって適切かつ妥当な具体的措置の内容、⑤保護者および児童の将来の見通し等を記載することが求められる。

2）親権を行う者等の意向について

28条事件と異なり、更新事件においては、施設入所等の措置の更新が親権を行う者等の意に反することは条文上の要件とされていない。

なお、28条事件の承認を得た上で3号措置をとった後、保護者が施設入所等に同意する意向を示した場合、家庭裁判所より更新事件の取下げを促されたり、あるいは児童相談所が自らの判断により更新事件の申立てを行わず、同意のある措置に切り替えたりすることがある。確かに、児童の家庭復帰が目前となっているケースや、保護者および児童に対する支援・指導が奏功するなどして、児童相談所と保護者が安定した関係を維持しているケース等は、同意のある措置に切り替えることが妥当な場合もある。しかし、同意のある措置に切り替えた後、保護者と児童相談所の関係が悪化するなどして同意が撤回されると、支援が不十分なまま家庭引取りとなったり、あるいは新たな措置を行うためには再度28条審判の申立てを要することとなり、児童の養育環境が不安定となるおそれがある。そこで、施設入所措置等の後、保護者より同意を得られる見込みがある場合も、児童相談所は安易に同意のある措置に切り替えず、更

新申立ての要否について慎重に検討するべきである。

　この点、大阪高裁平成 21 年 3 月 12 日決定[106] では、3 号措置の期間更新について親権者の同意があるとしても、親権者の心情や児童相談所への対応、親権者の健康状態や生活状況等に鑑みると、同意を翻意する可能性は大きい等として、更新承認申立てを却下した原審判を取り消して更新を承認しているところ、参考にされたい。

（3）申立ての趣旨

　前述のとおり ☞第3章 ⑤8(1) 参照 、28 条審判の確定により当然に 3 号措置となるのではなく、審判の確定後、児童福祉法第 27 条第 1 項第 3 号に基づき施設入所等の措置を行う必要があり、この措置の開始日より 2 年間施設入所等が可能となる。たとえば、当初の承認審判の確定日が令和 2 年 3 月 31 日、その後の 3 号措置の開始日が令和 2 年 4 月 3 日である場合、当該措置の満了日は令和 4 年 4 月 3 日となる。

　そこで、令和 4 年 4 月 4 日以降も措置を継続するためには、更新の申立てが必要となり、申立ての趣旨は、「申立人が事件本人に対する児童養護施設入所措置の期間を令和 4 年 4 月 4 日から更新することを承認する、との審判を求める」と記載する。

　措置開始日は、児童相談所が保護者等に交付した措置決定通知書等の記載により確認する。

　なお、更新申立てが複数回行われる場合においても、当初の承認審判を得た上で行った 3 号措置の開始日を起点として、2 年ごとに期間が満了すると考える審判例が多いが、更新審判の確定が当初の措置開始から 2 年を経過した日よりも後になった場合には更新審判の確定日を起点として 2 年の期間が計算されるとする審判例もある（判例集未搭載）。2 年ごとに更新を要するとした法の趣旨を考慮すると、当初の承認審判を得た上で行った 3 号措置を起点とすることが望ましいだろう。

（4）審理の手続

1）管轄

　更新事件についても、子どもの住所地の家庭裁判所の管轄となる（家事234）。この点、28 条審判の申立てがなされるケースにおいては、保護者に対し児童の所在を知らせていないことも多く、かかる場合は、申立書に住所を記載しない、あるいは裁判所と協議のうえ、住所を秘匿するなどの対応が求めら

106　家裁月報 61 巻 8 号 93 頁。

れる。なお、児童が28条審判を行った家庭裁判所の管轄外の施設等に措置された場合、家事事件手続法第234条によると、28条審判を行った家庭裁判所とは異なる家庭裁判所に更新の申立てを行うことになる。もっとも、28条審判を行った家庭裁判所に対して更新の申立てを行うことにより、更新審判において、従前の28条事件の記録の調査が容易となる。また、保護者に対する子どもの措置先の秘匿や保護者の家庭裁判所へのアクセスにも資する場合がある。このように、更新事件においても、28条審判を行った家庭裁判所に申立てを行うほうが適当である場合は、「自庁処理」（家事9Ⅰ）の上申を行うことを積極的に検討する。

2）申立ての時期

更新事件の審理には一定期間を要し、また、審判の確定のためには即時抗告期間の経過も必要となる。そこで、審理および審判確定までに要する期間（約75％の事案が、申立てから4か月以内に終結している。[107]）を見込んで申立てを行うべきである。なお、更新審判が確定する前に従前の措置期間の満了日を経過した場合、やむを得ない事情があるときは、審判確定まで引き続き措置をとることができるとされている（児福28Ⅲ）。

3）必要とされる資料

前記のとおり、更新審判においては、保護者に対する指導措置の内容および効果、児童の心身の状態等を総合的に考慮して更新の要否が判断されることになる。そこで、資料としては、①3号措置後の保護者指導措置の経過や保護者の現状に関する報告書、②3号措置を開始した日がわかる資料（措置決定通知書の写し等）、③3号措置時の指導計画に関する資料（支援計画等）、④子どもの心身の状態を示す資料（施設等における生活状況についての報告書、心理所見、診断書等）等が考えられる 。

4）審理の進め方

第3章⑤6・7を参照のこと。

（5）効果

更新事件の認容審判により、従前の措置期間の満了後、さらに2年を限度に措置を継続することができる。なお、更新審判の申立てをした後、家庭裁判所の審理に予想以上の時間がかかった等の「やむを得ない事情があるとき」には、従前の措置期間が満了した後も更新審判の確定までの間措置を継続することができるところ（児福28Ⅲ）、この場合、更新の承認審判を得た上での措置の始期が問題とな

107　最高裁判所事務総局「親権制限事件及び児童福祉法に規定する事件の概況　令和2年1月～12月」。

る。更新の認容審判確定日の翌日を更新後の措置の開始日とする考え方もあり得るが[108]、更新の認容審判が確定した場合には児童福祉法28条第3項の措置は暫定的な措置となり、前の審判に基づく措置の期間満了時に遡って同条第2項による更新の期間の始期がスタートすると解することが妥当と解する[109]。

（6）更新に際して施設種別を変更する場合

28条事件の申立てに際して措置の種別を特定することを要することからすると☞第3章⑤4(2)1参照、更新を機に措置の種別を変更する場合は、改めて28条事件の申立てを行う必要がある。

新たな申立てについて承認審判が確定するまでに、当初の措置期間の満了日が到来することもあり得るが、新たな申立てが承認される見込みが十分にあり、かつ、従前の施設等に戻ることが想定されていない場合は、従前の措置を解除のうえ、新たな施設等に一時保護委託することが考えられる。他方、新たな施設等において児童の受入れ態勢を整えるのに時間を要するなど、従前の措置をなお継続する必要がある場合は、新たな施設にかかる28条事件の申立てに並行して、従前の措置について更新申立てを行うことも検討する。事案に即した対応が望まれる。

（7）当初の申立てにおいて施設種別について選択的な承認がなされた場合について

1）当初の2年間のうちに措置変更がなされた場合

28条事件において、たとえば児童心理治療施設と児童養護施設への入所が承認され、当初は前者に入所したが、2年の措置期間中に前者から後者に措置変更がなされた場合、その後児童心理治療施設に再び措置することが想定されていないのであれば、児童養護施設への入所措置についてのみ更新申立てを行えば足りる。この場合の措置の始期は、同意のない措置の期間につき2年ごとの司法審査を要するとした制度趣旨に鑑みると、児童心理治療施設への入所措置の開始日と考えるべきである。他方、再度児童心理治療施設に措置変更する可能性がある場合は、両施設について措置期間の更新を求めることになる。この場合、更新後に児童心理治療施設での処遇が必要となる可能性を示すことを要する。

2）当初の2年間のうちに措置変更がなされなかった場合

28条事件において、たとえば児童養護施設と児童心理治療施設への入所が承認され、当初は前者に入所したが、2年のうちに後者への措置変更がなされ

---

108 岩佐嘉彦「弁護士から見た児童虐待事件（2）」家月61巻8号37頁。
109 磯谷文明編著『実務コンメンタール児童福祉法・児童虐待防止法』有斐閣、2020年12月、350頁)。

なかった場合、児童の心身の状態の改善が進展する等して、児童心理治療施設への措置変更の必要性がなくなったのであれば、前者についてのみ措置期間の更新申立てを行えば足りるだろう。他方、更新後もなお児童心理治療施設への措置変更の可能性がある場合は、両施設について更新申立てを行うことになる。この場合、更新後に児童心理治療施設への措置変更が必要となる可能性を示すことを要する。

（8）児童が18歳に達した後の更新申立てについて
☞第3章 6 参照 。

（9）児童福祉法第28条第6項（平成29年改正後）の勧告
本条による勧告は更新の承認審判の際にも行うことができる（東京家庭裁判所平成19年12月21日審判[110]）。なお、勧告制度の詳細は ☞第3章 5 5参照 。

（10）更新の承認審判に基づく措置
承認を得て措置を更新する場合も、あらためて措置を更新する旨の行政処分を行う必要があるとの見解もあり、この見解に立てば、さらに、保護者に対する処分についての教示を行う必要があることとなる。

110　家裁月報60巻7号87頁。

6　18歳に達した者の一時保護、施設入所措置等 ⋯⋯

1 ‖ 概要

　平成28年児童福祉法改正（以下、「平成28年改正」という。）により、18歳に達した者の一時保護または一時保護委託（以下、あわせて「一時保護等」という。）ならびに里親委託措置または施設入所措置（以下、里親委託措置と施設入所措置をあわせて「施設入所措置等」という。）について明文の規定が設けられた（平成29年4月1日施行）。同改正により、18歳に達した者についても、一定の場合に、一時保護、施設入所措置等を行えることとなった。

　また、平成30年民法改正（平成30年法律第59号。以下「平成30年改正」という。）による民法成年年齢引下げに伴って成年年齢が18歳となっても、引き続き18歳以上20歳未満の者に一時保護を行うことができる旨の改正が行われた（令和4年4月1日施行）。平成30年改正では、児童福祉法における諸制度に関する実質的な変更はなされておらず、民法成年年齢の引下げ後も同様の規律内容を維持するため、文言等の改正が行われたのみであり、これまでの運用や解釈に特段の変更は加えられていない。

2 ‖ 平成28年改正の内容

（1）改正の概要

　平成28年改正では、以下に示すとおり、満18歳に達した時点で一時保護がされているか、施設入所措置等または児童福祉法第28条の申立て（以下「28条申立て」という。）が行われている場合について、一定の要件のもとで一時保護等や施設入所措置等が可能とされている。

　逆にいえば、満18歳に達した時点で一時保護等もされておらず、施設入所措置等も28条申立てもされていない場合は、改正児童福祉法のもとにおいても、18歳に達した後の一時保護等または施設入所措置等を行うことはできない。

　以下、一時保護等に関する内容と施設入所措置に関する内容とに分けて詳述する。

（2）一時保護等に関する内容

　一時保護等に関する規定は、児童福祉法第33条以下に設けられており、18歳に達した者に関する一時保護等の規定は、同条第8項から第11項に定められている。

　具体的には、「特に必要があると認めるとき」には、18歳に達するまでに一時保護等が行われていた者に対しての一時保護等を18歳到達後も継続することができ

る（児福 33 Ⅷ・Ⅸ）。

　また、児童相談所長は、特に必要があると認めるときは、「保護延長者」の安全を迅速に確保し適切な保護を図るため、または保護延長者の心身の状況、その置かれている環境その他の状況を把握するため、新たに一時保護または一時保護委託を行うことができることが明記されている（児福 33 Ⅹ・Ⅺ）。

　ここにいう「保護延長者」とは、児童以外の満 20 歳に満たない者（すなわち、18 歳または 19 歳の者）のうち、児童福祉法第 31 条第 2 項から第 4 項までの規定により措置延長中の者である。このような者に対する一時保護等が必要となる例としては、18 歳を超えて、児童福祉法第 31 条第 2 項等により引き続き施設入所をしている者について、一時保護を行う必要があった場合等である。

　なお、平成 30 年改正前は、満 18 歳に満たない時点で 28 条申立てがなされ、その審判が確定していないか、審判後の入所措置がいまだなされていない者も「保護延長者」とされており（改正前児福 33 Ⅹ①）[111]、同改正法が施行される令和 4 年 4 月 1 日までの間は、上記の者も保護延長者となる。

（3）施設入所措置に関する内容

　満 18 歳に達する者の施設入所措置等に関しては、児童福祉法第 31 条第 2 項および第 3 項に続き、同条第 4 項が設けられている。

　児童福祉法第 33 条第 4 項では、「延長者」について、同法第 27 条第 1 項第 1 号から第 3 号までまたは同条第 2 項の措置（施設入所措置）を行うことが可能とされている。ここにいう「延長者」とは、児童以外の満 20 歳に満たない者のうち、次のいずれかにあてはまる者をいう。

　1 つ目は、児童福祉法第 31 条第 2 項から第 4 項までの規定により措置延長が行われている者である（児福 31 Ⅳ①）。本条に基づいて措置がなされる例としては、18 歳に達した後に他種別の施設に措置変更をする場合が考えられる。

　2 つ目は、28 年改正により新設された児童福祉法第 33 条第 8 項から第 11 項までの規定により、18 歳に達した後に一時保護等が行われている場合である。

なお、上述の一時保護に関する規律と同様に、平成 30 年改正前は、満 18 歳に満たないときに 28 条申立てがなされ、その審判が確定していないか、審判後入所措置がいまだなされていない者も「延長者」とされており（改正前児福 31 Ⅳ①）[112]、同改正法が施行される令和 4 年 4 月 1 日までの間は上記の者も延長者となる。

111　平成 30 年改正を受けて、改正前児福 33 Ⅹ①は削除され、改正前児福 33 Ⅹ②のみが条項として残った。以下、「改正前」と表記する場合には、平成 30 年改正前の児福法を指す。
112　平成 30 年改正を受けて、改正前児福 31 Ⅳ①が削除され、改正前児福 31 Ⅳ②、③が児福 31 Ⅳ①、②に繰り上がった。

3 ‖ 具体的なケースと条文の適用関係

　前項で述べた改正内容は条文構造がやや複雑であるため、実務上想定されるいくつかのケースについて、条文の適用関係を示しながら結論を確認することとしたい（以下の条文はすべて児童福祉法である。）。なお、以下の記載は令和4年4月1日以降の取扱いである。

【ケース1】（28条申立後に18歳に達した場合）

> 17歳時に一時保護した児童について28条申立てを行ったが、審判手続中に当該児童が満18歳に達した。家庭裁判所が28条承認審判をすることは可能か。また、承認審判が行われたとして、児童相談所が入所措置をとることは可能か。

　A　当該児童（なお、厳密には、18歳に達した時点で児童福祉法上の「児童」ではなくなる。以下、同じ。）は18歳に達した時点で親権に服さなくなることから、28条承認審判の対象ではなくなる。そのため、当該児童が18歳に達した時点で28条承認審判は却下となり[113]、第31条第4項第2号により入所措置を行うこととなる。

　なお、17歳時に行われた一時保護が18歳に達した時点で第33条第8項または第9項の要件を満たせば一時保護の継続が可能となる。

【ケース2】（措置延長中の同意撤回）

> 満18歳に満たない児童について保護者の同意を得て児童養護施設に入所していたが、当該児童が18歳に達したため措置延長を行った。しかし、措置延長中に保護者が同意を撤回した。一度措置を解除したうえで、一時保護および28条申立てを行うことは可能か。

　A　当該児童は18歳に達した時点で28条承認審判の対象ではなくなるため、保護者（児童が18歳した時点では元保護者）の同意が撤回されても、一時保護および28条申立てを行う必要はない。

113　実務上は、却下となる前に取下げを行うものと考えられる。

【ケース3】（18歳に達した後の28条更新申立て）

> 17歳の児童について28条申立てを行い、家庭裁判所の承認を得て施設入所措置を行った。施設入所後、当該児童が満18歳に達したため措置延長を行ったが、19歳時に審判確定から2年が経過する。当該児童につき、児童福祉法第28条第2項但書の更新申立て（以下「28条更新申立て」という）を行い、満20歳に達するまで措置延長することは可能か。

A　19歳の時点では、当該児童は親権に服してないことから、28条更新申立てをすることなく措置を継続することが可能である。

【ケース4】（18歳に達してからの措置変更）

> ①18歳未満の時点で親権者等の同意を得て施設入所していたところ、18歳に達してから施設種別の変更が必要となった。親権者等の同意を得て措置変更することは可能か。
> ②①において28条申立てにより家庭裁判所の承認を得て入所していた場合、18歳に達してから措置変更のために28条申立てを行うことは可能か。

A　①第31条第2項により可能である。なお、当該児童が18歳に達した時点で、親権に服さなくなることから、措置変更に親権者等の同意は不要である。
②措置変更は改正後第31条第4項第1号により可能である、なお、当該児童が18歳に達した時点で、親権に服さなくなることから、措置変更に28条申立ては不要である。

【ケース5】（18歳に達した時点で一時保護も施設入所措置もされていない場合）

> 17歳時に一時保護した児童について、保護を解除して家庭引取りとした。しかし、その後18歳に達してから再び虐待が発覚した。当該児童について、一時保護または施設入所措置を行うことができるか。

A　18歳に達した時点で一時保護等も、施設入所措置等や28条申立てもなされていないため、第33条第8項および同条第10項にあてはまらない。そのため、一時保護をすることはできない。また、当該児童の年齢が18歳であることから、第31条にもあてはまらないため、施設入所措置を行うことはできない。

7 　親権制限制度 ‥‥‥‥‥‥‥‥‥‥‥‥‥‥‥‥‥‥‥

1 ‖ 親権制限制度の概要（施設入所等が必要な場合の制度比較）

〔親権制限制度の概要〕

	28 条審判	親権停止	親権喪失
法文	児童福祉法第 28 条第 1 項	民法第 834 条の 2	民法第 834 条
要件	保護者がその児童を虐待し、著しくその監護を怠り、その他保護者に監護させることが著しく児童の福祉を害する	親権の行使が困難または不適当であることにより子の利益を害する	親権の行使が著しく困難または不適当であることにより子の利益を著しく害する
効果	施設入所等に対する親権者の同意に代わる承認	親権の停止（全面的・一時的）	親権の喪失
期間	2 年	2 年を超えない範囲	定めなし
更新制度の有無	あり	なし（※再度の申立ては可能）	なし
戸籍記載の有無	なし	あり	あり
施設種別特定の要否	必要 （ただし、複数施設について申立てが可能）	不要	不要
申立権者	都道府県（権限の委託を受けた児童相談所長）［児福 28、32］	子、その親族、未成年後見人、未成年後見監督人、検察官、児童相談所長 ［児福 33 の 7］	子、その親族、未成年後見人、未成年後見監督人、検察官、児童相談所長 ［児福 33 の 7］
保全処分	必要な保全処分（家事 105）	必要な保全処分（家事 105、174）	必要な保全処分（家事 105、174）

　広義の親権制限制度としては、児童福祉法第 28 条に基づく施設入所措置承認審判の手続（いわゆる 28 条審判。以下、この項において「28 条審判」という。）と、民法に基づく親権停止・親権喪失の各審判の手続がある。

　28 条審判では、原則、入所させる児童福祉施設の種別を特定すべきと解されている（東京高等裁判所平成 15 年 12 月 26 日決定[114]）が、親権停止・喪失手続では、特定は求められていない（そもそも、親権停止・喪失審判では、当該親権者の子どもを必ず施設入所させなければならないわけでもない。）など、手続によって異同があるため、その状況に応じて、最も適切な手続を選択することが期待される。

2 ‖ 活用方法

（1）28 条審判と親権停止とをいかに使い分けるか

　上記比較表のとおり、28 条審判と親権停止審判とは、①いずれも児童相談所長

114　家裁月報 56 巻 9 号 35 頁。

（以下、この項において「児相長」という。）における申立てが可能であり、②それが認容されることによって児童福祉法第27条第1項第3号の措置をとることができるという意味において、児童相談所の法的実務において似通った効果を有する（なお、親権停止審判については、親権停止審判を得た後に、児相長または未成年後見人の同意により施設入所する方法を想定している。）。

　このように、「虐待のため一時保護中の児童について親子分離させたいが、親権者がこれに同意しない」といった場合、28条審判の申立てを行うことで親子分離の実現を図ることもできるし、親権停止審判の申立てを行うことも、選択肢として考えられる。そこで、このように複数の手続が選択可能である場合に、どの方法を用いるか検討する必要がある。

　なお、親権喪失審判は、親権の一時的な制限にとどまらないことから、その効果の面において28条審判および親権停止審判との間に大きな差異があるので、ここでは比較検討対象としない。

（2）考慮すべき要素
　28条審判と親権停止審判の要件・効果の違いを踏まえたうえで、いずれの審判を申し立てるべきかの検討にあたって考慮すべき点としては、以下のようなものが指摘できる。
　1）親権全体を停止する必要性の有無
　　　親子分離を実現するのみで足りるか、それとも、親子分離への同意以外にも、たとえば進学、就職、アパートの賃貸借等の契約を締結する必要があるなど、親権者による同意が求められる場面がほかにも想定されるか。
　2）子どもに与える影響
　　　親権者の親権が停止されることや、親権停止の事実が戸籍にも記載されること等が、子どもにとって不利益にならないか。
　3）申立て時点で施設種別を特定できるか否か
　　　家庭裁判所への申立時点において、子どもを入所させる施設の種別を特定することができるか否か。数種類程度までであれば選択的・並列的申立てが可能であると考えられるが、それ以上多数の種別に及ぶ可能性があるとか、まったく特定できないなどの事情があれば、28条審判を得ることは困難である。なお、東京高等裁判所平成15年12月26日決定[115]においては、「児童の心身の状態によって、複数の種類の児童福祉施設のうちのどの施設が適合するか見極めることが困難な場合又は適合する児童福祉施設の種類が変化することが具体

115　前掲注114

的に予測される場合には、理由を付して複数の種類の児童福祉施設を特定して承認を求めることができることは当然である。」とされている。

4）祖父母など、児童福祉施設以外の社会資源を活用する必要があるか否か

28条審判では、児相長が措置する先は、児童福祉法所定の諸施設もしくは里親等に限定される（児福27Ⅰ③）。そのため、28条審判では、子どもを親族に養育させたいときには利用することができない（技巧的ではあるが、親族里親として認定を受けてもらうことはあり得る。）。

親権停止審判であれば、児相長は、未成年後見人などの親権行使者の同意を得たうえで、子どもを親族に引き取らせることも可能である。

したがって、子どもの第一次引取先として親族を利用することが想定される場合には、親権停止審判によらざるを得ない。

5）2年以上にわたって親子分離状態を継続する必要があるか否か

28条審判も親権停止審判も、いずれも、期間は（最大で）2年間である。そのため、2年以上にわたって親子分離状態を継続する必要がある場合にはいずれも対処が必要である。

この点、28条審判には更新制度がある（児福28Ⅱ但書）のに対し、親権停止審判には更新制度がなく、当初の親権停止期間を超えてなお親権停止が必要である場合には、再度、親権停止審判の申立てを行うことが必要となる。そのため、28条審判については、更新申立てを行っていれば、「やむを得ない事情」が存在することを要件として、当初措置の期間満了後も、更新申立ての審判確定までの間、引き続き措置を継続することができる（児福28Ⅲ）。

このように、申立てにかかる手間や時間的猶予の観点からは、28条審判のほうが幾分か利用しやすい。

6）親権者への影響（子どもを見捨てるきっかけにならないか。）

親権者の親権が停止され、それが戸籍にも記載されることが、親権者の意欲を失わせ、子どもに関与しなくなるおそれがないか。

（3）検討

いずれか一方を優先すべきとする考え方、または、これらを自由選択とすべきであるとの考え方があり得るが、状況によって使い分けることが重要である、という以上のものではない。

そもそも28条審判と親権停止は、法制度上の位置付けが大きく異なる（28条審判は児童福祉法という公法上の制度であり、親権停止審判は民法という民事法上の制度である。）ことからすれば、基本的には、それぞれの必要性に応じて選択して使い分けるべきであろう。

（4）参考

1）児童相談所運営指針の見解

　　児童相談所運営指針は、28条審判と親権停止審判の使い分けに関して、目的が単に「親権者の意向に反して施設入所等の措置をとること」に限られるのであれば、「いずれの手続によっても可能」であるが、「保護者がその後の保護者指導に従う意欲を削がない観点から、親権喪失等の審判の請求に先立って、法第28条の規定に基づく施設入所等の措置により対応できないか検討し、同措置による対応が適切ではない場合や同措置をとってもなお子どもの福祉が害される場合に、親権喪失等の審判の請求を行うことを原則とする」ものとした上で、「施設入所後に不当な主張や行為を繰り返すことが見込まれる場合（例えば、医療行為を拒否する場合、教育や就職について協力が得られない場合）など、子の利益のために親権を制限すべき場合には、親権喪失等の審判により対応する必要がある。」としている（111頁）[116]。

2）親権制限制度立法担当者の見解

　　平成23年民法等改正に関与した法務省担当者編著にかかる『一問一答　平成23年民法等改正　児童虐待防止に向けた親権制度の見直し』[117]では、両制度は主眼が異なるため単純に比較することは困難であるとしたうえで、「児童相談所においては、事案ごとに、また、場面ごとにいずれの制度を利用するのが適切かを、それぞれの制度趣旨等を踏まえて判断することが期待されます」としている。

3 ‖ 親権制限審判申立てと未成年後見人の選任申立て

　親権停止または親権喪失審判（以下、両者を合わせて「親権制限審判」という。）によって、未成年者について親権を行使する者がいなくなる事態が生じうる。

　このとき、一時保護中の児童について、親権を行使する者がないときは、児相長が親権を代行するとの規定がある（児福33の2）ことから、この規定に基づいて児相長が親権を行使することができる以上、未成年後見人の選任申立ては不要との考え方もあろう。

　しかし、児相長の上記親権代行権は、当該児童について一時保護がなされているときに限って認められるものであるから、何らかの理由により一時保護が解除され

116　なお、28条審判の手続を優先すべきとして親権制限の審判を却下した下級審に対して28条審判と親権制限の審判との手続の優先関係に言及することなく、親権制限の要件を満たすか否かのみを判断し、親権制限を認めた例もある（大阪高等裁判所令和元年5月27日決定家判24号86頁）。

117　飛澤和行編著、商事法務、2011年11月。

ることとなれば、当該児童について親権を行う者は結局いなくなってしまう。また、一時保護の後に施設入所すれば、今度は施設長に親権代行権が認められる（児福47Ⅰ）が、これとて、当該児童が施設を退所してしまえば、やはり親権を行使する者がいなくなることになる。そうすると、このように親権行使者が存在しなくなることが想定される場合で、かつ、親権行使者の不存在が児童にとって不利益を及ぼすおそれがある場合には、児相長（または施設長）の親権代行権のみで十分とはいえない[118]。

　また、児童福祉法第33条の2および同法第47条第1項は、いずれも、「親権を行う者又は未成年後見人があるに至るまでの間」と規定しており、児相長および施設長の親権代行権があくまで一時的・暫定的なものであることを示している。このような点を考慮すると親権制限審判の申立てにあたっては未成年後見人の選任を求めることを検討すべきである。

　なお、理念的には以上に述べたとおりであるとしても、実際には各地の家庭裁判所ごとに、または裁判官によって、さまざまな運用がなされることも想定される。そのため、各地の弁護士会等において、各家庭裁判所とよく協議することが望ましい。

118　このように児童の福祉のため必要があるときには、児相長には、未成年後見人の選任申立てを行うべきことが求められている（児福33の8Ⅰ）。なお、その選任申立て中は、当該児相長に一時的な親権代行権が認められる（同条Ⅱ）。

8 指導・支援 ·······························

1 ‖ 概要

　子どもに対する虐待が疑われる場合、児童相談所は、一時保護をすることによっ
て子どもの安全を確保し、その後も保護者のもとに子どもを帰すことが適当でな
い場合は、3号措置をとる。しかしながら、実際には、施設入所等に至ることより
も、在宅での指導となることが圧倒的に多い[119]。子どもへの虐待の未然防止や再
発防止のためには、保護者への指導や支援が重要であり、子どもの安全確認と安全
確保を図りながら、良好な親子関係を構築するための在宅援助が必要である。

　虐待が生じている家庭で子どもを分離せずに在宅で指導や支援を行っていくの
は、虐待の程度が比較的軽微だったり、子どもの安全確認が継続的に可能であっ
て、在宅により親子の関係修復や養育改善のための支援を行うことが子どもの最善
の利益にかなう場合である。在宅による援助には常に危険性が伴うことに留意し、
虐待が深刻化していることに気づいた場合は、子どもの安全を第一に優先して保護
を実施する必要がある[120]。

　在宅指導が行われる事例は、児童虐待の状態が深刻でないと判断される事例であ
ることから、通常は、来所面接、家庭訪問等により、保護者の主体性を尊重しなが
ら児童虐待の理解、子どもとの接し方、養育方法、生活の改善等に関する指導等を
継続して行うことが基本とされる[121]。

　もちろん、在宅の場面に限らず、子どもに対して一時保護や児童養護施設等への
入所措置がとられた場合においても、並行してその保護者に対する指導や支援が行
われる。

　児童相談所が行う指導には、措置によらない指導（児福12Ⅱ、11Ⅰ②ニ、10Ⅰ
③参照）と児童福祉法第26条第1項第2号および第27条第1項第2号に基づく指
導（いわゆる「2号措置」）がある[122]。

···

119　児童相談所の虐待相談対応件数196,549件中、面接指導が171,230件（87.1%）、施設入所等は4,294
　　件（2.1%）。令和元年度福祉行政報告例より。
120　『子ども虐待対応の手引き』182頁。
121　平成20年3月14日雇児発第0314001号厚生労働省雇用均等・児童家庭局総務課長通知「児童虐待
　　を行った保護者に対する指導・支援の充実について」の別添「児童虐待を行った保護者に対する援助ガ
　　イドライン」。
122　児童相談所運営指針61頁以下。

2 ‖ 措置によらない指導

（1）助言指導

　1ないし数回の助言、指示、説得、承認、情報提供等の適切な方法により、問題が解決すると考えられる子どもや保護者等に対する指導である。

（2）継続指導

　複雑困難な問題を抱える子どもや保護者等を児童相談所に通所させ、あるいは必要に応じて訪問する等の方法により、継続的にソーシャルワーク、心理療法やカウンセリング等を行うものである。

（3）他機関あっせん

　他の専門機関において、医療、指導、訓練等を受けること、ならびに母子家庭等日常生活支援事業を利用する等関連する制度の適用が適当と認められる事例については、子どもや保護者等の意向を確認のうえ、速やかに当該機関にあっせんを行うこととされる。

3 ‖ 2号措置

（1）概要

　児童相談所は、児童または保護者に対し、児童福祉司等に指導させることができる（児福26Ⅰ②および27Ⅰ②）。かかる指導により、これに従う義務が課されるものの、助言、カウンセリング等の指導は事実上の行為に過ぎないことから、本措置は、行政手続法上の「不利益処分」には該当せず（行手2④イ）、不利益処分を行うための同法上の手続（行手12〜31）は不要である。しかし2号措置は行政処分であるため、不服申立てができること等を、指導を受ける者に教示しなければならない（行審82Ⅰ）。また、2号措置について、児童やその保護者の意向と一致しない場合には、児童福祉審議会の意見を聴かなければならない（児福27Ⅵ、児福令32）。

　指導を行う場合には、保護者について、児童虐待の再発を防止するため、医学的または心理学的知見に基づく指導を行うよう努めるものとされる（児虐11Ⅰ）。また、保護者への指導は、親子の再統合等への配慮のもとに適切に行わなければならない（児虐11Ⅱ）。指導がなされた場合、保護者は、指導を受けなければならない（児虐11Ⅲ）。保護者がこれを受けないときは、都道府県知事が当該保護者に対して指導を受けるよう勧告することができる（児虐11Ⅳ）。そして、この勧告に従

わない場合において必要があるときは、一時保護、3号措置、児童福祉法第28条による措置を講ずるものとされている（児虐11Ⅳ）。さらに、保護者が勧告に従わず、その監護する児童に対し親権を行わせることが著しく児童の福祉を害する場合には、親権喪失等の審判の請求を行うものとされている（児虐11Ⅴ）。

（2）児童福祉司指導

複雑困難な家庭環境に起因する問題を有する子ども等、援助に専門的な知識、技術を要する事例に対し、子どもや保護者等の家庭を訪問し、あるいは必要に応じ通所させる等の方法により、児童福祉司による指導を継続的に行うこととされている。保護者の不適切な養育の自覚の有無にかかわらず、保護者の改善に向けた姿勢があいまいであったり、改善に向けた働きかけを行ううえで法的枠組みを示すことが効果的であると考えられる場合などにおいては、積極的に児童福祉司指導を行うこととされている。

保護者に対する指導にあたり、親支援プログラムを活用することもある。

☞第3章 9 参照

（3）その他の指導

その他、児童委員指導、市町村指導、児童家庭支援センター指導、知的障害者福祉司指導または社会福祉主事指導、障害者等相談支援事業を行う者による指導がある。また、これらの者による指導のほか、指導を適切に行うことができる者に指導を委託することがある。

4 ‖ 保護者に対する指導への司法関与

平成29年の児童福祉法改正前においては、家庭裁判所は、里親委託・施設入所等の措置に関する承認の審判をする場合において、当該措置の終了後の家庭その他の環境の調整を行うため、当該保護者に対し、指導措置をとることが相当であると認めるときは、当該保護者に対し、指導措置をとるべき旨を都道府県に勧告するものとされていた。

このような勧告については、裁判所の決定であれば児童相談所の決定よりも重く受け止める保護者が多いと思われることや、保護者への指導が児童相談所だけの判断ではなく裁判所からの指示によるものであることを保護者に認識させることができるという好意的な意見がある反面、そもそも保護者の状況から勧告に従うことが見込めない、保護者が勧告書に記載された内容のみにこだわってしまい、柔軟に指導内容や方法を考えることができなくなってしまう等という否定的な意見があっ

た。実際上、裁判所による勧告が利用されるケースは、必ずしも多くなかった[123]。

　このように家庭裁判所の勧告制度が保護者に対する指導として十分でないという指摘や、児童虐待を行った保護者に対する指導については、児童相談所と保護者との対立構造が生じ、実効性があげられないケースがあることから、指導の実効性を高めるために裁判所の関与を拡充させるべきとの指摘があった。

　そこで、上記法改正により、家庭裁判所は、里親委託・施設入所等の措置に関する承認の申立てがあった場合は、都道府県等に対し、期限を定めて、保護者に対する指導措置をとるよう勧告することができることとし、都道府県等は、当該指導措置の結果を家庭裁判所に報告することとした（児福28Ⅳ）。また、家庭裁判所は、上記勧告を行ったうえで、上記申立てを却下する審判をする場合に、当該勧告にかかる保護者に対する指導措置をとることが相当であると認めるときは、都道府県等に対し、当該指導措置をとるよう勧告することができることとした（児福28Ⅶ）。さらに、家庭裁判所は、上記各勧告を行ったときは、その旨を当該保護者に通知することとなった（児福28Ⅴ・Ⅷ）。　☞第1章参照

9　再統合 ‥‥‥‥‥‥‥‥‥‥‥‥‥‥‥‥‥‥‥‥‥‥‥‥‥‥‥‥‥‥‥‥

1 ‖ 概要

　子どもが保護者から虐待を受けた場合、必要に応じて法的手続により分離をするが、子どもと保護者が親子であることに変わりはない。本来、子どもにとって親はかけがえのない存在である。保護者が、虐待の事実を真摯に受け止め、自らが変わり、子どもも、親の変化を受け入れられるようになり、家庭復帰できるようになれば、それは、子どもの福祉にとって最も望ましいことといえる。このような観点から、児童虐待防止法第4条第1項は、「児童虐待を行った保護者に対する親子の再統合の促進への配慮」を国および地方公共団体の責務の1つとしている[124]。

　ここでいう「親子の再統合」は、狭義に捉えれば、施設措置等によって分離された親子が再び一緒に暮らすことであるが（家庭復帰）、広義に捉えれば、親子が再び一緒に暮らすことだけでなく、親子関係のあり方のさまざまな変容、家族機能の改善・再生と捉えられる。虐待を受けた子どもの早期の家庭復帰や、家庭復帰後の虐待の再発防止のため、また、家庭復帰はしない場合でも親子関係の回復のため、さらに親子分離に至らない段階での親支援のため、虐待防止の保護者援助プログラムを含め、親子関係の再構築支援は重要である。

　このような親子関係の再構築の重要性から、厚生労働省は、施設における親子関係再構築支援を推進していくため、平成24年度に、それぞれの施設の取組事例を収集した「社会的養護関係施設における親子関係再構築支援事例集」を作成し、平成25年度には、親子関係再構築支援の内容や方法を体系的に記した「社会的養護関係施設における親子関係再構築支援ガイドライン」を作成した。

　本節においては、家庭復帰を目指す意味での再統合を中心に論ずる。

2 ‖ 再統合に向けた取組

（1）家族が支援を受けることの動機づけ

　施設入所や里親等委託のケースの場合、多くの保護者と家族はさまざまな課題を抱えており、課題解決に向けた家族支援が必須となる。虐待を行った親に対する援助の効果をあげ、虐待の再発を防ぐためには、親が虐待の事実を認知し、かつ児童相談所の援助を受ける動機づけが必要である。しかし、虐待を行った親が虐待の事実を認めず、児童相談所の援助を拒むことがある。特に、児童相談所が強制的介入

124　平成21年12月18日国連総会採択決議「児童の代替的養護に関する指針」においても、家族分離しても家族に戻すことを目指すべきことが明記されている。

を実施した場合については、将来の家族再統合に向けた援助活動に支障をきたすことがある。そのため、施設入所等の措置中、保護者に支援を受ける意欲がみられない場合、積極的に児童福祉司指導措置をとって支援にあたることが必要である。この指導を通じて、養育の振り返りをともにし、子どもに与えた影響を理解し、子どもとの関係改善への動機づけを行うこととされる。

　そして、施設入所等の措置を解除しようとする際には、都道府県知事は、保護者に対する指導措置の効果等を勘案することとされている（児虐13Ⅰ）。

　また、児童福祉法第28条の承認審判を得た上での3号措置は、その開始から2年を超えてはならず、その間に家庭復帰に向けた手立てを講じる必要があるが、措置期間を更新する際には、指導措置の効果に照らして更新の可否を判断することとなっている（児福28Ⅱ）。

（2）親が抱えている問題の克服

　虐待が発生する要因、親の抱えている問題にはさまざまなものがあるところ、それらの問題を理解し、解決するため、他機関と連携して、福祉サービスの提供、治療機関等の紹介などの必要な手立てを講じ、親が経済的、社会的、心理的にもゆとりを取り戻せるようにしなければならない。

　親自身が精神的な問題を抱える場合は、治療教育的アプローチが有効である。治療の必要性の自覚を促し、カウンセリング、トラウマ治療、精神療法、親グループ、ペアレントトレーニングなどのなかから、最も効果的と思われるプログラムを選択する。

（3）親支援プログラム

　親支援にあたり、子どもの行動上の問題に教育的に対処できるスキルを指導するさまざまなペアレントトレーニングや、親子関係を改善するプログラムも普及してきている[125]。これらの支援プログラムは、児童相談所が自ら実施する場合もあれば、外部委託により実施される場合もある。

　親支援プログラムは、おおよそ次の3つの分野に整理することができる。

　1つ目は、養育環境調整・支援の分野であり、さまざまな社会資源を家族のニーズに応じて選択し提供することで、家族の養育力を補っていくものである。具体的には、保育園の利用、ヘルパーの派遣、公的扶助の受給、地域資源（保健、福祉、教育）・親族・友人等のネットワーク促進などである。

　2つ目は、子どもとのかかわりに焦点をあて、日常的な子育てのスキルを高め、

125　親支援プログラムの活用について、「児童相談所における保護者支援のためのプログラム活用ハンドブック」平成26年3月。

今ある子どもとのかかわりに具体的に役立つプログラムである。コモンセンス・ペアレンティング（CSP＝Common Sense Parenting）、精研式（まめの木式）ペアレントトレーニング、トリプルP（Positive Parenting Program 前向き子育てプログラム）、ノーバディーズパーフェクト（Nobody's Perfect）、PCIT（Parent-Child Interaction Therapy：親子相互交流療法）、CARE（Child-Adult Relationship Enhancement：子どもと大人のきずなを深めるプログラム）、AF-CBT（Alternatives for Families：A Cognitive-Behavioral Therapy：家族のための代替案：認知行動療法）等である。

3つ目は、親自身の内的なテーマに焦点をあて、親自身のトラウマや原家族との関係や育ちのテーマを治療的に扱うプログラムである。親グループ（母親グループ、父親グループ）のほか、MY TREE ペアレンツ・プログラム、MCG（Mother & Child Group：母と子の関係を考える会）等がある。

（4）段階的親子交流

家庭復帰が可能と判断された場合、あるいは家庭復帰にはつながらなくても子どもと保護者との交流が可能と判断された場合に、親子交流の計画が検討される。多くの事例では、段階的な親子交流が実施されている。その経過は、まず児童相談所職員あるいは施設職員の同席による面会から始め、同席なしでの面会、近隣への短時間の外出、1日かけた外出、短期間の自宅外泊、長期間の外泊と、順を追って慎重に進めていく。交流の実施にあたっては親だけではなく子どもの意見も聴取し、交流の可否や方法等を慎重に検討する必要がある。また、交流の実施過程では、交流後の子どもと保護者の様子を子細に観察するなどして、状況を十分に把握し、その都度交流の適否をアセスメントすることが重要である。無理な外出、外泊によって再虐待に至ることは絶対にあってはならない。なお、短期、長期の外泊の観察は、家庭復帰の判断の一側面に過ぎないものであり、その結果が良好であっても家庭復帰後の生活が良好であるとは限らないことを忘れてはならない。

3 ‖ 再統合前後の支援

（1）家庭復帰の判断

児童虐待防止法第13条第1項は、施設入所等の措置を解除しようとするときは、「当該児童の保護者に対し採られた当該指導の効果、当該児童に対し再び児童虐待が行われることを予防するために採られる措置について見込まれる効果その他厚生労働省が定める事項を勘案しなければならない」と定めている。

厚生労働省は、「家庭復帰の適否を判断するためのチェックリスト」を定めてい

るところ、家庭復帰の適否を判断するためには、これまで行われた保護者援助の効果、援助指針および自立支援計画の達成状況ならびに児童福祉施設長の意見等を勘案した評価、保護者の現状の確認、子どもの意思の確認、家庭復帰する家の状態や家庭環境等を直接確認、地域における援助体制や機能の評価等を行ったうえで、上記チェックリスト等を参考にして客観的かつ総合的に判断するものとされている[126]。

（2）再統合にあたっての関係機関とのネットワーク

1）関係機関の連携の明確化

児童養護施設においては、児童相談所と密接に連携を図り、入所児童の早期の家族再統合を実現するために、家庭支援専門相談員（ファミリーソーシャルワーカー）が配置され、保護者等への早期家庭復帰のための業務・退所後の子どもに対する継続した生活相談などの支援が行われている。しかし、親子関係再構築の支援の多くは児童相談所が主体となって行われることが多い。

しかしながら、児童相談所においては、虐待の初期対応や虐待以外のさまざまな相談対応等に時間をとられて十分な対応ができない場合がある。また、親子関係再構築についての支援が十分に行われず、さらには措置解除の支援も不十分だったことで、より深刻な事態に陥るケースが見受けられる。こうした事態を防止するため、児童相談所が措置等を解除するにあたっては、在宅に戻った後、親子に対し継続的なフォローを行い、親子関係が安定して再構築されるよう丁寧な支援を続けることが重要である。

そこで、平成28年の児童福祉法改正により、児童相談所や市町村のみならず、施設長や里親も、関係機関との緊密な連携を図りつつ、親子の再統合のための支援を行うこととされた（児福48の3）。また、都道府県知事は、施設入所等の措置等を解除するときは、保護者に対し、親子の再統合の促進等を支援するために必要な助言を行うことおよび当該助言にかかる事務を民間団体に委託することができることとされた（児虐13ⅡおよびⅢ）。さらに、都道府県知事は、施設入所等の措置等を解除するときまたは児童が一時的に帰宅するときは、必要と認める期間、関係機関との緊密な連携を図りつつ、児童の安全の確認を行うとともに、保護者からの相談に応じ、必要な支援を行うこととされた（児虐13の2）。

---

126 平成20年3月14日雇児発第0314001号厚生労働省雇用均等・児童家庭局総務課長通知「児童虐待を行った保護者に対する指導・支援の充実について」の別添「児童虐待を行った保護者に対する援助ガイドライン」。

2）児童家庭支援センターの活用

　児童家庭支援センターは、児童に関する相談のうち、専門的な知識および技術を必要とするものに応じ、必要な助言を行うとともに、市町村の求めに応じ、技術的助言その他必要な援助を行うほか、児童相談所からの委託を受けた児童およびその家庭への指導、その他の援助を行う相談支援施設であり（児福44の2Ⅰ）、児童相談所の補完的役割が期待されている。児童相談所から児童家庭支援センターに対して指導措置を委託することにより、親子関係再構築支援を実施することが可能である。

　しかしながら、児童家庭支援センターの設置数は、全国的に少なく[127]、地域によって取組状況はさまざまであり、児童相談所の補完的役割を果たす拠点として設置数の拡大とさらなる機能強化が求められている。

3）児童相談所の機能の分離

　児童相談所は強制的介入を行うため、保護者との信頼関係の形成が困難となりやすく、援助につながらない事例もある。つまり、現在の児童相談所は、強権的機能と援助機能という矛盾する機能を一手に担っているのである。こうした課題に対応する1つの手法として、親子分離を行う機能（介入機能）と親子関係再構築支援を行う機能（支援機能）を分けることが考えられる。令和元年児童福祉法等改正（令和元年法律第46号）では、児童相談所における両機能の分離を図る趣旨で、都道府県は、保護者への指導を効果的に行うため、児童の一時保護等を行った児童福祉司等以外の者に当該児童にかかる保護者への指導を行わせることその他の必要な措置を講じなければならないとの規定が新たに設けられた（児虐11Ⅶ）。

（3）再統合後の支援

家庭復帰後も、虐待再発の可能性が残っており、定期的継続的相談援助が必要である。

当面の期間は、当該家庭の状況の変化を即座に把握し、対応するために継続した援助を続けることが必要であり、一定期間（少なくとも6か月程度）は、児童福祉司指導措置等または継続指導をとるものとされる。また、児童相談所は、市町村（要保護児童対策地域協議会）と役割を分担して、家庭訪問のタイミングや回数、子どもが所属する機関の役割等に関して統一的な対応方法を共有するとともに、児童相談所が当該事例のケースマネジメントを担うことを明確にすることとされる。さらに、市町村の援助機関では、養育状態が悪化した場合の統一的な対応方法を共

127　全国児童家庭支援センター協議会ホームページによると、令和2年6月1日時点で全国に140か所設置されている。

有し、状態の変化が起きれば躊躇なく実行するものとされる[128]。加えて、家庭復帰した場合には、関係機関と連携のうえ、当該家庭の状況や児童の安全についての確認を継続的に行い、家族構成や養育環境の変化を的確に捉え、状況の変化を踏まえた援助方針の再検討を行うほか、必要に応じ一時保護や再度の入所措置等についても検討することが必要とされる[129]。

　家庭復帰後の在宅支援・モニタリングは、児童相談所にとって決してアフターケアではない。むしろ、新たなステージでの再統合支援の始まりなのである。

128　平成20年3月14日雇児発第0314001号厚生労働省雇用均等・児童家庭局総務課長通知「児童虐待を行った保護者に対する指導・支援の充実について」の別添「児童虐待を行った保護者に対する援助ガイドライン」。

129　平成24年11月1日雇児総発1101第3号厚生労働省雇用均等・児童家庭局総務課長通知「措置解除等に伴い家庭復帰した児童の安全確保の徹底について」。

1 ‖ 概要

　虐待を受けた子どもは、親との安定した愛着関係を形成できなかったため、日常生活のなかで他者との安定した関係を結ぶことや意欲をもって生活課題に対処することができないことがある。このような社会生活を送るための土台が欠けてしまっては、自立には結びつかない。自立支援を考える際には、子どもの心のケアや、養育者と子どもとの愛着関係の再形成が重要である。

　昨今、児童養護施設等に入所した児童が、できる限り一般家庭の児童と公平なスタートラインに立って社会のなかで自立していけるよう、自立支援の重要性は増している。社会的養護のもとで育った児童が、児童養護施設等を退所して、進学や就労をしながら自立生活を送っていくことは容易なことではなく、精神的にも、経済的にも生活が不安定になりやすい。また、就職後、比較的短期間のうちに離職してしまうことも多い。

　このような観点から、自立生活に必要な力が身につくような養育のあり方、子どもの自立のためのさまざまな制度や事業、社会の受皿の活用が重要である。

2 ‖ 心のケア

（1）心のケアの重要性

　虐待を受けた子どもたちは、脳と心に大きな傷を受けることがある。このような傷に起因して、社会への不適応を起こす場合もあり、傷を抱えたままの子どもたちが、その傷が癒えないままに社会生活を送るには多くの困難が予想される。生活技術の習得や就労といった自立のためには、その前提として、虐待を受けた子どもたちの心の傷を癒やすことが不可欠である。

（2）トラウマとアタッチメント

　トラウマ（trauma）とは、さまざまなショッキングな体験に遭遇することによってできた心の傷であり、その傷が時間の経過によって癒やされることなく、その人の心理状態や精神の働きに著しい障がいを引き起こしているものをいう。

　虐待などの養育経験は、慢性的、反復的なトラウマ体験となるため、単発的、一回性のトラウマ体験がもたらすPTSD（Post-Traumatic Stress Disorder：心的外傷後ストレス障害）とは異なる。また、幼い子どもの場合、人格の構造がまだ定まっていないため、トラウマの存在を前提として人格が形成されていく（トラウマの

内在化）という点で成人の場合とは異なった影響を与えることがある[130]。

　さらに、虐待が、アタッチメント（愛着）の形成を阻害し、子どもの情緒が安定しないなどの心理的影響を及ぼすことがわかってきた。アタッチメントとは、子どもが発達初期から主たる養育者に対して本能的に形成する情緒的な結びつきのことである。アタッチメントの適切な形成は、乳幼児期の心の発達にとって非常に重要な要素であり、虐待を受けた子どもは、このアタッチメントの形成に大きな問題を抱え、それがその後の対人関係のみならず自己調整能力や共感性の発達にも深い影響を及ぼすことがある。

　このように、虐待を受けた子どもの心理的、精神的、行動の問題は、トラウマとアタッチメントという概念を用いることで多面的な理解が可能になるのであり、子ども虐待が「愛着形成の障害と慢性のトラウマ」と言われることもある[131]。

（3）虐待を受けた子どもの特徴

1）本来は周りの世界や他者に対して基本的信頼感をもつべき時期に、逆に基本的不信感をもつようになり、「暴力を受け虐待される自己」と「暴力を加える危険な他者（一般）」というイメージをもちやすい。そのため、本来暴力的でない大人の何気ない言動や態度に対しても、非常に過敏に反応してしまう傾向がある。

2）心の奥のトラウマの存在ゆえに、他人の何気ない言動により、虐待されたときの悲しみや怒りなどの感情が呼び起こされ、泣きわめいたり怒りを爆発させたり、逆に怒りを抑え込んだりすることも多い（感情の流れの歪曲）。

3）通常は親子関係のなかで獲得していくと思われる感情調整能力も、虐待環境のなかでは獲得されず、感情を爆発させたり、自分を守るために感情を強く抑え込んだり、場合によっては自己の感情を解離・抑圧するようになる（感情コントロールの障害）。

4）虐待環境のなかでは、同じことをしても大人の側の要因でまったく違う反応があるため、子どもは一貫した自己イメージをもてず、その結果、感情の爆発などの後は何事もなかったかのようにケロッとするなど、それらの体験が自己に統合されていないことが多い（自己同一性の阻害）。

5）子どもは一般に、乳幼児期に養育者に対して愛着を形成することで、自己肯定感や善悪の判断の芽が生まれるが、虐待環境のもとではこの愛着の形成が難

130　児童虐待に関連する精神疾患として、逃れることが困難な状況の中で持続的に繰り返された出来事によって生じた感情の抑制困難、対人関係上の困難などを伴う PTSD が、「複雑性 PTSD」として2019 年に承認された WHO の国際疾病分類 ICD−11 において診断基準とされている。
131　杉山登志郎編著『講座子ども虐待への新たなケア』学研教育出版、2013 年 9 月 17 日、12 頁。

しく、「対象の内在化」（自分を大切にしてくれる人を心のなかに住まわせること）に失敗する。

その結果、分離不安や幼児期の無差別的愛着傾向、思春期以降の「しがみつき」的人間関係の形成などの問題が生ずる。

6）虐待を受けた子どもは、トラウマの再現性により、大人に対して、挑発的ともいえるような態度や言動をとる傾向がある（虐待的人間関係の再現傾向）。これは、虐待の原因ではなく、虐待的環境で育ったことの結果である点に留意しなければならない。

（4）虐待を受けた子どもの精神医学的診断

虐待を受けた子が受けやすい診断名は、以下のとおりである。下記に記載したもの以外でも、摂食障害（拒食症、過食症）、気分障害（うつ）、不安障害、睡眠障害、適応障害などがあり、多様な診断名が並ぶ。精神医学的疾患は、他の医学的疾患のように原因が明確でなく、1つの診断名がついたとしても、生来的な原因によるものから環境によるものまで幅広い背景が考えられる。

1）反応性愛着障害（アタッチメント障害）

ネグレクトや不適切な養育環境に置かれた子どもが、他人とのかかわりを避ける、攻撃的になる、あるいはその逆に、見知らぬ人に対しても過度になれなれしいなど、社会性や対人関係上の問題を示す。抑制型と脱抑制型に分けられる。

2）注意欠如・多動症（ADHD）

ささいな刺激にすぐ反応してしまい、落ち着きなく動き回り、集中して物事に取り組むことができないといった症状を示す。不器用で、勉強も遅れがちなため、失敗経験を繰り返し、そのことが自己評価を下げ、劣等感を抱きやすく、年齢が上がるにつれ、周囲への反抗（反抗挑戦性障害）や非行（素行障害）になりやすい。

3）素行障害（行為障害）

武器を用いるなどの危険な喧嘩、動物への虐待、万引き、性行為の強要、陰湿ないじめ、放火など、非行、反社会的な行動を繰り返すもの。

4）反抗挑戦性障害

教師など、権威的な人物に対して、その価値を低めるような拒否的で、反抗的、挑戦的な言動を繰り返すもの。

5）心的外傷後ストレス障害（PTSD）

予期しない突発の、生死にかかわるような外傷体験を被った後の不安、恐怖による反応として、出来事の反復的な想起、悪夢、再体験の感覚、幻覚、想起

のできなさ、思い出せない記憶の突然のフラッシュバック、睡眠障害、集中困難、過度の警戒心などの症状が伴うもの。

6）解離性障害（解離性健忘、解離性とん走、解離性同一性障害等）

外傷的な出来事に対して、それに付随する文脈、感覚、感情、思考などが遮断され、統合が崩された状態を解離と呼ぶ。健常者でもこの状態になりえ、むしろ自身を守るために必要な心の働きでもある。しかし、通常の解離機能がなくなり、頻度も程度も重症化したものが解離障害である。外傷体験を忘れてしまう解離性健忘、突然予期しない場所に移動し、なぜそこにいるのか、どうしてそこにいるのか、まったくあるいは一部が想起できない健忘を示す解離性とん走、2つ以上の別個の人格が存在し、場面によって人格が交代する解離性同一性障害などがある。

（5）トラウマからの回復

一般に、トラウマを癒やすとは、凍りついた体験を解凍し、従来の認知的枠組みのなかに消化吸収していくこととされる。そしてその消化吸収のプロセスとして、再体験（Reexperience）、解放（Release）、再統合（Reintegration）の3段階（3つのR）があるといわれている。これは、まず、凍りついたトラウマを溶かして、再度、心のなかで体験し、そのなかで当時の自分の感情・怒りなどを外に向かって解き放ち、そして、トラウマとなった出来事を自分の歴史のなかの適切な場所に位置付け、「自分の過去の物語」として再統合する（ここでいう「再統合」は家族の再統合と異なり、自己の心のなかでトラウマをきちんと位置付けるという趣旨である。）。

これらの過程は、大人の場合は話すことによって行われ、子どもの場合はプレイによって行われることが多いとされる。しかし、この再体験というプロセスは本人にとって多大な苦痛を伴うものであり、専門家の関与が不可欠とされる。

トラウマを癒やすためには、まず、前提として、子どもを取り巻く環境自体が治療的な働きをする必要がある（「治療的養育」）。西澤哲は、そのために、2層の土台と4つの柱が必要であるという[132]。

まず、2層の土台の第1は、安全感・安心感の（再）形成である。子どもが「自分はここでは安全なんだ」と感じなければならない。これは、虐待を受けた子どもの場合、虐待的人間関係の再現傾向があるため、容易ではない。子どもの挑発的な態度をトラウマとのかかわりで理解することで、子どもの再現傾向につかまってしまわないように注意し、間違っても、虐待的要素を持ち込んでさらなるトラウマ体

---

132 西澤哲『子ども虐待』講談社現代新書、2010年10月20日

験を与えるという悲劇を繰り返さないようにすることが肝要である。

　土台の第2は、（心理的）被保護感の（再）形成である。子どもが、養育者に対して、「自分はこの人に守られているんだ」という感覚をもたなければならない。人は保護されているという感覚により「守られる価値のある自分」「愛される価値のある自分」を感じ生きるエネルギーを得ていくものと思われるが、虐待を経験した子ども、特にネグレクトや心理的虐待を受けた子どもには、この保護膜がつくられておらず、無気力やその他の不適応行動と結びつきやすい。そういう意味で、親は自分を守ってくれなかったが、別の大人が自分のことを守ってくれていると感じられる環境をつくることが大切である。

　具体的治療方法の4つの柱の第1は、人間関係の歪みの修正である。虐待的人間関係の再現傾向を示しやすい子どもに、自分にそういった傾向があることに注意を向けさせ、その修正を試みるのである。たとえば「死ね」と言ってくる子どもに対して「なんだか私を怒らせようとしているみたいだね」と返すことで、子どもが無意識のうちに行ってしまっている歪んだ部分への気づきを促す。この対応を重ねることで、子どもが自身の傾向を認識し、修正を図っていくのである。

　柱の第2は、アタッチメントの形成と対象の内在化である。虐待を受けた子どもは、適切なアタッチメント関係が形成されていないため、養育者は、意図的に子どもの傍にいて、声かけをし、安心感を提供する必要がある。これは、生活レベルでのかかわりが重要となる。これによって、養育者とのアタッチメント関係が形成され、その養育者の像が子どもの心のなかに形成されることになる（内在化する）のである。

　柱の第3は、自己調整能力の形成の促進である。虐待環境のなかで、子どもは、誤ったしつけのために自己を調整する能力が育まれていない。特に怒りの感情の調整がうまくできない子どもが多い。これに対しては、「すごく腹が立っているんだね」といった声をかけて、自分の感情や感覚を理解するための支援をする。そして、落ち着いてから、さっきの考えや感情を振り返らせる。

　柱の第4は、問題行動の理解と自己への統合である。子どもの起こす問題行動には、自身も気づいていない何らかの「自己表現」の意味があるものである。その切り離された自己に気づかせなければならない。必要なのは、問題行動のみに目を向けるのでなく、問題行動の後ろにどのような気持ちがあるのかを子ども自身が気づくように接することである。それによって、徐々に、意識化された自己に再び統合されていくのである。

　最後に、自己の物語の再編集・修正をする必要がある。「僕が悪い子だから虐待を受け、それでも治らなかったから施設に来ることになった」という物語から、「父さん、母さんがお酒の病気で間違っていて、その病気を治すまでの間、みんな

が僕を守ろうとしてこの施設に来たんだ」という物語に修正できれば、自己肯定感が高まり、トラウマも減少していくのである。

3 ‖ 子どものケア〜施設等での取組〜

（1）治療的養育の必要性

施設等における子どもの養育で重要なことは、子どもが安心できる生活が確保され、大人から守られているということを感じてもらうことである。それが大人との信頼関係の醸成につながり、さらには愛着関係の再形成につながる。また、子どもを集団のなかの1人ではなく、1人の人間として個別にかかわっていく個別的なケアも重要である。

そして、施設等における養育態様については、衣食住の保障といった単なる生活支援（単純養育）だけではなく、生活の支援を基盤としながら、子どもの抱える心理的、精神的および行動上の問題の修正を図ることを目的とし、そのような問題の解決、軽減を目指した働きかけを行う治療的なかかわりが必要とされている（治療的養育）。

（2）家庭養育・家庭的養育の推進

従前、日本の社会的養護は、児童養護施設を代表とする施設養護が中心であったが、良好な家庭環境・家庭的な環境で生活することが子どもにとって重要なことであるとの認識が広がり[133]、国の方針としても、里親・ファミリーホーム委託の推進や施設の生活単位の小規模化が示されてきた[134]。

平成28年児童福祉法改正においては、家庭養育・家庭的養育の推進が明確化された。すなわち、同法第3条の2において、家庭養育の支援をうたいつつ、「児童を家庭において養育することが困難であり又は適当でない場合にあっては児童が家庭における養育環境と同様の養育環境において継続的に養育されるよう、児童を家庭及び当該養育環境において養育することが適当でない場合にあっては児童ができる限り良好な家庭的環境において養育されるよう、必要な措置を講じなければなら

133　子どもの権利条約第20条第3項では、家庭に代わる代替的養護の1番目に「里親委託」があげられ、「施設」への収容は「必要な場合には」という限定付きで最後に例示されている。また、平成21年12月18日国連総会採択決議「児童の代替的養護に関する指針」においても家庭環境が基本である旨明記されている。

134　平成24年3月29日雇児発0329第3号厚生労働省雇用均等・児童家庭局長通知「里親委託ガイドラインについて」、平成24年11月30日雇児発1130第3号厚生労働省雇用均等・児童家庭局長通知「児童養護施設等の小規模化及び家庭的養護の推進について」、平成23年7月児童養護施設等の社会的養護の課題に関する検討委員会・社会保障審議会児童部会社会的養護専門委員会とりまとめ「社会的養護の課題と将来像」

ない」とし、施設養育よりも家庭と同様の養育環境（養子縁組、里親、ファミリーホーム）、良好な家庭的環境（小規模グループケア、グループホーム）を優先することが明確にされた。

　しかし、里親制度に対する社会的認知度が低く委託可能な登録里親が少ない、児童相談所が里親委託業務に十分かかわることができず個別の里親への支援が行き届いていない等の課題があった。

　そこで、平成28年児童福祉法改正により、里親の普及啓発から里親の選定および里親と児童との間の調整ならびに児童の養育に関する計画の作成までの一貫した里親支援を都道府県（児童相談所）の業務として位置付けることとされた（児福11 I ②へ）。また、同改正により、養子縁組に関する相談・支援が、都道府県（児童相談所）の業務として位置付けられるとともに（児福11 I ②ト）、養子縁組里親が法定化され、研修を修了した者を養子縁組里親名簿に登録することにするとともに（児福6の4②）、都道府県が養子縁組里親名簿を作成し、欠格要件等が設けられた（児福34の19から21まで）[135]。

　さらに、児童福祉の増進を図る観点から、特別養子縁組の利用促進のあり方についての検討が進められ、令和元年6月には特別養子縁組に関する民法改正（養子候補者の上限年齢の引上げ、特別養子縁組の成立手続の見直し等）が行われた（施行は令和2年4月1日）。

　今後はより一層、里親委託・ファミリーホーム委託の推進や施設の小規模化が進むものと思われる。

（3）専門職員の配置

　児童養護施設等においては、家庭支援専門相談員（ファミリーソーシャルワーカー）、里親支援専門相談員（里親支援ソーシャルワーカー）、心理療法担当職員、個別対応職員、職業指導員、医療的ケアを担当する職員を施設の状況に応じて配置することとされている（児童福祉施設最低基準42等）[136]。また、施設等において、自立支援計画の作成・進行管理、職員の指導等を行う「基幹的職員（スーパーバイザー）」の配置がなされている。

　施設等に入所した子どもたちの人格形成を担っている専門職員の存在価値は高く、重要性は増すばかりであり、さらなる人員配置の充実が求められている。

135　以上の諸々の改正により平成28年3月末時点では17.5％だった里親等委託率（ファミリーホーム含む）は、平成30年3月末時点では20.5％まで上昇している（令和2年10月厚生労働省子ども家庭局家庭福祉課「社会的養育の推進に向けて」より）
136　平成24年4月5日雇児発0405第11号厚生労働省雇用均等・児童家庭局長通知「家庭支援専門相談員、里親支援専門相談員、心理療法担当職員、個別対応職員、職業指導員及び医療的ケアを担当する職員の配置について」。

4 ‖ 自立を支える制度

（1）総論

　施設等では、施設に入所している子どもに対し、自立に向けた生活習慣や金銭管理等を習得するための支援、進学のための学習指導や就職するための職業指導を実施している。また、就職に役立つ資格の取得や進学希望の場合の学習塾の利用ができるよう、特別育成費、大学等進学支度費、就職支度費等の自立のための費用も増額されている。

　施設等は、子どもの自立のための自立支援計画を策定することとされているところ（児童福祉施設最低基準45の2等）、入所措置等の時点から将来の人生設計を見越した計画を策定し、定期的に点検・評価を行いながら自立支援を進めることが必要である。また、施設入所児童は、偏った経験をしている場合も多く、職場体験や趣味や習い事を含めてさまざまなことを経験できる機会を提供することも重要である。今後、このような機会を提供する企業や民間団体の活用についても検討が必要となろう。

　さらに、経済的に困難な状況にある低所得の生徒に対して、大学等への進学を後押しすることを目的とした給付型奨学金の創設、拡充も進んでいるところ、経済的事情により進学を諦めることがないよう、制度のさらなる拡充と子どもたちへの周知が必要となろう。

（2）措置延長制度について

　施設等の措置終了までに自立生活に必要な力が身についているような養育のあり方が重要であるが、18歳までに安定した生活を送れる力を身につけることは困難な場合も多く、そのような場合には満18歳を超えて満20歳に達するまでの間、引き続き措置を行うことができる（児福31Ⅱ）。具体的には、大学等や専門学校等に進学、就職または福祉的就労をしたが生活が不安定で継続的な養育を必要とする場合や、障害や疾病等の理由により進学や就職が決まらず継続的な養育を必要とする場合には、当該規定を積極的に活用することとされる。また、施設から大学等に進学する子ども等について、満20歳に達したことで措置を解除することとなった場合でも、家庭復帰が難しい場合には、その学業が終了するまでの間、引き続き施設から通学させることは差し支えないものとされる[137]。このように、措置延長制度の積極的活用が求められているが、実際にはまだ高校卒業と同時に施設等を退所す

137　平成23年12月28日雇児発1228第2号厚生労働省雇用均等・児童家庭局長通知「児童養護施設等及び里親等の措置延長等について」、児童相談所運営指針103頁。

ることが圧倒的に多い[138]。自立の力がないまま子どもを社会に放り出すことがないよう、措置延長制度のさらなる活用が望まれる。

（3）事業
1）退所児童等アフターケア事業
　　児童養護施設の目的の1つに、退所者への相談その他自立のための援助が規定されているが（児福41後段）、施設等を退所した子どもたちのなかには、就職先や進学先で相談相手もなく、人間関係に悩んだり、孤立して会社や学校を辞めたりするなど、安定した生活が送れないことが少なくない。
　　そこで、社会に出る準備および社会に出た後の支援を図るため、児童福祉や就業支援に精通したスタッフを配置し、ソーシャル・スキル・トレーニング、相談支援、生活支援、就業支援等を行うことにより、地域生活および自立を支援するとともに、退所した者同士が集まり、意見交換や情報交換・情報発信等を行えるような場を提供することを事業内容とする「退所児童等アフターケア事業」がある。
　　しかしながら、施設では入所児童に対する支援が中心となるため、本来行うこととなっている退所者への支援が必ずしも十分でなかったり、本事業の実施箇所が少ない等の問題がある[139]。退所児童等へのアフターケアの重要性は増すばかりであり、今後、さらなる充実が求められている。
2）社会的養護自立支援事業
　　児童養護施設等に入所措置を受けていた者で18歳（措置延長の場合は20歳）到達により措置解除とされた者のうち、自立のための支援を継続して行うことが適当な場合について、原則22歳に達する日の属する年度の末日まで、個々の状況に応じて、支援コーディネーターによる継続支援計画の作成、生活相談、居住に関する支援、生活費の支給、就労相談等を実施する事業である[140]。
3）身元保証人確保対策事業
　　児童養護施設等に入所している子どもが、施設等を退所して社会的に自立した生活を行おうとした場合、親等による保証人が得られず、就職やアパート等の賃借、大学等の進学が困難となる場合がある。このような支障が生じることがないよう、子どもの自立支援を図る観点から、児童養護施設等に入所中または退所した子ども等に対し、就職やアパート等の賃借、大学等への進学の際に

138　児童養護施設の高校卒業児童に占める措置延長児童数の割合は平成30年度で23.5%。
139　アフターケア事業全国ネットワークえんじゅのホームページによると、令和3年4月時点で全国27か所の事業所でアフターケア事業が実施されているとのことである。
140　平成29年3月31日雇児発0331第10号厚生労働省雇用均等・児童家庭局長通知「社会的養護自立支援事業等の実施について」。

施設長等が身元保証人となった場合の損害保険契約を全国社会福祉協議会が契約者として締結することにより、身元保証人を確保し、これらの者の社会的自立の促進に寄与することを目的とする事業である[141]。

４）児童養護施設退所者等に対する自立支援資金貸付事業

児童養護施設等を退所した者であって、就職や進学をした者について、住居や生活費など安定した生活基盤の確保が困難な状況にある者またはそれが見込まれる者に対して、家賃相当額や生活費の貸付を行ったり、児童養護施設等に入所中であって就職に必要な各種資格を取得するために必要となる費用の貸付を行う事業である。主に都道府県の社会福祉協議会が実施主体となっている。

（４）親権制限制度、未成年後見人、子どもの手続代理人の活用

里親委託中または施設入所中の子どもが、高校卒業を迎え、就労または進学のため施設等からの自立を図る際や、自立援助ホームや子どもシェルターなどに入所中の子どもが自立を図る際には、就労先との雇用契約、進学先との入学契約、または住居を確保するためアパートの賃貸借契約などの各種契約を締結することが必要となる。

この場合、未成年者が単独で行った法律行為は、民法上取り消すことができるものであるが（民5）、未成年者であっても各種契約を締結すること自体は可能である。契約の相手方の対応次第では、親権者の同意を得られなかったとしても、ただちに子どもの自立が阻害されるわけではない。

しかし、親権者によっては、単に子どもが契約を締結しようとする際に同意しないばかりでなく、子どもに対する居所指定権（民821）を根拠に、同居または子どもの望まない場所での居住を強要したり、職業許可権（民823）を根拠に、子どもの就労先に働きかけ、子どもが就労先を失うなどの事態が生ずることもありうる。

このように、親権者の積極的な介入により、子どもの就労や進学などが妨げられる場合には、親権者の不当な影響力を排除するため、親権制限審判の申立て（民834、834の2）を検討することになる。この際、子どもが里親委託、施設入所、あるいは一時保護されている状況で親権制限がなされると、施設長や児童相談所長が親権を代行することとなる（児福33の2Ⅰ、47ⅠおよびⅡ）。しかし、親権代行は暫定的なものであるため未成年後見人の選任申立てを積極的に検討すべきであろう。

子ども自身も親権制限審判の申立権を有しているが（民法834、834の2、835）、自立支援のための親権制限審判において、子どもに対する周囲の支援が不可欠であり、児童相談所長が申立人となることを検討するべきである（児福33の7）。

141　平成29年3月31日雇児発0331第10号厚生労働省雇用均等・児童家庭局長通知「社会的養護自立支援事業等の実施について」。

なお、親権制限審判においては、子どもが当該手続に利害関係参加することができる（家事42Ⅱ、258）。裁判所・調停委員会は、子どもが自ら参加をしない場合でも、職権で参加させることができる（家事42Ⅲ、260Ⅰ⑥）。このように、子どもが手続に関与する場合、子ども自身が弁護士に依頼して手続代理人を選任することができることはもとより、裁判長が必要があると認めるときは、申立てまたは職権で、弁護士を手続代理人に選任することができる（家事23Ⅰ・Ⅱ、260Ⅱ）。子どもの手続保障のために、このような子どもの利益のために活動する子どもの手続代理人制度が積極的に活用されるべきである。　　☞第3章コラム参照

5 ‖ 自立のための受皿

（1）概要

　児童養護施設等を退所した子どもが、進学や就労をしながら自立生活を送っていくことは容易なことではない。施設等の生活ではいまだ自立のための十分な力をつけられないことも少なくない。施設等を退所した後、生活が困窮するなど不安定な生活に陥ってしまったり、場合によっては犯罪に手を染めてしまうこともある。配偶者や異性からの暴力の被害を受けることもある。このような場合、社会におけるさまざまな機関や施設が、子どものニーズや実情に応じた支援を行っていく必要があり、その際の連携も重要である。

　しかしながら、特に高年齢児童の受入先が十分でないなど、自立のための受皿が十分整っているとは言い難い。社会的養護の受皿のより一層の拡充が求められている。

　以下、代表的なものを紹介するが、このような社会資源は、各地において、それぞれの地域の実情に応じて民間団体がつくっているものも多い。下記以外にも、地域において、子どもの自立支援のための有益な社会資源があろう。子どもの自立支援においては、必ず地域において実在する施設や機関の情報収集を行うべきである。

（2）自立援助ホーム

1）概要

　自立援助ホームとは、主に満20歳未満の義務教育終了後の者について、共同生活を営む場所を提供し、相談その他の日常生活上の援助、生活指導、就業の支援等を行い、あわせて退所者に対して相談その他の援助を行うものである

（児福6の3Ⅰ、33の6）[142]。

　児童福祉法第6条の3第1項、同法第33条の6「児童自立生活援助事業」として位置付けられている。

　義務教育を終えた時点で施設等や家庭を出て暮らさなければならない子どもたちは、虐待等により心身に傷を抱えていることが少なくなく、自立生活を送るためのスキルを十分身につけておらず、ただちに自立することが困難な場合が多い。自立援助ホームにおいては、子どもたちが自立した生活を送っていけるよう、ホームでの生活を通じ、子どもの身体および精神の状況に応じて、就労への取組姿勢および職場の対人関係、健康管理、金銭管理、余暇活用、食事等日常生活や社会生活に関する相談・援助・生活指導等が行われている。

2）年長者への支援拡大

　自立援助ホームで生活している者のうち、就学している者については、就労している者とは異なり、一定程度の収入を得ることが難しく、20歳到達時に退所させると、学業の継続に悪影響を及ぼすと考えられる。そこで、平成28年児童福祉法改正により、20歳に達する前から入所している者のうち、大学等で修学中の者については、最大で4年制大学を卒業する時点まで援助することが可能となるよう、22歳の年度末まで入所できることとなった（児福6の3Ⅰ、33の6、50の3）。また、それに伴い、20歳到達後から22歳の年度末までの間、自立した日常生活および社会生活を営むための相談や援助および生活指導等の支援を引き続き受けることができるよう、「就学者自立生活援助事業」が実施されることとなった[143]。

（3）子どもシェルター

　子どもシェルターは、虐待等で居場所を失った子どもたちのために安心して生活できる場所を提供する緊急避難先である。虐待や不適切な養育を受けていて家庭を逃げ出した子ども、家庭が安心できないために、家出や無断外泊を繰り返し、家庭に帰れない子ども、非行を犯して家庭裁判所で審判を受ける際、家庭環境が悪かったり、家庭が引取りを拒んだため、行く場所がない子ども、少年院の仮退院後に行く場所がない子どもなどが対象である。特に18歳に達した子どもは、児童福祉法上の「児童」にあたらず、原則として児童相談所による一時保護を受けることができない。また、施設での共同生活になじめない子どもや、精神疾患を抱えている子

142　全国自立援助ホーム協議会ホームページによると、令和3年9月1日現在、全国に214の自立援助ホームがある（同協議会未入会ホームを除く）。

143　平成29年3月31日雇児発0331第56号厚生労働省雇用均等・児童家庭局長通知「就学者自立生活援助事業の実施について」。

ども、妊娠中の子ども等は、一時保護所や施設への入所が困難であり、援助を受けることが難しい。さらに、一時保護所は、幼い子どもを優先し、年齢が高いと受入れが難しいこともある。このように、居場所のない10代後半の子どもたちは、制度の狭間に落ち込んでおり、既存の制度や施設では十分なケアができないため、子どもシェルターが必要なのである。

子どもシェルターに入所した子どもには、子どもの権利擁護のために、「子ども担当弁護士」が付く。子ども担当弁護士は、子どもの話を聞き、子どもの抱える困難な課題を子どもと一緒に整理し、解決策を模索する。そして、子どもの言葉を代弁し、家族や学校などの関係機関との関係調整を図ったり、児童相談所や福祉、医療、教育、就労などの子どもにかかわる機関と連携しながら、退所先を探す。

子どもシェルターは、2か月程度までの比較的短期的な滞在を想定している。入所中に、家庭的な雰囲気のなかでゆっくりと過ごしながら、自立生活に向けた次の一歩を踏み出すまでの生活支援を受け、次の居場所を見つけて退所する。

子どもシェルターは、当初はまったく公的支援がないなかで運営してきたが、平成23年に自立援助ホームの一類型として児童自立生活援助事業の対象となったため、公的な支援が行われることとなった。

子どもシェルターのニーズは高く、各地で次々と子どもシェルターが開設されている[144]。また、子どもシェルターの運営団体は、さまざまな機関と連携をとりながら、自立援助ホーム等の事業を展開するなど、子どもの自立のために必要な活動を幅広く行っている。しかしながら、まだ子どもシェルターの数は足りておらず、少なくとも各都道府県に1つは必要である。子どもシェルター退所後の子どもを受け入れる制度や居場所は、子どもの実情に応じた多様な選択肢が必要であるが、自立援助ホーム以外にはほとんどないに等しい。今後も、弁護士や福祉分野等さまざまな専門家が手を取り合い、子どもシェルターの開設、運営、子どもシェルター退所後の受皿の設置等にかかわっていくことが期待される。

（4）子どものためのステップハウス等

上記子どもシェルターは、緊急避難先であり、一時的なものである。子どもシェルターにおいては、まずは心身の回復を図ることが目的とされ、自立のための訓練を行うことが主目的とはなっていない。また、子どもシェルターは、原則として場所が秘匿されており、外出や通信に制限があるため、社会に出ていくための準備や就職や通学に制約がある。他方、就労自立を目指す子どもについては、比較的長期間、就業しながら自立のために準備、訓練を行うことができる自立援助ホームへの

144　平成16年のカリヨン子どもセンターによる開設以来、全国に拡大しており、令和3年5月現在、全国で20か所（うち休止中が2か所）の子どもシェルターが開設されている。

入所が相当であるが、精神的な問題等により就労が困難な子どもは、既存の自立援助ホームに入所しにくいという事情がある。

このように主に精神的な問題等により就労が困難な子どもが中長期的に自立に向けて過ごす場所が必要である。子どもシェルターと自立援助ホームの中間的性格をもつこのような施設として、名古屋にステップハウス「ぴあ・かもみーる」がある[145]。今後、このような施設も全国各地に広がることが期待される。

（5）婦人（女性）相談所

売春防止法第34条に基づき、各都道府県に必ず１つ設置されている。元々は売春を行うおそれのある女子の相談、指導、一時保護等を行う施設だったが、婦人保護事業のなかで家庭環境の破綻や生活の困窮など、さまざまな事情により生活に困難を抱えている女性の保護を行っている。配偶者間の暴力に関しても、配偶者暴力相談支援センターの機能を担う施設の１つとしても位置付けられている。

（6）更生保護施設

犯罪をした人や非行のある少年のなかには、頼ることのできる人がいなかったり、生活環境に恵まれなかったり、あるいは、本人に社会生活上の問題があるなどの理由で、すぐに自立更生ができない人がいる。更生保護施設は、こうした人たちを一定の期間保護して、その円滑な社会復帰を助け、再犯を防止するという重要な役割を担っている（更生保護事業法2Ⅶ）。民間団体である更生保護法人、社会福祉法人、NPO法人、社団法人によって運営されている[146]。その多くは、成人男性を保護の対象としているが、女性や少年だけを保護の対象としている施設もある。

（7）自立準備ホーム

更生保護施設の収容には限界があることなどから、社会のなかにさらに多様な受皿を確保する方策として、平成23年度から、「緊急的住居確保・自立支援対策」が開始された。これは、あらかじめ保護観察所に登録した民間法人・団体等の事業者に、保護観察所が、宿泊場所の供与と自立のための生活指導（自立準備支援）のほか、必要に応じて食事の給与を委託するものであり、この宿泊場所を自立準備ホームと呼ぶ[147]。

---

145 「ぴあ・かもみーる」は自立援助ホームとしての認可を受けている。
146 令和２年８月１日現在で全国103か所。
147 令和２年４月１日現在の登録事業者数は全国で432。

【全国の子どもシェルターへの相談窓口一覧】

所在地	名称	シェルターへの相談窓口
北海道 （札幌）	NPO 法人子どもシェルターレラピリカ	子どもシェルターレラピリカ事務局 TEL 011–272–3125　　平日 9：00 ～ 17：30
北海道 （旭川）	NPO 法人子どもセンタービ・リーヴ	子どもセンタービ・リーヴ TEL 090-1641-1089　　全日 9：15 ～ 17：15 e-mail：be.live0523@gmail.com HP：https://center-be-live.org/
宮城	認定 NPO 法人ロージーベル	ロージーベル事務局 TEL 080-1695-4032　　平日 10：00 ～ 17：00 e-mail：info@rosybell.jp
埼玉	NPO 法人子どもセンター・ピッピ	NPO 法人子どもセンター・ピッピ
千葉	NPO 法人子どもセンター帆希	子どもセンター帆希事務局 TEL 043–209–2965　　平日 9：00 ～ 17：00 e-mail：info@chiba-homare.org
東京	社会福祉法人カリヨン子どもセンター	東京弁護士会子どもの人権 110 番 TEL 03–3503–0110 月～金 13：30 ～ 16：30／17：00 ～ 20：00 土 13：00 ～ 16：00
神奈川	NPO 法人子どもセンターてんぽ	居場所のない子どもの電話相談 TEL 050–1323–3089 月～金（祝休日・年末年始を除く）13：00 ～ 17：00
群馬	NPO 法人子どもシェルターぐんま	子どもシェルターぐんま事務局 TEL 027-212-6080　　平日 9：00 ～ 17：00 HP：https://gunmakodomoshelter.jimdofree.com/
新潟	NPO 法人子どもセンターぽると	子どもセンターぽると事務局 TEL 025–211–8030　　平日 10：00 ～ 17：00
石川	NPO 法人シェきらり	シェきらり事務局 TEL 090-1390-8195　　平日 10：00 ～ 17：00
愛知	NPO 法人子どもセンターパオ ※シェルターは休止中	子どもセンターパオ事務局 TEL 052-931–4680　　平日 10：00 ～ 17：00
京都	NPO 法人子どもセンターののさん	子どもセンターののさん事務局 TEL 075–254-8331　　平日 9：00 ～ 17：00 e-mail：info@nonosan.org
大阪	NPO 法人子どもセンターぬっく	子どもセンターぬっく事務局 TEL 06-6355–4648 居場所のない子ども 110 番 TEL 0120–528–184 月～金（祝休日・年末年始を除く）10：30 ～ 17：30
兵庫	NPO 法人つなご	こころんハウス TEL 06–6415–6750　　月～土 10：00 ～ 18：00
和歌山	NPO 法人子どもセンターるーも	るーも事務局　　TEL 073–425–6060 平日 10：00 ～ 17：00 e-mail：lumo0228@gmail.com
岡山	認定 NPO 法人子どもシェルターモモ	子どもシェルターモモ事務局 TEL 086–206–2423　　平日 9：00 ～ 18：00
広島	NPO 法人ピピオ子どもセンター	ピピオ子どもセンター事務局 TEL 082–221–9563　　平日 10：00 ～ 18：00

福岡	NPO 法人そだちの樹 ※シェルターは休止中	ここライン TEL 092–791–1673　　平日 10：00 〜 20：00 メールフォーム：http://sodachinoki.org/mail/ HP：http://sodachinoki.org/kokoline
佐賀	NPO 法人佐賀子ども支援の輪	佐賀子ども支援の輪事務局 TEL 0952-37-5963　　平日 9：00 〜 17：00
大分	NPO 法人おおいた子ども支援ネット	おおいた子ども支援ネット事務局 TEL 097-574-6108 大分県弁護士会「子どもの権利 110 番」 TEL 097–536–2227　　水 16：30 〜 19：30（休日除く）
宮崎	NPO 法人子どもシェルターみやざき	子どもシェルターみやざき事務局 TEL 0985–65–5087　平日 9：00 〜 17：30 e-mail：kodomosheltermiyazaki@gmail.com HP：https://child-flap.com/
沖縄	NPO 法人子どもシェルターおきなわ	子どもシェルターおきなわ事務局 TEL 098–836–6363　　平日 9：00 〜 18：00 e-mail：kodomo@shelter.okinawa

（8）その他

　上記のほか、母子生活支援施設（児福 38）、配偶者暴力相談支援センター、女性のための民間の DV シェルター、女性のためのステップハウス、ホームレス自立支援施設などの施設もある。また、子ども・若者育成支援推進法に基づき、ニート、ひきこもり、不登校など、社会生活を円滑に営むうえでの困難を有する子ども・若者を支援するための子ども・若者総合相談センター（同法 13）が設置されているところもある。さらに、各自治体において、子どもの自立支援に関する事業を行っているところもある。子どものニーズ、状況に応じて、これら各地における社会資源を活用、連携しながら子どもの自立を支えるべきであろう。

1　子どもの意見表明権に関する法改正等

　平成28年5月27日、児童福祉法等の一部を改正する法律が成立し、それにより、子どもの権利主体性や子どもの意見が尊重されること等が児童福祉法上に明記された。また、家事事件手続に関して、いわゆる子どもの手続代理人制度が家事事件手続法の制定に伴い導入されており、これは子どもの意見表明権を実質的に保障するものと評価されている。(詳細は☞コラム：子どもの手続代理人について)。

　さらに令和元年6月19日には児童虐待防止対策の強化に諮るための児童福祉法等の一部を改正する法律が成立し、その附則第7条第4項において、子どもの権利擁護のあり方について施行後2年後までに検討し、必要な措置を講じるものとされた。それを受けて、厚生労働省内に「子どもの権利擁護に関するワーキングチーム」が設置され、同チームは、令和3年5月、児童福祉法第27条第1項第3号に基づく措置等の際や一時保護の際の子どもの意見聴取の義務付けや意見表明支援員の配置が必要であることを内容とするとりまとめを行った。

2　子どもの意見表明権と子どもの意見を聴かれる権利

　平成28年の児童福祉法改正により子どもの権利に関する規定が置かれた以降も、子どもの意見表明権に関しては今もなお、その内容やこれをどのように保障すべきなのか、現実的にどのような制度設計が可能なのか等が各地で検討されている。それは結局のところ、子どもの意見表明権に関しては、それが十分に保障されていない実情があるからである。すなわち、例えば、一時保護の開始や解除、児童福祉法第28条の承認審判を経ない同法第27条第1項第3号の措置などは、子どもに極めて大きな影響が及ぼされる行政処分ではあるが、前述の家事事件手続法の適用を受けない。また、一時保護中などの子どもの日常の生活場面や施設に措置される際の自立支援計画の策定場面などに関しても子どもの意見表明権の保障を個別に規定した条文はない。そのため、これらの場面における子どもの意見表明権の保障は、児童福祉法第2条第1項と同法第3条という一般条項から「児童に関する法令の施行にあたって、常に子どもの意見が尊重されなければならない」という解釈のもとで行うこととなる[1]。

　また、子どもの意見表明権に関しては、その根拠として子どもの権利条約第12条第1項が引用されることが多い。同項は、「締約国は自己の意見を形成する能力のある児童がその児童に影響を及ぼすすべての事項について自由に自己の意見を表明する

1　一時保護決定や施設入所措置等にあたっては、「一時保護ガイドライン」や「子ども虐待対応の手引き」において、子どもに説明すべき事項等についての記載があるが、実態においてそれが子どもの意見表明権を十分に保障される程度の情報が提供されているかはなお検討の余地がある。

権利を確保する」（政府訳）と規定している。また、子どもの意見表明権の行使の機会、すなわち「子どもの意見を聴かれる権利」については、同条約第12条第2項において、子どもは自己の意見を「聴取される機会を与えられる」（政府訳）と規定されており、「意見表明権」と「聴かれる権利」はどちらもがその保障が十分になされなければ意味を成さない。しかし、子どもにこのような権利が存在するものの、実際には、その権利の行使の機会が十分に与えられているかは不透明である。

　特に「聴かれる権利」に関しては、家事事件手続法には一定の手続の場合に、子どもの陳述を聞かなければならないとの規定があるが、いずれの場合も15歳以上の児童に限定されており十分でない（家事236等参照）。また、それ以外の場面に関しては、結局、前述のとおり一般条項の規定しかないため、子どもの各担当者（各児童相談所）のケースワークに左右される極めて脆弱なものである[2]。

3　子ども主導のアドボカシー

　子どもの意見表明権の保障に関しては、平成28年の児童福祉法の改正により、児童福祉審議会が子どもの意見を聴くことができる旨の規定が新たに置かれた（児福8Ⅵ）。児童福祉審議会は、平成27年の児童福祉法の改正前まで、親権者等の意に反して2か月を超えて引き続き一時保護を行おうとするときに児童相談所から意見を求められる役割を担っていた経緯があり、また現在においても、親族里親の認定に関して都道府県（児童相談所）に意見を述べるなど、児童相談所から独立した立場で、公正中立の観点から児童相談所に意見を述べる役割を果たしている。

　しかし、子どもの意見表明権をはじめとする諸権利の保障のためには、中立公正な判断を行う機関ではなく、子どもの権利代弁機能の観点から、子どもの立場に立って活動する「子ども主導のアドボカシー」が必要である。児童相談所の現場のケースワーカーは、保護者や関係機関との調整のうえで、客観性を有する「子どもの最善の利益」を追求する立場にある。これに対して、「子どもの意見」は、必ずしも客観性を有する「子どもの最善の利益」とは一致しないこともある。しかし、子どもの意向に沿う結果とならなくとも、子どもが自分の意見を言うこと、ひいては自分の人生の主体は自分であるという認識を子ども自身が得られることが重要である。そして、そのための支援としてアドボケイトが必要なのである。児童相談所以外の第三者が子どもの意見を聴いたとしても、当該第三者が公正中立な立場で子どもの意見を聴くとなると、子どもの意向が子どもの最善の利益とは異なる場合には、子どもの意向を実現

2　児童福祉法第26条第2項では、都道府県知事への報告書には「子どもの意向…を記載しなければならない」とされているが、「聴かれる権利」自体を規定したものとはいえない。また、児童相談所の方針と子どもの意向が異なる場合には児童福祉審議会の意見を聴取しなければならない旨の規定もあるが（児福27Ⅵ）、これも「聴かれる権利」自体を規定したものではなく、また、すべてのケースにおいて子どもの意見を聴くことを定めたものでもない。

するための活動が十分にできなくなり、十分なアドボケイトが保障されなくなる。それゆえ、子どものアドボケイトは、子ども主導の立場で子どもの権利を擁護するために活動することが前提となる。

　今後、以上を踏まえた法制度が構築されることによって、社会的養護の子どもたちが「自分の人生が自分の知らないところで勝手に決められる」という思いを抱くことをなくすことが望まれる。

参考文献
栄留里美『社会的養護児童のアドボカシー　意見表明権の保障を目指して』明石書店、2015年
堀正嗣・栄留里美『子どもソーシャルワークとアドボカシー実践』明石書店、2014年

コラム　子どもの手続代理人について

1　子どもの手続代理人とは

　子どもの手続代理人制度は、子どもの意見表明権（子どもの権利条約第12条）を実質的に保障するものとして、家事事件手続法の制定に伴い導入された。

　たとえば、虐待を受けた子どもに対する里親委託、施設入所等の措置（児福27Ⅰ③）について、児童相談所長が児福法28条審判を申し立てたという場面を想定する。

　この審判においては、子どもにも手続行為能力が認められており（家事235）、子どもは手続に利害関係参加することが可能である。（家事42Ⅱ、Ⅲ）。子どもは、家庭裁判所から陳述を聴取されたり（家事236Ⅰ。ただし15歳以上に限る。）、意思を把握されたりする（家事65）だけでなく、手続の主体として、自己の意思を主張することができる。しかし、手続に参加した子どもは、主張書面を書いたり、証拠を集めたりといった実際の活動をすることは困難である。そこで、裁判長は、必要と認めるときには、当該子どものために弁護士の手続代理人を選任することができる（国選。家事23Ⅰ、Ⅱ）。また、子どもは自ら手続代理人を選任することも可能である。（私選）。これが「子どもの手続代理人」である。

　このように、子どもが審判に参加していくパターンは、「参加型」の子どもの手続代理人といえる。虐待が関連するケースで、参加型のものとしては、上記の児福法28条審判のほか、引き続いての一時保護について承認の審判（児福33Ⅴ）、親権者変更の審判・調停、親権喪失・親権停止・管理権喪失の審判などが考えられる。

　次に、虐待を受けた子どもが、自ら親権者に対し、親権停止審判（民834の2）を申し立てるという場面を想定する。このような場合、子どもは申立人として手続に関与するが（そのようなケースは、実体法上、子どもに申立権限が認められている場合に限る）、やはり自ら実際の手続行為をすることは困難であるため、裁判長は、必要と認めるときには、当該子どものために弁護士の手続代理人を選任することができる（国選。家事23Ⅰ、Ⅱ）。また、子どもは自ら手続代理人を選任することも可能である（私選）。

　これは、子どもが審判自体の申立てをするというパターンであるため、「申立型」の子どもの手続代理人といえる。虐待が関連するケースで、申立型のものとしては、上記の親権停止の審判のほか、親権喪失・管理権喪失の審判、特別養子縁組の離縁の審判、未成年後見人解任の審判などが考えられる。

2　具体的な活用について

　日弁連が、最高裁との協議を踏まえて整理した平成27年7月31日付「子どもの手続代理人の役割と同制度の利用が有用な事案の類型」（以下「有用な類型」とい

う。）では、子どもの手続代理人の利用が有用な事案の類型として、以下の6つがあげられている[1]。

①事件を申し立て、または手続に参加した子どもが、自ら手続行為をすることが実質的に困難であり、その手続追行上の利益を実効的なものとする必要がある事案

②子どもの言動が対応者や場面によって異なると思われる事案

③家裁調査官による調査の実施ができない事案

④子どもの意思に反した結論が見込まれるなど、子どもに対する踏み込んだ情報提供や相談に乗ることが必要と思われる事案

⑤子どもの利益にかなう合意による解決を促進するために、子どもの立場からの提案が有益であると思われる事案

⑥その他子どもの手続代理人を選任しなければ手続に関連した子どもの利益が十分確保されないおそれがある事案

　たとえば、児福法28条審判を例にすると、児童相談所の方針と子どもの意思に齟齬がある場合や、子どもが自己の意思を手続において主張したいと希望している場合などは、④や⑥の類型として、参加型の子どもの手続代理人の利用が有用であろう。この点、児童相談所においては、児童福祉司や児童心理司が子どもの意思を十分に聴き、それを踏まえた方針決定をしていること、審判では家裁調査官が子どもの意向調査等を行うことなどから、児福法28条審判においては子どもの参加および手続代理人の選任の必要性は高くないといわれることもある。しかし、前記「有用な類型」では、子どもの意思と審判の結論が異なることが予想される場合など、「子どもに対し、その客観的利益や結論の見通しについて情報提供したり、相談に乗ることを通じて一定の働きかけをしたりすることは、子どもがその後の手続、ひいては結論に対して納得感をもつことができるという意味で有益であるとともに、結論の実効性を高め、紛争の再発を防止する効果もあるものと思われる。」とされており、このことは児福法28条審判においても妥当するものと思われる。本来、子どもにとって重大な「親子分離」の場面において、子どもが「自分の意見を、きちんと大人に聴いてもらえること」は、子どもの権利条約における子どもの意見表明権の保障の観点から、必須である。親子分離の場面で、子どもがどのような意見を持っているのかを手続に反映させたり、これからどのように手続が進んでいくのか等を当事者である子ども自身に伝えたりすることによって、子どもが、自分や自分の人生を大切に考えてもらっているのだという実感をもつことができると考えられる。児相の代理人である弁護士は当然のことながら、判断をする裁判所や児童福祉にかかわるあらゆる大人が、子どもに対し

1　池田清貴「子どもの手続代理人制度の充実」自由と正義67巻4号（2016年）58頁。

てこのような丁寧なかかわりができるかどうかということが、その子どもの後の人生にさまざまな影響を及ぼしうることを知ったうえで、子どもの手続代理人の制度を積極的に活用していくことが期待される。

　また、離婚後の単独親権者から虐待を受けた子どもが、親権者宅を家出し、非親権者である別居親宅に逃げ込んだために、子どもの親権者を別居親に変更しようとしたケースに、参加型の子どもの手続代理人を活用したという事例が報告されている。その事例では、子どもから相談を受けた弁護士が、別居親の代理人となるのではなく、親権者変更の審判自体は別居親本人に申し立ててもらう一方で、最初から子どもが審判に参加し、弁護士が子どもの手続代理人として活動する方策を採った。そのため、弁護士は終始子どもの利益のために活動することができ、父母が非難合戦とならずに、子どもの利益にかなう合意による解決が可能となった。これは前記「有用な類型」にいう⑤の類型にあたるものと思われる。

3　報酬の問題

　かつては、私選の子どもの手続代理人の報酬については何らの手当がなく、また、国選の子どもの手続代理人の報酬も、裁判所から手続費用として金額の認定を受け（家事23Ⅲ）、手続費用の負担者とされた父母（家事28Ⅱ）から任意に回収するしかなかった。そのため、報酬の問題がネックとなって、子どもの手続代理人の選任が進まなかったともいわれている。

　そこで、日弁連では、平成29年7月1日より、国選、私選を問わず、日弁連の「子どもに対する法律援助」の基金を利用することができるようになった。同援助では、私選の場合には一律の金額を、国選の場合は裁判所が認定した報酬額（家事23Ⅲ）（ただし、裁判所の認定した報酬額が日弁連の基準を上回っている場合には、日弁連の基準額を上限とした金額）の援助が受けられる。これにより、子どもの手続代理人制度が費用面においても使いやすいものとなった。今後、ますますの活用が期待されている。

第 **4** 章

ケースから学ぶ法的対応

1　身体的虐待 ·····································

　　30歳代の母親と、母親と前夫との間の子どもである小学校4年生の本児（10歳男児）、小学校2年生の女児（7歳）、30歳代の継父、継父と母親との間の子ども（1歳）の5人家族。

　　本児の小学校の担任が、登校してきた本児の額に青あざがあることを発見し、本児にどうしたのかたずねたところ、本児は自宅で遊んでいたら壁に頭をぶつけたと話した。担任は、本児の承諾を得た上で本児の顔の写真を撮影し、校長に相談し、児童相談所に通告をした。以後、児童相談所は、継父と母親に対し指導をした上で、小学校と連携して本児の状況を観察していた。

　　それから約1か月後、担任は、登校してきた本児の大腿部に広範囲な熱傷があることを発見し、本児にどうしたのかたずねたところ、味噌汁を作っていてこぼしたと話した。この話を不自然に思った担任は、本児を保健室に連れて行き、養護教諭とともにさらに詳しく事情を聞き、本児にTシャツを脱いでもらい確認したところ、本児の背中に色調の異なる複数のあざ（青いあざ、赤いあざ、黄土色のあざ）があることを発見した。担任は本児の承諾を得たうえ、本児の背中の写真を撮影し、校長に相談した上で、児童相談所に通告した。

1 ‖ 身体的虐待の定義

　　身体的虐待とは、「児童の身体に外傷が生じ、又は生じるおそれのある暴行を加えること」である（児虐2①）。

　　身体的虐待に対しては、親からは、行為の内容は認めつつ、「虐待ではなく、しつけの一環である」との反論がなされることがある。しかし、平成23年に改正された民法においても、「親権を行う者は、子の利益のために子の監護及び教育をする権利を有し、義務を負う」（民820）と子どもの利益の視点を明確にしている。さらに、「子ども虐待対応の手引き」（5頁）においても、「保護者の意図の如何によらず、子どもの立場から、子どもの安全と健全な育成が図られているかどうかに着目して判断をすべきである。保護者のなかには、自らの暴行や体罰などの行為をしつけであると主張する場合があるが、これらの行為は子どもにとって効果がないばかりか悪影響をもたらすものであり、不適切な行為であることを認識すべきである。」としている。また、令和元年に改正された児童虐待防止法では、「児童のしつけに際して、体罰を加えることその他民法第820条の規定による監護及び教育に必

要な範囲を超える行為により当該児童を懲戒してはならず、当該児童の親権の適切な行使に配慮しなければならない。」(児虐14 I)、「児童の親権を行う者は、児童虐待に係る暴行罪、傷害罪その他の犯罪について、当該児童の親権を行う者であることを理由として、その責めを免れることはない。」(児虐14 II) とされ、体罰の禁止が明文化された。

したがって、親の意図はしつけであっても、子どもの生命身体の安全、成長発達にとって有害であれば「虐待」になる。

2 ‖ 身体的虐待の立証 (その1〜証拠の保全)

身体的虐待が疑われる場合、まず、受傷状況についての証拠を保全することが必要になる。

子どもの傷の状態を写真に撮影するなどして証拠の保全を行う。この場合、保護者の承諾なしに写真の撮影を行うことが法的に許容されるか否かが問題となる。子どもが虐待を受けている疑いがあって、その証拠を保全するという正当な目的がある場合には子どもの人権保障、生命・身体の安全確保という観点から保護者の承諾がなくても許容される。この場合、子どもや保護者の権利・プライバシーに配慮する必要があるため、撮影方法の相当性が求められる。

具体的には、子どもの身体的状況を把握する際は、子どもの年齢や状況に応じた説明を経て、自宅の個室、医療機関の診察室、面接室、学校であれば保健室などプライバシーに配慮できる状況下で実施すべきであり、同性の職員が立ち会う等の配慮も必要である。

子どもの受傷が医師による診察・治療を要するレベルであれば、ただちに医療機関において、医師による診察・治療を受けさせるべきである。この場合、問診および診察結果は重要な証拠となることから、すべて診療録等に残してもらうよう医療機関へ要請すべきである。

3 ‖ 身体的虐待の立証 (その2〜法医学的アプローチ)

子どもの傷などから受傷原因を特定し、ひいては身体的虐待の実態を把握することが望ましいが、臨床医に照会しても、外科医等は必ずしも受傷原因の特定などのトレーニングを積んでいるわけではないため、明快な説明を受けられないこともある。

このような場合には法医学医の援助を受けるとよい。最近は都道府県の範囲を越えて法医学医の助言を受けるなど、積極的に法医学医からの助言を受けている児童

相談所も多くなっている。法医学医は、傷を分析し、受傷の態様、受傷時期などを特定することに優れている。最も望ましいのは法医学医に意見書を書いてもらうことである。できれば、その前に親から傷の発生について事情聴取しておくと、親の説明の内容が傷の状態に照らして合理的かどうかについても意見を聴くことができる。意見書を書いてもらうことが難しくても、法医学医にケースカンファレンスに参加してもらい所見を述べてもらうだけで、ポイントが明確になり、親の不合理な弁解を排して、適切な結論に至ることが可能になることもある。法医学医に相談するときは、最初に受診した病院から写真やレントゲン写真、家族構成や家の様子などなるべく多くの情報を得ておくことが望ましい。

4 ‖ 親子分離をするかどうかの判断

（1） 一時保護

児童相談所への通告があった場合、児童相談所は一時保護による親子分離を行うかどうかを判断することになるが[1]、身体的虐待の場合、その内容や程度によってはただちに親子分離に踏み切るべき場合がある。身体的虐待の危険性から、親子分離に躊躇があってはならず、子どもの視点に立ち、親子分離をせずに親のもとへ戻してもよい安全の保障があるかどうかを判断すべきである。

まず、子どもの受傷が生命に危険があるような重大なものであれば、ただちに一時保護に踏み切ることになろう。また、子どもの年齢が低い場合、特に乳幼児の場合には、軽度な暴力でも容易に死に至ることがあるから、受傷そのものは生命に危険性があるとまでいえなくても、一時保護により親子分離をする方向に傾く。

（2） 児童福祉法第28条に基づく家庭裁判所の承認

一時保護のあいだ、調査が行われ、社会診断、心理診断、行動診断、医学診断その他の診断に基づき援助方針会議により援助方針が決定される。

一時保護に引き続き親子分離が必要と判断されるにもかかわらず、児童福祉法第27条第1項第3号ないし同条第2項に基づく親子分離または同法第27条第1項第3号の措置を採ることについて児童の親権を行う者または未成年後見人の意に反するときは、児童福祉法第28条第1項に基づく家庭裁判所の承認を得る必要がある。

家庭裁判所の承認においては、身体的虐待等の虐待の事実が認定されなくとも、保護者に監護させることが著しく当該児童の福祉を害すること（子どもに対する著しい福祉侵害）を明らかにすることにより、入所等措置の承認を得ることができる。

1 　一時保護の判断に関しては「子ども虐待対応の手引き」110頁「一時保護決定に向けてのアセスメントシート」参照

5 ‖ 本件における具体的解決

　本児の継父は、本児に対する身体的虐待を一切否認したが、事故等によって背面部に複数のあざができることは通常想定し難く、そのあざの態様から継続的な身体的虐待が行われていたことがうかがわれること、大腿部の熱傷も味噌汁をこぼしたことによるものとは考え難く、額にも青あざがあったこと、継父が虐待を否認しており今後も虐待が繰り返される可能性が高いこと等を総合的に判断した結果、本児を一時保護した。

　一時保護中の調査において、本児の継父は、しつけとして本児を叩いたことはあると認めながらも、自分も親から同じようにしつけられてきたと主張した。その上で、背中のあざは自分が叩いたことによるものではないと否定し、大腿部の熱傷についても「知らない」と述べた。本児の母親も継父と同様、継父による身体的虐待を否定し、本児の引渡しを求めた。

　法医学医に意見を求めたところ、背中のあざについては、継続的な虐待によるものであると考えられ、大腿部の熱傷は、熱したフライパン等を押し付けたことにより生じたと考えることが合理的であり、味噌汁をこぼしたとの弁解は不合理であるとの回答を得た。

　そこで、児童相談所は、上記の一連の調査結果を踏まえ、児童福祉法28条に基づく施設入所等承認審判申立てを行い、審判のなかで、受傷状況を撮影した写真や医師による意見書によって、本児に対して継続的な身体的虐待が行われてきたこと（青あざは比較的新しいものであり、黄土色のあざは相当以前のものであること、大腿部の熱傷は熱したフライパン等により生じたものであること）、などを立証した。

　これを踏まえて、家庭裁判所は、継父による虐待があるとして著しい福祉侵害を認め、本児の児童養護施設入所を承認した。

2 性的虐待 ···

40歳代の父母と中学校3年生の本児（女児）、小学校2年生の弟の4人家族。

中学校のスクールカウンセラーが、本児から話を聴くなかで、父親と2人きりになったときに父親に裸にされてさわられる、入浴中に父親が入ってきてさわられたり性器を押しつけられたりされたとの訴えがなされた。スクールカウンセラーは、本児が性的虐待を受けていると判断し、本児に説明のうえ、担任および校長と相談し、児童相談所に通告した。

児童相談所は、スクールカウンセラーから本児の具体的な発言内容と経過を確認し、また本児に対して被害を受けているかどうか確認をしたところ、本児は「父親から変なことをされる」と話した。児童相談所は、ただちに保護が必要と判断し、一時保護した。そして、後日、本児の性被害の内容を確認するため、検察・警察と連携し、司法面接を行った。

なお、児童相談所が両親と面談したところ、父親は性的虐待を否定し、父母は、本児がときどき嘘をつくと話している。

◆◆◆◆◆◆◆◆◆◆◆◆◆◆◆◆◆◆◆◆◆◆◆◆◆◆◆◆◆◆◆◆◆◆◆◆◆

1 ‖ 性的虐待の定義と被害の深刻さ

性的虐待は、児童虐待防止法第2条第2号において、「児童にわいせつな行為をすること又は児童をしてわいせつな行為をさせること」と定義されている。性的虐待の加害者は養父、継父、母の内縁の夫のみならず、実父であることもあり、加害者が実母などの女性であることもある。また、被害者は男児であることもある。子どもが父親の性的パートナーの役割を担わされているのを母親も知りながら、知らぬふりをすることもある。そのような場合には、母親も本来子どもを保護すべき立場でありながら父親の性的虐待を傍観している虐待（ネグレクト）の加害者である。

性的虐待が子どもに与える影響は深刻である。子どもは、身体だけでなく心に深い傷を負い、また、性的虐待にあったのは自分が悪いのではないかと考えて自己評価を下げ、心理的に非常に不安定な状態に陥ることが多い。性的虐待の耐え難さから、子どもは、自分の心を守るための防衛機制として感情や感覚を麻痺させたり、考えないようにしてなんとか日常生活を送るようになることも多く、将来的に複雑性PTSDや解離性障害等の診断名がつくようになることも少なくない。子ども自身に性的な言動や、性的逸脱行動がみられることもある。自傷行為や自殺に及ぶこともある。

このように、性的虐待は子どもに将来にわたる極めて深刻な心理的被害を与えるも

のであるため、適切な心理的ケアや精神的な治療、そして手厚い援助が必要である。

　なお、2011 年に作成された「児童相談所における性的虐待対応ガイドライン 2011 版」（以下、本節では「ガイドライン」という。）[2] には、性的虐待の発見、事実調査、保護、保護者への関与等について詳細に対応方法が示されている。

2 ‖ 性的虐待の発見の困難さ

　子どもは、加害者から口止めされていたり、性的虐待を打ち明けることで自分が家庭を壊してしまうのではないかと悩んだり、家庭が壊れたら孤立を余儀なくされるのではないかと考えたりして、なかなか虐待の事実を打ち明けることができない。

　また、被害は家庭内で知られても、何事もなかったように無視され、しばしば繰り返されることもある。姉への被害がやがて妹に及ぶこともある。子どもが父親からの性的虐待を母親に訴えても、父親が事実を認めない限り、母親も子どもの訴えを信じずに、父親側につくこともある。母親が、父親の行為は愛情表現であるとして、子どもに対して性的虐待の認識の修正を行う場合もある。子どもは、母親にさえ信じてもらえないことや守ってもらえないことに傷つき、ショックを受け、その後、性的虐待の事実を誰にも打ち明けることができなくなる。

　以上のような真実を打ち明け難い心理状態に陥っていることから、子どもは、他人から「性的虐待を受けているのではないか」と尋ねられても否認することがあるうえ、一度告白してもこれを撤回することすらある。

　このように、性的虐待は、被害者本人が打ち明け難いため、その発見が極めて困難であることに留意する必要がある。

3 ‖ 子どもの保護と法的援助

　例えば、父親が子どもに性的虐待を行っている事例を想定する。

　母親が子どもを守ろうとする場合は、父親と別居・離婚して、子どもを母親が引き取る方法が考えられる。

　しかし、性的虐待のケースでは、母親が子どもとの関係を憂慮しながらも、結局父親との関係を依存的に優先することが少なくない。加害者が継父で、母親との間に実子がいるような場合には、母親は、継父との間の実子を優先して、被害者であ

2　平成 20 ～ 22 年度厚生労働科学研究費補助金政策科学総合研究事業（政策科学推進研究事業）
　「子どもへの性的虐待の予防・対応・ケアに関する研究」（研究代表者 柳澤正義）
　児童相談所における性的虐待対応ガイドラインの策定に関する研究（研究分担者 山本恒雄）
　性的虐待の被害確認のための面接のあり方に関する研究（研究分担者（故）庄司順一）

る子どものために積極的な行動に出られないことも考えられる。

　母親が父親に同調して性的虐待の事実を認めようとしない場合や子どもを守ろうとしない場合は、子どもを両親から分離して保護し、両親の同意が得られない場合は、児童福祉法第28条の申立て、親権停止の申立て、親権喪失の申立てのいずれかの方法を選択することが考えられる。加害者が養親である場合には、離縁の訴えを検討することになる。性的虐待のケース、特に性交にまで至ったケースについては、一般に、家族の再統合は困難である。

　また、刑事事件として取り扱われることは、子どもが、虐待者が悪いことをしたのであり自分が悪いのではないと理解し、自己肯定感を回復することにつながる場合がある。平成29年刑法改正により、強姦罪（刑177）が強制性交等罪とされ、行為および法定刑が改められ、監護者わいせつ罪（刑179Ⅰ）および監護者性交等罪（同179Ⅱ）が新設された。この監護者わいせつ罪・監護者性交等罪と強制わいせつ罪・強制性交等罪との関係については、法制審議会刑事法（性犯罪関係）部会[3]において、監護者わいせつ罪・監護者性交等罪は強制わいせつ罪・強制性交等罪を補充する趣旨で設けられたものであるから、外形的に双方に該当する場合は、強制わいせつ罪・強制性交等罪が成立するが、訴訟法的な観点から監護者わいせつ罪・監護者性交等罪で処罰することも可能であると説明されている。

　なお、平成29年刑法改正では、強制性交等罪等の性犯罪は非親告罪とされ、告訴の必要はなくなった。しかし、司法手続は子どもに大きな負担がかかるので、どのような手続で進み、どのようなことが起こるのかを子どもが十分に理解できるよう、子どもにわかりやすく説明することが必要である。

　さらに、近時、警察および検察において子どもの負担を軽減するために司法面接的技法による被害児童等の聴取の取組がされるようにはなってきたが、警察・検察での事情聴取、再現見分、証人テスト、法廷での証言が子どもには大きな負担であることには変わりがない。子どもに二次被害を与えないための配慮を申し入れたり、子どもの事情聴取に弁護士や児童福祉司が立ち会い、公判傍聴を希望する子どもや証人となる子どもの付添いなどさまざまな援助が必要となる。　☞第6章参照

　これらの他、加害者に対して不法行為に基づく損害賠償請求をすることも考えられる。それまで性的虐待を受けながらも経済的に加害者に依存せざるを得なかった子どもにとって、加害者の責任を確認し、子ども自身の自己肯定感を回復することにより自立の基盤確立につながる場合がある。

3　法務省：法制審議会―刑事法（性犯罪関係）部会第5回会議議事録13頁、18頁。http://www.moj.go.jp/keiji1/keiji12_00132.html

4 ‖ 性的虐待の立証

　まず、子ども自身からの被害事実の聴き取りが必要となるが、法的立証に使うために、暗示、誘導等なしに、子どもからの自発的な話として事情を聴き取る必要がある。多くの児童相談所では、子どもからの自発的な話として事情を聴き取る面接法として、司法面接が行われており（☞第1章コラム参照）、録音録画をして記録にしている。

　児童福祉法第28条の申立てや親権制限の申立ての場合は、司法面接の反訳書を資料として提出する場合が多い。家庭裁判所においては、子どもへの調査に際して配慮すべき事項を児童相談所に確認し、聴き取りを行う調査官は同性にするなどの配慮をしている場合が多いが、子どもにとって非常につらい性的虐待の体験を思い出して言葉にすることは容易ではないので、子どもにできる限りの配慮がなされるよう求めていく必要がある。

　加害者が一貫して否認する場合も多いので、子どもの話を裏付ける資料をできるだけ提出すべきである。児童相談所が司法面接以外の面接で子どもから聴き取った内容、一時保護所および一時保護委託先で子どもが話した内容や子どもの状況等の詳細な報告書を作成することが考えられる。スクールカウンセラーなどが子どもから話を聞いている場合には、報告書を作成してもらうのが望ましい。精神科医の医学判定所見、性的虐待による心理的影響を表す心理テストや子どもの性的言動に表れた特性についての専門家の意見書や報告書なども必要に応じて準備する。

　女児の性的虐待が疑われる場合は、児童相談所は、できるだけ早く、産婦人科の診察と検査を子どもに受けさせるべきである。性的虐待は身体的所見がみられることが少ない虐待であるが、性器に異常な所見や低年齢児に性感染症がみられたりした場合には、性的虐待の事実の立証に役立つ。

　客観的証拠が乏しくても、子どもがある程度の年齢に達していて、話が具体的であるなどの場合には、性的虐待は十分に認定されうる。また、他の要素と相まって、著しい子どもの福祉侵害として申立てが認容される場合もあるので、留意すべきである。

　なお、司法面接における記録媒体は、措置の要否等を検討するうえで重要な証拠であり、家庭裁判所に提出しなければならない場合もある。そのような記録媒体を検察官が保管している場合には、刑事訴訟法第47条但書の趣旨を踏まえ、検察官に対して、提供を求めることとなる。また、家庭裁判所に提出する際には、警察および検察官と協議した上で未成年者の利益を害するおそれ等を理由に、当事者からの閲覧・謄写を許可しないよう家庭裁判所に求める（家事47Ⅳ）ことが必要となると思われる（「児童虐待事案に係る子どもの心理的負担等に配慮した面接の取り組みに関する情報共有について」（令和元年6月7日子家発0607第1号））。

5 ‖ 幼児である場合の留意点

被害者が幼児の場合は、言語表現だけから事実関係を確認することは困難である。また、言語表現のできる子どもでも、それだけでは裁判所に認定してもらうには十分でない場合もある。そのため、性的虐待の存在を疑わせる種々の徴候を理解し、これを資料化して裁判所に提出する必要がある。このなかで身体的な徴候として性器およびその周辺に損傷などの異常所見が認められたり、幼児に性感染症が確認された場合には、性的虐待が事実であったことを示す有力な材料となる（ガイドライン56頁）。

これらの症状についての医師の診断書、およびそれが性的虐待の徴候の1つであることを裁判所に理解してもらうための医師の意見書や文献の提出が有用である。診察をする医師は、幼児に対する性的虐待のケースを複数経験し、性的虐待における子どもの心理的負担をよく理解する医師であることが望ましい。

このような身体的徴候のほか、子ども自身が露骨な性的行為を遊びとして他の子どもや大人に仕掛けること、過剰で強迫的なマスターベーションをときには人前でも行うことなどの心理的徴候も重要である（ガイドライン15頁）。このような徴候は臨床心理学の専門家などが子どもと遊ぶなどして接触しながら、綿密な観察や何気ない会話から収集できることもある。

断片的な言葉であっても、決定的意味をもつものもある。たとえば、子どもが「ここをさわっていいよ」というのは、そうすると大人が喜ぶことを知っているか、こういうことによって大人とのつながり（コミュニケーション）ができるということを学習しているからである。また、幼児が通常言わないような性的な言葉を言ったりした場合は、性的虐待を疑うべきであろう。

6 ‖ 本件における具体的解決

この事案では、一時保護中に行われた司法面接において、本児が具体的な被害事実を話したため、その反訳書を家庭裁判所に提出した。児童相談所の児童心理司が、一時保護委託中の本児の不安や要求に付き合うなかで、本児は、家を離れて生活することを決意し、将来の進路も考えるようになった。

結局、父は否認を続けたが、本児が被害の内容について具体的な話ができたこと、家に帰りたくないとの意思が明確であったことから、親権喪失の審判を得、児童養護施設に入所することとなった。

また、父は監護者強制わいせつ罪で起訴され、本児は、公判で証人として証言をすることになったが、弁護士（犯罪被害者法律援助を利用）、児童相談所の児童心理司、児童養護施設の担当職員の支援により、落ち着いて証言をすることができた。父は実刑となった。

3　ネグレクト

◆◆◆◆◆◆◆◆◆◆◆◆◆◆◆◆◆◆◆◆◆◆◆◆◆◆◆◆◆◆◆◆◆◆◆◆◆

　本児（10歳女児）は、同年代の児童に比べて、低体重、低身長で、いつも汚れた同じ服で登校していた。小学校の担任が本児に聞くと、給食以外に食事をとっていないとのことであった。また、本児の話では、母親はほとんど料理や洗濯をせず、しかも、本児を一人残したまま外出して数日間帰宅しないこともあるとのことであった。担任がたびたび本児の母親に電話をするも応答がなく、家庭訪問をしても、応答はなかった。窓から部屋の内部を見ると、衣類や空き瓶、空き缶などが散乱している状態であった。

　小学校は、市に虐待通告をし、同市の要保護児童対策地域協議会において、見守りとともにさまざまな支援を行ったが、本児の状況や家のなかの状況に改善はなかった。

◆◆◆◆◆◆◆◆◆◆◆◆◆◆◆◆◆◆◆◆◆◆◆◆◆◆◆◆◆◆◆◆◆◆◆◆◆

1 || ネグレクトの定義

　ネグレクトとは、児童虐待防止法第2条第3号によると、「児童の心身の正常な発達を妨げるような著しい減食又は長時間の放置、保護者以外の同居人による前2号（身体的虐待、わいせつ行為）又は次号（心理的虐待）に掲げる行為と同様の行為の放置その他の保護者としての監護を著しく怠ること」をいう。具体的には、遺棄（保護者が子どもを家に置いたまま外出することも、それがたとえ短時間であっても子どもの安全を確保できない状況下に置いた場合には該当する場合がある）、適切な食事を与えない、居住環境や子どもの身なりを極端に不潔なままにする、重大な病気についても必要な治療を受けさせない（医療ネグレクト ☞第4章 [7] 参照）といった無関心・怠慢、あるいは就学年齢に達した子どもに必要な教育を受けさせないなどの不適切な養育 ☞第4章 [6] 参照 があげられる。

　保護者自身による虐待に限られず、同居人による虐待を保護者が放置する行為も、ネグレクトに該当する。

2 || ネグレクトが子どもに及ぼす影響

　ネグレクトがあると、子どもは身体的な発達が妨げられたり、疾病に罹患したりするだけでなく、生命の危険にもさらされる。実際にネグレクトによりいくつもの尊い命が失われており、「子ども虐待による死亡事例等の検証結果等について（第

16次報告）」⁴をみると、心中以外の虐待死54人のうち、ネグレクトによる死亡が25人（46.3％）と最も多く、次いで身体的虐待による死亡が23人（42.6％）であった。

　また、ネグレクトは、身体的影響のみならず、知的発達を阻害したり、必要な保護者の愛情を受けられずに育つことでその後の子どもの愛着関係形成に支障が出たりするなど、心理面にも大きな影響を残す。

3 ‖ ネグレクト事案の難しさ

（1）ネグレクトの認定

　子どもが家に閉じこもっているケースなどは、外部から詳しい監護の状況がわかりにくいため、そもそも、子どもの状況等の把握が困難な場合がある。また、実際には、ネグレクトが続いている場合であっても、親族の援助や近隣の善意などによってカバーされ、外見上子どもに大きな問題が発生していないため、ネグレクトに気づかないこともある。

　このようにネグレクトの認定は容易ではないが、次のような要素に着目して認定することが多い。なお、これらの要素は複合的に現れることが多い。

1）身体的発育不良

　　単に発育不良といっても、器質的な疾患や障害に起因するものもあるため、ネグレクトであると即断はできない。しかし、医学的な診断により疾患や障害の可能性が除去されると、正常な発達を妨げるほどの無関心や怠慢があったと推定しやすくなる。

　　また、家庭で生活している間は身長・体重が増えないのに、入院や一時保護等で家庭を離れると急に身長・体重が増えるという現象（キャッチアップ）がある場合、ネグレクトがあったと推定する有力な根拠になる。立証のためには、必ず成長曲線シート（横軸に年齢または月齢、縦軸に身長または体重をとり、平均的な子どもの成長を表すグラフ）に子どもの身長・体重を記入し、キャッチアップを視覚的にわかりやすくする方法をとるべきである。

2）心理的、情緒的発達の遅れ

　　心理的発達の遅れにもさまざまな要因があるが、ネグレクトが原因となっていることもある。専門的な心理判定を行うことが望ましい。

3）身なりの汚れなど

　　子どもが著しく汚れていたり、汚れた服装をしていたり、あるいは異臭がす

4　令和2年9月社会保障審議会児童部会児童虐待等要保護事例の検証に関する専門委員会

ることがある。また、衣服が季節に合わなかったり、体型に合っていなかったりすることがある。

４）給食時の異様な食欲

体格に見合わず、おかわりを繰り返すなどの場合には、家庭において十分な食事を与えられていない可能性がある。

５）虫歯

幼少時に虫歯がひどい場合、親が適切に歯磨きなどをしていない、あるいは歯科受診をさせていない可能性がある。

６）居住環境の不衛生など

居室内が著しく汚れている、使用済みのおむつやペットの糞尿が放置してある、足の踏み場もないほどゴミが散乱しているなど、極端に不衛生な環境の中で生活している場合がある。また、ライフラインが止まっている、止まるおそれがあるのに親が必要な対応をしない場合もある。

７）夜間または長時間の放置

親が、子どもだけを家に残したまま長時間または夜間に外出したり、数日間家に帰らなかったりする場合、子どもを車の中に放置するような場合、子どもの年齢や放置の頻度によってはネグレクトが疑われる。

８）親子のかかわり

子どもが近づいても親が抱くことを拒否する、子どもが親に近づこうとしない、子どもが保育所や学校などで過度にスキンシップを求めてくるなど、親との愛着関係が欠如している場合がある。

９）子どもの問題行動

コンビニエンスストア等で万引きをしたり他家から金銭を持ち出したりする、親が夜間に在宅していないために徘徊する、親が学校への送り出しができないために不登校やひきこもりになる等の問題行動がみられると、ネグレクトが疑われることがある。

（２）ネグレクトに対する援助・介入の判断

上述のとおり、ネグレクト事案の場合、ネグレクトであるとの認定が困難な場合があること、表面的には重大な事態が生じていると考えにくいような場合があることから、児童相談所をはじめとする関係機関がどのような援助・介入をするかの判断に困難を伴う事案が多い。しかしながら、上述のように、ネグレクトが子どもに与える影響は大きく、また、行政機関の介入が遅れたことにより子どもが死亡してしまったケースがいくつもある。したがって、近年、多くの児童相談所及び市町村の虐待対応部署は、（１）であげたような要素を取り込んだアセスメントシートを活

用して事案を把握し、援助・介入の方針を判断している。たとえば、疾患や障害によらないのに身長・体重が平均を大きく下回っている場合、乳幼児が長時間放置されている場合には、ネグレクトによる重大な結果が生じているから、迅速に一時保護をすべきである。

　そして、一時保護や施設入所等の措置を行わないこととした場合においても、継続的な見守りと定期的なリスクの見直しが必要である。いったん在宅での支援とした場合でも、関係機関との情報交換を行い必要に応じてリスクと援助方針を再評価して、必要な介入が遅れることがないようにしなければならない。

4 ‖ ネグレクトへの対応

（1）子どもの処遇

　子どもの処遇については、緊急性の程度によって、対応が変わりうる。

　その判断は、難しいところではあるが、児童の年齢、身体状況・精神状態や言動の変化、その期間の長短、安否確認の状況、保護者の態度等がポイントとなる。一般論として、児童の年齢が低く、長期間安否が確認できていないような場合においては、対応（介入）の緊急性が高いといえよう。

　1）緊急性の高い場合

　　　緊急性の高い場合には、迅速かつ正確な事案の把握に努めるべきである。調査にあたっては、子どもの安否確認を優先し、その折、身体状況や精神状態だけでなく、保護者の態度等を把握したうえ、一時保護や児童福祉法第28条申立てを速やかに行うべきか否か判断することとなる。子どもの安全確保を何より優先すべきであるから、緊急性が極めて高いような場合においては、躊躇することなく、一時保護をすべきである。

　2）緊急性が高いとはいえない場合

　　　他方、緊急性が高いとはいえない事案であれば、関係機関の間で、当該子どもを守るネットワークを構築し、さまざまな情報（身体状況、服装、ネグレクトの実態の聴取内容〔子ども自身だけでなく、学校関係者および近隣住民などの情報も有益である〕、保護者の言い分など）を共有し、子どもと親に対する効果的な支援の方法を検討し、役割分担をしながら支援を行うことになる。

　　　当該支援においては、子どもが住む市町村の要保護児童対策地域協議会が中心的な役割を担い、必要に応じて個別ケース検討会議を開催するなどしながら関係機関が相互に連携・協力して行うことが望ましい。

　　　そして、当該会議では、児童相談所がどの段階で強力な介入（一時保護等）を行うかの基準をあらかじめ明確にしておく必要がある。そのうえで、それぞ

れの支援の状況とその効果を定期的に確認し、都度対応を見直すべきである。

　たとえば、見直し時期を定めながら支援を継続してきたにもかかわらず、養育環境が改善されず、あるいは子どもへの悪影響が大きくなってきた場合や正当な理由なく支援を拒否するような場合には、次の段階へ進む必要があるだろう。具体的には、子どもを一時保護したうえで、その親に対して施設入所への同意を求め、その同意が得られない場合には、児童福祉法第28条の申立て、あるいは親権停止申立てなどを視野に入れるべきである。

　なお、子どもを一時保護せずに、在宅のまま児童福祉法第28条を申し立てることも可能である。この場合には、審判前の勧告（児福28条Ⅳ）を活用することも考えられる。

　かかる対応を段階的に踏むことで、仮に施設入所措置の承認や親権制限までは認められなくとも、これらの申立て等を契機として、親から、適切な養育の約束が取り付けられたり、施設入所への同意が得られたりするようになるなど、解決への一手段となることもある。その意味では、申立て自体も児童相談所のケースワークの一環として有意義であることも理解しておくとよい。

（2）親の支援の必要性

　ネグレクト事案の場合、その背景も十分に理解する必要がある。ネグレクトの背景事情として、親自身の精神疾患が原因である場合や家庭内DV等が原因で生活意欲や家事処理能力が低下している場合、養育の意欲はあるが適切な家事等の方法がわからないような場合などさまざまなものが考えられる。

　このような場合には、背景となっている問題の解決を図るために、関係機関と連携・協力して、親に対する支援に注力する必要性が高い。

　具体的には、医療機関への受診、障害年金の受給、生活保護の受給、就労支援等を行い、親自身が生活を立て直すことが考えられる。

　また、適切な家事等の方法がわからず、親にとって過度の負担になっていると見受けられるような場合には、ヘルパーサービスを利用するなどして、その負担を軽減し、ひいては家事等の研鑽に努めてもらうといった手段も検討に値するだろう。

5 ‖ 本件における具体的解決

　市は、児童相談所に本件を送致し、児童相談所は本児を一時保護した。

　その後、児童相談所は、母親に対し養育環境の改善等の指導を行ったが、母親には改善意欲が見られなかった。そこで、児童相談所は、本児を施設入所させることとし、母親にその同意を求めたが、これを得るには至らなかった。

以上を踏まえ、児童相談所は、児童福祉法第28条の申立てをした。これが認容され、本児の児童養護施設への入所が実現した。

　その後、母親は、施設入所（の継続）に同意するようになっただけでなく、児童相談所からの指導を受け入れ、次第に、養育環境の改善や家事等への意欲をもつようになった。

　結果、継続的な指導等が奏功し、母親と本児との面会や外泊が定期的に行われるようになった。最終的に、本児は、中学校入学を機に家庭に引き取られることとなった。

4　心理的虐待

　精神疾患を患っている親権者である養父と、母親、現在小学2年生である本児の3人家族。父母は、本人の面前で喧嘩を繰り返し、母は包丁等危険物を持ち出し「死ぬ」と自殺をほのめかすことを繰り返し、警察から書面による児童通告、2度の身柄付通告がなされた。その後、父母が本児の面前で喧嘩をした挙句、母が自宅を飛び出し、母を追ってきた本児を放置した結果、3度目の身柄付通告がなされ、児童相談所に一時保護されるに至った。

　なお、父母は、児童通告された際の事実関係について、「憶測で話をしないでほしい」、「警察は話を盛りすぎており嘘をつきすぎ」等と客観的事実に反した主張を合理的な理由もなく続け、本児に対する心理的虐待の要因となっている不安定さを改善するための精神面、経済面での改善がまるで見込めない状態であった。

　このような状況から、本児は、医師から心的外傷後ストレス障害の可能性が高いと判断されている。

1 ‖ 心理的虐待とは何か

　児童虐待防止法において、心理的虐待は「児童に対する著しい暴言又は著しく拒絶的な対応、児童が同居する家庭における配偶者に対する暴力（配偶者（婚姻の届出をしていないが、事実上婚姻関係と同様の事情にある者を含む。）の身体に対する不法な攻撃であって生命又は身体に危害を及ぼすもの及びこれに準ずる心身に有害な影響を及ぼす言動をいう。）その他の児童に著しい心理的外傷を与える言動を行うこと」と定義されている（児虐2④）。

　厚生労働省「子ども虐待対応の手引き」によれば、心理的虐待とは、具体的には
・ことばによる脅かし、脅迫など。
・子どもを無視したり、拒否的な態度を示すことなど。
・子どもの心を傷つけることを繰り返し言う。
・子どもの自尊心を傷つけるような言動など。
・他のきょうだいとは著しく差別的な扱いをする。
・配偶者やその他の家族などに対する暴力や暴言。
・子どものきょうだいに、児童虐待防止法第2条第1号から第4号の行為を行う。
などの行為を指すとされている。これらは心理的虐待の典型的なものであるが、実

務的にはこの範疇に収まりきれないケースもあり、子どもの年齢に不相応な非常識なまでに厳格なしつけをなした事案（☞第4章 9 参照）、語学教育のためとして幼い子どもに英語だけしか使わせなかった事案なども心理的虐待の実例として報告[5]されている。

心理的虐待は、「自分には価値がなく、欠点だらけで、誰からも愛されず、いてもいなくてもよい存在である」というメッセージを繰り返し子どもに与えるものであり、身体的虐待やネグレクト以上に子どもに深い傷を与えかねない虐待であるとの指摘もある。

なお、心理的虐待は、身体的虐待やネグレクトなど他の類型の虐待行為に伴っている場合も多い。

2 ‖ 心理的虐待として分離を検討すべき基準

身体的虐待などが外形的客観的に認定しやすいのに比べ、心理的虐待は、どのようなことが行われているのか、外部に客観的に認識されない場合が多い。また、行為の存在が明らかになったとしても、身体的虐待による外傷等とは異なり、子どもに与える影響もまた客観的な評価は容易ではない。

そのため、身体的虐待やネグレクトなど他の類型の虐待行為に伴っている場合は別として、心理的虐待のみの事案では、一時保護の判断に消極的となる傾向がある。しかし、保護者がその子どもに対してなした言動により、子どもに強い不安や怯え、うつ状態、凍りつくような無感動や無反応、強い攻撃性、習癖異常など、日常生活に支障をきたす精神症状が生じている場合は、親子分離がなされるべきであることは間違いない。

そこまでの精神症状が現れるに至っていない場合でも、子どもが保護者から不当な精神的抑圧を強く加えられているような場合は、やはり心理的虐待として、親子分離を検討すべきである。

3 ‖ 心理的虐待の立証

（1）心理的虐待の立証としては、当該子どもからの聴き取りのほか、保護者からの聴き取りも重要である。自らの行動が子どもに与える影響について無配慮であることや、改善を図る意思がないこと、明らかに常識から逸脱した価値観を子どもに強いていることが浮き彫りになることもある。

5　横浜家庭裁判所川崎支部平成10年4月13日審判・判例集未登載。

（2）また、子どもへの影響を立証するためには、精神科診断所見や心理判定所見を提出する。一時保護により心理的虐待から解放された子どもは大きな状態の変化をみせることがあるので、一時保護の期間中に子どもに対する十分な行動観察をして、心理判定所見等にまとめることも有用である。

　心理判定所見等に記載すべきポイントを以下にあげておく。

　1）現に、子どもに身体的、知的、情緒的な面に発達の遅れや影響が認められること

　　現段階の子どもの様子を観察したり、さまざまな心理検査をしたりして、どの程度の遅れや影響があるのか、子どもの個性や子育ての個性の範囲では説明のつかない深刻な発達の遅れや影響であることを明らかにする。

　2）その発達の遅れや影響が、保護者の不適切な養育に起因していること

　　一時保護後、子どもが一時保護前には見られなかった身体的、知的、情緒的な発達をとげたこと、「身長、体重が増えた」「知的な遅れが急激に改善した」「対人関係のもち方が変化した」「感情表現が急激に豊かにできるようになった」などがあれば、証明の資料になる。

　3）その発達の遅れや影響が深刻で、このままその保護者と一緒に生活していたのでは、ますます深刻になると思われること

　　現在子どもに見られる成長発達の遅れや影響が、今後、子どもが成長していった場合に具体的にどのような問題を発生させる可能性があるのか。

（3）また心理的虐待は、前記のとおり身体的虐待やネグレクトなど他の虐待とともに起こる場合が多いので、心理的虐待が主と思われる事案においても、虐待の主張立証にあたっては、他の虐待事実も丹念に拾うことが重要である。

4 ‖ 本件における具体的解決

　本件では、本児からの聴き取り、本児を保護した警察官からの聴き取りによって、本児にとって愛着関係が構築されているべき父母が、心配な存在、怖い存在となっていることが明らかとなった。また、家庭内での愛着の対象がないままに強いストレスに晒されていた結果、心的外傷後ストレス障害の可能性が高いと2名の医師から診断された。

　これに対し父母は、自身の問題行動を否認し、児童相談所からの指導にも従うそぶりを見せないどころか、これに対する反感を持ち続け、「児童相談所の指導の適否は自ら判断する、適切であれば従う」などと主張した。児童相談所は、児童福祉法第28条第1項に基づく承認審判を申立て、認容された。

5 代理によるミュンヒハウゼン症候群 ‥‥‥‥‥

30歳代の父母と本児（1歳女児）の家庭。本児には、当初から低体重と発達の遅れが認められていた。

母親は、本児を病院に連れていき、「低体重が心配である」などと訴えたため、病院では本児を検査入院させることとした。入院時の検査結果は特に異常はなかったが、本児の低体重は改善しなかった。この点、母親は「本児は食が細い」などと訴えたが、他の介護者によれば本児はよく食べているということであり、母親の訴えには不審な点が見られた。病院が完全看護を試みたところ、体重は順調に増加したため、いったん退院した。

ところが、約半年後に、本児は再び低体重となり病院に入院した。入院中、本児は突然敗血症となり、一時重篤な状態に陥った。検査の結果、大腸菌やカンジダ菌などが血液中から検出された。また、点滴のつなぎ目がゆるめられている状態が発見され、看護師らが留意して固く締めたにもかかわらず、またゆるむという状態が続き、人為的な関与が疑われた。母親は、「本児はきちんと食べるようになったが、まだ体重が減少する。何か病気があるのではないか。」などと訴えたが、本児の食べ物が捨てられているのが発見されたことがあった。

病院では、母親がほぼ24時間付き添っており、他者の関与がうかがわれないこと、母親の言動が当初から不自然であったことなどから、代理によるミュンヒハウゼン症候群（Munchausen Syndrome By Proxy）を疑い、児童相談所に通告するに至った。

1 ‖ 代理によるミュンヒハウゼン症候群とは

（1）両親または養育者によって、子どもに病的な状態が持続的につくられ、医師がその子どもにはさまざまな検査や治療が必要であると誤診するような、巧妙な虚偽や症状のねつ造によってつくられる子ども虐待の特異なかたちである。自ら虚偽の症状や病歴を訴えて、つぎつぎと病院を変えながら医学的に不必要な検査、入院、治療を繰り返す状態が、ほら吹き男爵とあだ名をもつミュンヒハウゼン男爵に似ていることから、ミュンヒハウゼン症候群（Munchausen Syndrome）と名づけられた。代理によるミュンヒハウゼン症候群とは、親が自分自身について虚偽の症状を申告したりするのではなく、子どもを代理（Proxy）として、子どもにつき虚偽の症状を申告するなどするものである。

1977 年に初めて 2 症例が報告され、その後各国で相当数の症例報告がある[6]。

（2）症例は生後 1 か月から 15 歳ごろまで広く分布するが、その多くは乳幼児である。下に子どもができると、その子どもが虐待の対象となり、上の子どもは虐待から解放される症例もある。症状の内容も多岐にわたる。

　　本症候群は、みせかけの症状（たとえば、養育者が自分の血液を子どもの尿や便に混入してみせかけたり、麻痺がないのにあると申告すること）、現実に作り出された症状（養育者による頸動脈の圧迫や薬物投与による麻痺状態の作出、点滴等のルートから便や唾を混入させるということもある。）、みせかけの症状と作り出された症状が混在している状態（排尿がないのにあると養育者が偽ったため水中毒による麻痺が引き起こされる、夜間点滴量を操作し多量の水分が投与されて同様の麻痺が引き起こされるなど）があるといわれている。養育者と分離しなければ入院しても虚偽の症状が続く。

　　養育者がこのようなことを行う動機としては、自分が注目の的になり、悲劇の養育者、あるいは献身的に子どもを介護する、けなげな養育者として尊敬されたい、という欲求に基づくものであると考えられている。また、医師や看護師など医療関係者とかかわりをもっていたいという動機も指摘される。

2 ‖ 対応上の留意点

（1）発見・判断の難しさ

　本症候群による虐待は、家庭において、親によって優しく養育されるという成長発達に不可欠な小児期が存在しないという意味で、子どもに重大な影響を及ぼす。医療機関を介しての必要のない身体への侵襲行為が行われることが多いため、本症候群の死亡率は高いといわれている。また、年長児になると親と共生関係にあり、親の作り出した症状を受け入れて自分自身の症状としてふるまうために発見がより困難である。この年長の子どもは成人するとミュンヒハウゼン症候群や多重人格や解離性障害の症状を呈してくるなど将来への影響も多大である。このように、親に監護させることが著しく当該児童の福祉を害するため、親子分離は避けられない。

　この虐待は、一見かいがいしく子どもを心配する親の姿を呈し、また時に病院を転々とすることもあるので、虐待が発見されにくい。また、病院のミスや他の第三者の行為によることも考えられることから、その区別も問題となる。これらの点か

6　日本の症例報告としては、奥山眞紀子「被虐待児と家族への医療における在宅ケアに関する研究」（平成 16 年度厚生労働科学研究費補助金（子ども家庭総合研究事業）被虐待児への医学的総合治療システムのあり方に関する研究（主任研究者：杉山登志郎）報告書 84 頁）。

ら、発見判断の難しさがある。

　判断要素としては下記のものがあげられる。a）腸や便にしかいない菌が血中から検出されるなどの人為的原因と認められる病状。b）辻褄の合わない検査結果、治療の効果がなく長続きしない、母親の訴える病状が不適当など、医学的に説明しがたい病状の異常性。c）親と子どもしかいない場でのみ問題が発生し、親子分離すると回復する。d）親が訴えるわりには、親には心配している様子がみられない（心配症によるドクターショッピングとの違い）。

（2）一時保護における病院側との協力関係

　一時保護は、子どもの安全の確保の観点からはもちろんであるが、代理によるミュンヒハウゼン症候群の証拠の確保（一時保護によって症状が回復することが確認できれば重要な証拠になる。）という意味からも極めて重要である。保護者との接触を完全に断った状況を確保する必要がある。

　子どもが引き続きの治療を必要としない場合には、一時保護のタイミングが問題となるが、子どもが入院中の場合は一時保護後の別の病院を保護先として確保しておく必要がある。入院中保護者に監護させるのは不適当であるので、完全看護の病院の確保が必要である。

　一時保護のタイミングについては、この虐待類型は、親子が病室で終始一緒におり、また病院の他の患者への配慮も必要なので（同室、外来の一般患者へはもちろんであるが、小児病棟では類似虐待の疑いのある患者の親がいることもあるので、動揺を与えないようにすべきである。）、一時保護をどのタイミングで、どのようにするかということが大きな課題である。親子を離すための自然な親の呼出方法、同室の患者に不審がられない子どもの保護方法、保護後親子が鉢合わせしない移動ルートなど、病院内を混乱させずにスムーズに保護するため、病院側と十分な打合せと事前の計画が不可欠である。

　本件では、児童相談所は親からの聴取と一時保護の説明は簡略に済ませることにし、それを担当するチームと、実際に本児を一時保護するチームを別の班として、連携しつつ着手した。病院に長居をするのは混乱要因となるので、一時保護の完了後、一時保護についての保護者への説明は簡略なものにとどめ、正式な説明は別の場所を設定する対応をした。

　病院内での一時保護に対しては、病院側には相当抵抗感があるので、事前に弁護士が児童相談所に同行して看護師など病院スタッフに説明をすることも場合によっては必要であり、本件ではそのようにした。

（3）証拠の作成

　この虐待類型は、医師からの通告によることが通例と思われるので、医師の協力は得られやすいだろう。医師の意見書をベースに、前述の判断要素を客観的な検査データ、看護記録などでチェックしたり、身体発育曲線などで見やすくしたりして証拠化することになる。一時保護後の子どもの体調や発育状況の飛躍的改善も重要な証拠となる。

　なお、親の行為が介在することの立証について、隠しビデオを病室に設置することによって現場を押さえることは極めて有効で、実際、アメリカではビデオによる証拠化が実行されている。日本でも、数は少ないが、ビデオ撮影が行われ決定的な証拠となっているケースもある。

3 ‖ 本件における具体的解決

　本件では、一時保護後に両親の同意を得て、本児を乳児院へ入所させた。

　保護後、両親のカウンセリングを試みたが、必ずしもスムーズにはいっておらず、親子の再統合は困難な状況である。

【参考裁判例】
○　熊本家庭裁判所平成 21 年 8 月 7 日審判 [7]
○　福岡高等裁判所平成 21 年 10 月 15 日（抗告棄却）家裁月報 62 巻 7 号 93 頁
○　東京家庭裁判所平成 16 年 4 月 16 日審判
○　札幌高等裁判所平成 15 年 1 月 22 日決定 [8]
○　宮崎家庭裁判所都城支部平成 12 年 11 月 15 日審判 [9]
○　京都地方裁判所平成 22 年 5 月 20 日判決
○　甲府地裁令和 2 年 3 月 13 日判決、（控訴審）東京高裁令和 3 年 3 月 26 日判決 [10]

7　家裁月報 62 巻 7 号 85 頁。
8　家裁月報 55 巻 7 号 68 頁。
9　家裁月報 54 巻 4 号 74 頁。
10　D1 law.com 判例体系

6 不登校と引きこもり、登校禁止 ……………

母親と２人暮らしの小学６年女子。小学校低学年時より不登校となり、１年間の登校日数は数日程度であった。近所では母親の姿は見かけるものの、子どもの姿はまったく見かけない。学校の担任が再三家庭訪問をしてきたが、母親が玄関口で対応するだけで、子どもが嫌がっているからと子どもに会うことはできず、半年が経過した。母親の話によれば、子どもは自宅で問題集などを使って勉強しており、健康にもまったく問題がないという。

1 ‖ 学校に来ない子どもとその支援の必要性

子どもが学校に来ない背景にはさまざまな要因がある。たとえば、いじめ等により子どもが学校生活で傷つけられる場合、家庭内に引きこもって外出しない場合、非行傾向を伴い家庭や学校外で行動・徘徊する場合などが考えられる。

また、本来大人が担うと想定されている家事や家族の世話などを日常的に行っている子ども（ヤングケアラー）が不登校となっている事例も指摘されている。厚生労働省の調査[11]によると、ヤングケアラーが家事や介護等の世話に割く時間は一日平均約４時間に及ぶことが判明しており、家事等に時間が割かれる分、子の勉強や学校生活等への影響が懸念されている。

実務的には不登校の原因を的確に把握するのは非常に困難であり、学校に来ない子とその家族への対応を考える際には、不登校の期間・程度・家庭の事情、子の発達状況などを総合的に検討するべきである。

不登校のケースは、子どもや家族に対し、何らかの援助が必要なケースが多い。特に保護者の協力が得にくい場合には、関係者が必要な情報交換をすることにより、その子どもの具体的なニーズを探ることが必要となる。なお、以下に述べる例のように、長期間登校しない子どもの背景に重篤な虐待が存在する場合があることを念頭において対応することが必要である。

平成16年１月25日、大阪府岸和田市において、中学３年生の男子児童が、長期間不登校となっている間に、家庭内で虐待を受けていたことが明らかとなったが、このケースは、登校禁止のみならず、監禁および身体的虐待があったとされる。子どもが高年齢であるからといって、必ずしも自力で虐待から逃れることができるわ

---

11 2021年4月12日発表の厚生労働省の全国調査

けではなく、注意が必要である。

　また、平成 20 年 10 月 30 日、札幌市は、小学 6 年から約 8 年間にわたって母親によって自宅に事実上の監禁状態に置かれていた女性（19 歳）を平成 18 年 8 月に保護していたことを明らかにした。この女性は、保護されたとき、歩行が困難で、強い恐怖やショックによって精神的退行に陥り、知能は 3 歳児程度であったと報道されている。この女性は、小学校 3 年生頃から不登校気味で、中学に入ってからは完全な不登校になり、自宅訪問しても母親は居留守を使うため会うことができず、登校しないまま中学を卒業している。学校は、早い時期からこの親子のことを心配し、市の福祉担当部署、児童相談所も情報を得て何度も異常に気付く機会がありながら、誰も監禁（ネグレクト）状態を見抜くことはできなかった[12]。

2 ‖ 子どもを登校させないことは虐待か

　親が子どもの意思に反し、何ら正当な理由がないのに学校への登校を禁止することがある。子どもが義務教育年齢である場合、親が子の意思に反し、正当な理由なく就学させず、学校以外の子どもが学習できる場や方法を用意しないことは、憲法第 26 条第 2 項、教育基本法第 4 条第 1 項および学校教育法第 22 条、第 39 条に違反し、子どもの教育を受ける権利の侵害にあたる。仮に、衣食住は満たされていたとしても、子どもの健全な成長、発達に必要な環境を与えられていない場合、ネグレクトの一種として虐待にあたる。前述のヤングケアラーについても、子どもが登校を希望しているのに、親が登校を困難にさせるような家事等を強要していれば、虐待と評価されよう。

　他方、子どもが自らの意思で学校に行かないことは虐待ではないし、正当な理由があって子に親の方から学校に行かなくてもよいとしていることも虐待ではない。このような場合、児童相談所や学校その他関係機関が連携して親と子どもを支援しつつ、民間のフリースペースやフリースクールなどの利用により、不登校の子どもの教育の機会を整えることが必要である。

　義務教育の段階における普通教育に相当する教育の機会の確保等に関する法律において、不登校児童生徒等に対する学校以外の場における教育の機会の確保等について定められている。学校に登校しない子の支援にあたっては、フリースクールへの通所など、学校以外の代替的な教育の場を利用して子どもの教育権を保障することも考慮する必要がある。

　不登校児童生徒が学校外の施設において相談・指導を受けるとき、文部科学省の

---

12 「不登校新聞」2008 年 11 月 15 日版（特定非営利法人全国不登校新聞社発行）

定める要件を満たすことにより、出席扱いとすることも可能である[13]。また、不登校児童生徒が自宅においてICT等を活用した学習活動を行った場合も文部科学省の定める要件を満たすことで出席扱いとすることが可能である[14]。さらに、学習活動の評価については、民間業者が提供する教材やインターネット上の学習システムを活用する場合には、当該教材の学習時間や確認テストの結果などに基づいて評価を行うことができる。

3 ‖ 引きこもりと不登校の関係

　学校に来ないことがきっかけで子どもが家庭内からほとんど出ていないという状況が判明することがある。この場合も、子どもが家庭内から外に出ないというだけで一概に虐待にあたるわけではない。

　たとえば、子どもが、対人関係に恐怖があって外に出ない等の理由がある場合は、外に出ないことが子の意思に反していないので虐待ではない。しかし、正当な理由なく親が子どもを家から出さない場合は虐待にあたる。虐待にあたるか否かは、子どもの意思に反しているかが一つのメルクマールになるといえる。もっとも、子どもの意思が親の意向に支配されている場合があるので、子どもの意思の把握においては、子どもに対して必要な情報を提供したうえで、安心して子どもが自分の考えを表明できる環境を整えて聞き取りを行う必要がある。

　また、子どもが乳幼児の場合、検診に来ないこと、家庭訪問を受け付けないことなどから乳幼児のいる家庭での引きこもりが判明することもある。乳幼児は、自ら助けを求めたり食べ物を摂取したりする能力に欠け、また、学齢期の出欠状況のように、客観的に引きこもり状況を把握する機会にも乏しいことを念頭に置き、乳幼児が深刻な虐待的状況に置かれていることを見過ごさないように注意する必要がある。

4 ‖ 不登校や引きこもりの子どもの支援のあり方

　上述のとおり、不登校の背景に虐待が存在する場合があるため、子どもが欠席や遅刻をした際には、学校教員が欠席等の事情をしっかり確認し、家庭環境に問題がないか否かを把握することが必要となってくる。欠席等が続く場合には、学校は、

13 「不登校児童生徒への支援の在り方について（令和元年10月25日通知）」（別記1）義務教育段階の不登校児童生徒が学校外の公的機関や民間施設において相談・指導を受けている場合の指導要録上の出欠の取扱いについて
14 「不登校児童生徒への支援の在り方について（令和元年10月25日通知）」（別記2）不登校児童生徒が自宅においてICT等を活用した学習活動を行った場合の指導要録上の出欠の取扱いについて

単に登校を促すだけでなく、必要に応じて福祉事務所、スクールソーシャルワーカー等による適切な公的サービスを受けることができるように援助体制を整える必要がある。家庭環境の問題把握に関しては、家庭訪問を行い、家がゴミだらけになっていないかを確認したり、近隣との付き合いを拒否したりしていないか、必要な支援機関や地域の社会資源からのかかわりや支援を拒んでいないか等がメルクマールになる。また、前述のヤングケアラーの問題に関しては、子ども本人が無自覚のケースもあるので注意が必要である。

引きこもりケースでは、児童相談所のケースワーカーや学校の教師などの関係機関が訪ねても、まったく応答しないことがあり、家庭内での子どもの養育環境を把握することは非常に困難である。そこで、地域で活動する民生委員・児童委員などに根気強く家族の様子を確認してもらうなどの協力を得ながら生活状況を確認する必要がある。要保護児童対策地域協議会を中心にした関係機関でケース検討を行い、親や子どもと接するキーパーソンの役割を担う者を適切に定めておくことが重要である。完全に親子で閉じこもってしまい情報がほとんど得られない場合には、立入調査や出頭要求、臨検・捜索などの手段を利用することになる。これらの制度は、まさに長期間にわたって児童の姿が確認できず、かつ保護者がその確認を妨げるケースに用いられることが想定されている。

5 ‖ 親子分離の判断とその後の支援

（1）一時保護の判断

不登校、引きこもりの案件について児童相談所に通告がなされた場合、その家庭を児童相談所の職員が訪問し、子の安全を確認すべきである。子の安全を確認した結果、虐待等の疑いがあれば、その重大性、緊急性をアセスメントして一時保護の要否を検討する。職員が家庭を訪問した場合、親が子に合わせてくれないということは子どもへの危険性判断にとって重要な要素である。このような場合、立入調査、出頭要求、臨検・捜索を検討し、一時保護の要否を検討する。

（2）親子分離

一時保護をした後に、引き続いて親子分離をするのか、その子どもを家に帰すかが判断される。親、子ども、関係機関から聞き取りを行うなどして家庭状況等の調査を行い、重篤な虐待がなく、かつ、保護者が関係機関の支援に応じ、子どもの養育と教育が確保できると考えられれば、家庭復帰が可能である。子どもの安全が確保されず、子どもを家に帰すことが相当ではないと判断される場合には、親子分離を継続することが必要となる。この場合、親権者の意向によっては、児童福祉法第

28 条の審判、親権喪失、親権停止等の手続が必要となる。

（3）家庭で暮らす親子の支援

　親子分離をしない場合およびいったん分離した後に子どもを家庭に帰した場合には、主に市町村が中心となって、要保護児童対策地域協議会などを活用して見守り、支援を継続していく。見守りの中で子どもの安全が確認できないような場合には、必要に応じて児童相談所の職員等が当該家庭の訪問、見回り等の支援を行うこととなる。

6 ‖ 本件における具体的解決

　本件事例のような場合、母親の話だけで子どもの不登校の原因や学習権保障の状況を判断することはできない。まずは、子どもと面談し、登校しない理由や、学校以外の場で学習機会が保障されているか否かを確認すべきである。そして、学校や関係機関が子どもと接触することを母親が拒絶し続ける場合には、立入調査や親子分離も検討すべきである。

　本件では、母親を説得して子どもと面談をして確認した結果、子どもは、学校での対人関係に悩み登校できない心理状態となっていること、身体の状況には問題がないこと、自宅で通信教育の教材を使って学習しており、代替的な教育の場が保障されていることが確認された。そのため、関係機関で協議をした結果、学校と保護者との連携を密にし、学校教員が定期的に家庭訪問をして子どもの状況を把握しつつ、フリースクールの情報なども提供しながら家庭の状況を見守ることとした。

7 医療ネグレクト ………………………………………

◆ ◆

　30歳代の父母と本児（生後6か月の男児）の家庭。本児は、心臓に先天性の疾患を有しており、ただちに手術を実施すれば、障害が残るとはいえ、60歳以上の生存も十分にありうるが、手術を実施しないまま放置すれば数年の命と診断された。また、手術可能な時期的限界があるので、判断のための時間的余裕はあまりなかった。

　手術は輸血を伴うものの、成功率はほぼ100%であったため、病院の担当医は父母に対し、ぜひとも手術を受けさせるよう説得を試みたが、父母は、子どもが障害を抱えたまま生きる親子の苦労を考え、本児の人工的な延命処置はせず、本児の寿命を精一杯全うさせることを希望し、医師や児童相談所からの説得にもかかわらず手術を拒んでいる。そこで、児童相談所長は、まず本児を一時保護したうえで、親権停止の申立ておよび審判前の保全処分として職務執行停止の申立てを行った。

◆ ◆

1 ‖ 医療ネグレクトとは

　医療ネグレクトとは、医療水準や社会通念に照らして、その子どもにとって必要とされる医療を受けさせず、子どもの生命・健康が危険にさらされるという問題である。たとえば、子どもが重度の病気やケガのときにあえて病院に連れて行かない場合や、病院には連れて行くものの治療に同意しない場合（治療拒否）などである。後者については、宗教上の理由による輸血拒否・手術拒否や、障害をもって生まれた新生児に対する治療拒否などの事例がある。

　医療ネグレクトの前提となる「必要な医療」が必ずしも一義的に明確でなく、治療の緊急性や病気やケガの重大性を含めた総合的判断を要することや、医療行為が生命や身体（精神医学では心）を対象とし、倫理観や価値観、自己決定権など広範な論点がからむことなどから、医療ネグレクトには他の虐待類型にみられない難しさがある。たとえば、ある疾患に対して、手術を行うか否かなどを含め、複数の治療法がある場合に、医療機関側が成功率が比較的低く、侵襲度の高い治療法を勧めた際に、保護者が子どもの利益を考えてその勧めに同意せず、別の治療法を選択したり、現状維持の保存的治療を選択したりしても、それは、単なる治療方針をめぐる医療機関側と親や家族との間の意見の相違あるいは対立であって、そうした事態はここにいう医療ネグレクトには該当しない。そのため、医療ネグレクトに該当す

るか否かの判断が困難である点が医療ネグレクトの特徴である。そして、医療機関側が保護者との意見対立だけでなく、児童相談所などの福祉機関と意見が対立する場合もあり、医療ネグレクトに該当するか否かの判断をさらに困難にする要因となる。

　また、医療ネグレクトのケースでは、保護者（親権者）が日常的に子どもを虐待しているわけではなく、当該医療行為に同意しないという問題に限局される場合が比較的多く、親権を法的に一時制限して医療処置が実施され、その目的が達成されると、子どもを保護者のもとへ戻してもその後の監護に格別問題が生じるわけではないので、親権制限は速やかに解除される（親権喪失や停止の申立てなどの取下げ）という実務的な扱いも少なくない。これも医療ネグレクトの特質といえよう。

2 ‖ 医療行為と子どもの自己決定権

（1）医療契約の締結について

　子どもの年齢が高い場合には、子どもが医療契約を確定的に有効に締結できるかという問題がある。医療契約の締結は、法律行為であり、意思能力があれば、未成年者が単独で法律行為（医療契約）をした場合でも、その法律行為は一応、有効であるが、親権者が取消をすることができることになる。しかし、医療契約については、生命・身体という一身専属的な事項にかかわる契約であるから、一般の取引行為とは異なり、親権者の取消の対象にならないという見解がある。

（2）患者が未成年者の場合の同意能力

　次に、医療行為を行うには患者の同意が必要であるので、同意能力が問題となる。医療行為に対する同意権（同意能力）は、憲法第13条後段の幸福追求権のうちの自己決定権に基づく。

　子どもの場合、判断能力が未成熟であり、年齢によっては意見さえ表明できないこともある（新生児はその典型である。）。そこで、子どもの同意能力をどのように考えるかが問題となる。意思能力（行為の結果を弁識するに足りるだけの精神能力）は、法律行為（法的効果が生じる行為）によって異なるが、大体7〜10歳で認められており、遺言や養子縁組については満15歳以上の子どもに遺言能力や養子縁組能力が認められている。医療行為に対する同意権（同意能力）は、憲法第13条後段の幸福追求権のうちの自己決定権に基づくのであるから、子どもが自己決定可能な年齢に達していれば、親権者の意向にかかわらず、単独で同意することが可能と考えられる。個々人によって成熟度は異なり、疾病や医療行為の内容によっても必要な理解力や判断力も異なるので、「同意能力」の有無は、最終的には

個々に判断せざるを得ない。イギリスでは、16歳以上の者は医療行為につき単独で同意をなしうると定められている。日本における学説上一応の目安としては、15歳から16歳、あるいは18歳といった年齢があげられている。

なお、2008年に宗教的輸血拒否に関する合同委員会が報告した「宗教的輸血拒否に関するガイドライン」[15] は、宗教的輸血拒否の場面に限るものではあるが、以下のとおり年齢に応じた対応を定めており、参考となる。

同ガイドラインは15歳と18歳を年齢の区切りとして、①18歳以上の患者の場合は患者自身の意向に従って対応することとし、患者が輸血を拒否する場合は無輸血治療をするか、それが難しい場合には転院を勧告する。②患者が15歳以上18歳未満の場合には、親権者と患者の双方の意向に応じて対応し、ⅰ．親権者が輸血を拒否するが患者が輸血を希望する場合は輸血を行い、ⅱ．親権者が輸血を希望するが、患者が拒否する場合には、なるべく無輸血治療を行うが、最終的に必要な場合には親権者から輸血同意書を提出してもらったうえで輸血を行い、ⅲ．親権者と患者の両者が拒否する場合は18歳以上の場合に準ずる。③15歳未満の患者の場合（15歳以上でも医療に関する判断能力がない場合を含む。）は、親権者の意向に応じて対応し、ⅰ．親権者の双方がともに輸血を拒否する場合には、なるべく無輸血治療を行うが、最終的に輸血が必要になれば輸血を行う。この際、親権者らから治療行為が阻害される状況があれば、児童相談所に一時保護を求めたうえで、家庭裁判所に親権者の職務代行者選任を求め（後述）、代行者の同意により輸血を行う。ⅱ．親権者の一方が輸血に同意し、他方の親権者が拒否する場合で、緊急を要する場合には、輸血を希望する親権者の同意に基づいて輸血を行う。と定めている。

（3）親権者らが「同意能力」のない未成年者の医療行為に介入できる根拠

子どもに同意能力がない場合は、多くの見解は親権者に子どもに代わって同意をする代諾権を認めている。親の代諾権の根拠は親権のうちの身上監護権にあり、親権は子どもの利益のために認められたものであるから、親権者は子どもの最善の利益となる意思決定をなす最適の立場にいるという理由からである。親権者は、子どもの最善の利益にかなうよう代諾権を行使するべきことになる。

（4）人工妊娠中絶について

医療ネグレクトとは少し離れるが、未成年者の自己決定権に関連して、未成年者が妊娠した場合が問題となる。

15　宗教的輸血拒否に関する合同委員会は、関連5学会（日本輸血・細胞治療学会、日本麻酔科学会、日本小児科学会、日本産婦人科学会および日本外科学会）による合同委員会であり、2008年2月28日にガイドラインが報告された。

妊娠、出産に関しては、幸福追求権を保障する憲法第13条の法意に照らし、人格権の一内容を構成する権利として尊重されるべきものとされている（仙台地方裁判所令和元年5月28日判決判例タイムズ1461号153頁参照）。そのため、未成年者が妊娠し、出産することを選択した場合、未成年者の選択を尊重すべきである。ただし、未成年者の妊娠、特に16歳未満の低年齢妊娠の場合、母体または胎児に健康上の問題などが発生する場合があることや出産後の生活が困難になる場合もあり、女性健康支援センターなどへの相談も含め、適切なサポートが必要であると考える。

これに対し、未成年者が、人工妊娠中絶を選択した場合に、親権者の同意が必要になるかという点が問題になる

人工妊娠中絶については、母体保護法でその要件が定められている。母体保護法では、医師は、妊娠の継続または分娩が身体的または経済的理由により母体の健康を著しく害する恐れがある場合、本人及び配偶者の同意を得て、人工妊娠中絶を行うことができるとされている（母体保護法14Ⅰ）。また、この同意は、配偶者が知れないとき、又はその意思を表示することができないときには本人の同意だけで足りるとされている（母体保護法14Ⅱ）。

上述のとおり、本人が未成年の場合も、15歳程度で医療を受けることについての同意能力があると解されており、未成年者が15歳程度であれば、親権者の同意は不要であると考えられているものの、ほとんどの医療機関においては、親権者や保護者の同意を求めているようである。

なお、未成年者の人工妊娠中絶については、交際相手の同意が必要かの問題もあり、実務上、交際相手の同意を求めることも多いようである。

3 ║ 職務代行者による治療の代諾

本件のような医療ネグレクトの場面で、親権者が医師ら関係者の説得に応じず、子どもの生命、身体に重大な危険が生じる場合の法的対応としては、まずは子どもを一時保護したうえで、親権者が医療行為に同意しないことが「親権の濫用」にあたるとして家庭裁判所に親権停止の審判を申し立て、緊急を要する場合にはあわせてその審判前の保全処分として親権の職務執行停止を申し立て、裁判所が選任した職務代行者、未成年後見人または児童相談所長が治療の「代諾」をすることとなる。

親権者の職務執行停止の保全処分の申立てを受けた裁判所は、①未成年者（患者）の疾患および現在の病状、②予定される医療行為およびその効果と危険性、③予定される医療行為を行わなかった場合の危険性、④緊急性の程度、⑤親権者が未成年者の医療行為を拒否する理由およびその合理性の有無を総合的に判断して「親

権の濫用」に該当するか否かを判断するとされている[16]。

　平成 12 年から平成 18 年までに全国の家庭裁判所で出された 6 件の審判例の分析結果によると、申立人には 6 件とも児童相談所長がなり、申立てから審判（保全処分）までに要した日数は、7 日から 47 日となっている[17]。

　平成 24 年 3 月 9 日雇児総発 0309 第 2 号厚生労働省雇用均等・児童家庭局総務課長通知には、医療ネグレクトケースに対する対応方法として、上記①親権停止審判および②保全処分のほかに③児童相談所長等の権限による措置をとることがあげられている。すなわち、平成 23 年児童福祉法改正により、児童相談所長等による監護措置については、児童の生命・身体の安全を確保するため緊急の必要があると認めるときは、親権者等の意に反してもとることができる旨が明確化された（児福 33 の 2Ⅳ、47Ⅴ）ことから、生命・身体に危険が生じている緊急事態であるにもかかわらず親権者等による医療行為への同意を得られない場合（緊急に親権者等の意向を把握できない場合を含む）には、この規定を根拠として、児童相談所長等が一時保護した上で、医療行為に同意し、医療機関が必要な医療行為を行うことができるとするのである。

　そして、これら各対応方法の使い分けとして、ⅰ）緊急性が極めて高く、親権停止審判および保全処分の手続では時間的に間に合わないと判断される場合には、③による措置をとる。ⅱ）児童の生命・身体に重大な影響があると考えられるため対応が急がれるもので、①および②の手続によっても時間的に間に合う場合には①および②の各申立ての措置をとる。ⅲ）②によらず、①の確定を待っても時間的に間に合う場合には①のみの措置をとる。ⅳ）ただし、①および②をとった場合であっても、②の決定または①の確定がなされる前に、児童の状態が急変するなどにより生命・身体の安全確保のために緊急に医療行為が必要になったときにはためらうことなく③により対応する。ⅴ）さらに、③をとったうえで引き続き継続的に医療行為が必要な場合にも①および②の措置をとるとしている。例えば、病院に通院させたときに、その場で、医師から緊急で輸血が必要になる手術を行う必要があると言われた場合に、③の措置をとる場合などがある。

4 ‖ 法的対応の問題点

　上述のように、医療ネグレクトへの法的対応の手続は整備されているが、法的手続をとることによって親権者の養育意欲がなくなり、さらに、親権者と医療機関・

16　吉田彩「医療ネグレクト事案における親権者の職務執行停止・職務代行者選任の保全処分に関する裁判例の分析」　家裁月報 60 巻 7 号。
17　上記吉田論文の別表。

児童相談所などとの対立が高まって親子の再統合が困難となるおそれがあることにも注意を要する。

　必要な場合には迅速に法的対応が行われなければならないことは当然であるが、法的対応を視野に入れつつも、並行して、治療に同意するよう親権者に対して可能な限り働きかける努力を怠ってはならない。そのためには、医療スタッフ、保健・福祉機関、弁護士などが連携しながら、効果的な家族の話合いや説得が行われるように、関係者のスキルを高めることが必要である[18]。

5 ‖ 未成年者の治療に対する「代諾」の悩ましい点

　医療ネグレクトを行っているとされる親は、前述のとおり当該医療行為をめぐる問題以外は虐待などの問題のない親であることも多い。しかし、いったん親の望まない治療がなされてしまうと、親が養育意欲や子どもへの愛情をなくし、その後の養育状況が悪化する場合もあり得る。再統合に失敗すると施設入所ということになるが、その場合に職務代行者（その後、未成年後見人に選任されることもありうる）として子どもに何ができるのか、何をすべきなのかは重い課題である。

　本件では、子どもの最善の利益を実質的に考えた場合、短命でも親の愛情を注がれて天寿を全うするのが幸せなのか、手術は成功して寿命は延びたものの障害に苦しみ、親からは養育を拒否されて施設暮らしをするのが幸せなのかという課題に直面した。しかし、手術成功率が50％といったものなら格別、本件では100％近い成功率で、しかも、手術をすれば60歳まで生存可能なのに、手術しなければ数年の命という状況であったため、手術にそれほど躊躇する事例ではないと判断された。また、「障害に苦しむ」という親の治療拒否を受け入れてしまうと、障がい者の存在への否定論になりかねず、心情的にはともかく法的には受け入れられない。また、親から養育を拒否されて施設暮らしになるという点も、虐待事例では社会的養護としての施設入所が法的に認められている以上、施設入所を回避すべきであるということも相当ではない。したがって、法的な対応としては手続を進めるべきという結論に至った。それでも、子どもの真の幸せを考えると悩みは大きい。福祉的な観点から、子どもの視点に立ちながら親の苦しい思いにどう寄り添うかということが課題とされ、説得というよりも、ともに悩むこととなった。

　なお、医療ミスが発生した場合に、形式的に職務代行者が被告にされるおそれも考えられるが、医学的には成功率が100％近いとされる手術であり、万一手術が成功しなくても職務代行者が責任を負う可能性は著しく小さいと思われた。

18　多田元「親権法の改正と子どもの虐待〜子どもの自立支援・親子の修復」法律時報83巻7号78頁。

6 ‖ その他の医療ネグレクト

　精神医療の分野では、医療保護入院をするにあたっては、家族等（配偶者、親権者、扶養義務者、後見人または保佐人）のうち、いずれかの者の同意が必要である（精神保健及び精神障害者福祉に関する法律33Ⅰ、Ⅱ、34、21）。なお、家族等がない場合またはその家族等の全員がその意思を表示することができない場合、該当者がない場合等は、市町村長が同意の判断を行う（同法33Ⅲ、34Ⅱ）。精神障害者が未成年者である場合の運用については、厚生労働省の通知[19]および事務連絡[20]では、以下のようにされている。

　未成年者の場合も、家族等のいずれかの者の同意があれば、医療保護入院を行って差し支えない。しかし、民法第818条第3項の規定にしたがって、原則として父母双方の同意を要するものとする。なお、父母の片方が虐待を行っている場合等については、その例外として差し支えない。また、成人の兄姉の同意で医療保護入院を行うことは差し支えない。ただし、その際、親権者の身上監護権に鑑み、父母の判断を尊重する。また、管理者が家族等の間の判断で不一致を把握した場合において、親権を行う者の同意に関する判断は、親権の趣旨に鑑みれば、特段の事情があると認められる場合を除き、尊重されるべきものと解される。唯一の家族等である親権者が虐待を行っており、医療保護入院の同意を行わない場合には、親権停止の審判の申立てを行う場合や親権停止の審判の申立てを本案とする保全処分の手続を行う等の対応が考えられるところであり、親権が停止された場合には親権を代行する児童相談所長または未成年後見人、保全処分が行われた場合には、職務代行者として選任された者の同意により医療保護入院を行うこととなる。

7 ‖ 本件における具体的解決

　病院の担当医から詳細な意見書が得られたこともあって保全処分が認められ、児童相談所長の同意に基づいて手術が行われ無事に成功した。本案まで審判を求めることも検討されたが、本件手術に対する対応以外には父母の監護に特段の問題はなく、むしろ、父母と本児との愛着関係を回復すべきであると思われたため、児童相談所がフォローアップし手術後の親子関係を調整したうえで、本案を取り下げた。

19　平成26年1月24日障精発0124第1号厚生労働省社会・援護局障害保健福祉部精神・障害保健課長通知「医療保護入院における家族等の同意に関する運用について」。
20　平成26年3月20日厚生労働証社会・援護局障害保健福祉部精神・障害保健課事務連絡「『精神保健及び精神障害者福祉に関する法律の一部を改正する法律等の施行に伴うQ&A』の送付について」。

【参考裁判例】

○　東京家庭裁判所平成 27 年 4 月 14 日審判 [21]

　　未成年者について、可及的速やかに手術を行う必要があり、親権者らが輸血に同意しないことが宗教的信念などに基づくものであっても、未成年者の生命に危険を生じさせる可能性が極めて高く、子の利益を害することが明らかであるとして、本案の家事審判が効力を生じるまでの間、親権者らの未成年者に対する親権を停止し、かつ、その停止期間中、申立人（児童相談所長）を職務代行者に選任するのが相当とした。

○　津家庭裁判所平成 20 年 1 月 25 日審判 [22]

○　名古屋家庭裁判所平成 18 年 7 月 18 日審判

○　大阪家庭裁判所岸和田支部平成 17 年 2 月 9 日審判

21　『家庭の法と裁判』5 号 103 頁。
22　家裁月報 62 巻 8 号 83 頁。

8 乳児ケースの特殊性 ………………………………

20歳代の両親と3歳女児（本児の姉・乳児院入所中）と本児（新生児・男児）の家族。

両親はともに精神疾患を抱えており、父親は就労しているが、母親は自宅に引きこもった生活を送っている。父方祖父母から経済的な援助を受けながら、ワンルームマンションにて生活している。母親は、本児を妊娠したものの産婦人科を受診せず、陣痛が始まってから病院を受診し、本児を出産している。父親は、妻（本児の母親）が妊娠していたことに気付いていなかった。

母親は3年前、10代のときに本児の姉を出産しているが、母親が育児ノイローゼとなり、同児に受傷経緯を説明できないあざや顕著な体重増加不良も認められたことから、本児の姉は乳児院に同意入所となった。入所後、両親と本児の姉との交流は一切ない。

両親は、本児を自分たちで育てたいとの意向が強い。父方祖父母は近隣の市町村に居住しているが、経済的な支援以外での交流はない。母方祖母は県外に居住しており、日常的な援助は見込めない状況にある。

1 ‖ 乳児ケースにおける立証の課題

乳児の場合、本人が苦痛や被虐待事実を言葉で表現できず、聴き取りによる立証ができないので、客観的な証拠を集める必要性が高い。

乳児に限らず一般的に身体的虐待では、生じたケガは、打撲・創傷、骨折、火（熱）傷、出血など多様であり、新旧混在することも多い。

0～3歳児の場合、はいはいやおすわり、立ちあがり、歩行開始などの運動発達過程や、筋力・運動量・運動強度の増強過程からして考えられない部位の骨折、たとえば頭蓋骨骨折、左右両側に及ぶ肋骨骨折、長骨の捻転骨折などが認められる場合には、身体的虐待が疑われる。また、体重の増加が成長曲線を大きく下回っていたり、予防接種や健診等が行われていない場合には、ネグレクトが疑われる。

2 ‖ 過去に虐待がない場合のハイリスクを理由とする親子分離の可否

事例のように、本児に対する虐待と評価できる事態がまだ十分存在しない段階

で、ネグレクトや身体的虐待のリスクのみをもって、親子分離（親が同意しない場合には、児童福祉法第28条に基づく承認審判）が可能かが問題となることがある。

今回の事例についてみると、妊婦は産婦人科に通い、医師や助産師の介助を得て出産するのが一般である今日において、健診なども受診せずそれまでの発育経過もまったく把握せず、出産のための体制も整っていない状態での分娩は、子どもの命すら奪いかねないものである（平成30年度の虐待による児童の死亡事例（心中を除く。）のうち、22.2％が妊婦健診未受診であった。）。したがって、このような状況での出産自体がネグレクトないし著しく子どもの福祉を害する行為であると評価することが可能である。

また、父母が自己の社会生活や医療機関の利用すら適切にできない以上、子どもの養育能力も著しく低いと推定されることから、その後の本児の養育においてネグレクトが生じることも強く懸念される。

さらに、母親は3年前に本児の姉について育児ノイローゼになり、養育ができなくなった過去の事実があることからも、同様の状況に至れば、本児に対しても虐待に至ってしまうことが懸念される。

乳児は身体が脆弱であるばかりでなく、自ら助けを求めたり、栄養を確保したりすることができないため、両親のネグレクトや軽度の身体的虐待であっても即座に死につながりかねないという深刻さがある。児童相談所が何らかの介入を行う必要性は年長児童と比較して極めて高い。両親がはっきりと自分たちの養育の能力や姿勢の問題点を認識し、大きく変わらない限り、当面は乳児院への入所が適切と考えざるを得ず、入所後は両親の育児の能力や意欲の向上を促進するサポートをしながら再統合を試みるべきであろう。

一般的には身体的虐待では、同じきょうだいでも一人に虐待があったからといって他の子どもにも虐待の危険性があるとは必ずしもいえない。しかし、この事案のように、そもそも保護者の乳児に対する養育能力自体に問題があるケースでは、姉に対する場合と同様の養育態度等が強く予測できる。

3 ‖ 関係機関との連携の重要性

虐待による児童の死亡事例[23]については0歳児の割合が4割強を占めており、児童虐待予防のためには、妊娠の届出や乳幼児検診等の母子保健施策と連携し、妊娠期から必要な支援につなぎ、切れ目のない支援を行うことが重要である。これに関し、平成29年4月1日施行の母子保健法の一部改正により市町村に子育て世代

23　子ども虐待による死亡事例等の検証結果等について（第16次報告）（令和2年9月）

包括支援センター（法律上は「母子健康包括支援センター」）の設置が法定化（ただし努力義務）され、同センターとの連携が重要となった。また、医療機関等が若年妊娠や望まない妊娠等出産後の養育について出産前において支援を行うことが特に必要と認められる妊婦（特定妊婦等）と思われる者を把握したときは、市町村に対して情報提供に努めるようになっており（児福21条の10の5）、情報提供を受けた市町村が特定妊婦等に対して継続的な支援を行うことが乳児期の虐待防止につながる。出産後は、産後ケア事業の利用により、母親の身体的回復と心理的な安定を促進するとともに、母親自身がセルフケア能力を育み、母子の愛着形成を促し、母子とその家族が健やかな育児ができるよう支援することも重要である。

　出産後の医療機関での子どもの虐待防止においては、特に0～3歳児に注目した早期発見が最も重要である。本人の訴えに代わる証拠を集めるには、診察にかかわった医療機関、保健師、預けられていた保育所、民生委員などとの連携が極めて重要である。保健師等の家庭訪問により乳児を直接確認して養育状況を把握することが非常に重要であり、養育環境の改善を試みることも有効である。

4 ‖ 本件における具体的解決

　今回の事例では、本児の出産や姉の養育の経緯があることから、保護の必要性が高いと判断し、両親に乳児院への入所を打診した。しかし、両親は、自分たちで育てたいとの意向が強く、乳児院への入所に同意しなかった。もっとも、両親の自宅は養育のための準備がまったくできていなかったことから、産後ケアハウスの利用を勧め、母親は退院後産後ケアハウスに移った。その後、自宅に戻ったが、本児の体重は増加せず、産後1か月後の健診で平均値を著しく下回る体重増加不良が認められたことから、一時保護となり、児童福祉法第28条の申立てを行った。家庭裁判所は本児について虐待の事実が乏しいことから認容に消極的であった。しかし、数か月間の審理期間中に施設入所についての両親の同意が取りつけられたため、最終的には申立てを取り下げた（このように、児童相談所からの説得には応じなくても、裁判所の審問や調査を通して、親が施設入所に同意する場合もある。）。

　なお、家庭裁判所は、児童福祉法第28条の申立てがあった場合、都道府県に対し、期限を定めて、当該申立てにかかる保護者に対する指導措置をとるよう勧告すること（審判前の勧告）ができ（児福28Ⅳ）、また、審判前に勧告を行った場合において、28条の申立てを却下する審判をするときは、家庭その他の環境の調整を行うため当該勧告にかかる当該保護者に対する指導措置をとるよう勧告すること（却下の審判時の勧告）ができる（児福28Ⅶ）こととなった ☞第3章 ⑤ 参照。今回のような事例では、家庭裁判所に対し、この指導勧告を積極的に求めていくことも検討されるべきである。

コラム　虐待による乳幼児頭部外傷（SBS/AHT）

1　虐待による乳幼児頭部外傷（AHT、Abusive Head Trauma in Infants and Children）とは「5歳未満の子どもの頭部に鈍的外力や激しい揺さぶり、またはその両方が意図的に加えられたことで頭蓋骨や頭蓋内に生じる損傷」とされている[1]。

　かつては「乳幼児揺さぶられ症候群（SBS）」といわれ、この用語は報道などにより広く認知されるようになった。現在では、乳幼児頭部外傷には「揺さぶり」以外にも強い衝撃が加わるなどの原因があると指摘されており、これらの原因を包摂するために「AHT」という用語を用いることが推奨されている。

　このコラムでは、「乳幼児揺さぶられ症候群（SBS）」という用語がいまだ一般に知名度を有していることに鑑み、「SBS/AHT」という用語を用いる。SBS/AHT は身体的虐待の中でも重症度が高い場合が多く、中には、子どもの生命や身体に重大な影響を及ぼすものであることも珍しくない。厚生労働省が実施している虐待死亡事例に関する調査では、子どもの直接の死因について、心中以外の虐待死事例では「頭部外傷」が最も多くなっており、そのうち「乳幼児揺さぶられ症候群（SBS）（疑い含む）」の有無につき「あり」となっている子どもは 44.4%と高い割合を占めている[2]。

2　SBS/AHT には、①多くが家庭内で発生するため、受傷の状況が不明なことが多く、また②乳幼児本人が受傷の状況を説明することは通常は期待できないため、受傷原因について解明することが困難であるという問題がある。

　このことをとらえて、SBS/AHT 自体の医学的妥当性に疑問を投げかける言説もある。後述のように、近時、日本の刑事裁判において、SBS/AHT が問題となった事例で無罪判決が相次いで出されたことが、こうした言説の後押しになっているようである。

　しかし、この点については、米国小児科学会、日本小児科学会をはじめとする多数の学術団体が、SBS/AHT は現在までに確立された医学的知見であるとして、声明や見解を公表している。

....

1　「虐待による乳幼児頭部外傷（Abusive Head Trauma in Infants and Children）に対する日本小児科学会の見解（以下「見解」）」2020.8.22 www.jpeds.or.jp/nodules/guidelines/index.php? content_id=121

2　厚生労働省ウェブサイトで公表されている「子ども虐待による死亡事例等の検証結果等について（第16次報告）」65~68頁では、子どもの直接の死因について、心中以外の虐待死事例では「頭部外傷」が10人（「不明」「未記入」とした回答を除いた合計数として算出した「有効割合」が28.6%）と最も多く、また3歳未満では、同様に「頭部外傷」が8人（同34.8%）となっている。このうち、心中以外の虐待死事例では、頭部外傷のうち「乳幼児揺さぶられ症候群（SBS）（疑い含む）」の「あり」が4人（同44.4%）であった。https://www.mhlw.go.jp/content/11900000/000533868.pdf

3　日本小児科学会が 2020 年に公表した「虐待による乳幼児頭部外傷に対する日本小児科学会の見解」によれば、SBS/AHT には単純に「この徴候があれば AHT と診断される」という包括的な診断基準があるわけではない。SBS/AHT には特異的な症状（他の状態や病気ではみられない症状）がないため、医師が画像診断などをせずに子どもを帰宅させてしまうなど、虐待が見逃されやすいことも指摘されている。

　ただし、いわゆる「三徴候（硬膜下血腫・網膜出血・脳実質異常所見）」があることは、SBS/AHT を疑う重要な契機とされている。

　もっとも医療現場では、三徴候があれば虐待だ、というような機械的判断が行われているわけではない。小児科、眼科、脳神経外科など多科の協力のもと、既往歴・現病歴・養育者の説明などを含めて慎重な情報収集がなされる。最終的には、多職種で構成される子ども虐待対応チーム（CPT）の判断により、虐待が疑われる場合に児童相談所への通告が行われる[3]。

4　ほとんどのケースで、SBS/AHT は病院からの虐待通告という形で児童相談所の前に現れる。健康だったはずの赤ちゃんが、けいれんしている、ぐったりしている、ミルクを飲まない、泣き止まない。そのように訴えて、親などの養育者が子どもを病院に連れてくる。医師がさまざまな検査等をした結果、虐待による疑いがあると判断した場合、児童相談所に通告がなされる。通告ではなく「情報提供」や「相談」という形をとっていることもあり、また、病院に運び込まれた当日の通告でない場合もしばしばある。

5　病院から通告を受けた児童相談所は、通告者である医師や、養育者と面談し、受傷状況や養育状況を確認する。その上で子どもの安全を確保するため必要と判断した場合には、一時保護を行う。児童相談所による一時保護は、介入の最初期であることも多く、判断に必要な情報が揃っていないこともある。児童相談所長による一時保護は、児童の心身の状況、その置かれている環境その他の状況を把握するためであっても行うことができる（児福 33Ⅰ）。そして、SBS/AHT は子どもの生命や予後に重大な影響を及ぼしかねないことも多い。子どもが安全に暮らせる環境かどうかが確認できないのに、漫然と帰宅させることはできない。したがって、一時保護を行って子どもの安全を確保した上で、受傷の原因は何か、再発防止体制は整っているかどうか、などを調査することになる。三徴候が確認されたことは、これらを評価するさまざまな事情のうちの一つにすぎない。

　調査の結果、在宅での子どもの安全な養育環境が確保されたと判断した場合には、

3　前掲「見解」。

一時保護を解除し、子どもを帰宅させる。在宅での子どもの安全が確保できない場合には、施設入所など長期の親子分離を検討することもある。

　問題は、受傷原因が不明な場合である。原因がわからないということは、子どもがケガをする原因となった危険が、いまだ取り除かれることなく、家庭内に残っている可能性があることを意味する。

　このような場合には、児童相談所は難しい判断を迫られる。暴行や傷害にあたるような虐待の事実は確認できないものの、養育者の説明が変遷したり、客観的状況やけがの状態からみて不合理な説明にとどまる場合には、児童相談所は、そのケースに関するさまざまな情報を多角的に検討して慎重に判断することが必要になる。すぐには子どもを返せないという児童相談所と、養育者との間で対立が生じることもある。

6　近時、SBS/AHT によって起訴された刑事裁判で無罪判決が出されるケースが相次いで報道され、世間の耳目を集めている。刑事弁護人を中心とするグループである「SBS 検証プロジェクト」によれば、同プロジェクトが関与した事案だけでも、平成30 年以降、6 件もの無罪判決が出ており「我が国の刑事裁判の有罪率からすれば異常な無罪率である」という[4]。

　一連の無罪判決により、児童福祉分野では少なからぬ動揺が広がっており、SBS/AHT が疑われるケースにおいて一時保護をためらうという声も聞こえている。

　しかし、一時保護は虐待が疑われる児童を保護し、児童の生命や身体の安全を確保しつつ、実際に児童が置かれている状況を把握する目的でなされる。国家による刑罰権行使である刑事裁判とは、趣旨も目的もまったく異なるものである。刑事事件において無罪の可能性があるからといって、一時保護をためらうべきではない。

　また、すでに発生してしまった虐待について、加害者の責任を追及することは、司法機関の役割であって児童相談所の仕事ではない。子どもが今後安全に生育される場所を確保すること、つまり、まだ発生していない次なる虐待を防ぐことが、ここでの児童相談所の役割である。すでに発生してしまった事案について、過去にさかのぼって、被告人がその罪を犯したことが「合理的な疑いを超える程度」に立証されているかどうかを審理する刑事裁判とは、その目的も方向性も大きく異なる。

　児童相談所による調査の焦点は、将来に向かって子どもの安全な生育環境が確保できるかどうかにある。子どもがケガをした原因は何か、「加害者」がいることが疑われる場合には、誰が「加害者」なのかといったことは、子どもがけがをする原因となった危険が除去されているかどうかを判断するために重要な要素ではあるが、最終的な調査の焦点ではない。仮に、調査の結果、SBS/AHT であるという根拠が見いだ

4　医療判例解説 Vol,86、75 頁。

せなかったとしても、「子どもが家庭内で頭部に受傷をした」という事実は、不適切な養育環境や虐待行為を疑わせる事情であることに変わりはない。したがって、やはり一時保護を行って、帰宅させた場合にその子どもの安全が確保できるかどうかを調査することになるだろう。

7　最後に、SBS/AHT において知っておくべきかかわりがある。SBS/AHT によって脳にダメージを負った場合、子どもの心身に重篤な障害が残ることがある。植物状態となり、意識を回復する見込みがないまま、病院や障害児施設のベッドに寝たきりになる子どももいる。

　そこまで重篤なケースではなくとも、四肢麻痺、難治性てんかん、視覚障害、言語障害、注意欠陥・記憶障害など、身体に障害を負って将来に重大な影響が及ぶ子どももいる。そうした子どもを養育する親の人生にも、大きな影響が及ぶ。SBS/AHT が原因で障害を負った子どもを家庭復帰させる過程で、また家庭に戻った後も、児童相談所はその子どもと養育者を援助していくことになる。

　親子を分離することだけが児童相談所の仕事ではない。加害者が誰か、原因が何か、ということを越えて、虐待により命を落とさないまでも、障害を負うことになった子どもが可能な限り幸福で、尊厳を持って生きていけるように、児童相談所が活動しているケースもある。子どもが障害を負った出来事から何年も経過し、面会に来なくなった親と施設との間の連絡を児童相談所が仲介し、18 歳で児童相談所の手を離れるまでの節目節目で、将来の選択肢について援助していくようなケースもある。

　しかし本当に望まれることは、虐待によって人生を変えられてしまう前に、子どもを守ることである。

9 高年齢児童のケース

17歳の女子。両親が離婚し、父親が親権者となり、父親に養育される。本児、父親、妹、弟との4人暮らし。父親は、本児に対し、小さいときから言うことを聞かないときにつねったり、大声で怒鳴りつけていた。本児が中学生になると、家事や妹と弟の面倒を押しつけ、束縛が強くなる。本児が高校入学してアルバイトをするようになると、「誰のおかげで生きていけると思ってるんだ」「役立たず」等と言ってアルバイト代を取り上げるようになった。本児は、父親との生活を我慢し続けていたが、父親からの嫌みや威圧的態度に嫌気が差し、家出した。

1 ‖ 子どもの意見表明権の保障

子どもの年齢が上がるほど、子どもの最善の利益を考えるうえで、子どもの意思・自己決定の占める割合は大きくなる。成長の過程として、自己実現のため意思の尊重は当然であるし、また、現実の問題として、子どもの意思を無視してその子どもを施設等に措置するのは困難なことが多い。

支援者側が子どもの保護が妥当だと判断したが、子どもが保護を拒否している場合には、その理由を聴き、誤解があるのであればそれを正し、なぜ施設への入所が必要と考えているのかをよく説明することが必要である。場合によっては、一時保護中に、児童養護施設に見学に行ったり、一時保護委託を行い、現実に施設での生活を体験してもらうという方法もありうる。

他方、子どもが保護を望んでいても、子どもの置かれた状況によってはすぐに保護が難しいことも少なくない。子どもを保護するための受入先も限られているのが現実である。子どものSOSを汲み取り、適切な支援につなげることが肝要である。

15歳以上の子どもに対しては、子の監護に関する処分の審判をする場合（児福33条、28条審判手続きなど）には、家庭裁判所は子ども本人の陳述を聴かなければならないとされ子どもの意見尊重が法定されている（家事152Ⅱ）。

令和元年改正児童福祉法附則第7条第4項において、子どもの意見を聴く機会の確保、意見表明支援の仕組の構築、権利擁護の仕組等が検討事項とされ、近年、より積極的に子どもからの意見聴取、アドボカシーを含む子どもの権利擁護のための取組について検討が進んでいる。子どもの最善の利益を優先して考慮した福祉の保

障を実現するには、子どもが意見を表明する機会が確保され、周囲の関係者が意見を聴き、適切に考慮・反映する環境が整えられることが前提となる。児童相談所などが子どもに影響を及ぼす重要な意思決定を行う場面や、日頃の生活の場面において、子どもが意見を表明できる手続を整備し、行政の決定や支援のあり方を決めるうえでの子どもの参画を保障することが求められる。しかも、意見の聴取は、形式的に意見を聴取するだけでなく、実質的に意見を聴取することが求められるものであり、子どもの年齢や発達の状況を踏まえた適切な方法や支援により、子どもの意見聴取が実質的に担保されることが必要である。　☞第3章コラム参照

2 ｜ 高年齢児童が虐待を受けている場合の対応の困難さ

（1）保護の難しさ

児童相談所等支援者が子どもの保護が妥当だと判断したが、一時保護所での外出制限や携帯電話使用禁止に拒否感を感じたり、妊婦の場合の出産後新生児と引き離されてしまう不安等により、子どもが保護を拒否することも少なくない。

他方、18歳以上の子は児童福祉法上の児童ではなく（児福4）、原則として、児童相談所が一時保護を行うことができない。また、本件のケースのような17歳の場合、児童相談所の一時保護が可能ではあるが、子ども自身が保護を望んでいても、児童相談所の一時保護所での保護が難しいことがある。

このように、高年齢児童について、保護が難しいことがあるところ、このような場合、子どもシェルター等の民間の保護、自立支援機関や要保護児童対策地域協議会によるネットワークを駆使して、子どもの保護や自立に注力すべきであろう。

（2）措置や措置継続の難しさ

平成29年施行の改正児童福祉法において、18歳までに一時保護や施設入所措置等をしていれば、18歳を超えても、一時保護、施設入所措置等を行えることとなった。

本児の場合も、18歳までに一時保護をしていれば、18歳を超えても、施設入所措置等が可能である。しかし、措置時の年齢が上がれば上がるほど他の入所児童との関係等処遇の困難さもあり、児童養護施設等が思春期後期の子どもを受け入れることはあまり行われず、かといって他の受入先もほとんどないのが実態であり、家庭で不適切養育があっても措置が困難なことが多い。

また、子どもがいったん施設入所できても、原則として高校卒業時に入所措置は解除される。中学卒業時に就職する場合はその時点で入所措置が解除されることも多い。しかし、15歳や18歳という年齢で自立することは並大抵のことではない。

進学先や仕事を辞め、住むところも失って行き場がなくなったりするケースも見受けられる。中学卒業後あるいは高校卒業後、子どもが大学進学・就労するからといってただちに措置を解除するのではなく、その後の生活が安定するまで引き続き措置を継続したり、18歳以降も措置を延長したりすることも、柔軟に行われることが強く望まれる[24]。

3 ‖ 高年齢児童の自立支援

（1）親権の壁

令和4年4月1日より改正民法が施行され、成年年齢が20歳から18歳に引き下げられる。これにより、同日より、18歳、19歳は成人となる。

他方、17歳以下は依然として未成年であるところ、子どもが自立を図る際、就労先との雇用契約、進学先との入学契約、または住居を確保するためアパートの賃貸借契約などの各種契約を締結することが必要となる。

この場合、未成年者が単独で行った法律行為は、民法上取り消すことができるものであるが（民5Ⅱ）、未成年者であっても各種契約を締結すること自体は可能である。契約の相手方の対応次第では、親権者の同意を得られなかったとしても、ただちに子どもの自立が阻害されるわけではない。

しかし、実際上は、親権者の同意がない場合、契約を締結できないことが一般的である。また、親権者によっては、単に子どもが契約を締結しようとする際に同意しないばかりでなく、子どもに対する居所指定権（民821）を根拠に、同居または子どもの望まない場所での居住を強要したり、職業許可権（民823）を根拠に、子どもの就労先に働きかけ、子どもが就労先を失うなどの事態が生ずることもありうる。

このように、親権者の同意が得られないために、子どもの就労や進学、住居確保などが妨げられ、子どもの自立が阻害されることは少なくない。そのような場合、自立支援機関の連携等により、まずは契約の相手方の任意の協力を求めることとなろう。どうしても契約に応じてもらえない場合、親権制限審判の申立て（民834、834の2）を検討することになる。親権制限審判においては、子どもが当該手続に利害関係参加することができる（家事42Ⅱ、258）。また、裁判所・調停委員会は、子どもが自ら参加をしない場合でも、職権で参加させることができる（家事42Ⅲ、260Ⅰ⑥）。このように、子どもが手続に関与する場合、子ども自身が弁護士に依頼

24　平成23年12月28日雇児発1228第2号厚生労働省雇用均等・児童家庭局長通知において、児童養護施設等および里親等の措置延長の積極的活用や措置継続、再措置などにより、高年齢児童に対する自立支援を積極的に行っていくべきとされている。

して手続代理人を選任することができることはもとより、裁判長が必要があると認めるときは、申立てまたは職権で、弁護士を手続代理人に選任することができる（家事23Ⅰ・Ⅱ、260Ⅱ）。　　　　　　　　　　　　☞第3章コラム参照

（2）日弁連子どもに対する法律援助制度の活用

　子どもの自立を目指すための行政機関、児童養護施設等の施設の交渉の代理、シェルターその他施設への入所に向けた支援、入所中の支援、施設等から自立的生活への移行に向けた支援、虐待等を行う親との交渉に関する代理、親との関係調整活動等の法的手続の代理ではない子どもの支援活動について、日弁連子どもに対する法律援助制度の対象となる。かかる制度を活用して弁護士が積極的に関わることが求められる。なお、同制度は、成年年齢が18歳に引き下げられた後においても、20歳まで使えることとされる見込みである。

（3）自立を支える制度　　　　　　　　　　　☞第3章⑩4参照

　児童養護施設等に入所していた子どもが施設等を退所した後の自立を図るために、退所児童等アフターケア事業、社会的養護自立支援事業、身元保証人確保対策事業、児童養護施設退所者等に対する自立支援資金貸付事業がある。これら事業については拡充が求められるところであるが、積極的に活用して子どもの自立を支えるべきである。

（4）自立のための受皿　　　　　　　　　　　☞第3章⑩5参照

　高年齢児童の場合、こじれた親子関係が固定化していることが多く、親子の再統合よりも子どもの自立を優先すべき（子どもの自立を実現してから親子の関係を考えるべき）場合が多い。

　しかし、高年齢児童について、上記のとおり保護や措置が難しく、代わりの受入先が十分でなく、自立のための受皿が十分整っているとは言い難い。

　自立援助ホーム、子どもシェルターが高年齢児童の代表的な受皿であるが、児童相談所の保護や措置を経ずに自立援助ホームに入所することが困難な場合があり、就労が困難な子どもが自立援助ホームに入所しにくいという実情もある。また、子どもシェルターは、緊急避難先であり、一次的なものであるところ、まずは心身の回復を図ることが目的とされ、自立のための訓練を行うことは主目的となっていない。就労が困難な子どもが中長期的に自立に向けて過ごす場所が不足している。

　子どもの自立の受皿として、自立援助ホーム、子どもシェルター以外に、子どものためのステップハウス、女性相談所、更生保護施設、自立準備ホーム等があるところ、限られた資源を活用することや関係機関連携が特に重要となる。児童相談所だけでなく、市町村、生活困窮者自立支援、子ども・若者育成支援推進法に基づく

子ども・若者総合相談センター、若年妊産婦のための支援機関等各地の社会資源を活用、連携しながら子どもの自立を支えるべきである。

4 ‖ 本件における具体的解決

　本児は、子どもシェルターに入所することとなり、子ども担当弁護士が日弁連子どもに対する法律援助制度を使って本児の支援にあたることとなった。父親と連絡をとり、関係修復を模索したが、本児の父親に対する拒否感は解消せず、家庭復帰は断念した。高校に在籍しながら自立を図ることとなったところ、就労を前提とする自立援助ホームへの入所が難しく、アパートを借りて一人暮らしをすることとなった。そして、生活困窮者自立支援の自立相談支援機関と連携して未成年者でもアパート賃貸借契約を締結してくれる不動産業者を紹介してもらい、アパートを借りることができた。また、子ども担当弁護士が生活保護申請の同行を行い、生活保護を受給できることとなった。本児は、子どもシェルターを退所し、アパートで一人暮らしをすることとなった。

⑩ 非行がからむケース ………………………………………

　17歳女児。幼い時から施設入所を繰り返しており、小学5年の時に、母が再婚をして家庭引取りになった。中学生になったころ、継父から性的虐待を繰り返し受けたが、DVを受けていた母親は父親の行為を止めようとしなかった。そのため、再び、施設入所措置がとられた。しかしながら、施設にうまくなじめず、無断外泊や万引きを繰り返した。通信制の高校に行くようになったが、生活状況は変わらず、無断外泊をし、小遣い稼ぎのために、パパ活という名のもと、援助交際を繰り返すようになった。

1 ‖ 非行の背景にある虐待

　虐待を受け心に傷を負った子どもは、その心の傷が回復されない限り、何事にも意欲がわかなかったり、対人関係がうまく築けなかったりすることが多く、自己評価が低くなり、不良交友に居場所を求め、反社会的・非社会的な行動に至ってしまうことも少なくない。

　法務省が、平成25年1月1日から同年3月31日までの期間の少年院出院者800人（男子722人、女子78人）を対象に行った調査[25]によれば、女子では39.7%、男子では18.6%に被虐待体験があると報告されている。また、少年院在院者全体の60.1%に被虐待経験があるとの最近の研究もある。

　もっとも、被虐待経験のあるすべての少年が非行に至るわけではない。大人への失望、絶望を回復するだけの新しい大人との信頼関係が構築できているかが、ケアとして重要であることが、しばしば指摘されている。さらに、そのようなケアがされなかった子どもは、自傷行為や非行など他害行為をしがちであることも改めて認識されるようになっている。

2 ‖ 非行に対する措置

（1）はじめに

　罪を犯した少年の場合、基本的には家庭裁判所に事件が送致され、審判を受ける（全件送致主義、少年1、42Ⅰ）。

25　法務総合研究所「法務総合研究所研究部報告54　非行少年と保護者11―児童虐待に関する研究―少年と保護者への継続支援に関する調査報告　2014」平成26年12月。

他方で、14歳未満の少年の場合は、児童福祉機関先議主義がとられており、警察官は、調査を行い（少年6の2）、児童相談所長に事件を送致するか（少年6の6Ⅰ）、要保護児童として児童相談所等に通告をする（児福25Ⅰ）。そのうえで、家庭裁判所は児童相談所等から送致を受けたときに限り審判に付することができる（少年3Ⅱ）。

また、14歳以上のぐ犯少年で、児童福祉法による措置にゆだねるのが相当である場合は、警察または保護者は、家庭裁判所ではなく、直接児童相談所に通告できる（少年6Ⅱ）。

（2）児童福祉法上の措置

児童福祉法上の措置としては、同法第27条に、①児童またはその保護者に訓戒を加えたり、誓約書を提出させたりする（児福27Ⅰ①）、②児童福祉司等に指導させ、または指導を委託する（児福27Ⅰ②）、③児童を里親に委託したり、児童養護施設等に入所させる（児福27Ⅰ③）、④児童を少年法の処分等にゆだねることが適当であると認める場合には家庭裁判所に送致する（児福27Ⅰ④）ことがあげられている。

このように、家庭裁判所送致は、児童福祉機関がとりうる手段の一つである点は意識する必要がある。

児童相談所によっては、家庭裁判所送致という手段を採るに至らない非行を犯した要保護児童について、少年サポートセンターと連携しながら支援をしている事例などもある。

（3）触法少年

14歳未満の子どもの行為は、犯罪として捜査されたり処罰されることはないが（刑41）、触法少年として家庭裁判所の審判の対象となる場合がある。

触法少年についても、警察に調査権限が認められ（少年6の2）、押収・捜索・検証・鑑定嘱託という強制調査も行われる（少年6の5）。そして、調査の結果、故意の犯罪行為により被害者を死亡させた罪のほか、死刑または無期若しくは短期2年以上の懲役もしくは禁錮にあたる罪にかかる刑罰法令に触れるものと思料するときは、警察は調査書類とともに事件を児童相談所長に送致しなければならず（少年6の6）、送致を受けた児童相談所長等は、原則として、事件を家庭裁判所に送致しなければならないこととされている（少年6の7Ⅰ）。ただし、調査の結果、その必要がないと認められるときは、この限りでない（少年6の7Ⅰ但書）。上記以外の刑罰法令に触れる触法少年についても、児童相談所の判断で家庭裁判所に送致される場合がある。触法調査については、少年および保護者は、いつでも、弁護

士である付添人を選任することができる。触法事件についての付添人活動については、日本弁護士連合会が法テラスに委託している子どもに対する法律援助制度を利用できるため、費用負担に不安があり付添人選任を躊躇う少年や保護者に対しては、説明が必要であろう。

　児童相談所として、警察から送致ないし通告を受け、今後警察の調査が継続する可能性がある場合や家裁送致が考えられる場合は、付添人選任ができる旨、少年に説明することは必要であろう。仮に、家庭裁判所に送致するまではない場合でも、子どもの代理人として弁護士を選任する必要なケースだと判断した場合は、その旨子どもに説明する場合もある。

　また、付添人としては、少年にとってどのような措置ないし処分が妥当なのかを考えて活動することになる。否認事件や処分・措置の方向性についての考えが異なる場合など、ケースによっては家庭裁判所送致を相当と考える児童相談所と協議することもある。

3 ‖ 児童相談所長からの家庭裁判所への送致

（1）児童福祉法第27条第1項第4号にいう「家庭裁判所の審判に付することが適当であると認める児童」とは、具体的には、少年法第24条第1項第2号の保護処分により当該施設に入所させることが相当と認められる児童や、14歳以上の児童自立支援施設入所児童等を少年法第24条第1項第3号の保護処分により少年院に入所させることが相当と認められる児童等があげられる。

（2）家庭裁判所送致の判断

　児童相談所から家庭裁判所への送致をすると、少年院送致の処分を受けることもあり、また、処分に先立ち観護措置により子どもが少年鑑別所に収容されることもある。14歳未満の少年については児童福祉機関先議主義がとられ、ぐ犯少年の場合も児童相談所へ通告することが可能となっていることを踏まえ、子どもの非行や問題行動が深刻であっても、家庭裁判所送致すべきかどうか十分に検討すべきである。

　子どもの非行が深刻化し、施設や児童相談所で、あらゆる支援の手を尽くし医療機関等の関係機関との連携を図っても、他者加害や自己を損なう行為が抑止できず、福祉的な対応では限界である場合等には家庭裁判所送致を検討することになろう。

4 ‖ ぐ犯事件の場合

　ぐ犯事件では、不適切な養育環境が非行の背景となっている場合が多い。そのため、家庭に戻って生活することが更生に資するかどうかについて慎重に調査が行われ、処遇決定にあたっての判断要素としても家庭環境が重視されることとなる。

　保護者から虐待を受けている子どもの場合には、家庭に返すことができないため、保護観察処分は選択されにくく、少年院送致（少年24Ⅰ③）、児童自立支援施設または児童養護施設送致（少年24Ⅰ②）や、児童相談所長に送致（少年18Ⅰ）したうえ里親等に措置される例が比較的多い。もっとも、年長のぐ犯少年の場合、児童福祉に基づく措置先が限られることもあり、少年院送致決定が選択される場合もある。

　非行少年を受け入れて福祉的な支援を行う社会資源を増やすとともに、試験観察を活用するなどして、必要性が低い子どもを少年院送致とすることがないようにしていく必要がある。

　以前から自立援助ホームが補導委託先となる場合があったが、全国に徐々に設立されている子どものシェルターやステップハウス（☞第3章10⃣5⑶・⑷参照）が親元に帰ることができない子どもたちの補導委託先となれば、試験観察（少年25）を行い、その間に自立を目指す環境を整え、最終的に保護観察処分の決定を得ることができる。これにより、虐待という自らの責任ではない原因で子どもたちが重い処分を受けるのを回避できる選択肢が生まれた。今後さらに多くの地域でこれらのシェルターやステップハウス等の社会で子どもの自立を支える施設が増えることが期待されるところである。

　なお、ぐ犯による保護処分がなされれば、当該少年（児童）にとって前歴となってしまうため福祉的な対応では限界なのかどうかを適切に見極める必要がある。この点で、家庭裁判所送致前から弁護士がぐ犯少年を支援することも考えられ、一部の弁護士会では、一時保護をされたぐ犯少年に対して子どもが希望すれば弁護士が派遣される制度を設けている。

　児童相談所長が子どもを家庭裁判所に送致するときには、なぜ家庭裁判所に送致するのか、期待する手続（観護措置や試験観察）や児童相談所が考える必要な処分、期待される処遇の効果などについても十分な予測・計画をもってなすべきである。児童自立支援施設送致の保護処分がなされた場合には、審判後は児童相談所が施設への措置を行うこととなるため、家庭裁判所送致前から施設との調整が必要となる場合がある。送致後も、家庭裁判所調査官と積極的に連絡をとり、家庭裁判所の判断に必要な少年の生活歴、特性などの情報や、考えられる社会資源に関する情報を提供し、子どもにとって最適な処遇を家庭裁判所とともに考える姿勢が求めら

れる。

　また、家庭裁判所の審判で処分が決まった後も、支援の必要性がなくなるわけではない。保護観察処分となった場合には、保護観察所と今後の支援のあり方について、ケース会議を開き、意見交換していくことも必要になる場合もある。少年院送致処分となった場合も、少年院での処遇について少年院と積極的に協議し、また、身寄りのない子どもの場合、退院後の帰住先について調整する必要がある場合もある。児童相談所として、支援の必要性があると考えるのであれば、保護観察所や少年院に処遇を任せきりにするのではなく、積極的にかかわっていくことも検討すべきである。

5 ‖ 本件における具体的解決

　児童相談所長からの家庭裁判所送致が検討されていたが、本児はその間に窃盗事件を起こし、捜査機関から家庭裁判所に送致された。審判で、子どものシェルターが補導委託先となり試験観察処分がとられた。試験観察中、本児は単位制の高校への通学とアルバイトを続け、終局処分としては保護観察となって、子どものシェルターから自立援助ホームに入所した。

11 DV が背景にあるケース

父親が母親に家庭内暴力を振るっていた。子どもに対する暴力は特段見られなかったが、母親への暴力は、子どもが見ている前でもしばしば行われていた。

母親は、子どもを連れて DV シェルターへ避難し、子どもとともに一時保護されたが、父親が母親の居場所を探す目的で、子どもの居場所について、市役所へ問合せがあった。

1 ‖ DV と児童虐待の関係

「配偶者からの暴力の防止及び被害者の保護に関する法律」（以下、本節において「DV 防止法」という。）によれば、配偶者からの暴力（以下、本節において「DV」という。）とは、配偶者からの身体に対する暴力等をいう。「配偶者」には婚姻の届出をしていないが、事実上婚姻関係と同様の事情にある者からの行為も含み、「身体に対する暴力等」とは、身体に対する不法な攻撃であって生命または身体に危害を及ぼすものまたはこれに準ずる心身に有害な影響を及ぼす言動を含む。配偶者からの身体に対する暴力等を受けた後に、その者が離婚（事実上の婚姻関係の解消を含む）をし、またはその婚姻が取り消された場合にあっては、当該配偶者であった者から引き続き受ける身体に対する暴力等を含む（DV 防止法 1 Ⅰ）。「生活の本拠を共にする交際をする関係にある相手からの暴力」も「配偶者からの暴力」に準じて法の適用対象となった。

配偶者の暴力は、他の配偶者だけではなく、子どもにも向けられる例が多い。また、配偶者から受けている被害者たる他の配偶者が暴力のストレスのはけ口として子どもに虐待を加える場合もある。このように、DV と児童虐待とは密接に関連している。令和 2 年 4 月 1 日に施行された改正 DV 防止法第 9 条においても、連携協力すべき被害者保護のための関係機関として、児童相談所が明記された。他方で、厚生労働省の社会保障審議会児童部会児童虐待等要保護事例の検証に関する専門委員会による「子ども虐待による死亡事例等の検証結果等について（第 16 次報告）」（令和 2 年 9 月）では、実母が DV を受けている事例の分析がされているが、実母が DV を受けている経験が不明である事例が半数以上を占める等、関係機関が DV の情報を十分に把握できていない可能性が考えられることも明らかになった。また、上記第 16 次報告によれば、実母が DV を受けていると確認された事例では、DV なしの事例と比べ児童相談所や市町村虐待対応部署等のかかわりがある割合が

高く、確認された虐待の期間が6か月以上の長期にわたるケースが多いことが報告されており、児童虐待との関連性や重篤性が示唆されている。

　また、配偶者間での暴力を子どもが目撃することは、子どもに対しても多大な心理的影響を与えることから、平成16年改正児童虐待防止法では、児童が同居する家庭におけるDVも児童に対する心理的虐待であると定義された（児虐2④）。

　DVには、男性から女性に対するものだけでなく、女性から男性に対するものもある。また、子どもが、実親と養親ないし継親との間の暴力の影響を受ける場合もある。

2 ‖ DVの特質（再び虐待者のもとへ戻ってしまう可能性）

　DVケースにおいては、共依存の病理的関係が背景にあること、現代社会における女性の経済的自立はなお厳しい現実が存在すること、若年での妊娠・出産、地域社会や親族との接触が乏しく孤立しているなどさまざまな要因から、意識的・無意識的を問わず、結果として、被害者が加害者との関係を断ち切れないケースが少なくない。そのため、関係機関がせっかく母子を父親から分離したにもかかわらず、母親が子どもを連れて父親のもとに戻ってしまうことがあることも念頭に置いておかなければならない。

3 ‖ DV防止法による対応、母子への援助

（1）母子を虐待者から分離すること

　父親によるDVのケースでは、母子関係が悪くなければ、母子を共に虐待者から分離・保護することが基本的対応となる。婦人相談所の一時保護所や民間のDVシェルターに保護を求めるとともに、DV防止法に基づく保護命令の申立て、離婚に向けた手続を行い、その後は母子生活支援施設や婦人保護施設の利用、就労支援、生活保護申請、精神科への通院支援など自立に向けた各種の支援を行うことになる。平成16年改正DV防止法では、保護命令により、母自身への接近禁止のみならず、同居する子どもの住居、就学する学校等でのつきまといや徘徊の禁止を命ずることもできるとされ、これにより、虐待者から子どもを守ることが可能となった（同法10Ⅲ）。さらに、平成19年改正DV防止法では、配偶者から生命等に対する脅迫を受けた場合において、配偶者から受ける暴力により、その生命・身体に重大な危害を受けるおそれが大きいと認められるときにも保護命令を発することができるようになった。これにより、一層虐待者から子どもを守ることができるようになった（同法10Ⅰ）。

母子への援助にあたっては、母親のニーズが必ずしも子どもの権利擁護に資するものとは限らないので、子どもへの援助者は子どもの視点に立って援助を続けることができるよう母親への援助者とは別の者が担当することが望ましい。

　前述のとおり、母親が再度父親のもとへ戻ってしまうなど、気持ちが揺れることもあるので、母が離婚の意向を示したとしても、子どもの援助者は、その立場でのかかわりを続け、母が父のもとへ戻る意向を示したときには速やかに母子分離を図るべきである。

（2）母子の所在を隠すこと

　母子をともに救出したケースでは、母子を父親からいったん分離したからといって、必ずしも安心することはできない。父親が母子を探索することもあるから、母子の所在が外部から知られないための方策を徹底する必要がある。

　母子を一時保護した場合、父親が母親の居場所を調べる目的で、親権者であることを根拠に、行政に対し子どもの居場所を開示するように求めたケースがある。この点、名古屋高等裁判所平成13年12月11日判決[26] では、①子を保護した事実の有無を親権者に開示する義務はないこと、②DVの社会問題化、DV防止法第23条の趣旨からも、開示義務はないとして、保護したか否かも含め、情報を開示する義務はないと判示している。近時、弁護士法第23条の2による照会が関係機関になされる例も散見されるが、同様に対応することが可能である。

　また加害者による住民票の写しや戸籍の附票の写しの交付申請については、市区町村に申し出ることで、住民基本台帳事務処理要領に基づいて交付を制限できる「DV等支援措置」を利用することができる。

（3）母子への援助

　DVから逃げている母子には、精神的・経済的に、常に励ます援助者が必要である。日常の援助者としては、保健師、児童相談所職員、婦人相談員、母子生活支援施設職員、病院関係者などがあたることになろう。そうした援助のもとで、弁護士も法的側面の援助者としてDV防止法による保護命令、離婚調停の申立てなどの法的措置をとることとなる。

　ただし、児童相談所としては、再度、母が父のもとへ戻ってしまう可能性を考えながら、あくまで子どもの視点から援助にあたるべきである。

26　判例時報1795号117頁。

4 ‖ 母子分離がやむを得ない場合

父親だけでなく、母親からの虐待もあり母子関係が悪いケース、母が父のもとへ再々戻ってしまうようなケース、母が自分がDVから逃げることに精一杯で子どもだけが置き去りになっているようなケースでは、子どもを虐待から守るため、母と子も分離する必要がある。

そこで、母とは分離して、子どもを児童養護施設等に入所させる必要が出てくる。まず、児童福祉法第33条に基づいて子どもを一時保護する場合、保護の事実は知らせても、一時保護の場所を親権者に知らせる必要はない（大阪地方裁判所平成11年2月22日判決[27]）。しかし、施設に入所させる場合には、親権者の同意が必要となり、施設の場所を知らせないことについて異議を唱えない旨の確認をとったうえでの同意が得られればよいが、同意が得られなければ、児童福祉法第28条に基づく承認審判を得て、措置することになる。

5 ‖ 子どもに対する直接の暴力がない場合

子どもに対する直接の暴力・虐待がなく、父親から母親へのDVだけがあるケースでは、母親に対するDVだけを理由に児童福祉法第28条承認審判が認められるかが問題となる。

子どもにまったく知られないような状況でDVがあったという場合では、暴力が直接子どもに心理的影響を与えたとは言い難く、配偶者の暴力にさらされる母親などのストレスが子どもに対しても心理的な影響を及ぼしている点を問題とすべきことになる。これに対し、子どもの面前もしくは子どもが認知しうるような状況でのDVがあったという場合に関しては、子どもに対する心理的虐待に該当するが、DVを主張しただけでは足りず、子どもへの心理的影響を明らかにすることが必要である。実際には、DVの加害者は、配偶者に対するDV以外にも常に高圧的、支配的な振る舞いをするなど、直接間接に子どもを傷つける行為を重ねて、子どもが抑圧的になるなどの心理的影響を受けている場合が多く、言葉によるDVを目撃してきた人のほうが、身体的DVを目撃した人より、脳のダメージが大きかったという研究報告もある[28]。子どもへの心理的影響を明らかにするためには、それらの事情を丁寧に取り上げて分離の必要性を訴えることになろう。

----

27 判例集未登載。
28 Tomoda, A., Polcari, A., Anderson, C. M., et al. (2012) Reduced visual cortex gray matter volume and thickness in young adults who witnessed domestic violence during childhood. PLoS One, 7, e52528. ※日本語訳「小児期に家庭内暴力を目撃した若年成人における視覚野灰白質の量と厚さの減少」（友田明美　他）

両親が離婚・別居した場合、子どもは一応 DV を目撃するおそれがなくなり、ただちに分離が必要とはいえない。しかし、子どもに過去の目撃により心理的外傷の影響が残っていることも多く、上記のとおり、子どもへの心理的影響は軽視できないから、仮に子ども自身が DV 加害者との同居を選択した場合であっても慎重な見守りが必要である。

12　知的障がい児のケース ··································

40歳代の両親、15歳の女児（本児）、13歳の弟の4人家族。

父親は、従来から母親に対して激しい暴力を振るうことが多く、子どもたちに対してもしつけと称して暴力を振るう傾向があった。

1年ほど前から、父親への反抗的な態度をとるようになった弟に対する父親の暴力が激化するとともに、父親は、本児に対し、胸を触る、服を脱がせようとする、本児の寝ている際に布団に入って身体を触るなどのわいせつ行為を行うようになった。

弟が通っている中学校の担任教諭にそのような家庭の状況を相談したことから、児童相談所が関与するところとなったが、本児は、知的障害を有しており5歳程度の知的発達水準であるため、父親から受けた被害について順を追って詳細な説明をすることは難しかった。

1 ‖ 知的障害を抱える子どもに対する虐待の特徴

知的障害を抱える子どもは虐待の対象になりやすい。このことがまず認識されなければならない。

知的障害を抱える子どもは、他者からのさまざまな加害に対して、「いやだ」と言いにくい。

特に、性的虐待等の事案においては、知的障害を抱える子どもの多くは加害者のなすわいせつ行為に対し、何が起こっているのかも判断できないで混乱し、断るすべを知らず、あるいは強く拒否したり力で抵抗したりすることもできず、結果的に逃げることもできない状況下で強制わいせつや強制性交等の被害にあっていると考えられる。そのような場合、加害者は、性交渉は合意であったなどと主張することもあるので、捜査段階での事情聴取の場合でも、児童福祉法第28条の申立てをなす場合でも、そのような障がい者の実情について、捜査機関および裁判所に対し十分な理解を求めるべきである。同時に、被害者が司法手続において二次被害に遭わないよう最大限の配慮が尽くされるべきである。

知的障害が重いだけでなく幼少時から親との間で愛着関係が十分に形成されてこなかったなどのハンディがある子どものなかには、わいせつ目的で肉体的接触をされることを他者からの受容ないしは愛情表現と誤解し、自分自身の愛情欲求を代償的に満たすため、そのような加害者に近寄ってしまうこともある。

また、被害を理解・認識しづらいことや被害体験をベースにした認知の歪み等のため、悪意なく加害者になってしまうケースもある。性非行の加害者や性的逸脱行動のあるケースにおいて、背景を聴き取る中で実際は性的虐待の被害者でもあったということが判明するケースもある。

　さらに、性的虐待に限らず、その他の類型の虐待の被害者になることも多い。養育者としてはその子どもに障害があることを理解していても、周囲の発達に遅れがない子どもと比べるなどして苛立ちを感じてストレスを抱えることもあり、それが子どもへの拒否的感情に結びつき、身体的虐待や心理的虐待がなされることがある。

2 ‖ 救済の訴えは本人からは出にくい

　次に留意されるべきは、知的障害のために、救済の訴えや、虐待を受けているという具体的サインが出にくい場合が多いことである。

　特に性的虐待の場合には、障害のない子どもであってもなかなか第三者に相談しにくいものであるが、知的障害のために、誰に被害を訴えてよいかわからなかったり、訴えようとしてもうまく説明できなかったり、さらには説明できたとしても相手にされなかったり信じてもらえなかったりすることもあって、他の子ども以上に被害を訴えにくい面がある。

3 ‖ 意思の確認

　被害を受けた子どもの知的障害が重い場合には、虐待への対応について、その子ども自身の意思を確認するのが難しいこともある。家庭に戻るよりも施設に入って暮らしたいのか、加害者を刑事処罰してほしいのかなどについて、子どもに十分に理解してもらいその意思を表示してもらうことは容易でない。しかし、知的障害があっても、罰してほしいなどの基本的な意思は表示できる場合も多い。「セックスがいやだった」「父さんがこわい」「ろうやに入れてほしい」などと表現する子もいる。知的障害と意思の表明とは別のものである。自分が何をしたいのか、どうしてほしいのかについての意思の表明は十分可能な場合が多いのであり、子どもが援助者らと会って話をしたり聞いたりする機会をもつことで、その意思が明確になっていくことが期待できる。一般的に子どもにおいては、虐待被害の大きさや問題の重大性から、自分が何をしたいのか、どうしてほしいのかについては、意思形成に時間がかかるものであり、知的障害を抱える子どもにおいては、より丁寧に進めていくことが必要である。

　また、意思の確認はもちろんであるが、手続について説明することも重要であ

る。大人であっても、刑事手続等がどのように進んでいくか、また、そのなかで自分にどのような負担があるのかを正確に理解することは難しい。意思の確認を行う際には、その後の手続についても丁寧に説明することが求められる。

4 ‖ 立証上の課題

　年齢や障害の程度によるが、一般に知的障害を抱える子どもは被害状況に関し十分に説明することが困難なため、事情聴取や証拠化について工夫が必要になることが多い。

　まず、子どもの能力を十分に確認することが必要である。すでに心理検査などが行われ、その能力について一定の確認がなされていない場合、それらの検査を行ったうえで実施することが望ましい。

　被害事実の聴取については、現在、多くの児童相談所で司法面接の技法で行っている。　　　　　　　　　　　　　　　　　　　　　　　　☞第1章コラム参照

　もっとも、被害をきっかけに知的検査を受けたところ、知的障がいが判明する場合もあり、子どもの年齢およびそのIQ値などから司法面接が可能か否かも十分に検討して面接を実施する必要がある。

　立証は、聴取の状況をビデオに録画したり、録音したりする方法のほか、精神科医等の専門家に、子どもの話をどう理解すべきかという意見書を付してもらうとよい。

5 ‖ 措置先

　親子分離ののち、知的障害を抱える子どもを施設に入所させる場合、障害の重度によっては、児童養護施設ではなく障害児入所施設が入所先として適当なこともある。また、知的障害だけではなく、発達障害や愛着障害等も抱えている場合や、虐待の影響で情緒面での課題を抱えている場合には、知的障害の程度によっては児童心理治療施設への入所が適当なこともある。いずれの施設であっても、知的障がい児の場合は、通常の場合より施設生活への適応が難しいことがあるから、入所後のケアも怠ってはならない。

　特に、被害の事実を話したり、意思を表明することはできても、自分が受けた被害の意味を正しく理解する等、被害感情を持ちにくいこともあるため、この点を配慮しながら支援を行う必要がある。そのため、入所後にも心理カウンセリングへの通所を行う必要がある場合もある。また、知的障害を抱える子どもに対するケアのみならず、父母に対して、子どもの特性への理解を深めるための支援も検討されるべきである。

6 ‖ 本件における具体的解決

　本児と弟を一時保護し、父母と児童相談所が話し合ったが、父親は本児への行為について「ふざけただけ」として、わいせつ目的を否認した。母親は、父親による本児へのわいせつ行為や弟への暴力の一部は認めるものの、「今後は父親もしないと思う」として、父親と同様、本児と弟の施設入所に同意しなかった。そのため、本児と弟について児童福祉法第 28 条の申立てがなされた。

　本児が受けた性的虐待については、司法面接において、本児から「お父さんが身体をさわる」などが聴取できたのでその反訳書と、その他の面接で本児が話したことを詳細に報告書にしたものを裁判所に提出した。また、父親の虐待行為の一部を認めた母親との面談記録や、弟からの事情聴取報告なども立証のための資料となった。

　この申立てはいずれも承認され、本児は障害児入所施設に、弟は児童養護施設にそれぞれ入所となった。

13　貧困家庭ケース

◆◆◆◆◆◆◆◆◆◆◆◆◆◆◆◆◆◆◆◆◆◆◆◆◆◆◆◆◆◆◆

　忘れ物が多く、遅刻がちで宿題も十分できていない11歳の女児。自宅で祖母、母親、9歳の弟と同居しているはずだが、身の回りの世話を十分にしてもらえている様子が見られない。学校が本児に話を聞くと、高齢で認知症の進んだ祖母には家事が難しく、むしろ本児が祖母の世話や、母が帰ってくるまでの家事を担っているとのことであった。就寝時間が遅くなり、宿題もできないまま遅刻して学校に行くのが精いっぱいの状況が続いている。

　母親も、本児に祖母の介護を任せている状況を気に病んでいるが、弟に障害があり、定期的な通院と遠方への通勤のために自動車が手放せず、生活保護を受けることができないと考えている。

◆◆◆◆◆◆◆◆◆◆◆◆◆◆◆◆◆◆◆◆◆◆◆◆◆◆◆◆◆◆◆

1 ‖ 貧困家庭と虐待

　「貧困」は、「絶対的貧困」すなわち「食べることもままならない」生活水準のみを指すものではなく、社会的に相対的な概念として捉えるのが今日的な考え方である。経済的側面だけでなく社会関係を含む多元的側面に及び、当該社会において「人並みの普通の生活」とされる状態に達していないことを「相対的貧困」という。

　内閣府の「令和元年度　子供の貧困実態調査に関する研究報告書」では、複数の自治体が子どもとその保護者向けに行ったアンケートの分析を通じ、生活困窮世帯と非困窮世帯を比較した場合に、生活困窮世帯に見られる傾向が複数挙げられている。

　生活困窮世帯と虐待、とりわけネグレクトとの関連性をうかがわせる傾向として、たとえば「親に勉強を教えてもらえる割合が低い」「（学校の）遅刻が多く、長期の欠席も多い」あるいは「起床／就寝時間がいずれも遅く、睡眠時間が短い」「歯磨きや入浴の頻度が低い」などが指摘されている。

　また、生活困窮世帯において、本来大人が担うと想定されている家事や家族の世話などを日常的に行っている子ども（ヤングケアラー）がいることをうかがわせる傾向として、「家の手伝いをする時間が長い」「家庭に要介護者がいることが多い」などがあげられている。

　子どもと社会の関係性の貧困をうかがわせる傾向として、「塾や習い事、スポーツクラブ、ショッピングモールなどにいることが少なく、居場所が限られる」「親・家族に相談できる割合が低く、大人への信頼感も低い」などが指摘される。

また、親自身も、「困った際の相談相手がいないことが多い（特に父子家庭で顕著）」「困った際に助けてくれる相手も乏しいことが多い」など、関係性の貧困に陥っていることがうかがわれる。

　貧困が即虐待の原因となるわけではない。しかし、令和2年9月に厚生労働省が発表した「子ども虐待による死亡事例等の検証結果等について（第16次報告）」において、子ども虐待による死亡事例等を防ぐためのリスクとして留意すべきポイントとしてあげられている項目の中には、「生活上に何らかの困難を抱えている」「社会的な支援、親族等から孤立している（させられている）」「子どもが学校・保育所等を不明確・不明瞭な理由で休む」などがあげられており、実態調査の中で生活困窮家庭における傾向として指摘された内容と重複する点が多い。実際に、死亡事例等検証報告の中においては、死亡に至る重大な虐待事案で、福祉事務所が関与していたケースも存在する。貧困は他の要因と複合的に重なった結果、虐待につながる可能性がある要因である。

2 ‖ 貧困家庭自体への支援

　貧困家庭では、親自身が、どういった社会保障制度が利用できるのか、把握していない場合がある。そのため行政の窓口などへの相談につながりにくく、必要な支援を行うきっかけが見つからないことも多い。学校や市町村で情報を把握したときは、要保護児童対策地域協議会で情報を共有するなどして、適切な機関が速やかに介入できるようにすることが必要である。

　弁護士が関与する可能性の高いケースとして、生活保護の受給に関する相談を受ける場合が想定される。

　とりわけ、自動車は、障がい者の通勤・通学・通院、公共交通機関の利用が著しく困難な地域に居住して通勤・通院する者ないしは当該地域に勤務先がある者や、深夜勤務に従事する者については、自動車による通勤がやむを得ないものである場合や、車両の処分価値が小さいこと、勤務に伴う収入が維持費を大きく上回ることなど、条件は厳しいが保有が認められる場合もある（昭和38年4月1日　社保第34号　厚生省社会局保護課長通知　第3の問9、問12。コロナ禍でさらに緩和されていることにつき、令和2年4月7日付・同年9月11日付厚生労働省社会・援護局保護課事務連絡）。それにもかかわらず生活保護認定において一律「自動車の保有は認められない」と対応する場合が多く、生活保護の申請自体を諦めてしまう世帯もある。

　仮に自動車の保有が認められない場合であっても、自動車を手放して申請後、家賃が高額であるとして転居指導に基づいて転居する場合や職場の近くに転居する場

合には、転居に必要な費用（敷金等には上限あり）が支払われる（上記昭和38年4月1日通知　第7の問30）。こうした法令・通達の知識に基づき適切な生活保護受給を実現することで、子どもを抱えた生活困窮世帯の生活を安定させることは弁護士の役割であるといえる。

　もっとも、生活保護の受給は最低生活の実現にすぎない。また、最低生活を充足しており、生活保護を受給することはできないが、子どものために支出をする余裕もないという層も存在する。就学援助制度の準要保護（要件は自治体によって異なる）申請や、医療扶助の単給、社会福祉協議会の住宅維持支援給付金（失業から1年以内の申請が必要）など、弁護士の側でも利用できる隣接制度を複数知っておくことが、適切な助言と事案の解決につながる可能性がある。

　さらに、要介護者に対する適切な支援を取り入れるためには、介護保険制度の知識も不可欠となる。

3 ‖ 本件における具体的解決

　祖母には介護保険料の滞納があったため、世帯全体で生活保護の認定を受けることとし、介護保険料の滞納を解消して介護認定を受け、ケアマネジャーに入ってもらうことになった。母の車も、地域の通勤困難性と男児の通院のために必要であることから保有が認められた。

◆◆◆◆◆◆◆◆◆◆◆◆◆◆◆◆◆◆◆◆◆◆◆◆◆◆◆◆◆◆

　子どもが生まれたころから両親は不仲となっており、出生後数週間経過したころに子どもは一時保護され、その後、乳児院に入所した。

　両親は、その後、離婚する意思を示しながら1年以上離婚届を提出せず、あいまいな関係を継続していた。しかし、実際には、両親はすでに別居しており、母親は他県で別の交際相手と生活し、その交際相手とともに子どもを引き取る意向を示しながら1年半以上面会交流をせず、また具体的な引き取りのための行動もしなかった。父親の方は子どものことを考えて特別養子縁組には同意していた。

　その後、母親は児童相談所との連絡もつかなくなり、児童相談所が従前の住所に特別養子縁組の手続を進める旨の手紙を送ったものの何ら反応することもなかった。

◆◆◆◆◆◆◆◆◆◆◆◆◆◆◆◆◆◆◆◆◆◆◆◆◆◆◆◆◆◆

1 || 特別養子縁組の検討

　家庭養育（親族によるものを含む。）が難しい子ども、特に乳幼児で、その状態が長期化し、家庭復帰の見通しがつかない事案においては、子どもの養育環境として特別養子縁組の適否が検討される。

　典型的には、母親が妊娠当時から子どもの出生や養育を望んでおらず、家庭養育が考えられない事例であるが、本ケースのように、親が子どもの引取りを口にしながら、具体的に引取りのための行動をとらず、数年にわたって交流を図ろうとしないような場合にも特別養子縁組を検討することが考えられる。

2 || 特別養子縁組の手続の進め方の例

（1）特別養子縁組相当事例の把握と実親への説明

　児童相談所が把握した子どもの状態が、前述したように、家庭養育が長期間見込めないと認められる場合、児童相談所は保護者以外の実親や親族の養育可能性を調査したうえで、実親に特別養子縁組制度の説明をする（調査中でも説明することはありうる。）。実親がその説明を聞いたうえで、これに同意するか否かによっておよそ次のとおり手続を進める。

（2）実親の同意の有無

ア　同意あり

　実親から同意書を徴し（場合によっては口頭でもよいが、必ず記録化しておく）、子どもの発達発育に関する検査や調査（既往歴等）をしたうえで、適合すると思われる養子縁組里親に委託する。

　実親の同意がある場合は、養親が特別養子縁組の成立審判の申立てを（特別養子適格の確認審判と同時に）することが考えられるが、一部の自治体では、児童相談所が養子縁組里親に委託した事案はすべて児童相談所長が特別養子適格の確認審判の申立てをしている。

イ　同意なし

　実親の同意がなく実親にに引取意思があれば、児童相談所としては家庭養育を目指して家庭支援を進める（なお、その間、代替養育としての里親への委託や小規模施設への入所の措置をとることになるが、特別養子縁組手続への移行も考慮し、子どもの養育環境をできる限り変えないために、養育里親と養子縁組里親に重複登録している者への委託が考えられる。少なくとも乳幼児や年少児については里親への委託を優先的に検討すべきである。）。

　しかし、これまでも、児童相談所が、家庭養育が長期間見込めないと判断している事例では、結果的に長期間家庭復帰できず、親子交流もほとんどなされないまま、令和元年の法改正前の特別養子適齢期を超過し、さらには18歳まで施設入所し、そのまま自立するということも少なくなかった。

　そこで、同様の事例では、児童相談所が一定期間（乳幼児については特に期間がみだりに長期化しないようにおよそ1年）内の引取りまでの行程表を作成して、定期的な交流、養育環境の調整などの家庭養育に向けた条件を実親に示して、比較的短期間に子どもの引取りが実現するよう説明する。仮に、まったく条件が満たされない場合は特別養子縁組の手続を進めることも説明し、説明を受けた旨の書面を徴する。

　そして、順調に家庭養育に向けた条件を充足したときは、子どもを家庭復帰させて、その後必要な支援を継続することになる。

　逆に、その条件がまったく充足されないときは、当初の実親への説明どおり特別養子縁組の手続を進める。その場合は、児童相談所において、「父母による虐待、悪意の遺棄その他養子となる者の利益を著しく害する事由」（民817条の6但書）が存在することの主張、立証を準備して、特別養子適格の確認審判を申し立てる。なお、同申立てのとき、養子縁組里親となる者がいれば先んじて委託することが考えられる。とはいえ、当該申立てが認容されるか否か不確実な時点で委託を受ける者は少ないと考えられる。そこで、事

前に候補者だけは検討し、当該申立が認容され、確定した後に正式に委託する。

　その後は、試験養育期間中（当該審判確定前から養育しているときはその期間も含められると考える。）の子どもと里親の適合性に問題がなければ、特別養子縁組の成立審判の申立てを里親に行ってもらうことになる。なお、特別養子縁組の成立審判は、特別養子適格の確認審判の確定後6か月以内に申立てをしなければならないため、児童相談所においては試験養育期間6か月の経過を待つことなく、早めに申立てをするよう、留意しておかなければならない。

3 ‖ 本件における具体的解決

（1）事実経過

　実親と連絡がとれなくなって数か月後、児童相談所は、特別養子適格の確認審判の申立てを行った（当時子どもは1歳半）。

　家庭裁判所の調査の過程で、母親が特別養子縁組の手続をしていることを知り、児童相談所に対して子どもを引き取る意向を示した。しかし、その当時、母親は、県内（当該児童相談所管轄外）に戻ってきていたもののさらに別の交際相手と生活し、その交際相手の子ども（そのときは別居中）も引き取ろうと考えていた。しかも、母親は、さらに転居をしようと考えていた。

（2）手続過程
ア　申立書等

　申立てにあたっては、前記（1）の事実経過を記載した報告書に加えて、児童相談所が実親に何度も手紙を送った履歴（特定記録郵便で発送したことが記録された郵便局の受付票）や携帯電話のSMSで連絡をとろうとした履歴（SMSで送信したメッセージの画像）、実親の住居が転々としていることを証する戸籍附票等を資料として提出している。

　申立書には、実親に子どもを養育させることが著しく不適当であることについて、実親の状態のほか、子どもが生後、実親にまったく養育されていない現状で良好に発達発育していること、家庭養育原則の下で、乳幼児にとって重要な期間を無為に経過させてしまい、結果的に特別養子縁組の機会を逸してしまうことが子どもにとって著しい不利益になることも付言している。

イ　家庭裁判所の調査等

　本事例では、家庭裁判所の審問期日は開かれず、実親に対する家庭裁判所調査官の調査の中で、実親の意向等が聴取され、同意している父親については当

該調査の中で同意書が徴されている。

（3）審判要旨

家庭裁判所は、

① 母親が子どもを引き取る意向を示しながら長期間面会交流をしなかったこと

② 子どもを引き取る具体的な行動をしなかったこと

③ 母親は、児童相談所から、子どもの施設入所の継続が子どもの発達養育上適切ではないと伝えられていたにもかかわらず、児童相談所からの連絡に応じなくなり、児童相談所からの手紙も返答せず放置していたこと

などの経過から、母親による子どもの適切な監護養育が期待できず、母親の同意がないことを理由に特別養子縁組を成立させないとすれば、子どもの愛着形成など発達にとって重要な時期を無為に過ごすなど著しい不利益が生じることが予想され、「養子となる者の利益を著しく害する事由」があるとして、申立てを認容した。

母親からは何らの連絡もなく、抗告期間経過により審判は確定した。

4 ‖ 実親に対する情報の非開示

（1）一般

児童相談所長が特別養子適格の確認審判を申し立てる場合、実親に開示されるべきではない情報については、基本的に申立書や証拠書類には記載されないように精査する。しかし、家庭裁判所が判断するにあたって考慮すべき情報であるため、家庭裁判所に提出せざるを得ないときは、当該情報に関して非開示の申出をする（実親が利害関係参加をしたときは当事者として扱われる（家事 42 Ⅶ）ため、同法第47 条第 4 項に掲げる事由を記載して非開示申し出をすることになる。）。

（2）養親候補者の情報

令和元年の家事事件手続法改正により、特別養子縁組の成立審判の手続が見直された趣旨は、養親候補者の情報が実父母に開示される可能性があるなどの負担の重さから養親候補者になろうとする者が限定されることを解消することで特別養子縁組制度の利用促進を図ろうとした点にある。

かかる趣旨に沿って、養親候補者の負担とならないよう、特別養子縁組の手続において養親候補者の情報が実親に開示されないように留意しなければならない。

児童相談所長が特別養子適格の確認審判を申し立てるとき、養親候補者が決まっている場合に氏名や住所はもちろん養親候補者が特定されるような情報を家庭裁判所に提出する申立書や証拠書類に記載されることのないように留意する。

なお、実親は特別養子縁組の成立審判に関与できない（家事164Ⅲ、Ⅳ）ため、児童相談所長が申し立てた特別養子適格の確認審判が確定した後に、養親候補者が申し立てる特別養子縁組の成立審判では、実親が養親候補者の情報を得ることはない（同法第47条第1項によれば、利害関係人は家庭裁判所の許可を得て記録の閲覧等ができることになっているため、実親が利害関係人として閲覧等をすることは理論上ありうるが、家庭裁判所がこれを許可することはないと考える。）。

5 ‖ 子どもの出自を知る権利

　自らの出自を知ることは、人が成長していくうえで重要な過程であるため（子どもの権利条約7Ⅰ）、出自を知る権利を保障するために、特別養子となった子どもが、将来、同養子縁組に至った事情等を知ることができるようにするための配慮が必要である。

　そのため、出自を知るために必要な情報を記録するとともに、子どもへの真実告知（育ての親が子に対して養子であることを伝えること）を適切に行う必要がある。

　この点に関して、国は、特別養子となった者に関する記録の保有および子どもに対する情報提供の留意事項をまとめ、民間あっせん機関に周知を図っている[29]。

29　子家発0326第1号　令和3年3月26日　民間あっせん機関による養子縁組のあっせんを受けて養子となった児童に関する記録の保有及び当該児童に対する情報提供の留意点について

15 指導勧告ケース

30歳代の父親、11歳の女児（本児）の2人暮らし。

もともと、祖母（父親の母）、弟2人も一緒に生活しており、主として祖母が家事を行っていたが、父親が、定職につかず、飲酒しては祖母といさかいを起こし、子らの面前で祖母に暴力を振るうことがあったため（子らに対して直接的な暴力を振るうことはなかった。）、祖母は、父親の暴力に耐えられなくなり、弟2人を連れて別居した。他方、本児については、父親が本児に家事をさせると言い、祖母と共に出て行くことを認めなかったため、父親との同居を続けることとなった。

祖母と同居している当時から、父親および子らの生活空間にはゴミが散乱しており、寝る場所の確保もままならない状態となっていた。また、本児は学校に行っておらず、数年間不登校である。本児の不登校の理由について、父親は、本児が望まないからと言い、学校を休ませたままにしている。父親は、学校からの家庭訪問も一切拒否している。

祖母から相談を受けた児童相談所は、本児を一時保護した。本児は一時保護先の最寄りの小学校に転校したところ、学習は遅れているものの元気に登校することとなった。児童相談所は、本児の家庭復帰を目指し、父親との接触を図ったが、父親は児童相談所との面談等に応じず、施設入所についても拒否しつづけた。

そのため、児童相談所が、審判前の指導勧告の上申をして児童福祉法第28条の申立てを行った。

1 ∥ 本ケースにおける指導勧告の概要

本ケースにおける指導勧告は、児童福祉法が定める指導勧告（承認審判時の指導勧告、審判前の指導勧告、却下審判時の指導勧告）のうち、審判前の指導勧告である。

☞第3章 5 5 参照

審理前の指導勧告を行うかどうかは家庭裁判所の判断によるが、児童相談所としても、家庭裁判所の勧告のもとでの保護者指導が効果的であると判断する場合には、家庭裁判所に対してその旨の意見を積極的に述べていくことが考えられる（児童相談所運営指針116頁）。

2 ‖ 手続の流れ

本ケースにおいて指導勧告が行われるまでの流れについて概説する。

（1）上申書の提出

児童相談所は、審判前の指導勧告を求める場合、児童福祉法第28条申立時において、その是非を検討し、指導勧告が必要だと判断する場合には、申立書と合わせて上申書を提出するのが原則である（児童相談所運営指針117頁）。なお、家庭裁判所から審判前の指導勧告をとる意向が示され、それに応じて児童相談所が上申を行うこともある。

（2）上申書に記載すべき内容

上申書には、次の内容を記載する（児童相談所運営指針117頁、別紙15参照）。

① 保護者指導の必要性、児童相談所が予定している指導の内容とこれにより期待される効果

② 家庭裁判所に指導勧告を求める理由、必要性

③ 指導勧告書への記載を希望する内容、審判前の指導勧告を求める場合は、その期間

④ 指導勧告書の写しの保護者への送付の要否

（3）審判前の指導勧告に適する事案の判断

審判前の指導勧告では、家庭裁判所が、指導勧告に基づく保護者指導の結果を踏まえて承認審判をするかどうか判断することが予定されており、一種の「試験観察」的な制度である。また、新しく導入された制度であり具体的な活用方法はいまだ試行錯誤の段階にある。　　　　　　　　　　　　　　　☞第3章⑤5参照

審判前の指導勧告が効果的なケースは、保護者が児童相談所と激しく対立するものの家庭裁判所の勧告のもとの指導であればその指導に従う可能性があるケース、いわゆる「ゴミ屋敷」になっている家庭において生活環境改善が図れれば家庭復帰が大きく近づくケース等である。

また、審判前の指導勧告が奏功せずに承認審判に至るケースもあり、保護者と児童相談所との関係性を打破するために、試みに家庭裁判所に審判前の指導勧告を求めてみる選択もあると考えられる。

このように、審判前の指導勧告は必ず奏功しなければならないとは考えすぎず、必要に応じて柔軟に実施していくことが期待される。どのような事案が審判前の指導勧告に適するかは、今後報告される運用事例を参考にされたい。

（4）上申書作成の注意点（児童相談所運営指針 117 頁）

　保護者指導のためには、保護者が自らの行動や認識の問題点・改善すべき点を認識できるよう、指導勧告を行った旨の通知とあわせて、第三者的な観点から、これらの問題点・改善すべき点や、虐待等に至った経緯・背景について具体的に指摘された指導勧告書の写しが保護者に送付されることが望ましい。

　また、審判前の指導勧告が、家庭裁判所において、児童福祉法第 28 条申立てを承認するか、却下するかの判断材料となるものであるから、指導勧告内容は保護者指導の結果が把握しやすいよう、具体的かつ客観的に上申書に記載するべきである。

　なお、上申書作成にあたっては、指導勧告を求める期間を記載するが、2 か月ないし 3 か月と設定することが多いようである。

（5）指導勧告後の対応

　児童相談所においては、指導勧告期間中、勧告に沿った保護者指導を行い、期間終了後には、速やかに家庭裁判所に対して指導の結果を報告することになる。

　この点、指導勧告期間中においても中間報告を行った方がよい場合があり、家庭裁判所から中間報告を求められることもある。中間報告を行うべきか否か判断に迷うときは家庭裁判所と調整すべきである。

　このように、審判前の指導勧告が行われた場合、期間終了後の結果の報告、または中間報告を見据えて、指導期間開始直後から定期的に保護者指導の経過をまとめておくべきである。

（6）結果報告、追加意見書の提出等

　前述のように、児童相談所は、指導勧告期間終了後、速やかに家庭裁判所に対して指導の結果を報告しなければならない。当該報告については、児童相談所運営指針の別添 16（様式例）を参照して報告書を作成することになる。

　その上で、児童相談所としては、指導勧告が功を奏さない場合は承認審判を求める意見を追加主張することになる。他方、指導勧告が功を奏し児童の家庭復帰が適切である状況になっていれば、審判申立てを取り下げることを検討対応することになろう。

（7）審判決定

　家庭裁判所は、指導勧告に基づく保護者指導の結果を踏まえて承認審判をするかどうか判断する。

3 ‖ 本件における具体的解決

　本ケースにおいては、児童福祉法第28条申立時においては、児童相談所と父親との対立が激しく、児童相談所としては審判前の指導勧告の効果は限定的と考えていた。

　ただ、本児は一時保護後小学校に速やかに登校を再開でき学校生活に順応できていること、本児の一時保護を契機に父親と祖母とが連絡を取り合うようになっていることから、本児の家庭復帰も選択肢のひとつとして十分あり得ると考え、次のような勧告を求める上申を行った。

　①祖母との関係を改善し、本児・弟2人・祖母と一緒に暮らすこと。②本児の生活に支障がない程度に家庭内の衛生面を改善すること。③子どもたちが学校に登校するように努め、学校との連絡を取り合い連絡に応じること。④児童相談所の家庭訪問や助言を受け入れ、連絡に応じること。を児童相談所において保護者に指導すること。

　家庭裁判所は、児童相談所からの指導勧告（審判前の指導勧告）の上申を受けて、上記①から④と同趣旨の指導を保護者に行う旨の勧告を児童相談所に行った。父親は当初は児童相談所には拒否的であったが、祖母との関係が改善し祖母は弟2名と自宅に戻り、本児も自宅に一時帰宅して登校できるまでに関係性が改善した。指導勧告期間中、父親は児童相談所の家庭訪問に応じ、その際、居住内が片付けられていることが確認できた。このように、父親は児童相談所の約束事を概ね守ることができ、本児が家庭復帰できるまでの家庭環境を整えることができた。

　以上の結果報告を受けて、家庭裁判所は第28条申立について却下審判の決定を下し、本児は家庭復帰する形で本ケースは終結した。

16 警察・検察の捜査との関係が問題となったケース

◆◆◆◆◆◆◆◆◆◆◆◆◆◆◆◆◆◆◆◆◆◆◆◆◆◆◆◆◆

　養父と母と本児（15歳女児）、養父と母の実子である弟と妹の5人家族。本児が、母に養父から体を触られていることを告白した。母は、市役所に相談した。市役所が児童相談所へ相談し、同日、児童相談所が本児と面接したところ、本児は養父から体を触られると被害を訴え、児童相談所は本児を一時保護した。同日、児童相談所は、警察へ情報を共有した。翌日、司法面接を実施したところ、本児は、小学5年生のころから養父に体を触られていたこと、性交渉もあったことを話した。警察が捜査に着手し、数日後、養父を逮捕したが、養父は本児への加害を否認した。

◆◆◆◆◆◆◆◆◆◆◆◆◆◆◆◆◆◆◆◆◆◆◆◆◆◆◆◆◆

1 ‖ 刑事事件化と子どもの意向

（1）警察との連携と情報共有

　児童相談所がかかわる虐待事案の中には、刑事事件として扱われ、虐待した保護者が逮捕・起訴されることがある。そのような事案は、児童相談所と警察との間で情報が共有される。児童相談所から警察への情報提供については、厚生労働省の平成24年4月12日の通知において、児童相談所と警察との連携強化として相互に情報交換することとされている[30]。さらに、平成28年4月1日の通知では、刑事事件として立件の可能性があると考えられる事案等については、迅速に警察と情報共有を図るよう示され[31]、平成30年7月20日の通知においては、虐待による外傷、ネグレクトまたは性的虐待があると考えられる事案や通告受理後子どもと面会ができず、48時間以内に児童相談所や関係機関において子どもの安全確認ができない事案等、共有する情報の基準が示されている[32]。

　児童相談所が虐待事案を警察へ情報提供するかどうかは、上記通知も鑑み、事案の性質（被害の大きさ、虐待の態様など）、刑事事件化の可能性等から判断する必要がある。そして、子どもの年齢も考慮したうえで子ども自身の処罰感情についても、十分に配慮される必要がある。厚生労働省の平成30年8月30日の通知におい

30　平成24年4月12日雇児総発0412第1号厚生労働省雇用均等・児童家庭局総務課長通知「児童虐待対応における警察との連携の推進について」
31　平成28年4月1日雇児総発0401号第6号厚生労働省雇用均等・児童家庭局総務課長通知「児童虐待への対応における警察との情報共有等の徹底について」
32　平成30年7月20日子発0720号第2号厚生労働省子ども家庭局家庭福祉課長通知「児童虐待への対応における警察との連携の強化について」

ても、子どもの意思に十分配慮した対応に努めるよう示されている[33]。

　なお、児童相談所と警察の情報共有の実態については、1か月間で（令和2年10月1日から同年10月末まで）児童相談所が警察以外から受けた児童虐待事案を警察へ情報共有した件数が、0件であると回答した児童相談所が30.3％、1から10件と回答した児童相談所が37.3％という調査結果がある。また、同調査において、相談として受理した児童虐待事案のうち警察へ情報提供する対象範囲が、すべてとしている児童相談所が38.7％、虐待の3類型に該当する案件としている児童相談所が19.0％、一定の基準に合致するものとしている児童相談所が約26.8％との結果も出されている[34]。

　児童相談所と警察との情報共有について、日弁連は、児童相談所と警察との連携が重要であるとする一方で、児童相談所が保有する児童虐待事案に関する情報を警察に対し全件一律に提供する旨の取決めは、子ども自身やその親、親族等からの自発的な相談を抑制するおそれがあるなど問題があり、妥当でないと指摘し、児童相談所から警察への情報提供は、児童相談所が当該事案の内容に鑑み、児童の福祉の観点からその必要性を判断すべきであるとの意見を表明している[35]。

（2）子どもの意向の尊重

　児童虐待防止に対する世論の高まりと児童相談所と警察との連携が求められている昨今においては、捜査機関が犯罪検挙を第一として子どもへの聴取など強行的に動くこともある。しかし、子どもによっては、虐待を受けていても保護者に対する愛情や非加害親に対する配慮から、処罰を望まないこともある。特に、性的被害を受けた子どもは、その意向が定まらないうちに強行的に聴取等されると、被害自体について否定したり、話さなくなったりすることがある。そうすると、児童相談所は、子どもの安全を確保するためにかかわりを始めたのに、かえってその活動が制限され、子どもの安全が確保できない事態を招きかねない。そこで、児童相談所としては、警察と情報共有し刑事事件化を進めるかについては、子どもの年齢も踏まえた丁寧な説明をしたうえで子どもの意思を尊重した判断をなすべきである。

　また、子どもは、自身が訴えた被害によって、その後の手続がどうなるのかを把握していない。加害親に対する処罰感情の有無にかかわらず、その後の刑事事件の手続については、子どもの年齢と知的能力等を考慮しながら説明する必要がある。

　この際、児童相談所とは利害関係をもたない弁護士が子どもの代理人に就任し、

33　平成30年8月30日子家発0830第1号「児童虐待への対応における警察との情報共有に係る留意事項について」
34　令和2年厚生労働省委託事業「児童虐待事案への対応における警察と児童相談所・市町村の連携等に関する調査報告」
35　令和元年11月21日日本弁護士連合会「児童相談所から警察への情報提供に関する意見書」

子どもに対して今後の手続の流れを説明するとともに、弁護士が捜査機関に対して子どもの事件の心情や手続上の配慮の必要性を伝えて子どもの利益を守る活動をすることも考えられる。

2 ‖ 捜査と児童相談所のケースワーク

（1）保護者への説明

　児童相談所が、虐待事案を警察と情報共有し、捜査が開始されると、捜査機関から、児童相談所に対し、捜査への影響を考慮し保護者に事件の具体的な内容を説明しないように求めることがある。しかし、児童相談所としては、保護者に対し子どもを一時保護したことを通知し、その理由を具体的に説明しなければならない。また、ケースワークを進める上で、保護者から何があったのかを聴き取ることや、非加害親に対してはどのような被害を子どもが受けたのか具体的な事実を伝え、今後、子どもの安全を守るためにどうすべきかを考えてもらう必要がある。

　また、一時保護が2か月を超えて延長される場合や里親委託等に保護者が反対し家庭裁判所に児童福祉法28条に基づく審判を申し立てることが必要となる場合もある。そのような場合には申立ての理由として子どもが受けた虐待に関する事実を明らかにしなければならない。

　児童相談所としては、日ごろから捜査機関に対し、児童相談所のケースワークの流れや必要な法的手続き、処遇が決まらず一時保護が長期化することによる子どもの負担等を知ってもらうよう十分に協議を重ねることが重要である。

　また、捜査には児童相談所の協力が欠かせないことも十分理解し、保護者に伝える内容等について協議をすることも必要であろう。

（2）子どもの支援

　児童相談所としては、被害を受けた子どもの安全を確保し、今後、子どもの安全を守るにはどうすべきかを考えていかなければならない。しかし、捜査との関係でケースワークが遅れ、一時保護が長期化する場合がある。そのような場合、先の見通しが立たないことで子どもが不安定になったり、供述が変遷したり、被害に関する供述を撤回することが起こりうる。子どもによっては、処罰感情が揺らぐこともありうる。

　児童相談所としては、子どもがそのような状況に陥っても、戸惑わず、子どもを責めたり疑ったりせず、子どもの意思を尊重しながらケースワークを進めていかなければならない。また、捜査機関に対しても、そのような子どもを責めたり追い詰めることがないよう、十分に説明する必要がある。

　また、子どもは被害事実の聴取り後に、不安になったり、被害体験を思い出す場

合もある。特に性的虐待を受けた子どもは、被害体験が急に蘇るなどの PTSD 症状やぼーっとする解離症状が見られることがある。また、落ち着かず攻撃的になることや、性的な行動に至る場合もある。そのような子どもの症状が現れた際には、心理的ケアが重要となる。

　刑事事件化に関わらず児童相談所は子どもの最善の利益を追求するため、常に子どもの状況を注意深く見守り支援を継続しなければならない。

3 ‖ 捜査機関の証拠収集への協力

　虐待事案が刑事事件化される過程においては、児童相談所は証拠収集に協力することが必要となる。

　児童相談所が警察に情報提供した場合、捜査機関が証拠保全の目的で傷の状態等を写真撮影することが多い。児童相談所としては、証拠保全の必要性に理解を示しつつも、子どもへの過度な負担にならないよう配慮した対応を求めることが必要となる。

　また、司法面接を実施する場合であっても、子どもが一時保護されたことで保護者が証拠隠滅をする恐れから、捜索差押令状請求等のために司法面接実施前に警察の聴取がなされる場合がある。また、司法面接を実施した後に、追加で聴取がなされる場合も少なくない。そのような場合には、子どもが被害を繰り返し供述することの負担を考えた聴取方法がとられるよう配慮を求める必要がある。

　さらに、刑事事件化がなされる場合は、刑事訴訟法第 197 条第 2 項に基づく「捜査関係事項照会」がなされることが多い（捜査関係事項照会への対応については、☞第 7 章 6 参照）。

4 ‖ 捜査の結末

（1）捜査機関の判断と児童相談所のケースワーク

　加害親が起訴されなかった場合や無罪判決となった場合、保護者の中には「何もなかった」との考えに立ち、その後の児童相談所による指導を受け入れない場合がある。

　しかし、刑事事件として起訴相当との判断にならなかったとしても、家庭で養育する中で子どもの安全が守れなかったという事実は変わらない。児童相談所としては、刑事事件における検察や裁判所の判断と、家庭で子どもの安全が守られるかどうかの福祉的判断が異なることを十分に説明し理解を求める必要がある。

　また、警察や検察に対し、立件しない場合や不起訴とする場合に、児童相談所の

考え方とは異なることを説明してもらうよう求めることが望ましい。

（2）子どもへの説明

　加害親が不起訴、無罪等になった場合、そもそも立件もされなかった場合、子どもに対し、その結果を伝える必要がある。まず、子どもの年齢や能力に配慮しながら、わかりやすい言葉で刑事事件における判断枠組みについて説明し、今回の判断が、「被害にあった事実はなかったことにされた」とか、「子どもが嘘をついている」という判断をされたわけではないことを説明しなければならない。

　子どもによっては、一生懸命伝えた被害事実が認められなかったという思いから、精神的に不安定になったり、その後の生活に支障が生じる場合もある。

　子どもと一緒に生活する大人は、注意深く見守り、心理的ケアができるようにしておく必要がある。

5 ‖ 本件における具体的解決

（1）本児の意向の尊重と捜査機関との連携

　本ケースにおいては、本児が性交渉までの被害にあっていたことに鑑み、児童相談所としては警察へ情報提供すべきと判断した。本児の処罰感情を確認すると、加害者である養父に対する怒りの感情はあるが、母がどう考えているかがわからないこと、養父が逮捕・勾留され処罰された場合の母ときょうだいの生活を気にしていた。

　そこで、児童相談所は、警察への情報提供を行うとともに、現時点での本児の心情を警察に伝え、母に対し本児が受けた被害について説明が必要であることも説明した。そして、児童相談所は、警察・検察と母に伝えるべき内容について協議した結果、母に対し、本児が養父から性交渉の被害にあっていたことを伝えた。

（2）本ケースのその後

　母は、本児が受けた被害について聞かされ、養父と離婚し母子で生活することに対する不安もあり悩んでいたが、母方実家の支援も得られることを確認し、母子で生活をしていくことを決意した。児童相談所は、母の気持ちに寄り添いながら、行政サービス等を紹介し、関係機関とともに母子での生活を支援した。

　一方、養父は逮捕後も加害事実を否認し続けた。児童相談所が弁護士会へ依頼し、本児に代理人弁護士がついた。養父は起訴後も、起訴事実を否認し続け、本児は証人として法廷へ出廷することとなった。児童相談所と代理人弁護士は、検察官と連携し、できるだけ本児（母にとっても）の負担が少なく証人尋問が実施される

ようフォローした（具体的に取りうる手段等については、第6章参照。）。

　しかし、第一審判決は、子どもの証言に高い信用性を認めず、無罪となった。児童相談所と代理人弁護士は、本児に刑事裁判の無罪の判断について説明し、「あなたが頑張って話してくれたことが嘘だ」とか、「あなたが話したことがなかった」と判断されたわけではないことを伝えた。

　本児は、判決後、学校を休みがちになり食事をとらなくなるなどの様子が見られた。児童相談所の心理司が定期的に面接をしながら本児の気持ちをフォローし、精神科クリニックの受診も開始したことで、本児は安定した生活を送るようになった。

　裁判については、検察官が控訴した。控訴審においては検察官が虐待を受けた子どもの心理状態やそれが証言に及ぼす影響などを新たに主張、立証した結果、子どもの証言の信用性が高いと判断され、有罪判決が下された。

第 **5** 章

児童虐待と機関連携

1　虐待対応における機関連携の重要性………

1 ‖ 機関連携の意義

　児童虐待事案においては、虐待の発見・調査段階から、在宅支援、一時保護、親子分離、治療、再統合等の段階に至るまで、児童相談所をはじめとする行政機関はもとより、それ以外にも福祉、保健、教育、医療、警察、司法等の分野でさまざまな機関が関与している。事案によって関与する機関の種別や各機関の関与の度合いはまちまちであるが、代表的なものだけでも、児童相談所、市町村（支援拠点含む。）、福祉事務所、保育所、児童家庭支援センター及び児童養護施設等の児童福祉施設といった児童福祉関係機関のほか、保健所、精神保健福祉センター、医療機関等の保健医療関係機関、発達障害者支援センター、学校及び教育委員会、警察、検察庁、法務少年支援センター（少年鑑別所）、家庭裁判所、保護観察所、弁護士、法務局、人権擁護委員、配偶者暴力相談支援センターなどがあげられる。また、児童虐待防止活動に関わるその他の民間団体やNPO法人等が関与することもある（以下、これら機関を総称し「関係機関」という。）。

　近年、子どもや家庭をめぐる問題は複雑・多様化しており、問題が深刻化する前の早期発見・早期対応、子どもや家庭に対するきめ細やかな支援が重要となっている。特に、児童虐待は家庭内で行われることが多いため、早期発見が困難な場合が多く、同時に当該家庭内には虐待以外にもさまざまな問題が生じている場合が多い。そのため、関係機関が一堂に会し、必要な情報交換を行うとともに、共通の認識に立ってそれぞれの役割分担を協議するなど、各関係機関が相互に連携しながら、虐待の早期発見および効果的な対応を行うことが重要である。

　そして、多数の関係機関が円滑な連携・協力を行うためには、他の機関の機能や仕組および関連制度等について的確に把握するとともに、自己の機関の権能や仕組等についても他の関係機関に対して理解を求める等、各関係機関の相互理解に基づく一体的な連携が重要である。虐待対応に携わる者は、平素から関係機関の機能や役割等の理解を深めておくことが肝要である。

　機関連携に際しては、事例の進捗や援助の適否、問題点、課題等について責任をもって把握、分析、調整等（ケースマネジメント）を行う機関の明確化が必要である。ケースの進捗状況等の把握、分析、調整等は、要保護児童対策地域協議会を活用することも考えられる。また、関係機関の連携を強化し、情報共有を促進するためには、各機関が個人情報・プライバシー保護や秘密保持の要請を共通の認識としておく必要がある。

2 ‖ 虐待対応における市町村の役割

（1）市町村の役割についての法改正

　平成16年の児童虐待防止法施行および同年の児童福祉法改正により、子どもの
いる家庭の相談・支援に応じることが市町村の業務として明確に規定されるととも
に（児福10Ⅰ）、市町村も虐待通告および要保護児童の通告先に加わり（児虐6
Ⅰ、児福25Ⅰ）、市町村と都道府県（児童相談所）が二層構造で児童虐待を含む子
ども家庭の相談・支援に対応する仕組が構築された。

　さらに、急増する虐待相談への対応のため、平成28年の児童福祉法改正によ
り、総則部分に市町村、都道府県、国の役割と責務が明確に規定され、市町村は、
児童福祉行政全般に関する基礎的な地方公共団体として、子どもの身近な場所にお
ける子どもの福祉に関する支援に係る業務を適切に行うこととし（児福3の3Ⅰ）、
一方、児童相談所は、市町村に対し専門的知識に基づく助言及び援助等を行うとと
もに、広域的な対応が必要な業務として子どもの福祉に関する業務を行う（児福3
の3Ⅱ）こととし、ケースの重症度に応じてそれぞれの機関による細やかな対応が
求められることとなった。

（2）市町村の業務

　具体的な市町村の業務とは、虐待予防・早期発見に視点を置いて、子どもとその
家庭及び妊産婦等に関し、必要な情報を収集し、実情の把握を継続的に行い、相
談へ対応するなど支援を展開していくというものである（児福10Ⅰ各号）。市町村
はこの業務を遂行するため、地域のリソースや必要なサービスを有機的につないで
いくソーシャルワークを中心とした機能を担う拠点（市町村子ども家庭総合支援拠
点、以下「支援拠点」という。）の設置に努めることになった（児福10の2）。そ
して、支援拠点は、子どもの自立を保障する観点から、妊産期（胎児期）から子ど
もの社会的自立に至るまでの包括的・継続的な支援を行うこととされた。さらに、
平成28年児童福祉法改正を踏まえ、要支援児童若しくは要保護児童[1]およびその
家庭または特定妊婦等を対象とした支援業務については、支援拠点が核となって支
援を行うよう業務の強化が図られた[2]。

　その他、支援拠点は、要保護児童対策地域協議会の調整機関である要保護児童対
策調整機関（児福25の2Ⅴ）を担い、要保護児童対策地域協議会に参加する多く

1　対象児童は、虐待を受けた子どもに限らず、非行児童等も含まれ、その他施設入所措置や里親委託措
　置が解除されて家庭に戻った子どもも含まれる。
2　平成29年4月31日厚生労働省雇用均等・児童家庭局長通知雇児発0331第49号「市町村子ども家庭
　総合支援拠点の設置運営等について」

の関係機関等の役割や責務を明確にし、その機能を最大限に発揮できるようあらゆる場面で調整力を発揮し地域の総合力を高めていく役割、関係機関等による具体的な支援に結びつけていく役割を担っている。

　市町村と児童相談所との協働・連携・役割分担に関しては、児童相談所との間でケースの重症度に応じて送致を相互に行う（児福25の7Ⅰ①、26Ⅰ③）、児童相談所の指導措置について委託を受けて指導を実施する（児福26Ⅰ②、27Ⅰ②）、児童相談所から報告または通知があった者について保育の利用等への対応（児福26Ⅰ⑤、児虐13の3Ⅰ）や障害児への支援の対応を行う（児福26Ⅰ⑦）などがある。これら児童相談所との協働等にあたっては、虐待の内容や程度に応じた効果的な支援を実施するために共通のリスクアセスメントツールを利用[3]し、要保護児童対策地域協議会の開催をするなどして、虐待の重症度等に応じてどの機関が主担当機関となりどのような支援を行うのか、ケースごとに相互機関で共通の理解をすることが必要である。

3　平成29年3月31日厚生労働省雇用均等・児童家庭局総務課長通知雇児総発0331第10号「児童虐待に係る児童相談所と市町村の共通リスクアセスメントツールについて」

2 　要保護児童対策地域協議会 ・・・・・・・・・・・・・・・・・・・・

1 ‖ 要保護児童対策地域協議会の沿革

　複数機関が連携して支援を進めるには、個人情報保護の要請と情報共有の関係性を法的に明確にすることで各機関が躊躇なく情報共有し合える場を作るとともに、連携の中核となって役割分担等の調整を担う機関を定めて、具体的にその場を動かしていける体制づくりが重要となる。

　こうした機関連携を効果的に行うべく、平成16年の児童福祉法改正により地方公共団体は、関係機関、関係団体および児童の福祉に関連する職務に従事する者その他の関係者（以下「関係機関等」という。）により構成される「要保護児童対策地域協議会」（以下「協議会」という。）を置くことができることとされた（児福25の2）。その後、平成19年改正で協議会の設置が努力義務化、平成20年改正では、支援の対象を養育支援が特に必要である子どもやその保護者および特定妊婦（支援対象児童等）にまで拡大し、かつ、調整機関に児童福祉司等の専門職を配置する努力義務が課された。さらに平成28年改正では、市町村が設置した協議会の調整機関に専門職である調整担当者の配置が義務化された。

　このように協議会は、制度が法的に位置付けられて以降、順次法改正により機能強化が図られており、地域レベルでの子どもの虐待対応における協議会の活用が期待されている。

2 ‖ 要保護児童対策地域協議会の概要

　協議会は、要保護児童等の早期発見や適切な保護・支援のために関係機関等により構成され、要保護児童等に関する情報等の交換や要保護児童等に対する支援内容の協議を行う機関である。

　協議会を設置した地方公共団体の長は、協議会を構成する関係機関等のなかから、協議会の運営の中核となり、要保護児童等に対する支援の実施状況の把握や関係機関等との連絡調整を行う調整機関を指定し（児福25の2Ⅳ）、調整機関は、専門性を有する調整担当者を置く（同条Ⅵ、同条Ⅶで市町村以外の設置した協議会は調整担当者を置くことは努力義務。）。なお、調整担当者は厚生労働省が定める基準に適合する研修義務がある。（同条Ⅷ）。協議会を構成する関係機関等は守秘義務を負う（児福25の5）。一方で協議会は、必要があると認めるときに関係機関等に対して情報提供等の必要な協力を求めることができる（児福25の3）。

3 ‖ 協議会の果たすべき機能

協議会は、要保護児童の早期発見および適切な保護のため、関係機関等が情報や考え方を共有し、各機関が共通の認識の下での各役割を担いつつ、共有する情報をもとにときに役割の変化も理解しながら対応することが必要である。関係機関等においては、こうした支援を連携して行うためには、情報共有や連携の必要性を理解し、かつ情報共有しやすい体制を構築すること、支援の充実を図るために調整機関（ないし支援担当者）を中心に適時連携することが求められる。

そのためには、まず機関相互の連携や役割分担の調整を行う調整機関及び調整担当者を置く等して責任体制を明確化し、また円滑な情報共有のための平素からの関係作り等が、必要かつ重要となる。

協議会の設置を通じて関係機関等が情報・認識を共有し適切な連携のもとで対応していくことによる利点として、以下の事項があげられる（「要保護児童対策地域協議会設置・運営指針」3頁以下参照）。

①支援対象児童等を早期に発見することができる。

②支援対象児童等に対し、迅速に支援を開始することができる。

③各関係機関等が情報の共有を通し、課題の共有化が図られる。

④共有された情報に基づいて、アセスメントを協働で行い、共有することができる。

⑤情報アセスメントの共有化を通じて、それぞれの関係機関等の間で、それぞれの役割分担について共通の理解を得ることができる。

⑥関係機関等の役割分担を通じて、それぞれの機関が責任をもって支援を行う体制づくりができる。

⑦情報の共有化を通じて、関係機関等が同一の認識のもとに、役割分担しながら支援を行うため、支援を受ける家庭にとってよりよい支援が受けられやすくなる。

⑧関係機関等が分担をし合って個別の事例にかかわることで、それぞれの機関の責任、限界や大変さを分かち合うことができる。

4 ‖ 協議会による支援の対象

協議会の支援対象者は以下のとおりであり、虐待を受けた子どもに限られず、非行児童等も含まれる。

①児童福祉法第6条の3第8項に規定する「要保護児童[4]（保護者のない児童又は保護者に監護させることが不適当であると認められる児童）」およびその保護者[5]

②児童福祉法第6条の3第5項に規定する「要支援児童（保護者の養育を支援することが特に必要と認められる児童（要保護児童に該当するものを除く。））」およびその保護者[6]

③児童福祉法第6条の3第5項に規定する「特定妊婦（出産後の養育について出産前において支援を行うことが特に必要と認められる妊婦）」

なお、上記①、②、③を総称して「支援対象児童等」という。

5 ‖ 設置主体

協議会の設置主体は地方自治法（昭和22年法律第67号）第1条の3に規定する地方公共団体である。

協議会は、個別の支援対象児童等に関する情報交換や支援内容の協議を行うことから、基本的には住民に身近な市町村が設置主体となるところ、地域の実情に応じて複数の市町村が共同で設置することも考えられる。

6 ‖ 構成員

協議会の構成員は「関係機関、関係団体及び児童の福祉に関連する職務に従事する者その他の関係者」である（児福25の2Ⅰ）。具体的には下記の者が想定されるが、これに限らず、地域の実情に応じて幅広い者を参加させることが可能である。

平成28年児童福祉法等改正法により、支援を要する妊婦等に日頃から接する機会の多い、病院、診療所、児童福祉施設、学校その他子どもまたは妊産婦の医療、福祉または教育に関する機関および医師、看護師、児童福祉施設の職員、学校の教職員その他子どもまたは妊産婦の医療、福祉または教育に関連する職務に従事する者が要支援児童等（支援を要する妊婦、子どもおよびその保護者）と思われる者を把握した場合は、その旨を市町村に情報提供するよう努めることとされた（児福

4　児童福祉法第31条第4項に規定する「延長者」および同法第33条第8項に規定する「保護延長者」を含む。（「要保護児童対策地域協議会設置・運営指針について」（最終改訂：令和2年3月31日子発0331第14号）7頁。

5　「延長者等」の親権を行う者、未成年後見人その他の者で、延長者等を現に監護する者を含む。（「要保護児童対策地域協議会設置・運営指針について」（最終改訂：令和2年3月31日子発0331第14号）7頁。

6　脚注5に同じ。

21の10の5Ⅰ）ことを踏まえ、支援対象児童等について積極的に情報共有を行い、支援方策に係る協議を円滑に行うためにも、当該規定に掲げられた関係機関および関係者に対して、協議会への積極的な参加を求めることが重要である。

【児童福祉関係】

　市町村の児童福祉・母子保健・障害福祉等の担当部局、児童相談所、福祉事務所（家庭児童相談室）、保育所、児童養護施設等の児童福祉施設、児童家庭支援センター、母子生活支援施設、里親会、児童館、放課後児童クラブ、放課後等デイサービス、利用者支援事業所、地域子育て支援拠点、障害児相談支援事業所、障害児通所支援事業所、民生委員児童委員協議会、民生委員・児童委員（主任児童委員）、社会福祉士、社会福祉協議会

【保健医療関係】

　市町村保健センター、子育て世代包括支援センター、保健所、精神保健福祉センター、発達障害者支援センター、地区医師会、地区産科医会、地区小児科医会、地区歯科医師会、地区看護協会、助産師会、医療機関、医師（産科医、小児科医等）、歯科医師、保健師、助産師、看護師、精神保健福祉士、カウンセラー（公認心理師、臨床心理士等）

【教育関係】

　教育委員会、幼稚園、小学校、中学校、高等学校、特別支援学校等の学校、PTA協議会

【警察・司法・人権擁護関係】

　警察（警視庁および道府県警察本部・警察署）、検察庁、弁護士会、弁護士、家庭裁判所、法務局、少年鑑別所（法務少年支援センター）、保護観察所、人権擁護委員、性犯罪・性暴力被害者のためのワンストップ支援センター

【DV関係】

　配偶者暴力相談支援センター、婦人相談所、婦人保護施設

【その他】

　NPO法人、ボランティア、民間団体

7 ‖ 調整機関

　協議会を設置した地方公共団体の長は、協議会を構成する関係機関等の中から、協議会の運営の中核となり、要保護児童等に対する支援の実施状況の把握や関係機関等との連絡調整を行う調整機関を指定することとされている（児福25の2Ⅳ）。これは、多くの関係機関等から構成される協議会が効果的に機能するためには、その運営の中核となって関係機関等の役割分担や連携に関する調整を行う機関を明確

にするといった責任体制の明確化が重要であることに基づくものである。

　また、協議会の調整機関には調整担当者を配置しなければならず（児福25の2Ⅵ。同条Ⅶで市町村以外の設置した協議会では調整担当者を置くことは努力義務）、調整担当者は一定の研修を受けなければならない（児福25の2Ⅷ）。

8 ‖ 守秘義務・罰則

　協議会の構成員または構成員であった者は、「正当な理由がなく、協議会の職務に関して知り得た秘密を漏らしてはならない」と規定されており（児福25の5各号）、当該規定に違反した場合には、1年以下の懲役または50万円以下の罰金が科せられる（児福61の3）。

　上述のとおり、協議会は、公務員、医師、弁護士等、関係法規によって職務に関する守秘義務を課せられた専門職のみならず、民間団体、ボランティア団体等、幅広い職種の参画を実現した点に特色がある。一方で、協議会が要保護児童等に関する情報共有をその主たる目的とすることから、その構成員は、一般人の感覚からして極めてセンシティブな情報を取り扱うことが予定されている。そこで、当該情報の漏洩を予防するため、協議会構成員に懲役刑を伴う強固な守秘義務が課せられている。

　なお、上記守秘義務・罰則が存在するとはいえ、日常の職務に関して守秘義務を課せられている専門職に比して、それ以外の構成員に関しては、必ずしも協議会にて共有される情報等の管理体制が整備されているとは限らない。よって、新たに協議会の構成員となる者に対しては、協議会の設置・運営主体たる地方公共団体担当者より、上記守秘義務・罰則の存在を教示し、情報管理の徹底を都度要請することが必要であろう。

　他方で、守秘義務を定め、罰則を規定した趣旨は、協議会においてセンシティブな情報も含め構成員間で情報を十分に共有し、これを活かした支援がなされることを期待したものであって情報の活用こそが求められる。したがって、必要な支援のために取得した情報を活用することは当然であって、罰則が科せられていることを理由に取得した情報を必要な支援のための前提情報として協議会内で共有することが求められる場合にまで提供しないというような事態は避けなければならない。その意味で、目的内の情報共有と情報活用のあり方については、各協議会においてあらかじめ共通認識を作ることが求められる。

9 ‖ 関係機関等に対する協力要請

協議会は、要保護児童もしくは要支援児童およびその保護者または特定妊婦（「支援対象児童等」という）への適切な支援を図るために必要な情報の交換を行うとともに、支援対象児童等に対する支援の内容に関する協議を行うものとされている（児福25の2Ⅱ）。

そして、協議会が上記情報の交換および協議を行うため必要があると認めるときは、関係機関等に対し、資料または情報の提供、意見の開陳その他必要な協力を求めることができ、関係機関等は上記協力の求めがあった場合には、これに応ずるよう努めなければならない（児福25の3Ⅰ・Ⅱ）。上記協力要請は、協議会の構成員以外の関係機関等に対しても行うことができる。

関係機関等の中でも保育所、幼稚園や認定こども園、学校、医療機関は虐待の早期発見、迅速な支援のために重要な役割を有する機関であるが、保護者等との関係から情報提供や情報共有に消極的になるケースも少なくなく、密な連携がとれないことも考えられる。

しかし、上記協力要請に対して個人情報等を協議会に提供する行為は、他の法令による守秘義務が課せられている場合であっても違法性のない行為として正当化され、上記守秘義務違反は成立しない。また、個人情報の保護に関する法律における「第三者の提供の制限」に関しても、「法令に基づく場合」（個人情報保護法23Ⅰ①）に該当し、本人の同意を得ることなく個人情報を提供することも可能であると考えられる[7]。

したがって、保育園、幼稚園、認定こども園、学校、医療機関等に対しては、協議会という枠組を積極的に活用して、協議会への積極的な参画を呼び掛け、迅速かつ密な情報提供、情報共有を行うことができる体制を構築し、虐待の早期発見、迅速な支援を図ることが望まれる。　　　　　　　　　　　　　☞第5章 ③ 2参照

10 ‖ 役割と課題

協議会は、多様な関係機関・関係者を構成員としており、情報交換（共有）と支援内容の協議を実効性のあるものとするため、代表者会議、実務者会議、個別検討ケース会議の三層構造がとられている場合が多い[8]。

代表者会議の本来の役割は、支援に関するシステム全体の検討や、実務者会議か

---

7 「要保護児童対策地域協議会設置・運営指針について」（最終改訂：令和2年3月31日子発0331第14号）、17頁以下
8 同13頁以下

らの協議会の活動状況の報告と評価等であるが、支援（虐待対応を含む）システム全体の共通理解を深め、実務者会議の課題を確認し評価する場として十分に機能していない場合が多い。

実務者会議の役割は、全ケースの進行管理（定期的な状況のフォローや支援方針の見直し等）や個別検討ケース会議で課題となった点の更なる検討等だが、支援対象児童等の範囲が広く、ケース記録の管理に時間を要しており、こちらも本来の役割を十分に果たせているとはいえないことが多い。

個別検討ケース会議の役割は、虐待事例についての危険度や緊急度の判断や、具体的な支援計画の検討等であるが、児童相談所と他機関の間における情報やアセスメントの共有が不十分で、各機関の役割分担や責任分担が不明になりがちという課題がある[9]。

11 ‖ 弁護士の役割

弁護士が会議に参加することで、上記の課題を改善することが見込まれる。

すなわち、代表者会議では、関係者全員の共通理解を深めるために、研修（法改正、子どもの権利、個人情報の取り扱い等）を担うことが考えられる。また、個別検討ケース会議では、関係機関等が収集したもろもろの情報を整理してケースを見立てることや、児童福祉法第28条に基づく申立て等を見据えた証拠保全の方法や、保護者や支援対象児童等に対する法的支援（離婚、債務整理、労働問題等）について助言することが有効である。

協議会に参加する弁護士は医療や教育等の専門家ではないため、日頃の業務を通じて支援に必要な幅広い分野の知見を積極的に習得することが望ましい。会議に出席した場合は、参加した各機関に「できること」の提案を促し、法的支援を含めた地域の資源を最大限活用して、支援の隙間を作らないように働きかけてゆくことが期待される。

今後、市町村子ども家庭総合支援拠点の設置を進めるにあたって各拠点で弁護士の助言が受けられるようにする等、弁護士の活用を拡充してゆくことが望ましい。

9　令和2年3月31日厚生労働省子ども家庭局長発0331第13号「市町村子ども家庭支援指針（ガイドライン）の一部改正について」23頁の「要保護児童対策知育協議会の意義」

3 情報共有・連携と個人情報に関する問題 ……

1 ‖ 情報共有・連携の重要性と個人情報保護

　前述のとおり、虐待を受けた子どもの支援にはさまざまな関係機関がかかわるのであり、関係機関が子どもに関する情報・認識を必要に応じて相互に共有し、適切な連携のもとで迅速な対応を図ることが必要となる。

　他方で、関係機関の間で連携を強化し、情報共有を促進することは、個人情報やプライバシーを保護すべき要請との間で緊張関係をもたらす可能性がある。

　個人情報・プライバシー保護や秘密保持の要請に対して適切な配慮を行わなければならないことはもちろんであるが、そのことにより児童相談所等と関係機関との間における情報共有・連携に萎縮効果が及ぶことがあってはならないのであり、以下に述べるような情報共有の法的根拠を確認しておく必要がある。

2 ‖ 関係機関からの情報提供の根拠となりうる規定

（1）児童相談所等、協議会からの求めに応じて行う情報提供

1）児童相談所からの求めに応じて行う情報提供

　　児童相談所は、児童の福祉に関し、児童およびその家庭につき、必要な調査を行うことができるとされており（児福12、同11 I ②ハ）、当該調査に関連して、関係機関に対して資料や情報の提供を求めることがある。この場合、関係機関は、当該児童相談所からの依頼に応じて児童虐待の防止等のために必要かつ相当な範囲において資料や情報を提供することができるものと解されるが、平成28年の児童虐待防止法改正により従前から明記されていた地方公共団体の機関に加えて、児童の医療、福祉または教育にかかわる一定の機関および人物についても、情報提供等に関する根拠規定が設けられることになった（児虐13の4）。

　　具体的には、地方公共団体の機関のほか、病院、診療所、児童福祉施設、学校その他子どもの医療、福祉または教育に関係する機関や医師、看護師、児童福祉施設の職員、学校の教職員その他子どもの医療、福祉又は教育に関連する職務に従事する者も、児童相談所長等から児童虐待の防止等にかかる児童等に関する資料または情報の提供を求められたときは、当該児童相談所長等が児童虐待の防止等に関する事務または業務の遂行に必要な限度で利用し、かつ、利用することに相当の理由があるときは、これを提供することができるものとされた。ただし、当該資料または情報を提供することによって、当該資料または

情報にかかる子ども等または第三者の権利利益を不当に侵害するおそれがあると認められるときはこの限りでないとされている。

２）協議会からの求めに応じて行う情報提供

協議会は、関係機関等に対し、支援対象児童等に対する適切な保護または支援を図るために必要な資料または情報の提供等を求めることができるとされており（児福25の3Ⅰ）、当該協力要請を受けた関係機関等は協議会に資料や情報等を提供するように努めなければならないとされている（児福25の3Ⅱ）。

（2）関係機関による主体的な情報提供

関係機関が要支援児童等と思われる児童を把握したときには、その情報を市町村に提供すべき努力義務が課されている（児福21の10の5）。

すなわち、病院、診療所、児童福祉施設、学校その他児童または妊産婦の医療、福祉または教育に関する機関及び医師、歯科医師、保健師、助産師、看護師、児童福祉施設の職員、学校の教職員その他児童または妊産婦の医療、福祉または教育に関連する職務に従事する者は要支援児童等と思われる者を把握したときは、当該者の情報をその現在地の市町村に提供するよう努めなければならない。

虐待発生予防のためには、支援を要する妊産婦、子どもおよびその保護者への積極的なアプローチが必要であり、そうした妊婦等を把握しやすい機関等からの連絡を受けて、市町村がその状況を把握し、妊産期からの必要な支援につなぐことが重要であることから、支援を要する妊婦等に日ごろから接する機会の多い関係機関に市町村への情報提供を行う努力義務を課したものである。

3 || 個人情報保護との関係

（1）地方公共団体の条例

地方公共団体には、個人情報の保護に関する法律（以下「個人情報保護法」という。）が適用されないが（個人情報保護法2V②）[10,11]、各地方公共団体は、個人情報に関する条例（名称や規定はさまざまである）を定めている。したがって、地方公共団体の機関が情報提供を行う際には、各地方公共団体の条例に基づきその可否を判断する必要がある。地方公共団体の個人情報に関する条例においては、個人情報の目的外利用または第三者提供禁止の例外規定として、個人情報保護法や行政機関の保有する個人情報の保護に関する法律と同様の規定が定められていることが

10　なお、行政機関の保有する個人情報の保護に関する法律の適用もない（同法第2条第1項参照）。
11　令和5年春から、地方公共団体についても、個人情報保護法が適用される（デジタル社会形成整備法51条による改正）。

多く、その解釈についても、個人情報保護法等の解釈が参考となる。

（2）個人情報保護法

　個人情報保護法においては、原則として、本人の同意を得ない限り、①あらかじめ特定された利用目的の達成に必要な範囲を超えて個人情報を取り扱ってはならず、また、②第三者に個人データを提供してはならないこととされている（個人情報保護法16Ⅰ、同法23Ⅰ）。

　しかし、個人情報保護法では、例外的に本人の同意なく、個人情報の目的外利用や第三者提供が可能な場合として、①法令に基づく場合、②人の生命、身体または財産の保護のために必要がある場合であって、本人の同意を得ることが困難であるとき、③公衆衛生の向上または児童の健全な育成の推進のために特に必要がある場合であって、本人の同意を得ることが困難であるとき、④国の機関もしくは地方公共団体またはその委託を受けた者が法令の定める事務を遂行することに対して協力する必要がある場合であって、本人の同意を得ることにより当該事務の遂行に支障を及ぼすおそれがあるとき、の4つの類型が定められている（個人情報保護法16Ⅲ①〜④、同法23Ⅰ①〜④）。

（3）具体的な適用

　たとえば、以下のような場合には、上記「①法令に基づく場合」として、個人情報保護法違反とはならないと考えられる。

① 児童相談所長等からの求めに応じた関係機関等から児童相談所長等への情報提供（児虐13の4）
② 関係機関等からの市区町村への情報提供（児童福祉法第21条の10の5）
③ 要保護児童対策地域協議会を構成する関係機関等の間で行う情報交換（児虐25の2Ⅱ）
④ 要保護児童対策地域協議会の要請に基づいてなされる関係機関等による情報提供（児福25の3）

4 ‖ 民間事業者からの資料または情報の提供について

　児童虐待防止法第13条の4に列挙される関係機関以外の一般の民間事業者においても、児童虐待の発見や対応方針の決定に資する情報または資料を有している場合はありうる。具体的には、

①集合住宅の管理会社等に虐待が疑われる児童や保護者の居住実態に関する情報を確認する場合

②虐待通告に基づき、スーパー、コンビニエンスストア、飲食店、ゲームセンターなどに対し目撃情報の照会をする場合

③集合住宅の管理会社や警備会社、鉄道会社、コンビニエンスストア等に対し虐待行為を確認しうる防犯カメラの映像の提供を求める場合

等が想定される。

これら民間事業者においても個人情報保護法上、「人の生命、身体または財産の保護のために必要がある場合であって、本人の同意を得ることが困難であるとき」「児童の健全な育成の推進のために特に必要がある場合であって、本人の同意を得ることが困難であるとき」または「国の機関もしくは地方公共団体又はその委託を受けた者が法令に定める事務を遂行することに対して協力する必要がある場合であって、本人の同意を得ることにより当該事務の遂行に支障を及ぼすおそれがあるとき」には、本人の同意を得ることなく個人情報を提供することが可能である（個人情報保護法23Ⅰ②③④）[12]。

12　「児童虐待防止等に係る児童等に関する資料又は情報の提供について」平成28年12月16日雇児総発1216号第1号）

コラム　無戸籍問題について

1　無戸籍問題とは

　何らかの理由で親が出生届を提出しないために子が戸籍に記載されない問題を無戸籍問題という。

　（前）夫との婚姻中または離婚成立日から300日以内に他の男性との子を産んだ母親が、（前）夫を父親とする子の戸籍の作成を避けるために出生届を出さなかった結果、子が無戸籍となってしまうケースが典型例であるが、それ以外にも、貧困その他の事情から親が意図的に出生届を出さない場合等もあり、無戸籍者が生じる原因はさまざまである。

　無戸籍児については、住民基本台帳にも記載されないため、就学できず、乳幼児医療や予防接種を受けられず、健康保険にも加入できず、保育園にも入園できない例がある（現に、成人の無戸籍者の中には小学校を含め学校に通った経験が全くない方がいる）。近時、行政による就学支援や行政サービスに関する救済措置が講じられるに至り、無戸籍児を取り巻く環境は改善されつつあるが、そうした支援や救済措置に関する情報が十分に周知されておらず、自治体の対応状況にも地域によって差があることに照らすと、無戸籍者に対する手当はいまだ十分とは言えない。

　さらに、就職、運転免許取得、銀行口座開設、婚姻等の社会生活面での困難もあり、無戸籍者が被る不利益の大きさを考えれば、出生届を出さず子を無戸籍状態におくこと自体が虐待（ネグレクト）にあたりうるため、無戸籍問題を児童虐待の一類型と位置付けることも可能と考える。

2　無戸籍問題の現状

　法務省が令和3年6月10日時点で把握する全国の無戸籍者の累計数は3,588人とされるが、この数はあくまでも法務省が自治体の戸籍課等を通じて把握した数に過ぎず、実際にはより多くの無戸籍者がいると言われている。

　これほど無戸籍者が存在し、さまざまな不利益を被っているにもかかわらず、その解消は容易ではない。

　無戸籍問題解消の阻害要因はさまざまであるが、前述の典型例に関して言えば、（前）夫の関与の問題であろう。（前）夫は、嫡出推定規定（民772）により父親と推定されるため、母親が親子関係不存在確認手続や強制認知手続等の法的手続をとった場合、前者においては当事者として母親が別の男性との間に子を産んだことを知ることになるし、後者においても家庭裁判所から（前）夫への連絡がなされる場合がある、母親は、（前）夫に別の男性との間の子を産んだことを知られることを恐れて申立てを取り下げたり、申立て自体を控えるのである。

嫡出推定規定が無戸籍問題解消の阻害要因になっていること等を受け、法務大臣は、令和元年6月に、その諮問機関である法制審議会に対して嫡出推定規定の見直しを諮問し、法制審議会は同年7月以降、嫡出推定規定の見直しの検討を進めている。今後、民法改正に向けた動きが進むと思われるが、現時点における改正案で救済されるのは、母親が離婚し、前夫以外の男性と再婚した後に子を産んだケースに限られ、離婚しないまま夫の暴力から逃れ、逃亡先で別の男性の子を産むというケースが救済されない見通しである。そのため、改正に向けた動きは、今後も注視する必要がある。

3　無戸籍問題の解決方法
　婚姻成立の日から200日経過後または離婚後300日以内に生まれた子には、原則として嫡出推定が及ぶため（民772）、（前）夫を父親としない戸籍を作成するためには嫡出推定を排除する必要がある。
（1）懐胎時期に関する医師の証明が得られる場合
　　離婚後に懐胎したことについて医師の証明書がある場合は「妻が婚姻中に懐胎した子」（民772Ⅰ）にあたらず、嫡出推定が及ばない。
　　この場合は、懐胎時期に関する証明書を添付した出生届を提出することにより、前夫を父親としない戸籍が作られる。
　　この方法によれば、裁判手続も不要である。
　　そこで、無戸籍問題に対応する場合には、懐胎時期を逆算して離婚後に懐胎したとの医師の証明が得られないかをまず検討する必要がある。
（2）懐胎時期に関する医師の証明が得られない場合
　　医師の証明書によって嫡出推定が及ばないとすることができない場合には、①嫡出否認、②親子関係不存在確認、③強制認知、のいずれかの手続をとる必要がある。
　　このうち、②親子関係不存在確認と③強制認知との間に優劣関係はなく、前者が後者の前提となるものでもないため、子または母は、事案によって、いずれかを選択することが可能である。
　　なお、①～③のいずれの手続も調停前置主義が適用されるが（家事257等）、特殊調停事件であるため、当事者の合意だけでは解決しない。調停成立ということで調停手続が終わるのではなく、合意に相当する審判が必要とされる（家事277）。
　①嫡出否認の手続
　　（前）夫が、推定の及ぶ子または親権者である母を相手方として家庭裁判所に嫡出否認の調停を申し立てて（民775）、嫡出推定を覆す方法である。

推定される（前）夫のみが申し立てることができる手続であるため、母や子が
とり得る手段ではない。また、子の出生を知ったときから１年以内との出訴制
限（民777）があるため、出生後一定期間が経過している場合にはとり得ない。

②親子関係不存在確認の手続

　子（未成年の場合には法定代理人である母）が（前）夫を相手方として家庭裁
判所に親子関係不存在確認の調停を申し立てて、子に嫡出推定が及ばない事情お
よび（前）夫との血縁関係の不存在等を主張、立証する方法である。

　この手続においては、（前）夫が相手方となるため、DV等の事情により（前）
夫に懐胎の事実等を知られたくない場合には選択しづらい。

　なお、（前）夫が死亡している場合には、調停を経ずに、検察官を被告として、
親子関係不存在確認の訴えを提起することができる（人訴12Ⅲ）。

③強制認知の手続

　子（未成年の場合には法定代理人である母）が血縁上の父を相手方として家庭
裁判所に強制認知の調停を申し立てて、子に嫡出推定が及ばない事情および血縁
上の父との父子関係を主張、立証する方法である。

　（前）夫に消息を知られたくない場合に選択しやすいが、裁判所の判断によっ
ては（前）夫への照会が行われる可能性があることに留意すべきである。

　なお、血縁上の父が死亡している場合には、調停を経ずに、死亡の日から３
年以内に限り（民787但書）、検察官を被告として、強制認知の訴えを提起する
ことができる（人訴12Ⅲ）。

(3) その他：身元不明の場合

　棄児等、父母に関する情報が乏しく、身元不明の場合には、就籍許可の手続
（日本国籍を有しながら、戸籍に記載されていない者が記載を受ける手続）をと
ることが考えられる。

　日本国籍を有するにも拘わらず、戸籍を有しない者（本籍が不明である者を含
む）は、就籍しようとする地の家庭裁判所に、就籍許可の審判を申し立てること
で就籍することができる。

　その場合、（ⅰ）日本国籍を有すること、および、（ⅱ）本籍を有しないことが
就籍の要件となるが、特に（ⅰ）の要件については立証に苦労する場合も多い。
すなわち、日本国籍を有する（（ⅰ））というためには、国籍法第２条各号のい
ずれかの要件を満たす必要があるところ、例えば、同条第３号の「日本で生ま
れた場合において」の要件を満たすことを立証するためには、産院から出生証明
書の（再）発行を受けたり、幼少期から日本で生活していたことを裏付ける資料
（保育園や小、中学校の記録、児童養護施設に入所していたことが分かる記録等）
を集め、証拠として提出する必要がある。

4 無戸籍であっても受けることができる行政サービス等

　近時、各省庁の通知や通達により、無戸籍者であっても、一定の要件のもと、行政サービスを一部受けることができるようになった（法務省ホームページ、「無戸籍でお困りの方へ」http://www.moj.go.jp/MINJI/faq.html）。

　とはいえ、行政サービスを受けるためには、裁判所に戸籍取得のための法的手続をとっていることが必要とされる等、何らかの条件が付されていることが多いため注意が必要である（以下、上記法務省ホームページ参照）。

(1) 住民基本台帳への記載

　①民法第772条による嫡出推定が及ぶことに関連して、出生届が出されていない場合であっても、②親子関係不存在確認や強制認知等外形的に子の身分関係を確定するための手続を行っているときは、市区町村長は、当該手続が行われていることの疎明資料その他必要書類とともに申出を受け、申出内容を審査の上適当と認める場合に、職権でその子の住民基本台帳の記載をすることができるものとされている。

(2) 小学校・中学校等への就学

　文部科学省は、市区町村の教育委員会に対し、戸籍や住民基本台帳に記載されていない場合であっても、義務教育の年齢にあたる6～15歳の子どもについて、その市区町村に居住していれば、学齢簿を編製の上、小学校や中学校等に就学させるよう指導している。

　なお、経済的な理由により就学が困難と認められる場合には、市区町村の教育委員会から学用品費や学校給食費等に関する援助を受けられることになっている。

(3) 児童福祉行政上の取扱い

ア　児童手当

　出生証明書により、児童およびその母が確認でき、かつ、児童が国内に居住している実態を確認できれば、支給を受けることができる。

イ　児童扶養手当

　ひとり親の家庭等に支給する児童扶養手当については、出生証明書により、児童及びその母が確認でき、かつ、児童が国内に居住している実態を確認できれば、支給を受けることができる。

ウ　保育所・認定こども園・家庭的保育事業等

　小学校就学前の子どもが居住している実態を確認することができれば、支給認定を受けた上で、保育所・認定こども園・家庭的保育事業等を利用することができ、教育・保育給付を受けることができる。

エ　母子保健

　居住実態を確認できれば、母子保健に関する事業（母子健康手帳の交付、保健

指導、新生児の訪問指導、健康診査等）の対象となる。

オ　特別児童扶養手当

当該児童が国内に居住している実態を確認できれば支給を受けることができる。

カ　障害児福祉手当

調査により当該児童が福祉事務所所管区域内に居住している実態を確認できれ
ば，障害児福祉手当の支給を受けることができる。

キ　障害児通所給付費等

当該障害児の保護者の居住実態を確認できれば、障害児通所給付費、特例障害
児通所給付費、障害児入所給付費の支給を受けることができる。

(4) 国民健康保険の取扱い

厚生労働省は、住民基本台帳への記載がなくとも、調査の結果、出生証明書に
記載されている母親と同一の住所地において住所が認定され、国民健康保険法
上の欠格事由がない場合には、国民健康保険の被保険者資格の取得を認めている
（平成19年3月23日厚生労働省保健局国民健康保険課通知「離婚後300日以
内に出生した子につき、出生届がなされない等の事情により戸籍及び住民基本台
帳に記載のない児童に関する国民健康保険資格の取扱いについて」）。

(5) 生活保護制度の取扱い

戸籍や住民基本台帳の有無は、生活保護の要件とされていないため、それらが
なくても生活保護を受けることは可能である。

(6) パスポート

旅券の発給の申請をするためには、原則として、戸籍謄本又は戸籍抄本を提出
しなければならないが、例外的に「人道上やむを得ない理由により、戸籍への記
載を待たずに渡航しなければならない特別の事情があると認められるとき」には，
親子関係不存在確認や強制認知等の手続を行っていることの疎明資料その他必要
書類を提出することによって旅券の発給を受けることができることとされている
（旅券法3Ⅱ②、旅券法施行規則1Ⅴ⑦）。

ただし、上記要件を満たすことは容易ではないと思われる。

5　相談窓口等の紹介

(1) 地方協議会の取組

平成29年11月以降、全国的に、法務局が無戸籍問題解消のための地方協議
会を設置し、各自治体や弁護士会等と連携しながら無戸籍問題解消に向けた動き
をしている。

たとえば、福岡では、概ね年に4回、法務局が設置した地方協議会において、
弁護士会と無戸籍情報の共有や無戸籍解消に向けた取組に関する協議を行うとと

もに、具体的な案件について連携の上対応している。

（2）相談窓口

　　全国の法務局・地方法務局およびその支局または市区町村の戸籍窓口では、無戸籍問題解消のための相談を受け付けている。具体的な相談窓口については、法務省ホームページ（http://www.moj.go.jp/MINJI/consultation.html）参照。

　　また、各弁護士会でも無戸籍問題解消のための相談窓口を設けている。具体的な相談窓口については、日弁連作成のリーフレット（「無戸籍でお困りの方へ」、https://www.nichibenren.or.jp/library/ja/publication/booklet/data/mukoseki-leaflet.pdf）参照。

第 6 章

児童虐待と刑事事件

1　児童虐待における刑事手続の意味付け……

1 ‖ 児童虐待と刑事処罰

　児童虐待は犯罪に該当する場合が多い。殴る蹴る、火傷をさせる等の身体的虐待は暴行罪（刑208）、傷害罪（刑204）に、子どもが生きるのに必要な衣食住の世話をしない、病気の際に治療を受けさせない等の保護の懈怠や拒否（ネグレクト）は保護責任者遺棄等罪（刑218）に該当し、わいせつな行為をしたり、性的関係の強要、児童ポルノの被写体にする等の性的虐待は強制わいせつ罪（刑176）、強制性交等罪（刑177）、監護者わいせつ罪（刑179Ⅰ）、監護者性交等罪（刑179Ⅱ）、児童福祉法違反（児福60Ⅰ、34Ⅰ⑥、淫行罪）、各都道府県の青少年保護育成条例違反、児童ポルノ禁止法（児童買春、児童ポルノに係る行為等の規制及び処罰並びに児童の保護等に関する法律）違反などに該当しうる。また、こうした虐待の結果、被害者である子どもが死亡すれば、殺人罪（刑199）、傷害致死罪（刑205）、保護責任者遺棄等致死罪（刑219）、監護者性交等致死罪（刑181Ⅱ）などに該当することもあろう。さらに、継続的な暴行や脅迫により子どもが心的外傷を負い、その結果PTSD（Post-Traumatic Stress Disorder：心的外傷後ストレス障害）となった場合において、虐待行為者が傷害罪（刑204）で起訴される可能性もある。

　そもそも、児童虐待防止法には、「児童虐待罪」のように、すべての児童虐待を犯罪として刑事処罰の対象とするというような罰則規定はない。虐待親が逮捕・勾留され、さらに起訴されるかどうかについては、刑事手続上、一般の犯罪と変わるところはない。

　児童虐待の防止に対する社会的関心の高まりとともに、以前は「家庭には踏み込まず」とされていた捜査機関が近年は虐待事件を積極的に刑事事件として立件する傾向にあり、それに伴って、刑事裁判の結論である量刑も重くなる傾向にあるといわれる。しかし、密室で行われるなど、立証が難しく不起訴となることも多く、子どもが死亡した事案でも、児童虐待事案における殺意の立証は難しく、殺人罪ではなく傷害致死罪となる場合も多い。

　児童虐待事件に対する刑事処罰の実際については、マスコミによる事件報道の増加とは裏腹に、統計資料に基づく実証的研究が乏しいところであるが、子どもと親の双方にとって、児童虐待事件が刑事手続に付されることの意義を概観する。

2 ‖ 虐待を受けた子どもから見た刑事手続

　虐待を受けた子どもはまさに犯罪被害者であり、虐待行為を行った親らに対し刑

事手続により刑事罰を与えるよう求めることができる立場にある。虐待を受けた子どもにとって刑事手続のもつ意味、期待される役割、機能として、以下の点があげられる。

（1）物理的な安全の確保

刑事事件として立件され、虐待を行った親らが逮捕されるなど身体を拘束されることにより、事実上親子分離が図られ、子どもの物理的な安全を確保できる。

（2）心的回復の1つのきっかけ

虐待を受けた子どもたちは、守ってもらえるはずの親らから虐待行為を受けてきたのであり、程度の差こそあれみな心的外傷を負っているといえる。また、それまで「おまえが悪いから」「おまえがちゃんとしないから」などと叱責され続けたことにより、あたかも虐待を受けるのは子ども自身に問題があると思い込まされて自己評価が低くなってしまっている場合も多い。さらに、自分が虐待の事実を外部に話したことにより、家族が崩壊してしまったと自責の念に駆られる場合（特に性的虐待のケースに顕著である。）もある。

親らの虐待行為が犯罪行為であることを公正な機関である裁判所において明らかにし、虐待を行った親らが刑事罰を受けることにより、子ども自身、自らが悪いわけではないと理解することは、虐待を受けた子どもたちが負っている心的外傷の回復の1つのきっかけになりうる。

3 ‖ 虐待を行ってしまった親にとっての刑事手続

虐待を行ったとして刑事事件となっている被疑者・被告人であっても、事案の実体的真実が解明されるべきことは大前提であり、えん罪防止などの観点が怠られてはならないことは当然である。

そのうえで、実体的に虐待を行ってしまった親にとっての更生、将来的な親子再統合等をも踏まえてみるならば、刑事手続には以下のような役割、機能が期待される。

（1）手続の過程で、自分の行った虐待行為と向き合う

虐待を行った親は、自らが行ってしまった虐待行為が犯罪行為に該当すること自体を理解していない場合も多い（「しつけ」であれば子どもを叩いてもいいと思っているなど）。

もとより、虐待事件を扱う刑事手続の目的は、当該虐待行為が犯罪に該当するか

どうかを公開の法廷で審理し、被告人とされる虐待親に対して、成立する犯罪に見合った刑事罰を言い渡す点にある。そして、虐待事件が刑事処罰の対象とされることは、社会的にみれば新たな重大虐待事件を防止する一般予防としての意味を有するとしても、当該虐待親にとっては、刑事手続が単に処罰を受けるだけの場であると捉えることは妥当でないように思われる。充実した改善プログラム等をもたない刑罰をいくら科しても、虐待行為の再犯予防策としては有効とはいえないからである。虐待親自身にとって、刑罰を言い渡されるまでの刑事手続の過程自体が、自分の虐待行為と向き合い、その原因などを考え、それまでの「親」としての自己のあり方を見つめ直す機会となれば、真の更生への道が開けるはずである。

（2）親子関係の修復を図るきっかけとなる

虐待を行ってしまった親が、自分の虐待行為と向き合い、更生への道を歩み始めた場合、可能であれば（この点、死亡事例や性虐待事例にはあてはまりにくい）、刑事事件となったケースであっても、その先に親子関係の修復を目指すことになろう。事件を、あるべき親子関係の構築に向けた再出発のきっかけと位置付けることで、将来の虐待再発を防止することが期待される。

虐待親が被疑者・被告人として身体拘束されるケースでは、その間、被虐待児童は一時保護を経て施設入所等の措置をされることも多い。その場合でも、子どもの状況を慎重に見極めつつ、社会復帰後の親との関係修復に向けた指導プログラムを実践しながら、可能なケースでは親子の再統合を模索すべきことに変わりはない。事件発生までに、児童相談所等の関係者が当該親と適切な援助関係を築けなかったケースにおいては、刑事事件を契機に親の自覚が高まれば、その後の指導・援助が円滑に進むこともあり得る。

もちろん、こうした観点からは、後述するとおり、刑事弁護人が弁護活動の一環として関係諸機関との連携を積極的に図ることが重要である。

2 虐待を受けた子どもへの法的支援 …………

1 ‖ 被害届・刑事告訴のタイミング、援助など

（1）虐待ケースは、死亡・重傷事例などの重大事件であれば通報を受けてすぐに警察が捜査に着手するが、その他、被害者側のアクションが捜査の端緒となる場合としては、以下の①から③が考えられる。

① 子ども自身が被害届の提出や刑事告訴を行う場合（刑訴 230）

告訴能力について、従来、一般的に中学生以上であれば認められるとされていたところであるが、名古屋高等裁判所金沢支部平成 24 年 7 月 3 日判決は、さらに年少の、告訴当時 10 歳 11 か月で小学 5 年生であった被害者について、自己の強制わいせつ被害の事実を申告して、その犯人の処罰を求める告訴能力が認められるなどとして、被害者の告訴能力を否定して公訴を棄却した原判決を破棄し、本件を原裁判所に差し戻した。

平成 29 年刑法改正により、性犯罪が非親告罪となった。　☞第 2 章参照

しかし、非親告罪となっても、告訴ができなくなるわけでなく、告訴をすることも可能である。また、捜査機関が子ども自身の意思確認の方法として、告訴の打診をしてくる場合もある。

② 虐待をしていない親などの被害者の法定代理人が独自の立場で被害届の提出や虐待親を刑事告訴する場合（刑訴 231 Ⅰ）

③ 児童相談所等の第三者が告発する場合（刑訴 239）

被害届の提出や告訴がなくとも捜査機関が端緒をつかめば捜査が可能となる。しかしながら、その後の捜査を積極的に望む場合には、被害届の提出や刑事告訴を行っておくことが望ましい。

ただし、被害届の提出、刑事告訴・告発を行うか否かは、虐待を受けた子どもの気持ちを最優先して判断すべきであり、時間をかけて子どもと話し合っていくにしても、決していずれかの方向に無理強いをしてはいけない。また、子どもにとっては、ただでさえ刑事事件の流れもよくわからない場合が多く、周りの大人の思惑に翻弄されたり、無条件に受け入れてしまったりすることも多々あることに注意する必要がある。

（2）さらに、子どもが刑事告訴をするか否かを判断するためには、刑事事件について可能な限りの情報提供を行う必要がある。すなわち、年齢に応じて、イラス

トや図を用いながら[1]、今後の流れ、刑事事件になることのメリット・デメリットなどを丁寧に説明することが大切である。前述したように、子どもの虐待事件を刑事事件化することは、虐待を受けた子ども自身の安全の確保、心的外傷からの立ち直りのきっかけとなりうるなどのメリットはあるものの、何度も虐待の内容について捜査機関から事情聴取を受ける可能性、刑事法廷に証人として立たなければならない可能性などのデメリットもあるのであり、これらの点について、関係者は子どもに対して十分に説明しなければならない。特に、性的虐待ケースの場合には、事情聴取を受けたり証言台に立ったりすることがセカンドレイプとなり心的外傷を深めてしまう危険も大きいため、特別な配慮が必要である。また、裁判員裁判対象事件では、社会的注目も大きく、裁判員に加えて多数の傍聴者に事件が基本的に公開されてしまうことも考慮する必要があろう。もちろん、虐待を受けた子どもを支援する立場から、証人尋問におけるビデオリンクや遮蔽措置など諸機関と連携をとりながらデメリットを最小限にとどめることができるように努力しなければならないが、最終的にデメリットを甘受するのはその子どもであるので、そのことに注意しながら、十分な情報提供を行う必要がある。こうした観点からすれば、日弁連が法テラスに委託している「子どもに対する法律援助」または「犯罪被害者法律援助」を利用して、子どもが代理人弁護士を依頼し、弁護士から十分な情報提供を受けたり、相談できるようにすることも検討すべきである。

　なお、前述したように被害者の法定代理人は独立して刑事告訴することができる（刑訴231Ⅰ）。実際に、被害者である子ども自身よりも、親などの保護者の方が、処罰感情が強く、親が積極的に刑事告訴などを希望する場合もあり得る。しかし、必ずしもそれが子どもの意思にも沿うものとは限らない。子どもを支援する親がいる場合、被害者である子どものほか、親に対しても同様の説明を行わなければならないが、あくまでも刑事告訴は被害者である子どものために行うものであることを理解してもらう必要がある。

　（3）「子どもに対する虐待行為は犯罪である以上、犯罪行為に対しては適正な処罰がなされるべきである」と考えるならば、虐待事件の刑事事件化は当然すべきということになろう。しかし他方で、虐待事件にも種類と程度があり、しかも親子関係はその後も継続することから、単純に適正な処罰という観点での検討をすることだけでは足りず、今後の親子の再統合という観点での検討も不可欠である。そのため、あえて刑事

....

1　リーフレット「あなたに知っておいてほしいこと〜これからの手続と流れ」
　（平成30年3月　大阪弁護士会子どもの権利委員会作成）
　性的被害（主に家庭内での性的虐待）を受けた子どもに、刑事手続の流れを説明するためのリーフレットである。

事件化（特に児童相談所が虐待親を告発すること）はせずに、むしろ児童相談所を中心とした関係諸機関のケースワークにゆだねるべき場合も多いことに注意するべきである。

（4）告訴等をしたとしても、捜査機関がいかなるタイミングで虐待親の逮捕等に踏み切るかについては、児童相談所として予測しにくい部分であると思われる。また、性犯罪が非親告罪になったことにより、子どもの意思と無関係に捜査が進むこともあり得る。適宜、捜査機関との連携を図って捜査のあり方に関する認識を共有するか、児童相談所に関わる弁護士に相談することが望ましい。また、捜査への対応が子どもにとっての大きな負担になり得ることから、単に捜査機関に協力することのみならず、子どもの最善の利益の観点から、捜査機関との交渉を行うことも検討すべきである。

また、警察の被害者連絡制度、検察庁の被害者等通知制度を利用して、捜査状況、検察庁の処分結果、裁判の結果、実刑の場合の処遇状況等、その段階ごとに情報を得るように努めるべきである。

2 ‖ 事情聴取等に関する関与

捜査が開始され、虐待を受けた子ども自身の事情聴取などが捜査機関によって行われる場合には、児童相談所職員あるいは児童相談所に関わる弁護士や子どもの代理人弁護士の立会いを捜査機関に求めていくべきである。親からの虐待行為により心的外傷を負っているうえに、不慣れな刑事手続において心細く不安を感じている子どもを、少しでも安心させる必要があるからである。また、可能な限り和やかな雰囲気で事情聴取が行われることも必要であり、捜査機関に要望していくべきである[2]。

特に性的虐待ケースにおいては、事情聴取の方法について事前に捜査機関へ申入れを行い、協議をしておくことが重要である。子どもと同性の捜査官が担当したり、性被害の聴取の訓練を受けている捜査官が担当するなどしているようだが、それでも子どもが聴取で傷つくという二次被害が起こり得るので、聴取前後の子どもの状況等に対する配慮が必要である。

また、子どもの心理的負担の一層の軽減および子どもから聴き取る内容の信用性確保のため、児童相談所、警察および検察の3機関が連携を強化し、個別事例に応じて、3機関を代表した者1名による協同面接の実施を含め、子どもの特性を踏まえた面接・聴取方法等について3機関で協議・実施する取組を実施するよう求める

2 犯罪捜査規範第10条の2第2項は、「被害者等の取調べにふさわしい場所の利用その他の被害者等にできる限り不安又は迷惑を覚えさせないようにするための措置を講じなければならない」としている。

厚生労働省、検察庁および警察庁からの通知[3]を受け、各地で協同面接が実施されるようになっている。

　具体的には、刑事事件としての立件が想定される重篤な虐待事例など、子どもの特性を踏まえた面接・聴取方法等を児童相談所、警察および検察で協議することが必要と判断される事例については、児童相談所から警察および検察に連絡し、3機関で事前協議を行い、そのうえで、3機関を代表して面接する者以外の者が、モニター画面またはワンウェイミラーを通じて面接を観察することができるなど、協同面接を適切に実施することができる環境が整った実施場所にて、録音録画のもと、代表聴取者（検察官が代表聴取者になることが多い。）により司法面接技法にて行われている。

　さらに、協同面接実施後、子どもの支援に必要があるときは、3機関で情報共有が行われている[4]。

☞第1章コラム参照

3 ‖ 起訴後判決までの関与

（1）被害者特定事項の秘匿

　性犯罪などについては、裁判所は、被害者の氏名や住所等（被害者特定事項）について、公開の法廷で明らかにしない旨の決定ができる（刑訴290の2）。被害者特定事項の秘匿を希望する場合は、あらかじめ、検察官に伝えておく必要がある。また、被告人が子どもの親族であり、被告人の氏名や住所が明らかにされれば被害者である子どもの氏や住所が明らかになってしまう場合は、被害者特定事項の秘匿のために、被告人の氏名や住所が公開の法廷で明らかにならない方法で被告人の人定をしてもらうこともできる。

（2）裁判傍聴等

　虐待した親が刑事被告人として起訴され公判期日が開かれた場合、子どもの希望があれば弁護士あるいは児童相談所職員・施設職員が同行して公判を傍聴する。虐待事件における刑事事件が子どもの心の傷の回復のためのきっかけになるという観

3　厚生労働省発出「子どもの心理的負担等に配慮した面接の取組に向けた警察・検察との更なる連携強化について」（平成27年10月28日付雇児総発1028第1号）
　　最高検察庁発出「警察及び児童相談所との更なる連携強化について」（平成27年10月28日付最高検刑第103号）、警察庁発出「児童を被害者等とする事案への対応における検察及び児童相談所との更なる連携強化について」（平成27年10月28日付警察庁丁刑企発第69号ほか）

4　厚生労働省発出「児童虐待事案に係る子どもの心理的負担等に配慮した面接の取組に向けた警察・検察との更なる連携強化の推進について」（平成30年7月24日付子家発0724第1号）、最高検察庁発出「警察及び児童相談所との情報共有の強化について」（平成30年7月24日付最高検刑第38号）、警察庁発出「児童虐待事案に係る代表者聴取における検察及び児童相談所との更なる連携強化の推進について」（平成30年7月24日付警察庁丁刑企発第47号ほか）

点からすれば、子ども本人がどのように虐待親の刑事手続が行われるのかを直接見たいと希望するのであれば、可能な限りその希望に沿う方向で検討すべきである。傍聴席で、他の傍聴人から遮蔽の上で傍聴ができる場合もあるので、必要があれば、裁判所に申入れを行うべきである。

　とはいえ、傍聴をさせるべきか否かは悩ましい場合もある。虐待した親に同情的な関係者（たとえば、性的虐待ケースで父親が逮捕起訴された場合に、母親が子どもではなく父親を擁護しているような場合など）も傍聴している可能性もあり、子どもが傍聴席でその関係者と顔を合わせることにより混乱することも考えられる。このようなトラブルも想定しながら、複数の関係者で対応するなどの方策を協議したうえで行うべきである。もちろん、この場合においても、傍聴を行うことのメリット・デメリットを事前に子どもに伝えておく必要がある。

　なお、弁護士や児童相談所担当者などの関係者は傍聴を行い、子どもが希望すればタイミングを計りながらその情報を提供できるようにしておくべきである。

（3）ビデオリンク導入への申入れ、証人尋問の付添いなど

　被告人となっている虐待親が事実を認め、子どもの供述調書や協同面接の結果を取りまとめた検察官の捜査報告書などの証拠調べに同意をしている場合は問題がないが、子どもの供述調書などの証拠調べに同意しない場合、子ども自身の証人尋問が行われる可能性が高い。子どもはまさに虐待を受けた被害者であり、また特に性的虐待の場合には子どもの証言が唯一の直接証拠であることも多いからである。この場合、虐待親の有罪を立証するためには、子どもの証人尋問を行わざるを得ないということになる。この場合でも、できる限り虐待行為により子どもが負っている心的外傷に配慮した措置がとられるべきである。

　仮に身体の安全が確保されていると理解していても、被告人である虐待親の前（あるいは近く）で証言すること自体が子どもに極めて強いストレスを与えるのであり、可能な限りこのストレスを和らげる方策を講じるよう検察官に働きかけなければならない。

　具体的には、まず、できる限りビデオリンク方式によることおよび被告人に子どもの証言画像を見せない措置を求めるべきである（刑訴157の6）。さらにその際、弁護士、児童相談所担当者、施設職員が子どもに付き添えるように申し入れておくべきである（刑訴157の4）。仮にビデオリンクが不可能な場合でも、遮蔽措置をとるよう申し入れるべきである（刑訴157の5）。

　また、法廷ではなく、たとえば児童相談所の一室などで所在地尋問とすることも、子どものストレスを和らげうる手段であるから、検討を申し入れておくのも1つの方法である（刑訴158）。

（4）虐待事件に関する資料の提供

検察官のなかには、虐待事件に対する造詣も深く、被害者である子どもの心理状況も理解している者もいるが、取り扱ったことがあるもののそれほどの知識もなく子どもの心理状況なども理解していない検察官がいることも事実である。

虐待により子どもは深い心の傷を負うこと、そして、親子関係という特殊な関係のなかでの出来事であることから、被害者自身が親に迎合したりするなど通常の事件の被害者とは違った言動をすることがある。こうした虐待事件の特殊性につき、検察官の理解が不足しているような場合には、関与する弁護士が子どもの代理人として上申書を提出したり、文献などの情報提供や虐待に詳しい児童精神科医師の紹介をしたりするなど、積極的に行っていかなければならない。このような活動が、裁判官にも虐待事件に対する知識を深めてもらうことにつながる。

（5）被害者としての意見陳述および手続参加

犯罪被害者は公判で心情等の意見陳述を行うことができる（刑訴292の2）。

子どもがこの事件についての発言がしたいと希望するのであれば、是非利用すべきである。この場合、法廷にて直接意見陳述を行うこともあろうが、子どもに心理的負担がかかり実際上困難な場合が多いので、子どもの署名入りの陳述書を作成して提出し、裁判官に朗読してもらうことや、代理人弁護士が代わりに朗読することなどで対応できる。

また、特定の犯罪（傷害、強制性交等、強制わいせつなど）の被害者は、刑事事件手続に参加の申出をすることができ、裁判所の決定により参加が認められた場合には、手続に参加できることとなる（刑訴316の33以下）。子どもは、資力要件を満たすと思われるので、裁判所に国選被害者参加弁護士を選定してもらうことができ、すでに弁護士の支援を受けている場合は、その弁護士を国選被害者参加弁護士に選定してもらうこともできる。

参加が認められた被害者参加人または被害者参加弁護士は、

①公判期日への出席（刑訴316の34）

②検察官に対する意見陳述等（刑訴316の35）

③情状事項に関する証人尋問（刑訴316の36）

④意見陳述のための被告人質問（刑訴316の37）

⑤事実、法律適用についての意見陳述（刑訴316の38）

ができる。③④⑤については、裁判所の許可等が必要である。

さらに、一定の犯罪（傷害、強制性交等、強制わいせつなど）に関しては、損害賠償命令制度（刑事事件を担当した裁判所が、有罪の言渡しをした後、引き続き損害賠償請求についての審理も行い、加害者に損害の賠償を命じることができる制

度）の利用も可能である（犯罪被害者等の権利利益の保護を図るための刑事手続に付随する措置に関する法律23以下）。

これらの制度を適切に活用することが検討されてよいであろう。

（5）加害者代理人との交渉

通常の刑事事件と同じく、児童虐待に関する刑事事件であっても、刑事弁護人が示談の申入れを行ってくる場合も多い。基本的には、通常の刑事事件における示談と同じように対応すればよいが、ここでも子どもの視点に立ち、子どもが何を望んでいるのか、子どもの被害回復や立ち直りに何が最も重要かなどを考えながら対応する必要がある。話がまとまれば、刑事和解（犯罪被害者保護法19以下）を利用することもあり得る。

また、虐待親の弁護人を通して、父母の離婚や子どもと虐待親の離縁、親権の辞任への働きかけ等を刑事裁判が係属している間に行うこともあろう。

3 虐待を行ってしまった親の弁護活動 …………

1 ‖ 子どもの虐待防止活動に携わる弁護士が虐待を行った 親の刑事弁護を行う意味

　子どもに対する虐待を行ってしまったことに実体的な争いや疑義のない事案において、子どもの虐待防止活動に携わる弁護士が、子どもを虐待した親の刑事事件の刑事弁護人になることは、一見矛盾した行動に思われるかもしれない。

　しかし、以下のとおり虐待をしてしまった親の刑事事件で、虐待親の弁護人としても活動する意味もある。

　（1）子どもの虐待防止活動に携わる弁護士の目的は、子どもを虐待から守るということにあるが、親が子どもを虐待するという行為に至る背景には、親自身の生育歴の問題、その親・家族にかかわる地域、学校等周囲の人間や関係機関等の社会的影響・環境があり、自分自身では虐待を止めることができない状況にまで親が追いつめられている場合も少なくない。このような悲しい事件が少しでも減るようにするためには、単純に虐待行為や子どもの死傷という結果にばかり着目し、虐待を行ってしまった親だけの責任として応報的に刑罰を科すというのではなく、刑事事件として立件された児童虐待という現象をより広い観点から捉え、虐待に至る経緯や関係諸機関のかかわり等にまで遡って虐待のメカニズムを明らかにする必要がある。児童虐待事件については、その背景を明らかにすることによって初めて、適正な刑罰の適用の目的を果たすとともに、今後の対策を模索することが可能となる。

　（2）親の生育歴や、虐待を生み出した社会的影響・環境を明らかにすることによって、親自身も、自らの行いを真摯に受け止め、心からの反省を促し、更生の一歩へと踏み出すことが可能となる。ただし、これは決して親に他者への責任転嫁を許すものではない。

　（3）虐待ケースに理解のある弁護士が刑事弁護人としてかかわることにより、他の関係諸機関と連携しつつ、残された子どものケアについて法的側面からサポートしたり、親の社会復帰の際に、親を治療等につなげたり、親が社会生活を営んでいけるようにサポートすることも可能となる。さらには、困難な課題ではあるものの、他の関係諸機関と協力しつつ、残された子どもと親の再統合のための支援を行うことも可能となる。

2 ‖ 虐待刑事事件弁護の特徴

　子どもの虐待事件において、弁護の仕方はケースによりさまざまであるが、虐待の背景および虐待親の心理状態を可能な限り明らかにし、適正な量刑に反映させるとともに、虐待をしてしまった親の更生に資することを心がけて活動することになる。

　また、弁護活動においては、虐待親の生育歴についての主張立証にかなりの労力を割くことになる。このような悲しい事件を繰り返さないようにするために、どうしてこのような事件が起こってしまったのか、その原因を明らかにする必要があり、そのためには、事件の直近の出来事のみならず、虐待親の生育歴を含めた考察が必須となるのである。その1つの有効な立証手段として、後述する心理鑑定の利用がある。

　さらに、この虐待事件をどうして防ぐことができなかったのかという観点から、関係諸機関などの動き、対応などについても、積極的に指摘していくことも多い。それは、虐待親の責任逃れのための方便ではない。虐待親の生育歴と同じく、裁判所が適正な量刑判断を行うためにも必要であるし、その裁判からわれわれが学び少しでも虐待事件を防止しようとするためにも必要なのである。刑事事件の記録には、通常の虐待事件における関係諸機関のケース会議では得られないような情報が出てくる（当該ケースに関与した公的機関からは広く捜査照会回答書が提出されるし、各機関の担当者の供述調書も作成される。）。さらには、虐待親の気持ちの変化等もその供述調書等から明らかになることも多く、虐待防止活動に有益な情報が多く存在している。事件確定後、児童相談所や子どもの立場から事件記録の閲覧・謄写を行い、これらの情報を同様の事件再発防止の教訓として活かすことができる。

3 ‖ 心理鑑定の利用

　虐待刑事事件においては心理鑑定を行うことが有効な場合が多い。

　心理鑑定とは、事件に至る虐待親の心理状態を明らかにするために行う犯罪・非行臨床の専門家（医師、臨床心理士、心理学者など）による鑑定である。虐待親の虐待に至る心理状況を明らかにするためには、事件直近の虐待親の心理や周囲の状況のみならず、虐待親の生育歴・家族歴など過去に遡って事情を聴取し、そのような心理になる背景や事情を検討するのが通常である。

　裁判所による鑑定となるのが一番望ましいが、情状鑑定に属するこの心理鑑定は、実際には鑑定の申立てを行っても裁判所において採用されないことも多いので、私的鑑定というかたちをとり、弁護人から鑑定書の証拠採用を求めることも多

い。

　虐待親の生育歴、心理状態を明らかにすることは、虐待親の適正な量刑を判断するうえで必要なものである。また、心理鑑定は単に有利な情状となりうるというのみならず、虐待親の真の更生に資するものである。実際のケースにおいても、専門家による心理鑑定書を読むことにより、虐待親はつらい子ども時代を経験した自分自身と向き合い、それまで自分では理解できなかった性格や特性、事件当時の心理状態を理解するに至ったということもある。

4 ‖ 適正な刑罰、量刑のための情状立証

　弁護人として情状立証を行ううえでは、①事件発生に至る過去の経緯（原因論としての背景事情、虐待親自身の生育歴、心理鑑定、関係諸機関の関与状況など）と、②将来の更生に向けた環境調整（処遇論としての関係諸機関の連携、特に子どもの保護と親の指導・援助とのバランス）が重要な視点といえる。

　死亡事例等の再統合を観念しにくいケースにおいては上記①の視点が極めて重要であるが、親子関係の修復の余地があるケースでは、①のみを強調するのではなく、むしろ積極的に②の視点から関係諸機関に協力を要請し、カンファレンスの結果を報告書にまとめて書証化したり、具体的な指導・援助の用意があることや治療的枠組みのなかでの再統合の必要性、生活訓練や子育て訓練の重要性等について情状証人として証言してもらうなどの活動を行うことが、社会内での更生の機会（執行猶予判決）につながると思われる。

　弁護人として、虐待親に対し、非虐待親との離婚や子どもとの離縁、親権の辞任の働きかけを行う場合もあろう。

　CDR とは、「Child Death Review」の略で、子どもの死亡に関する効果的な予防策を導き出すことを目的として、死亡した子どもの既往歴、家族背景、当該死亡に至った直接の原因等に関する情報をもとに行う当該死亡に関する検証をいう。児童虐待防止法第 4 条第 5 項にも死亡事例検証の規定があり、この規定に基づいて死亡事例検証が行われているが、この検証は、子どもの死亡原因が児童虐待である場合に限られている。確かに、児童虐待事案の死亡事例を詳細に検証し、二度と虐待死が起きないよう、対策を講じる必要性は高い。しかし一方で、子どもの死亡原因は虐待に限られないこと、また、当初から虐待死であることが判明していないケースの中に虐待死が存在する可能性があることから、死亡時点において判明している死亡原因に関わらず、子どもの死亡事例全件について死因究明調査を行う必要がある。

　平成 29 年児童福祉法改正の附帯決議において、「虐待死の防止に資するよう、あらゆる子どもの死亡事例について死因を究明するチャイルド・デス・レビュー制度の導入を検討すること。」とされ、令和元年には、死因究明等推進基本法（令和元年法律第 33 号）により、CDR が制度化された。しかしながら、死因究明等推進基本法には具体的な資料収集や調査方法等の規定はなく、8 条に「政府は、この法律の目的を達成するため、必要な法制上又は財政上の措置その他の措置を講じなければならない。」と定めるのみである。

　現在、厚生労働省が「都道府県チャイルド・デス・レビュー体制整備モデル事業の手引き」[1] を作成し、これをもとに各地で CDR モデル事業が行われている。しかしながら、CDR 実施機関に、立法等により特段の調査権限が付与されているわけではないため、死亡した子どもについての基礎情報や死亡原因を収集することは、非常に困難である。

　多くの CDR モデル事業では、死亡小票を利用して基礎情報を収集し、不足している情報を病院や警察から収集している。しかし、死亡した個人についての情報も、遺族等の個人情報として保護されることがあるため、個人情報保護条例、個人情報保護法等の規定により病院等からの情報の開示は限定され、CDR 実施機関において、調査に必要な情報が収集できない。特に、病院からの情報収集ができないと、CDR に必要な、死亡の原因についての調査が不十分に終わってしまう。CDR を制度化するために、CDR 実施機関に具体的な調査権限を与える立法が急務である。

　また、警察の捜査が行われているケースについての調査について、刑事事件訴訟法第 47 条において「訴訟に関する書類は、公判の開廷前には、これを公にしてはなら

1　https://www.mhlw.go.jp/stf/seisakunitsuite/bunya/0000123792_00001.html

ない。但し、公益上の必要その他の事由があつて、相当と認められる場合は、この限りでない。」との規定がある。CDR の調査と警察の調査の優先順位を整理し、犯罪捜査に影響がない範囲で、CDR のための情報収集が可能な制度作りが必要となる。

　なお、CDR 調査を行うにあたって、グリーフケアの視点を忘れてはならない。遺族は子どもの死亡に大きなショックを受けている。遺族の悲しみにも十分に配慮し、CDR を行うことによって遺族を必要以上に傷つけることがないように調査を行う必要がある。

第 ⑦ 章

その他の諸問題

1 はじめに ....

（1）保護者等がとりうる法的手段

　保護者など子どもの監護にかかわりのある者（以下「保護者等」という）が児童相談所の対応に不満がある場合、保護者等がとりうる法的手段は、親権制限申立てや児童福祉法第28条の申立て等に対する対応ばかりではない。

　児童相談所の対応について、保護者等から積極的に是正等を求める法的手段の一つとして、行政不服申立てや行政訴訟がある。これらは、いずれも児童相談所の処分の取消し等を求める手続きであるが、行政不服申立ては上級行政庁に対して、行政訴訟は裁判所に対して申し立てる（訴訟提起をする）ものである。いずれの手段も、児童相談所が行った措置のすべてがその対象となるわけではなく、いわゆる処分性のある措置に限られる点に注意が必要である。行政不服申立てと行政訴訟とは、申立先だけでなく、出訴期間、判断対象（違法かどうかの判断にとどまるか不当かどうかの判断まで行うものであるか）等さまざまな点で違いがあるので、これらを理解した手続選択を行う必要がある。

　また、児童相談所が行った違法な行為によって被った損害の賠償を求める手段として、国家賠償請求がある。児童相談所の対応について国家賠償請求が認められた裁判例は多くないが、近年、児童相談所の行った行政指導としての面会通信制限についてこれを認める裁判例が出されており、注目される[1]。

　さらに、児童相談所が保有する情報の開示を求める手段としては、個人情報開示請求がある。個人情報開示請求については、現在は、各地方公共団体の定める条例にしたがって行われており、開示の要件も条例ごとに違いがある。もっとも、執筆時点では施行されていないが、令和3年5月の個人情報保護法改正により、個人情報保護法と各地方公共団体の個人情報保護条例が一元化され、全国共通のルールが定められることとなっている。

　なお、法律上正当な手続によらないで身体の自由を拘束されている者について身柄拘束から解放することを求める手続として、人身保護法に基づく人身保護請求がある（人身保護法2）。児童相談所の一時保護等による身柄拘束に対して人身保護請求がなされた例もあるが、請求が認められた例は見当たらない。

　本章では、以上のような手続のうち、人身保護請求を除く、行政不服申立て、行政訴訟、国家賠償請求および個人情報開示請求のそれぞれについて詳述している。

1　宇都宮地方裁判所令和3年3月3日判決判例地方自治476号57項

（2）公的機関等から児童相談所に対する照会等への対応

　児童相談所等においては、取り扱っているケースについてさまざまな情報が集まることから、保護者等からだけでなく、裁判所や捜査機関、弁護士会などの公的機関等から照会等が行われることも少なくない。本章6では、このような照会等に対する児童相談所の対応のあり方について述べる。

（3）保護者対応のあり方

　（1）で述べた法的手段は、保護者等の児童相談所に対する不満がかたちとなったものであり、児童相談所が保護者対応を行うにあたっては、保護者等の不満が生じやすいポイントが何であるかを意識しておくことが肝要といえる。また、不満を抱いた保護者等が過度な要求に出ることもある。本章7ではこのような児童相談所の保護者対応のあり方について述べる。

2　児童相談所の処分に対する行政不服申立て……

1 ‖ 行政不服申立ての概要

（1）行政不服申立ての特徴

　行政不服申立ての類型には、審査請求（行審2、3）、再調査の請求（行審5）、および再審査請求（行審6）があるが、審査請求が原則的な不服申立類型であるので、本項では審査請求を中心に解説する。

　審査請求は、一般的に、行政訴訟に比べて簡易迅速な救済が得られる長所がある。また、わが国では、審査請求については手数料をとらない立法政策が採用されているのに対して、行政訴訟の場合には、申立ての手数料を裁判所に納めなければならない（民事訴訟費用等に関する法律3）。さらに、審査請求では、ある行政処分が違法か否かのみならず、行政裁量の行使が不当でないかも審理できる。審査請求は一般的に非公開であるため、審査請求の申立人・参加人等のプライバシー等の保護につながることもあげられる。

　他方、審査請求は、処分庁の上級行政庁が裁断する場合でも、実質的には処分庁と事前に意見調整をしていることもあり、中立性の希薄さに問題がある。簡易迅速性という点についても、実際には審理が長期化することも少なくない。迅速に救済が与えられる場合、裏からいえば慎重さの欠如につながるおそれがあるし、裁判所のように偽証罪の担保のもとに真正な証言を強制するようなことも一般的には認められていないので、調査能力に限界があることも否めない。

（2）審査請求の対象

　行政庁の行う行為のすべてが、審査請求の対象となるわけではない。行政不服審査法において審査請求の対象とされているのは「処分」（行政庁の処分その他公権力の行使にあたる行為）である（行審1Ⅱ）。ここにいう「処分」は、行政事件訴訟法における「処分」と同義である。

　すなわち、児童相談所の行為を対象とした審査請求や行政訴訟の提起を行うためには、その対象となる行為に「処分性」が認められることが必要である。

　処分性についての一般的な解説は、取消訴訟の項（第7章③）を参照されたい。

　児童相談所が行う行為のうち、いくつかの行為の処分性については、次の審査請求の項で個別に解説する。

2 ‖ 審査請求

（1）審査請求とは

審査請求とは、行政不服審査法に定める行政不服申立ての原則的な手段のことであり、国民が、行政庁の処分・不作為について、審査庁に対してする不服申立手続である（行審2、3）。

（2）審査請求の可否

児童相談所が行う行為であっても、上述のとおり、すべての行為が審査請求の対象となり得るわけではなく、個別条項の規定、解釈等により結論を異にする。そこで、以下では、上述の児童相談所が行う「処分」と考えられる行為につき、個別に審査請求の可否を検討する。

なお、これらの行為について法令上の行使権限を有する行政庁は、そのほとんどが都道府県または知事（政令市等にあっては市または市長）であるが、法律によって児童相談所長に委任されているもの（施設入所等措置に関して児福32）もあり、また法律によらなくとも一般的に行政機関は条例ないし規則において下位の行政機関に権限を委任できると実務上解されているので、実情としてほとんどの自治体ではこれらの権限はおおむね児童相談所長に委任されているものと思われる。

1）一時保護

①　処分性の有無

裁判例および学説ともに一時保護に処分性を認めている（大阪地方裁判所平成23年8月25日判決[2]、東京地方裁判所平成19年1月17日判決[3]等）。そのため、一時保護に不服がある場合には審査請求を行うことができる。ただし、後に述べるとおり、一時保護を公権力による事実上の行為と捉える立場があり、その立場にたてば処分性があると判断されるにもかかわらず、行政手続法上の不利益処分には該当しないことに留意する必要がある（処分性の判断枠組と不利益処分の判断枠組が異なるため、行政手続法上の不利益処分ではないものについても処分性が認められることがある。）。

一時保護は児童福祉法第33条第1項（所長権限）に基づくものと第2項（知事権限）に基づくものとがあるが、同条第2項の一時保護の権限自体を所長に委任しているのが通例であり、いずれの場合にも審査請求をなしうることは異論がない。

②　不服の理由

2 判例集未登載。
3 LLI/DB判例秘書判例番号 L06230181。

一時保護への不服の理由として、いくつかのケースにつき検討する。

　まず、処分自体の違法性または不当性を理由とする場合として、一時保護の必要性を争うことが多いと思われるが、一時保護の必要性は広く認められ、一時保護の違法性または不当性が認められる場合は限られる。

　次に、処分の際の手続に関する違法性または不当性（手続の瑕疵）を理由とする場合である。

　一時保護は職権でできるため、親権者等からの反対を押して保護したことは不服の理由にならないが、「事前に意見を述べる機会が乏しかった（なかった）」という手続上の理由による審査請求はどうか。この点、一時保護が行政手続法第2条第4号の「不利益処分」に該当するならば、事前に弁明の機会が必要となるため（行手13Ⅰ②）、処分を受ける者に弁明書を提出する機会が与えられなくてはならない。もっとも、同法第2条第4号但書では不利益処分から「事実上の行為」を除外しているため、一時保護を「事実上の行為」と考える場合にはそもそも不利益処分には該当せず、手続上の理由による審査請求はできないことになる。大阪地方裁判所平成28年6月3日判決[4]は、一時保護決定につき、「その実質は法的効果の発生を目的としない物理的行為であるから、行政手続法第2条4号イの『事実上の行為』に該当し、同号柱書が定義する『不利益処分』には含まれない」と判示している。

　次に、「一時保護の場所を知らせてくれなかった」という理由はどうか。児童虐待防止法には、連れ戻しによる虐待のおそれや、保護に支障をきたす場合には、当該児童の住所または居所を明らかにしないものとすると明記されている（児虐12Ⅲ）。したがって、このような事情がある場合には上記理由をもって一時保護が違法または不当になることも考え難い。

2）一時保護の延長（継続）

① 一時保護延長の処分性

　一時保護の期間は、当該一時保護を開始した日から2か月を超えてはならない（児福33Ⅲ）。例外として、児童相談所長または都道府県知事は、必要があると認めるときは、引き続き一時保護を行うことができるとされている（児虐33Ⅳ、一時保護延長措置）。そこで、一時保護の延長に、当初の一時保護とは別異の処分性があるかが問題となる。法が児童相談所長または都道府県知事に、再度一時保護延長の必要性について判断を求めていることから、一時保護延長は一時保護とは別異の処分性が認められる行政処分である

4　判例地方自治424号39頁

と考える余地がある。このように考えれば、一時保護の延長は、審査請求の対象となろう。他方、一時保護の延長を当初の一時保護とは別個の処分と解しないとしても（一時保護ガイドライン14頁）、当初の処分（公権力による事実行為）が継続していると考えたうえで、一時保護が継続していること自体に対して審査請求ができると解することも考えられる。この点は、後記の審査請求期間の解釈をどのように捉えるかとも関連する。

② 司法審査を経た一時保護延長の場合

一時保護延長にあたって引き続き一時保護を行うことが当該児童の親権を行う者または未成年後見人の意に反する場合においては、児童相談所長または都道府県知事が引き続き一時保護を行おうとするとき、および引き続き一時保護を行った後2か月を超えて引き続き一時保護を行おうとするときごとに、児童相談所長または都道府県知事は、家庭裁判所の承認を得なければならない（児福33Ⅴ）。このような承認審判を得た一時保護延長措置についても、審査請求の対象となるかどうかが問題となる。

この点、行政不服審査法第7条は審査請求の適用除外を定めているが、一時保護延長の承認審判がなされた一時保護が、同条第2号の「裁判所若しくは裁判官の裁判により、又は裁判の執行としてされる処分」に該当するとなれば、一時保護延長の承認審判を受けた一時保護期間中の一時保護については審査請求ができないことになると思われる。

しかし、一時保護延長措置は、親権者等の意に反しない場合にも行われるものであるため、必ずしも承認審判の執行として一時保護延長がなされるわけではないこと、承認審判の申立て後、やむを得ない事情があるときは、2か月経過後であっても、当該申立てに対する審判が確定するまでの間、引き続き一時保護を行うことができるのである（児福33Ⅵ）から、一時保護延長が、承認審判に先立つことがあり、これも承認審判の執行として一時保護延長がなされているかたちではないことから、一時保護延長が承認審判により、または承認審判の執行としてなされるとはいえない。したがって、審査請求は可能であると考えられる。

それでは、一時保護延長措置の承認審判を経た後に一時保護延長措置を争う場合、具体的にどのような事情を審査請求において主張することができるか。一時保護延長措置の承認審判では、当初の一時保護の必要性に加え、一時保護を2か月を超えて延長する必要性について判断されるところ、当該必要性や審判手続の違法を含む手続上の違法については、審判において争うことが予定されているから、審査請求で争いうるのは、審判の無効、確定審判の基準時後の事情変更による一時保護の必要性欠如および一時保護（委託）

先の選定等の事情に限られるものと解するべきであろう（東京地方裁判所平成20年7月11日判決[5]参照。同裁判例は、児童福祉法第28条第1項に基づく施設入所承認審判を経た後の入所措置決定取消訴訟について同趣旨を述べたものであるが、一時保護延長承認審判を経た後の一時保護延長措置に対する審査請求においても、同様の趣旨があてはまる）。

3）児童福祉法第27条第1項第3号の施設入所等措置

同措置には処分性があり、不服がある場合には審査請求を行うことができると解されている。もっとも、同措置は、親権者等の「意に反して」これをとることができず（児福27Ⅳ）、措置がとられた後も親権を行う者または未成年後見人が反対の意思を表明したときは、これに反して措置を継続することはできない。

したがって、親権者等としては、施設入所等への反対の意を表明すれば施設入所等措置は解除されるのであって、その場合には審査請求を行うにあたっての不服申立ての利益を欠くとも考えられる。しかし、反対の意思を表明しても施設入所措置がとられ続けられている場合や、入所施設種別に不服がある場合等、申立ての利益が認められる場合もあろう。なお、親権者が反対の意思を表明した場合、児童相談所が施設入所等措置を継続するためには、一時保護の決定をしたうえで児童福祉法第28条の定める家庭裁判所の承認を得て施設入所等の措置をとることになる。

4）児童福祉法第28条の承認に基づく施設入所等の措置

親権者等の意思に反して施設入所等の措置をとるためには家庭裁判所の承認を得なければならず（児福28）、承認審判に対しては即時抗告も認められている（家事238①）。そのため、司法機関が関与しているのに、さらに行政庁に対する審査請求を認める必要があるのか、承認審判で争えば足りるのではないか、という点が問題となる。

この点、通常は裁判所の承認審判が確定した段階で児童相談所は速やかに施設入所等の措置を行うが、審判確定から措置までの間に事情の変更が生じることもあり、それを無視した措置に対し審査請求を認める必要性がないとはいえない。また、承認された施設種別であっても、具体的にどの施設に入所措置をとるかについても、審査請求の必要性はあろう。

さらに、行政不服審査法第7条第1項第2号は、「裁判所若しくは裁判官の裁判により、又は裁判の執行としてされる処分」を審査請求の対象から除外しているものの、児童福祉法第28条の承認を得た上での施設入所等の措置は裁

5　裁判所HP参照。

判の執行とは異なり、行政としての独自の判断（承認があった後でも方針を変更して入所措置をしないこともできる。）であって、上記除外事由にあたらない、と解される。

　したがって、児童福祉法第28条の承認に基づく施設入所等の措置に対しても、審査請求を行うことが可能と解すべきである。

　なお、審査請求においては、児童福祉法第28条の承認審判においてなされた判断と矛盾する判断はできないと解するべきであろう。審判の無効、確定審判の基準時後の事情を争う場合については前記東京地判平成20年7月11日参照。

5）立入調査、出頭要求、再出頭要求、臨検等

　立入調査（児福29、児虐9）は、事実行為であるが、一時的な行為であって継続的性質を有しないので、処分性はないと解される。または、処分性があるとしても調査終了後に不服申立ての利益が消失するので、不服申立ての対象から除外される。よって、いずれにせよ審査請求はできない。また、行政訴訟の対象にもならないため、立入調査の違法を主張できるのは国家賠償請求訴訟に限られる。

　出頭要求（児虐8の2）および再出頭要求（児虐9の2）は書面の告知により行われることとされており、保護者の出頭を求めるものであることから、処分性があると考える余地もある。もっとも、これらの要求を親権者等が拒んだとしても強制力はなく、都道府県知事は立入調査または質問等の必要な措置を講じることができるにすぎないため、親権者等は出頭要求または再出頭要求を拒めば足り、不服申立ての利益を欠くと考えられる。

　強制的な立入調査である臨検・捜索（児虐9の3）については、臨検等の制度を導入した平成19年児童虐待防止法第10条の5が、臨検・捜索を審査請求の対象とはしないことを明記した。よって、基本的に立入調査と同様に扱ったことになる（なお児童虐待防止法第10条の6で、行政訴訟法の差止めの訴えの対象からも除外されている。）。

6）面会通信の制限

　面会通信制限は、保護者の同意に基づいて行う、児童相談所長または入所施設の施設長の「指導」によるものと、児童虐待防止法第12条に基づく「行政処分」としてなされるものがある。このうち、「指導」による面会通信制限は、あくまでも行政指導にすぎないため、強制力はなく、審査請求の対象とはならない。

　行政処分として行われる面会通信制限は、施設入所中または一時保護中の児童虐待を受けた児童について、児童虐待を行った保護者との面会通信を制限する（児虐12）ものとされており、範囲が限定されている。

「行政処分」として行われる面会通信制限に処分性があることは明らかであり、審査請求の対象となる。なお、この場合は、行政手続法上の「不利益処分」（行手2④）に該当するため、手続保障として、処分を行う前に弁明の機会を付与する必要がある（行手13Ⅰ②）が、緊急の場合には省略できる（行手13Ⅱ①）。施設長が処分としてこの権限を行使した場合には、みなし公務員による行政処分として審査請求の対象となると解すべきであろう。

7）接近禁止命令

接近禁止命令は人の行動を制限するものであるから処分性が認められる。したがって、接近禁止命令がなされた場合には、接近禁止命令を受けた者は審査請求を申し立てることができる。

（3）審査請求の要件

1）処分性

処分性については取消訴訟の要件に関する記述（第7章③3）を参照されたい。

2）審査請求人（不服申立適格）

処分につき審査請求できるのは、「行政庁の処分に不服がある者」（行審2）である。判例（最高裁判所昭和53年3月14日判決[6]）は、これを「不服申立てをする法律上の利益がある者」すなわち、「当該処分により自己の権利若しくは法律上保護された利益を侵害され又は必然的に侵害されるおそれのある者」と解している。

これは、行政事件訴訟法における取消訴訟の原告適格の解釈と同様のものである。

そうすると、たとえば一時保護の場合で審査請求人となりうるのは、子ども本人、親権者のほか、一時保護した当時の保護者であり、親権者ではないが監護している者も含むと考えられる。

したがって、親権者でない父親が子どもを監護していて虐待している場合に、監護していないが親権者である母親が一時保護に異存のないときも、父親は審査請求できることになると思われる。子ども本人の申立能力について、一時保護ガイドラインは子どもを利害関係人と位置付けているが、子どもも一時保護により自由を制限されるので、手続能力が認められる限り手続の当事者と解するべきである。

3）不服申立ての利益

審査請求は、申立人の権利利益の救済に資する限りにおいて認められる。し

6　民集32巻2号211頁。

たがって、処分の効果が消滅する等、事情の変化により不服申立ての利益が失われた場合には、却下されることになる。

4）審査請求をすべき行政庁

　審査請求は、処分庁に上級行政庁がない場合は処分庁に行い（行審4①）、処分庁に上級行政庁がある場合は、最上級行政庁に対して行う（行審4④）。

　最上級行政庁となるのは、市が設置する児童相談所では市長、都道府県が設置する児童相談所では都道府県知事である。都道府県からの委任に基づいて児童相談所が処分を行う場合も都道府県知事に対し審査請求を行う（行政処分にかかる教示のなかに示される。）。

5）審査請求期間

　正当な理由があるときを除き「処分があったことを知った日」の翌日から起算して3か月以内という主観的請求期間（行審18Ⅰ）と、正当な理由があるときを除き処分の日の翌日から起算して1年という客観的請求期間（行審18Ⅱ）がそれぞれ規定されている。

　一時保護があったことを親権者が知ってから3か月が経過してもなお一時保護が継続している場合に審査請求の申立てができるかが問題となる。一時保護のような事実行為の出訴期間について、具体的に述べた裁判例は見当たらないものの、一時保護の不服審査請求が継続的にできると考えると、それは一時保護を解除しないという不作為に対する不服を認めることとなり許容されない（行審3参照）として、審査請求期間は当初の一時保護がなされた日から進行するとの考えも有力である。しかし、一時保護が事実行為でであるという裁判例等の立場によれば、一時保護という事実行為が継続している限り、日々新たな一時保護処分がなされているものと解されるので、3か月を経過しても当該事実行為（一時保護等）が継続している限り審査請求を行うことができると考えられる。

（4）審査請求の手続

1）審査請求と審理

　審理手続では、審査庁が処分に関与しない職員のなかから審理員を指名し、当該審理員が審査手続を行い（行審9）、審査庁がすべき採決に関する意見書を提出することとされ（行審42）、審理の公正性・透明性を図っている。とはいえ、審理員は審査庁の補助機関であることから公正性には疑問が残る。そのため、一連の審理の適正さ等をチェックして公正性を向上させるために、審査庁の諮問機関として行政不服審査会という第三者機関が置かれている（行審43）。

　審理は、原則非公開による書面審理中心主義がとられており、審査請求書の提出（行審19Ⅰ）、弁明書（行審29）、反論書等（行審30）のやり取りにより

進められる。もっとも、審査請求人等による適切な主張反論がなされるよう、審査請求人の申立てによる口頭意見陳述における処分庁等に対する質問権も定められ（行審31Ⅴ）、その際に全ての審理関係人を招集してさせるものとされたことより（行審31Ⅱ）、対審的構造に近づいた。証拠調べ（証拠開示）についても、審査請求人の閲覧範囲が拡大されるとともに、写しの交付を受けることが可能となった（行審38）。

なお、審査請求は、原則として、処分の効力、処分の執行または手続の続行を妨げない（執行不停止原則、行審25Ⅰ）。そのため、裁決までの間の審査請求人の権利擁護のために、仮の救済制度として執行停止が規定されている（行審25Ⅱ）。

2）裁決

申立てに対する裁決としては、①却下裁決（請求が不適法な場合。行審45Ⅰ）、②棄却裁決（請求に理由がないとき。行審45Ⅱ）、③認容裁決（請求に理由があるとき。審査庁は当該処分の全部または一部の取消し、撤廃、変更を行う。行審46Ⅰ、47Ⅰ）がある。

このほかに、④事情裁決があり、処分が違法または不当ではあるが処分を取り消すことが公共の福祉に適合しないと認めるときは、審査庁は、裁決で当該審査請求を棄却することができ、この場合には、審査庁は、裁決で当該処分が違法または不当であることを宣言しなければならない（行審45Ⅲ）。

いずれにしても、審査庁は、係争処分について、審査請求人の不利益に変更等をすることはできない（不利益変更の禁止、行審48）。

裁決は、審査請求人に送達することによって効力を生じ（行審51）、関係行政庁を拘束するなどの効力を生じる（行審52）。関係行政庁は裁決が示した判断内容を実現する義務を負い、取消裁決があった場合には、同一事情のもとでの同一内容の処分を繰り返すことはできない（反復禁止効）。

（5）教示の必要性

行政庁は、不服申立てをすることができる処分を書面でする場合には、処分の相手方に対し、①不服申立てができること、②不服申し立てをすべき行政庁、③不服申立期間を、書面で教示しなければならない（行審82Ⅰ）。一時保護の場合には、子ども及び親権者等が処分の相手方となるが（ただし、前述の通り、一時保護ガイドラインでは子どもは利害関係人とされている）、一時保護は書面でする処分ではないため、教示は義務ではないと考えられる。児童相談所の運用では、教示は子どもの法定代理人である親権者等に対してなされているが、子どもが自らに対する教示を求めた場合には、子どもに対して教示すべきであろう。

　行政庁が教示を怠ったために不服申立期間を徒過した場合について、法は明確な救済規定を用意していないが、当該期間内に審査請求をしなかったことの「正当な理由」（行審18ⅠⅡ）がある場合には、期間経過後も審査請求をすることができ、教示がなされなかったことは、この「正当な理由」にあたりうる（実際には、教示がなされなかったことだけではなく、その他の事情から不服申立期間を知ることができなかったか等を考慮して、「正当な理由」にあたるかが判断されることになろう。）。

3 児童相談所や都道府県の決定等に対する行政訴訟

1 ‖ はじめに

　児童相談所や都道府県の決定等について不服があった場合、その決定等について審査請求ができる場合でも、審査請求を経ず、いきなり行政訴訟を提起することも可能である（行訴8）。

　具体的にはどのような決定がされた時点でどのような行政訴訟が選択されるのか。本節では児童福祉法第33条による一時保護がされる典型的なケースについて具体的に検討しながら考察したい。

（ケース）

保護者である父母は小学生の子Aと暮らしていたが、いつもどおり登校させたところ、Aの顔の傷を発見した学校が児童相談所に通告したため、児童相談所がAを一時保護した。その日の夜、父母は児童相談所に呼び出され、児童相談所の職員から一時保護決定通知書を手渡されたが、一時保護がされている場所については記載がなかった。父母は面談の際に、一時保護している場所を教えてもらうことはできず、Aにも会わせてもらうことはできなかった。また、後日、児童相談所から「児童養護施設に入所させたいので、入所について同意して欲しい」と言われた。父母は施設入所について同意をしなかったので児童相談所は、児童福祉法第28条に基づく家庭裁判所の承認を求めて審判を申し立てした。家庭裁判所は入所について承認する審判をしたため、Aは児童養護施設に施設入所することになった。

---

2 ‖ 抗告訴訟の類型

　行政庁の公権力の行使について不服があった場合に提起される訴訟を抗告訴訟という（行訴3Ⅱ）。

　行政事件訴訟法は、抗告訴訟として、①「処分取消しの訴え」（行政庁の処分その他公権力の行使にあたる行為（裁決、決定その他の行為を除く）の取消しを求める訴訟）、②「裁決の取消しの訴え」（審査請求、異議申立てその他不服申立てに対する行政庁の裁決、決定その他の行為の取消しを求める訴訟）、③「無効等確認の訴え」（処分もしくは裁決の存否またはその効力の有無の確認を求める訴訟）、④「不作為の違法確認の訴え」（行政庁が法令に基づく申請に対し、相当の期間内に何らかの処分または裁決をすべきであるにかかわらず、これをしないことについての

違法の確認を求める訴訟）、⑤「義務付の訴え」（行政庁がその処分または裁決をすべき旨を命ずることを求める訴訟）、⑥「差止めの訴え」（行政庁が一定の処分または裁決をすべきでないにかかわらずこれがされようとしている場合において、行政庁がその処分または裁決をしてはならない旨を命ずることを求める訴訟）を列挙している。

　以下に、本ケースの児童相談所の各行為について抗告訴訟を提起する際の問題点を検討する。

3 ‖ 一時保護について

（1）取消訴訟・無効確認訴訟
　父母としては、まず、一時保護された時点で、一時保護に不服があるとしてその取消しまたは無効を主張することが考えられる。「重大明白な」違法がある行政行為として無効確認訴訟を提起することも考えられるが、出訴期間内の要件を満たし取消訴訟を提起できる場合であれば、通常の違法があれば取り消してもらえる取消訴訟を選択すれば足りるので、無効確認訴訟は確認訴訟の要件である確認の利益を欠くことになる。

（2）取消訴訟の要件
　取消訴訟の訴訟要件は、
　　①　処分性　　（処分その他の公権力の行使にあたること）
　　②　原告適格　　（法律上の利益を有する者）
　　③　訴えの利益　　（取消訴訟によって回復する利益があるかどうか）
　　④　被告適格
　　⑤　出訴期間
　　⑥　裁判所の管轄に属すること
　これらの訴訟要件が1つでも欠けた場合には、その訴訟は不適法なものとして却下される。
　　①　処分性について
　　　児童相談所のする一時保護や入所措置は前節でも述べたとおり、「処分」である。
　　　「処分」とは、公権力の主体たる国または公共団体が行う行為のうち、直接国民の権利義務を形成しまたはその範囲を確定することが法律上認められてい

るものをいう、とするのが判例（最高裁判所昭和39年10月29日判決[7]）である。

　一時保護は、結果として保護者の有する身上監護権や子どもの身体の自由等の権利を事実上継続的に制限するものであることに疑いはないから、処分性が認められることについては争いがない。

② 原告適格

　行政事件訴訟法は、取消訴訟の原告となりうるのは当該処分の取消しを求めるにつき「法律上の利益を有する者」であると定めている（行訴9Ⅰ）。そして、「法律上の利益」の有無を判断するにあたっては、「当該処分の根拠となる法令の規定の文言のみによることなく」①当該法令の趣旨・目的と、②当該処分において考慮されるべき利益の内容・性質を考慮すること、③上記①を考慮するにあたっては、当該法令と目的を共通にする関係法令の趣旨・目的をも参酌すること、④上記②を考慮するにあたっては、当該処分が根拠法令に違反してされた場合に害されることとなる利益の内容・性質と態様・程度をも勘案することとなる（行訴9Ⅱ）。

　一時保護については、名宛人となる親権者かつ監護者は原告適格を有すると考えられるので本ケースでも父母には原告適格が認められる。

　なお、親権者が監護していない場合の親権者や監護者について原告適格を有するかは議論のあるところである。

③ 訴えの利益

　取消訴訟は処分の効力を除去するための訴訟であるから、たとえ処分の相手方であっても、処分の効果が消滅すれば、原則として、取消訴訟を提起することはできない。ただし、処分の効果が期間の経過その他の理由によりなくなった後でも、処分の取消しによって回復すべき法律上の利益を有する者には、訴えの利益が認められる（行訴9Ⅰかっこ書）。

　本ケースでも一時保護中であれば一時保護の取消訴訟を提起できるが、一時保護の取消訴訟が係属している間に一時保護が解除された場合には、取消訴訟の訴えの利益はなくなることになる。例えば、児童福祉法第28条に基づく家庭裁判所の審判が確定すれば、施設入所等の措置がとられるとともに一時保護は解除されることになるので、この審判確定後には一時保護の取消訴訟の訴えの利益はなくなることになる。

④ 被告適格

　取消訴訟は、原則として、当該処分庁が所属する国または公共団体を被告と

7　民集18巻8号1809頁

して提起しなければならない（行訴11Ⅰ①）。よって児童相談所が処分の主体となる場合でも、取消訴訟における被告は、都道府県または政令指定都市、児童相談所設置市となる。

⑤　裁判管轄

　取消訴訟は、原則として、被告または処分庁の所在地を管轄する裁判所に提起しなければならない（行訴12Ⅰ）。

⑥　出訴期間

　行政事件訴訟法は、処分があったことを知った日から6か月以内に取消訴訟を提起しなければならないとしている（行訴14Ⅰ本文）。「正当な理由があるとき」は6か月を過ぎても訴訟を可能とする例外規定も設けられている（行訴14Ⅰ但書）。また、処分を知っていたか否かにかかわらず、処分の日から1年を経過したときは、取消訴訟を提起することができない（行訴14Ⅱ）。なお、取消訴訟以外の抗告訴訟（無効等確認訴訟、義務付訴訟）については、出訴期間の制限はない。

（3）本案審理について

　一時保護の適法性については、「一時保護が行われる場合には、迅速な判断が要求され（児虐8条Ⅲ）、児童相談所の所長及び所員には児童の福祉等に関する一定の専門知識を有することが要求されていることからすると（児童福祉法12条の3）、児童相談所長による一時保護の必要性の判断、すなわち、通告の対象となった児童に対して、身体的虐待を含む虐待が行われ、かつ、それが継続する蓋然性が高いと認められるか否かについては、児童相談所長の専門的合理的な裁量に委ねられており、その判断が著しく不合理であって裁量の逸脱又は濫用と認められる場合に限って、違法となるものと解するのが相当である。」という児童相談所に広範な裁量を認める基準で判断がされている（東京地方裁判所平成25年8月29日判決[8]）。

（4）執行停止について

　一時保護の取消訴訟に加えて、暫定的に子を家に戻すべく執行停止（行訴25Ⅱ）が申し立てられる場合がある。執行停止は取消訴訟が係属している場合で、「重大な損害を避けるため緊急の必要」がある場合に申立てできるが、執行停止により公共の福祉に重大な影響を及ぼすおそれがあるときや、本案に理由がないとみえるときには認められない。執行停止を認める決定があった場合、即時抗告をすることが

8　判例時報2218号47頁

できるが（行訴25Ⅶ）、即時抗告をしても執行停止の効力は妨げられない（行訴
25Ⅷ）ことに注意が必要である。

（5）義務付け訴訟の可能性

ア　一時保護の解除の義務付け訴訟

　　当初の一時保護は違法でないが、一時保護の解除をしないことが裁量権濫用
に該当する場合等に検討される。

イ　一時保護自体の義務付け訴訟

　　本事例とは直接関係がないが、一時保護自体の義務付訴訟が許されるかとい
う問題もある。虐待されている子の祖父母等が原告となり、このような訴訟が
提起できないのかについては、今後の議論が待たれる。

4 ‖ 児童の一時保護場所が教えてもらえないことについて

　一時保護については、行政不服申立ての対象となるため、児童相談所は保護者に
一時保護の事実を告知する必要があり、一時保護決定書が保護者に交付される。こ
の決定書には、一時保護所の具体的な所在地も記載することが原則であるが、当該
児童の住所または居所を明らかにしたとすれば保護者が児童を連れ戻すおそれがあ
る等当該児童の保護に支障をきたすと認められるときはこれを明らかにしないこと
ができる（児虐12Ⅲ）。

　この記載をしないことについては、事実の告知のための決定書の交付自体は事実
上の行為であり、直接法的地位を変動させるものではないことから処分性はないと
考えられ、記載がなかったことについての取消訴訟や記載のある文書の発行の義務
付け訴訟は提起できないと考えられる。

　もっとも、児童の居場所について、保護者が条例等に基づき個人情報開示請求を
した場合には、その非開示決定という処分を取消訴訟で争うことは考えられる。

5 ‖ 児童との面会制限について

（1）取消訴訟および義務付け訴訟の提起について

　本ケースで、子Aとの面会制限について、父母は面会制限が違法であるとして
取消訴訟を提起することはできないか。

　取消訴訟が認められるためには「処分性」が必要であるが、面会制限について
は第7章2で述べたとおり、児童相談所長または入所施設の施設長の「指導」によ
るものと、児童虐待防止法第12条に基づく「行政処分」としてなされるものがあ

り、後者についてのみ処分性が認められ、取消訴訟が可能である。

　また、父母は、面会制限処分については、維持継続する合理的理由が失われたとして、面会制限処分の解除の義務付訴訟を提起することも考えられる[9]。

（2）本案審理について

　取消訴訟については、児童の保護のため必要があると判断して、面会を制限したことに裁量権の範囲の逸脱や濫用がないか判断され、義務付け訴訟については、面会制限処分を維持継続する合理的理由が失われたか否かについて審理されることになる。

6 ‖ 入所等措置について

（1）取消訴訟の提起の可否

　児童福祉法第27条第1項第3号の施設入所等措置は、親権者の意に反して行うことができないため、親権者が反対の意を表明した場合、児童福祉法第28条の審判を経なければ施設入所等措置を行うことができない。

　入所措置等については、処分性が認められることに争いはないが、このように児童福祉法第28条の審判を経た施設入所等措置についてはすでに施設入所の妥当性が裁判所で判断されていることから、再度取消訴訟で争うことは可能かという問題がある。

　この点、このような入所措置決定に対しその取消しを求める取消訴訟を提起することは自体は可能であるとしている（東京地方判所平成20年7月11日判決[10]）。

（2）本案審理について

　もっとも、同裁判例は、すでに児童福祉法第28条の審判が有効に確定し、その承認にかかる施設への入所の措置がとられている場合には、当該抗告訴訟において、確定審判に対する事実誤認・判断不当、審理不尽・手続違背等の実体上または手続上の不服（憲法違反の不服を含む。）を主張して確定審判の適法性を争うことはできず、また、児童福祉法第28条第1項所定の実体要件について、確定審判の基準時以前の事情に基づき確定審判の認定・判断に反する主張をしてこれを争うことはできず、当該抗告訴訟において争いうるのは、裁判権の欠如等による審判の無効、確定審判の基準時後（入所措置決定前）の事情変更による児童福祉法第28条第1項所定の実体要件の欠如等の事由に限られるものと解されると判示している。

9　判例地方自治448号71頁
10　ウエストロー・ジャパン　文献番号　2008WLJPCA07118007

7 ‖ 教示

（1）教示が必要な場合

行政事件訴訟法も、行政庁の教示義務について規定する。

取消訴訟等の提起に関する事項を行政庁が教示しなければならない場合は、①取消訴訟を提起することができる処分または裁決をする場合（行訴46Ⅰ）、②法律に処分についての審査請求に対する裁決に対してのみ取消訴訟を提起することができる旨の定め（いわゆる採決主義）がある場合において、当該処分をするとき（行訴46Ⅱ）、③当事者間の法律関係を確認しまたは形成する処分または裁決に関する訴訟で法令の規定によりその法律関係の当事者の一方を被告とするものを提起することができる処分または裁決をする場合（行訴46Ⅲ）の3つとされている。

（2）教示の方法

教示は書面でしなければならない（行訴46ⅠないしⅢ）。ただし①～③のいずれの場合も、当該処分を口頭でする場合には、教示をする義務はない（行訴46Ⅰ但書、Ⅱ但書、Ⅲ但書）。

（3）教示するべき内容

①については、(ア) 取消訴訟の被告とすべき者、(イ) 取消訴訟の出訴期間、(ウ) 法律に不服審査前置の定めがあるときはその旨

②については、法律に裁決主義の定めがある旨

③については、(ア) 当該訴訟の被告とすべき者と、(イ) 当該訴訟の出訴期間である。

（4）教示の相手方

教示の相手方は、①～③いずれも、当該処分または裁決の相手方である（行訴46ⅠないしⅢ）。行政不服審査法とは異なり、取消訴訟等の提起に関する事項の教示については、利害関係人に対する教示の制度は設けられていない。

（5）教示がなかったときの効果

教示を行わなかった場合、あるいは誤った教示を行った場合であっても、そのことのみを理由として、当然に、処分等が取り消されるべきものとなり、または無効となるものではない。

もっとも、出訴期間を経過した場合の「正当な理由」（行訴14Ⅰ、Ⅲ）等の判断要素となる可能性はある。

（6）本事案について

　本事案については①の教示が必要であるから、一時保護決定通知書に ㋐ 取消処分の被告である都道府県や市、㋑ 出訴期間が記載されることになる。なお、冒頭にも記載したが、㋒ 不服審査前置の定めはないので、取消訴訟に先立ち不服審査請求をすべき旨の記載がなされる必要はない。

　実務では、一時保護決定通知書に「この通知書を受け取った日の翌日から起算して6か月以内の間（この決定があった日から1年を超えることができません。）に限り、○○市（代表者は○○市長）を相手方として、この決定の取消しを求める訴えを提起することができます。」等の記載がされている。

4 国家賠償請求 ·····················

　親側から、児童相談所の職員などによる違法な行為によって損害が発生したことを理由に賠償請求を主張されることがあり得る（国家賠償請求訴訟）。この根拠となるのが国家賠償法である。

1 || 国家賠償請求の要件

　国家賠償法第1条第1項は「国又は公共団体の公権力の行使に当る公務員が、その職務を行うについて、故意又は過失によって違法に他人に損害を加えたときは、国又は公共団体が、これを賠償する責に任ずる」と定める。

　民法上の不法行為責任と同じように①（公務員の）故意過失、②違法行為、③損害の発生、④違法行為と損害との相当因果関係が要件であり、国または公共団体の賠償責任を定めたものである。

　また、国家賠償法上の「公権力の行使に当る公務員」は広く解されていて、「公権力の行使」は非権力的作用も含まれるし（東京高等裁判所昭和52年4月27日判決[11]）、「公務員」は単に組織法上の公務員たるにとどまらず実質的に公権力の行使たる公務の執行にたずさわる者を広くいうものと解されている（名古屋高等裁判所昭和61年3月31日判決[12]）。

　たとえば、児童相談所の措置により社会福祉法人が運営する児童養護施設に入所した児童に対する施設職員等による養育監護行為も「公権力の行使にあたる公務員の職務行為」と解されている（最高裁判所平成19年1月25日判決[13]、千葉地方裁判所平成19年12月20日判決[14]ほか）。

　責任主体は公務員個人ではなく、国または公共団体であるから、国家賠償法上は公務員個人が賠償責任を負うことはない。ただし、公務員に故意または重過失がある場合には公務員に対し求償権を行使することができる。なお、上記平成19年の最高裁判決では、社会福祉法人の施設長や職員が民法上の賠償責任を負うことはなく、使用者である社会福祉法人が民法715条の責任を負うこともないとされている。

　したがって、児童相談所の業務遂行において児童相談所の職員に違法行為があっても、賠償責任の主体＝被告となるのはその児童相談所を設置している都道府県、または政令指定都市ではその設置市である。児童相談所の設置ができるようになっ

11　高等裁判所民事判例集30巻2号78頁。
12　判例時報1204号112頁。
13　民集61巻1号1頁。
14　判例集未登載。判例秘書登載。

た中核市や特別区も被告とされる可能性がある。

2 ‖ 児童相談所が関連する国家賠償請求の裁判例

（1）これまで、児童相談所実務での行為について国家賠償請求がなされたものは、その多くが請求棄却との結論であった（比較的最近のもので東京地方裁判所令和元年 8 月 30 日判決[15]、東京地方裁判所平成 27 年 3 月 11 日判決[16] など）。

もっとも、当該事案の結論としては請求棄却となったものの、一定の場合には請求が認められる可能性がある旨を判示した裁判例もあり、注意が必要である。

（2）たとえば、必要な期間を超えて一時保護を継続したとして国家賠償請求がされた事案について、裁判所は、一時保護を解除するか否かの判断は児童相談所長の合理的な裁量に委ねられ、裁量を逸脱又は濫用した場合に限り違法となるとした上で、当該事案における一時保護の継続が違法となるには、当該児童を保護者の監護に委ねても当該児童の福祉が害されるおそれがあるとはいえないこと、「すなわち、本件一時保護を解除すべきであると判断すべき基礎となる事実が存在し、かつ、本件相談所長が当該事実を認識していたか、あるいは児童相談所として通常行う調査をすることにより認識することができたと認められることが必要である」と判示した（東京地方裁判所平成 27 年 3 月 11 日判決[16]）。

その上で、当該事案においては、児童相談所長による一時保護解除より前の時点で一時保護を解除すべきであると判断すべき事実が存在したとはいえないとして、違法性が認められず請求が棄却された。

しかし、仮にそのような事実が存在し、また、「児童相談所として通常行う調査をすることにより認識することができたと認められる」場合には、実際には認識していなかったとしても違法性が認められる可能性があったのであるから、一時保護を継続すべきか否かの判断及びその判断の基礎となる事実の収集は適切に行う必要がある。

（3）また、少年審判において児童自立支援施設送致の処分を受けて施設に入所した児童と少年審判の抗告審の付添人の弁護士との面会に施設の職員を立ち会わせたことについて国家賠償請求がされた事案について、裁判所は結果的に「故意又は過失」が認められないとして請求を棄却したが、違法性自体は認められている（東

---

15 判例集未登載。D1-Law 搭載。
16 判例時報 2281 号 80 頁。

京地方裁判所平成27年2月19日判決[17]）。

　同判決は、憲法第34条前段が弁護人依頼権を保障する趣旨は少年の保護手続の場合にも及ぶため、少年が付添人と立会人なくして面会できる利益も法律上保障されており、付添人もこれについて固有の利益を有するとした上で、児童自立支援施設での面会においてもこれらの利益に十分配慮すべきであり、合理的な理由なくこれらの利益を侵害する場合には国家賠償法第1条第1項の適用上違法が認められるとした。

　なお、同判決では、当該施設において児童福祉司を面会に立ち会わせることが通例となっていたことや面会の方法について規定がなく十分な議論がされていなかったことから、施設長および児童相談所長が職務上の法的義務に違反したことについて認識可能性がなかったとして過失が否定されたが、同判決のように明確に違法性を認める裁判例が出されている現状においては、過失も認められ、請求が認められる可能性もある。

　したがって、少年が付添人と立会人なくして面会できる利益については十分配慮する必要がある。

　（4）さらに、近時、児童相談所長による児童福祉法第12条第2項、第11条第1項2号ニに定める行政指導としての面会通信制限について、国家賠償法第1条第1項による損害賠償請求を認める判決が出された（宇都宮地方裁判所令和3年3月3日判決[18]。なお、本書執筆時点では控訴審係属中であり、判断は確定していない）。

　同判決では、上記面会通信制限は行政指導であるため、保護者が当該行政指導にはもはや協力できないとの意思を「真摯かつ明確に表明」（任意性）し、ただちに当該行政指導の中止を求めているものと認められるときには、「当該保護者が受ける不利益と上記行政指導の目的とする公益上の要請と比較考量して、上記行政指導としての面会通信制限に対する保護者の不協力が社会通念に照らし客観的にみて到底是認し難いものといえるような特段の事情」が存在すると認められない限り、国家賠償法第1条第1項の適用上違法となるとされた。

　その上で、同事案での保護者からの不協力の表明は、面会通信制限から1年余りの時の経過を経て状況の変化があったこと、保護者による不協力の表明も以前のような親としての一方的かつ手前勝手な心情に由来するものではないことなどから「真摯かつ明確な意思の表明」であると認めた。

　さらに、当該不協力の表明をした時点においても、保護者は親子関係の再統合を

17　判例集未登載。判例秘書搭載。
18　判例集未登載。D1-Law搭載。

図る上でいかなる監護上の問題点を抱えているかについて内省を深め十分な認識を有する状況にあったとはいえなかった等の問題点があったとしても、それらの問題点は児童相談所の支援プログラムの中で解消・克服すべき問題であって、かかる課題を克服する必要があることを理由に面会通信制限の継続を正当化することはできず、むしろ児童が保護者との面会等に柔軟な姿勢を示すようになっていたことからすれば、再統合のためには児童相談所による支援プログラムに並行して面会等交流を実施することが不可欠であるとの考え方も十分に成り立つなどと判示し、「特段の事情」の存在を認めなかった。

　同判決は、本書執筆時点において控訴審係属中であり判断が確定していないため注意が必要ではあるが、少なくとも監護上の問題点についての保護者の認識が不十分であるということだけをもって面会通信制限の継続を正当化することはできないと明示した点は重要である。児童相談所としては、保護者の認識不足という問題からただちに面会等の権利を制限することが正当化されるわけではないことを意識し、なぜ面会通信制限が必要なのかを適切に判断する必要がある。

3 ‖ 公務員個人の賠償責任

　国家賠償法上は被害者との関係で公務員個人が賠償責任を問われることは想定していない。公務員に故意または重過失があった場合に国または公共団体から公務員に対して求償請求することはあり得るが（国賠1Ⅱ）、公務員個人が被害者との関係で賠償責任を負うことはない。

　まれに、親側から、民法上の不法行為責任として公務員個人も被告にして賠償請求されることはあるが、判例上、公務員個人が賠償責任を負わないことは確立している（最高裁判所昭和30年4月19日判決[19]ほか）。また、国または公共団体以外の者の被用者が第三者に損害を加えた場合でも、それが「公権力の行使」にあたる公務員の職務行為と解される場合は被用者個人が民法上の不法行為責任を負うことはなく、使用者も使用者責任を負わない（最高裁判所平成19年1月25日判決[20]）。

　国家賠償請求訴訟が提起された場合、各地方公共団体の法務担当部署などが対応し、自治体の顧問弁護士などが訴訟対応することになるであろうが、求償の問題があるため、公務員個人で弁護士に委任しなければならない事態も予想される。そのため、公務員個人が損害保険や弁護士を利用できる保険に加入する例も見受けられる。

19　民集9巻5号534頁。
20　民集61巻1号1頁。

4 ‖ 国家賠償請求訴訟を想定した児童相談所業務

　前述のように、これまで児童相談所が行った行為を原因として国家賠償を認めたケースは少数であるものの、棄却判決の中にも重要な判断をしているものもあり、児童相談所を含む行政機関等の職員は、判決理由についても十分に検討し、日々の職務遂行が適切に行われているかを検証しながら進める必要がある

　また、近年、児童相談所業務に対しては、以前よりも厳しい目が向けられているという状況がある。そのような世論の高まりにより、今後これまで以上に国家賠償請求訴訟が提起される可能性もあり、裁判所も世論を意識して厳しい判断を下す可能性も考えられる。前述の面会制限に対して国家賠償請求を認めた判決（宇都宮家庭裁判所令和3年3月3日判決判例地方自治476号57頁）や一時保護の4か月越えの承認申立てを棄却した判決（宇都宮家庭裁判所令和2年7月16日審判[21]、抗告審東京高等裁判所令和2年10月5日決定[22]）などもそのような世論が影響したものと捉えることもできる。そのため、児童相談所業務に携わる者としては、これまで以上に適切に対応する必要がある。

　特に、保護者と児童との面会は、親子再統合を図る上で最も重要なものであり、かつ、保護者の要望が強いことも多いため、これまで以上に適切かつ柔軟に対応することが必要である。とりわけ、前記宇都宮家裁決定において、「保護者が監護上の問題点を抱えており、かつ、保護者がそれについて十分認識できていないとしても、そのことを理由に面会通信制限の継続を正当化することはできない」と判示されたことを意識し、児童相談所としては、保護者の監護上の問題点やその認識の不十分さがあったとしても、一時保護をすることになった理由、児童の年齢や発育上の面会の必要性、面会が児童に対して及ぼす影響、児童相談所の立場から面会を制限する必要性（アセスメント目的等）、児童の面会の意思等のさまざまな点も考慮して、児童と保護者の面会を許容すべきかを個別具体的に判断する必要がある。

　もっとも、上記に述べてきたことは、すべての場面において謙抑的に対応すべきということを意味しているわけではないことに注意が必要である。安易に児童を保護者のもとに返すことにより児童の生命・身体等に回復不可能な損害が生じる危険性もあるため、そのような危険があるときには、たとえ国家賠償請求がされる可能性があろうとも、躊躇なく保護し、児童の生命・身体等を守る必要がある。

　要するに、児童相談所としては、一時保護や面会制限等が児童や保護者の権利を制限するものであるということを常に意識し、そのような制限を加える以上、あらゆる局面においてそのような制限を加える必要性、相当性等を十分に検討し、か

21　判例集未登載。ウエストロージャパン文献番号2020WLJPCA07166002
22　判例集未登載。ウエストロージャパン文献番号2020WLJPCA10056001

つ、実際に保護者等に対してその都度そのような説明を適切に行う必要があるということである。それらを適切に行っていれば、保護者の納得等も得られ、そもそも国家賠償請求まで至ることも少なく、たとえ国家賠償請求をされたとしても、児童相談所の責任が認められることは多くないといえる。

　その他の一般的な注意点として、児童相談所は地方公共団体の法務担当部署や弁護士の訴訟活動に協力することになるため、平素から経過記録に事実関係を正確に残しておくことや、文書を発送したときはその控え、電話をした場合の聴取記録など、証拠となる書類を残しておくことが職員に求められる。

1 ‖ 個人情報保護法の整備および個人情報保護法制の一元化

（1）「個人情報の保護に関する法律」（以下、「個人情報保護法」という。）は平成15年5月23日に成立し、最近では令和3年5月12日に改正された。これまでは、主に民間事業者を対象とする個人情報保護法、国の行政機関を対象とする行政機関個人情報保護法、独立行政法人を対象とする独立行政法人等個人情報保護法、地方公共団体それぞれの個人情報保護条例が存在し、それぞれ異なるルールが定められていた。しかし、令和3年5月12日の個人情報保護法改正に伴い、全国共通のルールが定められることとなった。上記の令和3年改正個人情報保護法（以下、「改正個人情報保護法」という。）は、個人情報保護法・行政機関個人情報保護法・独立行政法人等個人情報保護法の一元化等にかかる部分が令和4年5月18日までに政令で定める日に、個人情報保護法と各地方公共団体の個人情報保護条例の一元化にかかる部分が令和5年5月18日までに政令で定める日に、それぞれ施行されることとなっている。

　個人情報保護法法制の大規模な改正が行われる中、近年児童相談所に対する個人情報の開示請求の件数も多く、慎重な対応が必要とされる。

（2）「個人情報」とは、生存する個人に関する情報であって、当該情報に含まれる記載により特定の個人を識別することができるもの（他の情報と容易に照合することができ、それにより特定の個人を識別することができるものを含む。）をいう（個人情報保護法2Ⅰ①）。

　前述した「個人情報」の定義では、生存する個人に関する情報であるとされているが、死者と特に密接な関係を有する遺族等については、社会通念上、当該死者に関する個人情報が、同時に遺族等「生存する個人」自身の個人情報にあたる場合があり得るから、そのような情報については、当該「生存する個人」に関する個人情報として、開示請求の対象となる「個人情報」に該当しうるとの判断（山口地方裁判所平成30年10月17日判決[23]）があることにも留意すべきである。

　また、現在、各地方公共団体で制定されているほとんどの条例においては、「他の情報と照合することができ、それにより特定の個人を識別することができるもの」と定められていることが多く、容易照合可能性まで求められていないことにも留意すべきである。

23　判例時報2415号13号

　児童相談所に対する個人情報の開示請求は、現在は各地方公共団体の個人情報保護条例の手続に基づいて行われているが、改正個人情報保護法の施行後には、個人情報保護法の枠内で開示の適否を判断する必要がある。これに伴い、個人情報の定義についても個人情報保護法に規定されるものに統一されることになる。

　（3）なお、情報の開示が、各地方公共団体の情報公開条例に基づいて行われる場合もあるが、情報公開条例においては、「個人に関する情報（事業を営む個人の当該事業に関する情報を除く。）であって、当該情報に含まれる氏名、生年月日その他の記述等により特定の個人を識別することができるもの（他の情報と照合することにより、特定の個人を識別することができることとなるものを含む。）または特定の個人を識別することはできないが、公にすることにより、なお個人の権利利益を害するおそれがあるもの」は、原則不開示と規定されているのが一般的であり、児童相談所の保有する特定の児童の記録について、情報公開が認められることは原則としてない。

2 ‖ 具体的対応1──法定代理人からの開示請求について

（1）法定代理人による開示請求が認められるか否か

　現在数多くの条例において、「本人」すなわち、個人情報によって識別される特定の個人が未成年の場合、法定代理人が本人に代わって開示の請求をすることができる旨の規定を設けている。また、改正個人情報保護法においても、未成年者の法定代理人が本人に代わって開示の請求ができる旨の規定が定められている（改正個人情報保護法76Ⅱ）。

　一部の条例では、法定代理人が未成年者本人に代わって開示請求する場合にあたって、未成年者の年齢に応じて未成年者の意思を考慮すべき規定を設けている。

　たとえば、堺市個人情報保護条例第12条第2項では、「本人が15歳以上の未成年者の場合において、本人が反対の意思表示を示したとき」には、法定代理人による開示請求が認められないとしている。また、逗子市個人情報保護条例第14条第2項第2号は、「未成年者本人の同意があると認められる場合」および「本人の同意が得られないことに合理的な理由があり、かつ、本人の利益に反しないと認められる」法定代理人にのみ未成年者に代わって開示請求を認めることとしている。埼玉県では、開示請求にかかる保有個人情報の本人が未成年者で15歳以上のときは、法定代理人が開示請求をすることについての当該本人の同意の有無を開示請求書に記載することを義務付けている（埼玉県知事の保有する個人情報の保護等に関する規則10Ⅴ④）。改正個人情報保護法は、全国一律のルールを定めるものではあ

るものの、条例で地方公共団体独自の保護措置を定めることができるとされている（改正個人情報保護法108条）。そして、個人情報の保護に関する条例を定めたときには、個人情報保護委員会に届け出る必要がある（改正個人情報保護法167Ⅰ）。独自の保護措置については、全国一律のルールを定めるとの趣旨に照らし、必要最小限とすることを前提とされており[24]、開示請求を制限する方向に働く上記の各条例の規定は維持されない可能性がある点に留意する必要がある。

（2）不開示事由に該当するか否か
本人の生命、健康等を害するおそれがある情報等

　法定代理人が本人に代わって開示請求ができる場合であっても、法定代理人による虐待が疑われる状況下において、本人の所在把握につながる情報の開示請求がされたケースなど、本人の不利益になる一定の場合には不開示とされる。

　ほぼすべての個人情報保護条例において、「本人又は第三者の生命、身体、財産その他の権利利益を害するおそれがある場合」は非開示とするというような規定が存在する。また、改正個人情報保護法第78条第1項第1号にも、「開示請求者（法定代理人が本人に代わって開示請求する場合にあっては、代理人ではなく、本人を指す。）の生命、健康、生活又は財産を害するおそれがある情報」は不開示情報とする規定が定められている。

　さらに、たとえば、堺市個人情報保護条例第14条第7号では、「未成年者…の法定代理人により開示請求がなされた情報であって、開示することが当該未成年者…の利益に反すると認められるもの」は開示義務の対象外とする旨の規定が存在するなど、自治体によっては個々の条例が定められている場合もある。

　そのため、法定代理人による虐待が疑われ、本人の所在を秘匿しているケースなどにおいては、本人の居所や行動範囲が特定される情報は非開示となることが多い。

（3）本人の利益を害するおそれを判断するために参考となる事例について

　上記の「開示請求者の生命、健康、生活又は財産を害するおそれがある情報」に該当するか否かを判断するにあたっては、下記の事例が参考になる。

　まず、情報公開・個人情報保護審査会平成18年12月15日答申[25]は、「児童aが、その法定代理人である父親から物理的又は精神的に暴力を受けている可能性は否定でき」ない事情のもとでは、「児童aにとっては、小学校指導要録に記載された自己の情報を父親が開示請求すること自体が、その意向に反するものであろうことは、おのずと推認され得る」としたうえで、「法定代理人の開示請求権はあく

24　個人情報保護制度の見直しに関する最終報告（概要）8頁
25　平成18年度〔独個〕答申第9号

までも本人（児童a）の利益を実現する手段として設けられていることを考慮すれば、本件対象保有個人情報の開示・不開示の判断にあたっては、児童aの生命、健康、生活又は財産を害するおそれについては、広く解すること」とした。そして、直接当該児童の所在や現況把握につながるであろうと思われる記述部分のみならず、当該児童の成績、学級担任者（氏名を含む。）による評価や出欠等にかかる記述部分も、本号の不開示情報に該当するとしている。

　また、情報公開・個人情報審査会平成21年7月30日答申[26]は、医師と子との会話の内容や家庭の状況にかかる機微な情報が記載されている診療録について、法定代理人への開示が、子の今後の治療に支障を来たしたり、病状の悪化をもたらす可能性があると認められ、不開示とすべきとしている。

（4）不開示事由に該当するか否か―第三者の権利利益を害するおそれのある情報

　第三者に関する情報に関しても、多くの条例において「第三者の生命、身体、財産その他の権利利益を害するおそれがある場合」については非開示とされている。そして、改正個人情報保護法においても、「開示請求者以外の個人に関する情報であって、特定の個人を識別することができるもの」や「開示請求者以外の個人を識別することはできないが、開示することにより、なお開示請求以外の権利利益を害するおそれがあるもの」は、一定の場合を除いて、不開示情報とされている（改正個人情報保護法78Ⅰ②）。

（5）不開示事由に該当するか否か―内部の審議・検討に関する情報

　さらに、児童相談所内のケース会議の内容や、他の機関との協議の内容などについては、開示されてしまうと、自由な討論が行えなくなってしまう可能性がある。この点については、たとえば、東京都条例[27]第16条第5号は、「都の機関並びに国……他の地方公共団体……の内部又は相互間における審議、検討又は協議に関する情報であって、開示することにより、率直な意見の交換若しくは意思決定の中立性が不当に損なわれるおそれ、……特定の者に不当に利益を与え若しくは不利益を及ぼすおそれがあるもの」については、非開示としている。

　また、改正個人情報保護法では、「地方公共団体…の内部又は相互間における審議、検討又は協議に関する情報であって、開示することにより、率直な意見の交換若しくは意思決定の中立性が不当に損なわれるおそれ…があるもの」については、開示義務の対象外とされている。そのため、改正個人情報保護法の施行後は、条例上に具体的規定がなくても、上記規定に基づき不開示という判断になりうる。

26　平成21年度〔行個〕答申第30号
27　東京都個人情報の保護に関する条例平成2年12月21日条例第113号

もっとも、児童相談所内部の審議・検討であることをもってただちにこれらの条項に該当するものではなく、開示によって率直な意見交換や意思決定の中立性が不当に損なわれるおそれがあることが具体的に想定されるケースについて非開示とされるにすぎないことに注意が必要である。前述した東京都条例の非開示事由が問題となったケースでは、裁判所は、「率直な意見の交換若しくは意思決定の中立性が不当に損なわれるおそれ」等を具体的に想定したうえで、個別具体的な立証がなされていないことをもって非開示事由には該当しない旨の判断をしている（東京高等裁判所平成9年2月27日判決[28]）。

3 ‖ 具体的対応2──第三者からの個人情報開示請求について

　親権者ではない非監護親から、未成年者の個人情報の開示請求がなされることも想定されうる。

　本人（本人に代わって法定代理人が請求する場合も含む）以外の者からの個人情報開示請求については、そもそも開示請求権自体がないものと考えられる。

　仮に開示請求が可能であるとしても、前述したとおり、改正個人情報保護法では、開示請求者以外の「特定の個人を識別することができるもの」や「開示請求者以外の個人を識別することはできないが、開示することにより、なお開示請求者外の権利利益を害するおそれがあるもの」は、一定の場合を除いて、不開示情報とされている（改正個人情報保護法78Ⅰ②）。現行の法制度のもとでも、条例上同様の規定が置かれていることが多い。たとえば、東京都条例第16条第2号にも改正個人情報保護法第78条第1項第2号と同様の規定が置かれている（前頁脚注27参照）。

4 ‖ 開示請求を意識した記録の書き方

　個人情報の開示請求については、児童相談所の取り扱う情報内容に鑑み、非開示情報と判断されることもありうるものの、原則的には開示される法制がとられている以上、情報開示を前提に記録を作成すべきである。また、開示請求を意識して記録を作成することにより、非開示情報への該当性判断も容易になる。そのため、児童相談所などは平素から、開示請求を想定した記録の作成に努めるべきである。

　記録にあたっては、以下の①から⑤のような点を心がけるべきである。

　①　適切な表現を用いるように留意する。

　　　この点において参考となるのは、東京高等裁判所平成14年9月26日判

28　判例タイムズ939号90頁、判例時報1602号48頁

決[29]でホームヘルパー派遣を要請したXが、担当ケースワーカーが作成した
Xにかかる生活指導記録表の開示を請求したところ、市が「個人の評価、診
断、判定及び選考等に関する情報であって、本人に開示することにより、当該
評価、診断、判定及び選考に著しい支障が生ずるおそれがあると認められるも
の」に該当するとして非開示とした事案に関するものである。

　この点について裁判所は、「担当ワーカーがホームヘルパー派遣申請の対象
者について行う実態調査は、高齢者福祉サービスの適正な提供を目的とするも
のであり、この実態調査について担当ワーカーが作成する生活指導記録表に
は、ホームヘルパー派遣の要否という観点から、実態調査によって得られた派
遣対象者の身体的・精神的状況、日常生活動作の状況、介護の状況、家族の状
況、生活環境、サービスへの要望等の情報およびこれらに基づく担当ワーカー
の専門的所見が記載されるものであるから、必要な事項について的確な表現を
用いた記載がなされることを前提とする限り、担当ワーカーの所見部分を対象
者に開示しても、担当ワーカーと対象者の間の信頼関係が著しく損なわれるお
それがあるとは認めがたい。そして、担当ワーカーは、生活指導記録表の作成
にあたり適切な表現を用いるよう努めるべきであり、適切を欠く表現を用いて
しまった場合には、対象者への開示の際に表現上の問題点について補足的に説
明することによって信頼関係の維持に努めるべきである。従って、このような
記録表について、一般的に、担当ワーカーの所見部分を本人に開示することに
より担当ワーカーの評価、判断等に著しい支障が生じるおそれがあると認める
ことはできない」、と判示し、非開示決定は違法であるとしている（確定）。

　以上のように、表現に適正さを欠くだけでは、非開示の事由とはなり得ない
可能性が高いと考えて、適切な表現を行うよう気をつける必要がある。

② 　不確かな情報は記載しない。

③ 　情報の出所を明らかにする。

　情報の出所が明らかであれば「第三者の権利利益を害するおそれがある」と
して非開示事由該当性の判断も容易になる。

④ 　開示対象になる部分と非開示が相当であると思われる部分を、分けて記載す
る。

⑤ 　発言内容を記載するときは、発言者と、発言した部分を明確に記載する。発
言内容はなるべく要約せずに記載する。

29　判例時報 1809 号 12 頁

6 公的機関等から児童相談所への照会等······

1 ‖ 基本的な考え方

　児童相談所においては、公的機関等から、児童相談所の保有する情報の提供を求められることが少なくない。たとえば、離婚訴訟が係属している裁判所から、親権者を指定するにあたって参考にしたいので児童の一時保護時の記録を送付してほしいとか、警察から、捜査対象となっている少年に関する児童相談所の過去の関与状況を教えてほしいといった照会を受ける場合などである。

　このような場合、児童相談所としては、照会元に情報提供することで情報主体である児童等にとっていかなる利益または不利益があるのかを十分に検討したうえで、照会に応じるか否か、照会に応じる場合にどの程度の情報を提供するかということについて、個別に判断していくことになろう。

　ただし、その判断の前提として、照会に応じて情報提供することが各種法令で定める守秘義務に違反しないかということのほか、児童相談所を設置している各自治体の定める個人情報保護条例の規定（特に、個人情報の第三者提供にかかる規定）に抵触しないかということについて検討しておく必要がある。多くの条例では、法令の定めがあるときには、個人情報の第三者提供を認めていることから、外部の公的機関等から照会を受けたときは、照会元に対し、法令上の根拠を明らかにするよう求め、根拠法令の有無や内容を確認するとともに、可能な限り文書での照会を要請することが望ましい。仮に、法令上の根拠のない照会に対して、児童等の個人情報を提供した場合には、守秘義務ないし個人情報保護条例の規定に違反するものとして、責任追及される可能性がある。

　また、情報提供するにあたっては、照会元に対し、提供した情報を第三者に開示することのないよう求めるなどして、照会元以外の第三者への情報の流出に留意したい。

2 ‖ 地方裁判所からの照会等

　児童相談所が地方裁判所から照会等を受けることはそれほど多くないと思われるが、たとえば、虐待等の被害を受けた児童が加害者である保護者に対して提起した損害賠償請求訴訟における手続などが考えられる。具体的には、調査嘱託（民訴186）、文書送付嘱託（民訴226）、文書提出命令（民訴221）などである。

　調査嘱託と文書送付嘱託については、これに応じない場合の制裁規定は存在しない（文書提出命令については命令に従わない場合の制裁が定められている。民訴

225 参照）が、調査嘱託や文書送付嘱託を受けた官公署は、原則として、これに応ずる公法上の義務を負うと解されている（東京高等裁判所平成 24 年 10 月 24 日判決[30]、東京地方裁判所昭和 50 年 2 月 24 日判決[31] 参照）。ただし、正当な理由（私人のプライバシーや名誉利益を保護すべき場合などが考えられる）がある場合は、嘱託を拒絶することも妨げられないものと解されており、児童相談所がこれらの嘱託を受けた場合には、これに応ずるか否かについて慎重な判断が求められる。

3 ‖ 家庭裁判所からの照会等

（1）家事事件・人事訴訟事件

　離婚や親権者変更などの裁判手続において、児童相談所に対する照会や調査協力の依頼がなされることは少なくない。具体的には、家事事件（離婚調停、親権者変更調停・審判等）や人事訴訟事件（離婚の訴え、嫡出否認の訴え、実親子関係の存否の確認の訴え等）における家庭裁判所調査官による事実の調査（家事 58・258、人訴 34）、家事事件手続法に基づく家庭裁判所による調査の嘱託等（家事 62・258）などがあげられる。児童相談所が調査の嘱託等を受けた場合、民事訴訟法に基づく調査嘱託や文書送付嘱託と同様、正当な理由がない限り、これに応ずべきものと解される（なお、不応答に対する制裁規定が存在しないことも同様である）。

　家事審判事件および一定の家事調停事件においては、裁判所に提出された資料は、当事者による記録の閲覧等が原則として許可されるため（家事 47Ⅲ・254Ⅵ）、児童相談所から家庭裁判所に提出された資料のほか、児童相談所が提供した情報が記載された資料（家庭裁判所調査官作成の調査報告書等）が当該家事事件の当事者の閲覧等に供される可能性があることを意識しておくことが重要である。また、児童相談所が提供した児童の情報が家事事件の当事者（親権者等）に閲覧等されることにより、その児童の利益が害されるおそれがあるような場合には、児童相談所としては、家庭裁判所に対し、記録の閲覧等を許可しないことを求める上申書を提出することも考えられる。その際には、閲覧等の不許可を求める理由（家事 47Ⅳ参照）を具体的に示す必要があろう。

　なお、人事訴訟事件の場合も、家事事件と同様の対応が必要である（人訴 35 参照）。

（2）少年事件

　少年事件における家庭裁判所からの照会手続としては、援助・協力依頼（少年

30　判例時報 2168 号 65 頁。
31　判例時報 789 号 61 頁。

16）のほか、家庭裁判所調査官による調査（少年 8）の一環としての照会があり得る。援助・協力依頼は、家庭裁判所が主体となる手続であり、相手方はこれに応ずべき法的義務を負うのに対し、家庭裁判所調査官による調査（社会調査）は、すべて任意で行われるものであり、照会を受けた者が法的義務を負うものではないと解されている[32]。

　家庭裁判所調査官による調査の場合は、当然、家庭裁判所調査官から連絡等を受けることになるが、援助・協力依頼においても、依頼文書に担当の家庭裁判所調査官の連絡先等が記載されていることが通常であるため、照会を受けた児童相談所としては、家庭裁判所調査官と連絡をとるなどして、照会の必要性を確認した上で対応を検討することが重要である。

4 ‖ 捜査機関からの照会等

　捜査機関は、任意捜査の一環として、児童相談所に照会（捜査関係事項照会）して必要な事項の報告を求めることができるほか（刑訴 197 Ⅱ）、強制捜査の一環として、児童記録等の差押えをすることもできる（刑訴 218）。

　捜査関係事項照会を受けた相手方は、原則としてこれに回答すべき公法上の義務を負うと解される。しかしながら、照会の必要性や事件との関連性に疑義がある場合は、児童相談所としては、安易に照会に応じるべきではなく、捜査機関に対し、照会の必要性および相当性を具体的に説明するよう求めることが適当である。

　また、捜査関係事項照会は、必要な事項の「報告」を求めることができるものにすぎないため、児童相談所の判断で特定の資料をそのまま提供することは可能であるとしても、捜査機関側から、児童記録等の資料の提出を求めることはできない。したがって、捜査関係事項照会書において、特定の資料の提出を求める旨の照会事項が記載されているような場合には、捜査機関に対し、照会事項が不適切である旨指摘するとともに、児童相談所に報告を求める事項（情報）の内容を具体的に明らかにするよう求めるべきである。

　捜査機関からの照会は、電話等の口頭でなされることも少なくないが、捜査機関との間で事前の取決めがある場合や回答して差し支えないことが明らかな情報の提供を求められている場合などを除き、基本的に、照会事項を具体的かつ明確に記載した文書（捜査関係事項照会書等）で照会することを要請するのが望ましい。

　事案によっては、児童相談所の対応を踏まえて、捜査機関が児童記録等の差押えに及ぶ可能性もあるため、児童相談所としては、文書での照会を要請する際に、照

32　田宮裕、廣瀬健二編『注釈少年法（第 4 版）』有斐閣、2017 年、174 頁。

会事項等について捜査機関と必要な協議を行っておくことで、照会に対する情報提供を相当な範囲にとどめつつ、児童記録等の差押えを回避することができるものと考えられる。他方、捜査機関との協議を経てもなお、児童相談所として回答を拒否せざるを得ないような場合には、差押えの手続に至ることも想定しておく必要がある。

なお、検察官が、児童相談所から提供を受けた書面をマスキングせずにそのまま刑事裁判の証拠として利用し、弁護人にこれを謄写されたという事案も報告されている。捜査機関に提供する資料については、その内容を吟味するだけではなく、捜査機関に対し、裁判の証拠として利用する際には児童のプライバシー等の利益に十分配慮すべきことを求めることが重要であろう。

5 ‖ 弁護士会照会について

弁護士会照会とは、弁護士が依頼を受けた事件について、証拠や資料を収集しその職務活動を円滑に行うために設けられた制度である（弁護士法 23 の 2）。これは、個々の弁護士が情報等の提供を求めるものではなく、弁護士会が主体となって、その必要性と相当性の審査を行ったうえで照会を行うものであり、照会を受けた相手方は、正当な理由がない限り、照会事項について報告すべき義務があると解されている（最高裁判所平成 28 年 10 月 18 日判決[33]）。

弁護士会照会も他の機関からの照会と同様、個別の事案に応じて回答の可否および範囲を判断すべきものである。ただし、児童相談所に対する弁護会照会は、離婚事件等で係争中の父母の一方が児童等の情報を収集するために行われるものが多く、このような照会については、照会に応じることが係争中の父母の一方のみに対する情報提供となることにも留意しつつ、照会の必要性を十分に確認したうえで、回答を拒否すべき正当な理由の有無等を慎重に検討する必要がある。

6 ‖ まとめ

児童相談所の保有する情報を提供するにあたっては、提供した情報が児童相談所の想定しない態様で用いられる可能性があることも念頭に置いておく必要があり、児童相談所としては、照会に関する根拠法令の有無を確認するだけで満足するのではなく、照会の必要性を十分に吟味したうえで、情報主体である児童等の利益に照らして相当といえる範囲での情報提供を行うということを常に意識しておくことが重要である。

33　判例タイムズ 1431 号 92 頁参照。

1 ‖ 保護者対応の基本的な考え方

　児童相談所は、保護者に対する指導を業務の一つとしている（児福11Ⅰニ、12Ⅱ）。児童虐待の対応において、保護者への指導・支援は極めて重要である。仮に児童が一時保護等により保護者のもとから分離されたとしても、保護者への指導・支援を通じて再び児童が保護者とともに生活できるようになっていくのであれば、子どもの福祉にとって望ましいことである[34]。

　他方で、立入調査や職権による一時保護など、児童相談所に介入的な対応をされた保護者は、ときには児童相談所に反発し、反抗的な態度を示したり、対立関係に至ることがある。児童相談所は、このような敵対的な態度を示す保護者との間でも、「子どもの最善の利益の保障」「子どもの安心・安全の確保」といった目標を共有し、対話を重ね、目標達成に向けた支援・指導を重ねなければならない。このとき、保護者の不満や反発の言葉には「親としての子どもへの思い」や「これまでの子育ての苦労」が背景にあることも多く、児童相談所としては、これらの思いやニーズを聴き取り、受け止めながらも保護者に働きかけを行っていくことになる。

　このように、敵対的な保護者の言動に接したとしても、表面的に排斥することなく、その保護者のニーズやパーソナリティも見極めながら、誠実に対応していく姿勢が重要である。このことが、効果的な指導・支援関係につながり、ひいては児童の福祉の保障に資することとなる。

　もちろん、保護者の要求に振り回されて、児童の福祉を確保できない場合や、児童相談所の業務への支障が生じるような場合には、毅然とした対応が必要になることもある。

2 ‖ 保護者が不満を抱くポイント

　上記のとおり、保護者としては、児童相談所の職権による介入に対して敵対的な感情を有していることがある。このような場合、児童相談所に対する不信感が手伝って、一時保護等そのものだけではなく、いろいろな不満に派生していくことがある。保護者が不満を感じる事情としては、以下のようなものがあるように思われる。

　①　コミュニケーションに関すること

34　子ども虐待対応の手引き7頁以下。そのほか，厚生労働省雇児総発平成20年3月14日「児童虐待を行った保護者に対する指導・支援の充実について」別添「児童虐待を行った保護者に対する援助ガイドライン」も参照。

・電話をかけても担当がいない。折り返しが遅い。

・言ったことが伝わっていない。

・児相内、あるいは関係機関からの情報が歪んで伝わっている。

② 指導・支援に関すること

・今後の見通しを説明してくれない。

・詳しい理由を聞いても教えてくれない。

・「児相の指導に従わないのであれば返せない、会わせられない」等と高圧的である。

・担当者が替わると説明や態度が変わる。

③ 指導の内容に納得できない

・きれいごとを言われても、実際に養育するのは親である。

・言われたとおりにやっても、子どもは変わらない。

・職員の言い方や態度が気に食わない。

　もちろん、児童相談所としては、子どもの最善の利益の確保を見据えてケースワークを行っているため、保護者にすべてを説明できないことも多いという事情もある。また、児童相談所の人員や体制の限界からくる保護者の不満も避けられないこともある。しかし、保護者の不満を受け止める姿勢を欠いてしまうと、事案の核心とは異なる部分で更なる不満をつのらせ、関係がこじれてしまう。結果、相互にコミュニケーション不全に陥り、保護者に対する指導・支援が進まない事例もみられる。

　児童相談所としては、保護者がどの面でどのような不満を感じているのか、あるいは、コミュニケーションのすれ違いがどこで生じているのかを把握し、解消できる齟齬を解消していく努力を重ねることが必要であり、そのことがその後の指導・支援の関係構築につながっていくことに留意すべきである。

　以上のような保護者の不満を読み解く視点は、保護者と実際に対峙している児童福祉司だけでは十分に把握しきれない部分もある。スーパーバイザー（SV）や心理職の意見を求めたり、児童相談所の組織としての援助方針会議等の場を活用して、多角的に保護者支援の視点を検討することが望ましい。また、児童相談所に勤務または関与する弁護士としても、保護者対応を検討する場面では、法的観点のみならず、上記のような背景事情を意識しておくことが必要である。

3 ‖ 過度な要求への対応

（1）児童の監護を不当に妨げる行為

児童福祉法第33条の2第2項以下では、児童相談所長は一時保護を加えた児童

について、親権を行う者または未成年後見人のあるものについても、監護、教育および懲戒に関し、児童の福祉のため必要な措置をとることができるとされている。また、同法第47条第3項以下においても、児童福祉施設の施設長、小規模住宅型児童養育事業における養育者または里親は入所中または受託中の児童等について、同様に、その児童等の福祉のため必要な措置をとることができるとされる。いずれも、児童等の親権者等は、当該措置を不当に妨げてはならない。

　この規定に基づき、児童相談所長または施設長等は、自らがとる監護措置を親権者等が不当に妨げる行為があった場合には、児童の利益を保障するために必要な措置をとることができる。具体的には、

　・児童や職員に威圧的な態度をとる

　・児童を強引に連れ去ったり、外出・外泊時に帰さない

　・児童に対するつきまといや、不当な面会・通信の要求・妨害

　・児童の学校や就労先への妨害

等の行為があったときには、親権者等に対し、児童の利益の観点から適当でないことや、法律の規定について説明をし、当該行動を止めさせることとなる。詳細は、☞第3章 ④ 6 及び「児童相談所長又は施設長等による監護措置と親権者等との関係に関するガイドライン」を参照のこと[35]。なお、同ガイドラインに掲げられている例は、あくまで例示であり、そこに記載がないような事案であっても、児童相談所長ないし入所先施設長が、児童に対する監護の権限を有することを前提に保護者に対応することができることに留意すべきである。

（2）　児童相談所の業務に対する妨害

　保護者の言動が度を越し、児童相談所に対する攻撃や、法的根拠に基づかない過度な申出、業務の妨害に至るような場合には、これを放置することは適当でない。児童相談所としては組織的な対応・複数対応を心掛けるとともに、担当職員を孤立させることのないように注意が必要である。

　刑法上の罪に該当する行為については、その旨を指摘して止めるように警告し、場合によっては、告訴、告発の対応を行うことが考えられる。

　具体的には、児童相談所に無断で立ち入り、職員に暴行を加えた場合は、職員に対する暴行罪（刑208）や傷害罪（刑204）となるほか、公務執行妨害罪（刑95）にも該当しうるし、職員に危害を加える目的で児童相談所に立ち入った場合は、立入りそのものが建造物侵入罪（刑130）に該当する。職員に対し危害を加えない場合でも、職員からの退去の求めにもかかわらず建物や敷地から出ていかない場合

35　平成24年3月9日雇児総発0309第1号厚生労働省雇用均等・児童家庭局総務課長通知。

は、不退去罪（刑130）に該当する。このほか、毎日のように長時間の電話を繰り返して業務を妨害する（刑234。威力業務妨害罪。また、受忍限度を超えた執拗な無言電話により事業者を困惑させた事案について偽計業務妨害とした裁判例がある（東京高等裁判所昭和48年8月7日判決高刑26巻3号322頁））、関係者の名前をかたって児童福祉施設に電話をかけ、児童の居場所を詮索する（刑233。偽計業務妨害罪）、職員やその家族に危害を加えると脅迫するなどして、児童の引渡し等を求めようとする（刑223。強要罪）、施設や職員等を中傷する内容のビラを配布する、インターネット上へ掲載する（刑230。名誉毀損罪、刑231。侮辱罪）などの行為が想定される。

　また、一時保護など、保護者の抵抗が予想される場合、あらかじめ警察官の協力を求めると、保護者に対する抑止力として働き、結果的に保護者にとっても不幸な事態を予防することが可能である。児童虐待防止法第10条は警察との連携を定めているが、これを積極的に活用する必要がある。

　上記のように警察対応まで至らない場合であっても、保護者の不満の内容やその表出の仕方によっては、①行政不服審査法上の審査請求や国家賠償請求等の裁判手続をとるように促す、②上級行政庁や児童福祉審議会と連携して対応する、といった手段も考えられる。

（3）関係機関に対する攻撃

　保護者が、子どもの保護に協力した児童養護施設等の児童福祉施設、保育園や幼稚園、学校、病院などに攻撃をする場合は、とりわけ毅然とした対応が必要になることがある。なぜなら、これらの関係機関は法律上の通告義務を果たしたり、児童相談所の要請に基づいて必要な協力をしたりと、何ら非難されるべき理由がないうえ、そもそも虐待の判断や対応は児童相談所にゆだねられているのであるから、これらの機関に交渉をする余地はないからである。

　児童相談所は、協力した関係機関、特に民間の関係者、関係団体が保護者から不当な攻撃を受けることがないよう配慮すべきであるが、攻撃を受けた関係機関は書面により対応の正当性を説明したり、攻撃に対しては刑事告訴も含む断固たる対応をとる旨を警告したりすることが考えられよう。そのほかの手段として、①子どもの入所先施設等に対する攻撃の場合には、児童虐待防止法上の面会通信制限（児虐12Ⅰ）や接近等の禁止（児虐12の4）、②民事保全法上の仮処分（接近禁止、面談強要禁止、架電禁止等）も手段として考えられる。

（4）個人に対する攻撃

　また、子どもの保護に協力した個人に対する攻撃には一層配慮すべきである。

2012年4月の報道では、小学生の一時保護に立ち会った養護教諭のことを校長と市議が親に漏らしたため、親が養護教諭に執拗に抗議し、養護教諭が休職、自殺に至った事例がある（遺族から市への国家賠償請求）。通告元等の秘匿を徹底するとともに、保護者に対しては、一時保護等の判断はすべて児童相談所の責任であることを説明し、不服はすべて児童相談所に集約する対応が必要である。

4 ‖ 保護者に代理人が就任した場合

弁護士が保護者の代理人として就任することがある。児童相談所としては、代理人就任の事実を、受任通知や委任状の提示等を受けて確認することとなる。

代理人は保護者の利益のために活動するところ、保護者は「子どもと早く再び一緒に暮らしていきたい」という願いを持つことが多い。したがって、当然事案にもよるものの、保護者側代理人は、保護者と児童相談所のコミュニケーションをつなぎ、かつ、保護者側の養育環境の改善に資する活動が期待される。児童相談所としては、保護者自身に対応するのと同じく、子どもの安心・安全の確保という目標達成のために対話していくことが望まれる。

書式集

児童福祉法 28 条 1 項に基づく承認審判申立書

児童福祉法 28 条 1 項に基づく承認審判申立書

令和　　年　　月　　日

○○家庭裁判所　御中

申立人手続代理人弁護士　　○○○○

当事者及び送達場所は、別紙当事者目録記載のとおり。

児童福祉法 28 条 1 項に基づく承認審判申立事件

申立ての趣旨

　申立人が児童を児童養護施設に入所させることを承認する
との審判を求める。

申立ての理由

第 1　事案の概要

　児童（本件申立時点にて小学校○年生）は、精神疾患（可能であれば具体的病名を記載）に罹患した単独親権者の母親（以下「保護者」という。）と共に 2 人で生活している。保護者及び児童は、自宅においていわゆる引きこもりの状態にあり、住居内は遅くとも令和○年○月頃から、居室のみならず廊下や玄関、庭先に至るまでゴミや生活用品等が散乱している状況にある。また、児童については、必要な食事を与えられず、栄養失調の状態が続いている上、令和○年○月を最後に、約○年間にわたっていわゆる不登校の状態が継続している。□□児童相談所は、上記の経緯及び現状に鑑み、いわゆるネグレクト（児童虐待の防止等に関する法律 2 条 3 号）に該当する事案として、保護者に対して調査・指導等を行ってきたものである。

　保護者及び児童の家庭に関しては、令和○年○月、○○市福祉事務所に対して要保護児童の通告がなされ、以後、同市による支援が行われてきた。しかしながら、上記のような不適切な養育環境が一向に改善されないため、申立人は、令和○年○月に児童を一時保護し、保護者に対して医療機関への通院を促す等の指導を行った。

　上記一時保護中に保護者が医療機関への通院を開始したため、児童は令和○年○月に家庭引取りとなったが、その後保護者は通院を中止し、家庭引取りから○か月後の令和○年○月には、児

童が極度の栄養失調に陥り、保護者の通報によって救急搬送されるに至った（搬送時、児童の身長は○○○.○cm、体重は□□.□kgであった）。申立人は、搬送先医療機関による虐待通告を受けて、再度児童を一時保護した。

　しかしながら、保護者は、「自分の病気は完治した」、「児童に対しては、必要な食事を与えている」等と主張した上で、児童に対するネグレクトを全面的に否定し、申立人に対し、児童の引取りを強く求めている。

　以上の事情からすれば、児童を保護者に監護させることは、児童の福祉を著しく害するものといわざるを得ず、児童養護施設への入所が相当と思料するため、児童福祉法28条1項に基づき、本件申立てに及んだ次第である。

　▶書式集という性質上、事案の詳細のために本項にて詳細な記載を行ったが、実際の申立書においては、より簡潔な記載で足りるものと思われる。

第2　当事者
　1　保護者について
　▶婚姻・離婚時期、養子縁組時期、当事者以外の家族関係等について、必要に応じて記載する。
　2　事件本人について
　▶出生時期、生育状況等について、必要に応じて記載する。

第3　保護者による不適切な養育及び児童相談所の関与
　1　□□児童相談所による介入・指導の端緒
　▶虐待通告の主体・内容等、本件事案に児童相談所が介入するに至った端緒を記載する。
　▶本件のようなネグレクト事案の場合には、児童相談所の関与に先行して、市町村等による支援がなされている場合も多いと思われる。その場合には、各機関の支援状況についても記載する。
　2　これまでに行われた虐待通告、一時保護、指導等の概要
　（1）令和○年○月○日付虐待通告
　▶虐待通告がなされている場合には、通告主体、通告内容、虐待行為の態様、通告後の児童相談所の対応、保護者の反応、児童の状況等につき、必要に応じて記載する。
　▶ただし、申立書の記載内容は、保護者も認識可能であるため、どこまで具体的な記載を行うかについては、個々の事案に応じて慎重に検討する必要がある。
　（2）令和○年○月○日付一時保護
　▶一時保護が行われている場合には、当該一時保護に至る経緯、一時保護当時の家庭内の状況、保護者の反応、児童の状況等につき、必要に応じて記載する。
　▶また、一時保護中に児童相談所による指導がなされ、後に家庭引取りとなっている場合には、当時の指導内容、保護者の反応、家庭引取りに至った経緯、家庭引取りの際に保護者との間で取り決めた条件等についても、必要に応じて記載する。
　3　本件申立ての端緒となった一時保護について
　▶28条審判申立事案では、本件のように一時保護中に申立てを行うのが通常である。そこで、直近の一時保護に関しては、一時保護に至る経緯、一時保護当時の児童の状況、保護者の主張内容等について詳細に記載し、児童福祉法28条1項における「虐待」「著しくその監護を怠り」「その他保護者に監護させることが著しく当該児童の福祉を害する場合」との要件の存在を主張すべき場合が多いと考えられる。
　4　児童について

（1）心理診断・医学診断等について

▶児童の状況や虐待行為の具体的内容等に鑑み、必要に応じて記載する。

（2）一時保護後の児童の行動等の変化について

▶一時保護等によって児童が保護者の影響下から脱している場合には、一時保護「前」の状況と一時保護「後」の状況とを比較し、一時保護によって、児童の健康状態や心理状態、行動等に関して何らかの改善が見られることを記載することによって、保護者の影響下における生活により児童に悪影響が生じていた旨を明らかにすることが考えられる。

（3）児童の発言・意見について

▶児童が年齢・知的能力等の観点から自身の意見を表明可能な場合には、必要に応じて、保護者に対する感情、児童のニーズ、親子分離に対する意見等を記載する。

5　施設入所等の必要性について

▶主に「第3・1〜4」にて記載した事情等を前提として、仮に家庭引取りとなった場合に予想される虐待の再発可能性、不適切な養育環境の継続可能性、児童に対する悪影響、児童のニーズを充足し得る環境の不整備等につき、記載する。

　　なお、予定している措置の種別について、当該措置を行うことの必要性・合理性について、説明を行うことが望ましい。

第4　児童福祉法28条1項の要件該当性について

1　保護者による虐待及び保護者に監護させることが著しく児童の福祉を害すること

▶主に「第3」にて記載した具体的な行為態様等を指摘し、標記の評価を記載する。

2　施設入所等の措置を採ることが親権者等の意に反すること

▶申立段階において、親権者等が親子分離につき反対の意思を表明している事実を記載する。

第5　児童相談所の援助方針

▶「第3・5」に関連して、児童相談所は、本申立てに先立って、施設入所後の援助方針を一定程度検討・策定しているはずであるから、施設入所後に児童相談所が児童や保護者等に対していかなる援助・指導を行う予定であるのかを記載する。

▶28条4項の勧告について言及する場合には、この項目にて記載する。

第6　結語

　以上のとおり、申立人は、保護者による不適切な養育状況に鑑み、本件申立てに及んだ次第である。

添　付　書　類

1	戸籍謄本	1通
2	住民票の写し	1通
3	児童相談所長の在職証明書	1通
4	委任状	1通

以上

当事者目録

〒○○○－○○○○　　　　○○市○○区○○―○○
　　　　　　　　　　申立人　□□児童相談所長　○○○○

〒○○○－○○○○　　　　○○市○○区○○―○○
　　　　　　　　　　○○○○法律事務所（送達場所）
　　　　　　　　　TEL
　　　　　　　　　FAX
　　　　　　　　　上記申立人手続代理人弁護士　○○○○

（本籍）　○○市○○区○○―○○
（住所）　〒○○○－○○○○　○○市○○区○○―○○
　　　　　　　　　　児童　○○○○
　　　　　　　　　（平成○○年○月○日生）

（本籍）　○○市○○区○○―○○
（住所）　〒○○○－○○○○　○○市○○区○○―○○
　　　　　　　　　　児童の親権者母　○○○○
　　　　　　　　　（平成○○年○月○日生）

児童福祉法 28 条 2 項但書に基づく承認審判申立書

令和　　年　月　日

○○家庭裁判所　御中

申立人手続代理人弁護士　　○○○○

当事者及び送達場所は、別紙当事者目録記載のとおり。

児童福祉法 28 条 2 項但書に基づく承認審判申立事件

申立ての趣旨

　申立人が児童に対する児童養護施設入所措置の期間を令和○年○月○日から更新することを承認する
との審判を求める。

　　　　　▶例えば、当初の児童福祉法 28 条 1 項に基づく承認審判に係る児童養護施設入所措置が令
　　　　　　和 3 年 4 月 1 日に行われた場合であれば、令和 5 年 4 月 1 日からの更新を承認する旨の審
　　　　　　判を求めることとなる。

申立ての理由

第 1　事案の概要
　1　前回の承認審判及び措置
　　　本件の前提となる○○家庭裁判所令和○年（家）第○○号児童福祉法 28 条 1 項に基づく
　　承認審判事件においては、児童を母（以下「保護者」という。）に監護させることが著しく
　　児童の福祉を害するとして、令和○年○月○日、児童福祉法 28 条 1 項に基づき、児童の児
　　童養護施設への入所を承認する旨の審判がなされた。
　　　上記審判に対しては、保護者により即時抗告がなされたが、令和○年○月○日、○○高等
　　裁判所により当該即時抗告が棄却され（事件番号：○○高等裁判所令和○年（ラ）第○○
　　号）、同月○日、同審判は確定した（以下、当該審判を「前回審判」という。）。
　　　前回審判に基づく措置開始日は、令和○年○月○日である。
　　▶承認審判は、即時抗告期間が経過し、確定するまで、その効力を生じない（家事 74 Ⅱ但

書、同 238）。

　　即時抗告された場合には、当該即時抗告に係る裁判が保護者に告知されることにより審判が確定するので、当該告知がなされるまでは、その効力を生じない。

2　更新の申立て

　　本件は、以下に述べるとおり、前回審判に基づく措置開始日からおよそ2年が経過しつつある現在においてもなお、当該措置を継続しなければ、著しく児童の福祉を害するおそれがあることから、その期間を更新することの承認を求めるものである。

第2　児童及び家族の現在の状況

1　児童

　　児童は、現在○歳であり、児童養護施設に入所中である。

▶前回審判後の子どもの様子を記載する。

　　ただし、申立書は保護者に送付または謄写されることを前提に作成する必要があるため、保護者に施設名を開示していない場合には施設の種別のみの記載にとどめるなど、工夫が必要。

2　児童の家族

▶前回審判後の家族の様子を記載する。

　　特に、家庭への復帰が可能か否かの判断に影響を及ぼし得るような、家庭復帰後の保護環境に係る客観的な情報を記載する。

（1）家族の現況

（2）前回審判後の変化

第3　更新の必要性

1　前回審判における指導措置、勧告の有無・内容

　　前回審判の際には、御庁から、○○県に対して、保護者に対して指導措置を採るべき旨の勧告がなされており、その勧告内容は、以下のとおりであった［or 本来的な勧告は付されていないが、理由中で以下の記述があった or 勧告は付されていなかった］。

2　課題及び援助方針

　　児童については、○○面において○○等の課題があったため、□□児童相談所は、○○という方針を立てた。

　　また、母子関係については、○○の問題が顕著であったため、□□児童相談所は、○○という方針を立てた。

▶当初の援助方針が途中で変更された場合には、その経緯等も記載する。勧告等が付されている場合には、それらの内容を踏まえた論述を行う。

3　援助状況及び評価

（1）保護者に対する指導状況

▶本申立てにおいては、措置継続の必要性や福祉侵害のおそれを明らかにする必要がある。

　　そこで、措置開始後に児童相談所による継続的な指導がなされたにもかかわらず、保護者が当該指導に応じなかったことや、保護者により保護環境の改善がなされなかったこと等、前回審判以後の事情について詳細に主張する必要がある。

　　したがって、処遇方針に基づき保護者に対して行った指導の経過、当該指導に対する保護者の対応、保護環境の改善の有無・程度等については、できる限り具体的に記載する。

（2）児童に対する援助状況

（3）施設入所後の児童の心身の状態

（4）児童の現在の意向

　　　児童は、現在〇歳であるところ、現在の家庭環境について〇〇との認識を有しており、児童においても児童養護施設への入所措置が継続されることを希望している。

▶意向確認にあたっては、子どもに無用な不安感を与えることのないよう、子どもの心情に配慮した確認方法を模索する必要がある。

（5）保護者の現在の意向

▶28条2項に基づく申立ては、同条1項の申立てとは異なり、親権者等の「意に反する」の要件は不要である。

　　　もっとも、親権者等の意向次第では、改めて同意入所を行う等の方策も考えられる。よって、保護者に対しては、本申立てを行う前に、現況を説明した上で、施設入所措置の継続について意向確認を行っておくべきと考えられる。

（6）申立人の評価

▶現在の状況の見立てや評価、今後の援助方針等を記載する。

第4　結論

　以上のとおり、本件においては、前回審判以降、□□児童相談所が保護者に対し継続的に〇〇等の指導を行ってきたものの、保護者はいまだ自己の疾病や監護態勢に係る問題点を認識するに至っておらず、保護環境の十分な改善がなされていない。

　したがって、前回審判に基づく措置から2年を超えて当該措置を継続しなければ、著しく児童の福祉を害するおそれがあることは明らかであるため、施設入所措置の期間を更新する必要がある。

　よって、申立人は、児童福祉法28条2項但書に基づき、児童に対する児童養護施設入所措置の期間を令和〇年〇月〇日から更新することの承認を求める次第である。

添　付　書　類

1　戸籍謄本	1通	
2　住民票の写し	1通	
3　児童相談所長の在職証明書	1通	
4　委任状	1通	

以上

当事者目録

〒○○○－○○○○　　　○○市○○区○○―○○
　　　　　　　　　　　　申立人　□□児童相談所長　○○○○

〒○○○－○○○○　　　○○市○○区○○―○○
　　　　　　　　　　　　○○○○法律事務所（送達場所）
　　　　　　　　　　　　TEL
　　　　　　　　　　　　FAX
　　　　　　　　　　　　上記申立人手続代理人弁護士　○○○○

（本籍）　○○市○○区○○―○○
（住所）　〒○○○－○○○○　○○市○○区○○―○○
　　　　　　　　　　　　児童　　○○○○
　　　　　　　　　　　　（平成○○年○月○日生）

（本籍）　○○市○○区○○―○○
（住所）　〒○○○－○○○○　○○市○○区○○―○○
　　　　　　　　　　　　児童の親権者母　　○○○○
　　　　　　　　　　　　（昭和○○年○月○日生）

親権停止審判申立書

親権停止審判申立書

令和　　年　月　日

○○家庭裁判所　御中

申立人手続代理人弁護士　○○○○

当事者及び送達場所は、別紙当事者目録記載のとおり。

親権停止審判申立事件

申立ての趣旨
　親権者の未成年者に対する親権を本審判確定の日から2年間停止する
との審判を求める。

申立ての理由
第1　事案の概要
　本件は、現在小学校○年生である未成年者に対し、親権者が、遅くとも令和○年○月頃以降、
○年間にわたり身体的虐待及び心理的虐待を継続してきた事案である。
　　□□児童相談所は、学校ないし医療機関から未成年者に関する虐待通告を受ける度、申立人に
よる未成年者の一時保護を行い、親権者に対する指導を行ってきた。当該指導に対し、親権者
は、外観上指導に従うかのような態度を都度表明し、未成年者の自宅引取りを希望してきたた
め、□□児童相談所は、家庭での生活を継続させつつ親権者への指導を継続してきた。
　しかし、上記指導の実施にもかかわらず、親権者による未成年者への虐待は複数回にわたって
繰り返された。そして、令和○年○月○日、親権者は、未成年者の胸部を手拳にて殴打すること
により、肋骨骨折という重篤な傷害を負わせるに至った。
　以上のとおり、親権者による親権行使は不適当であり、当該親権行使が継続することによって
未成年者の利益が害されることは明白であるため、民法834条の2第1項に基づき親権者の親権

を停止させるべく、本件申立てに及んだ次第である。

第2　当事者
　1　親権者について
　▶婚姻・離婚時期、養子縁組時期、当事者以外の家族関係等について、必要に応じて記載する。
　2　未成年者について
　▶出生時期、生育状況等について、必要に応じて記載する。

第3　親権者による親権行使の態様について
　1　□□児童相談所による介入・指導の端緒
　▶虐待通告の主体・内容等、本件事案に児童相談所が介入するに至った端緒、その後の指導経過等を記載する。
　　なお、「児童相談所の指導に従わないこと」自体は親権停止の要件ではないが、「児童相談所の指導に合理的理由なくして従わず、虐待行為を反復継続している」事実は、当該親権者による親権行使が不適当であることを基礎づける重要な判断要素として機能するものと思われる。
　2　これまでに行われた虐待通告・一時保護の概要
　（1）　令和〇年〇月〇日付け虐待通告
　▶継続的な虐待が行われてきた事実を示すため、通告主体、通告内容、虐待行為の態様、児童相談所の対応、親権者の反応、家庭引取りに至った経緯、家庭引取りの際に親権者との間で取り決めた条件等につき、必要に応じて記載する。
　（2）　令和〇年〇月〇日付け虐待通告
　（3）　令和〇年〇月〇日付け一時保護
　3　本件申立ての端緒となった虐待通告について
　▶直近の虐待行為、虐待通告の内容、通告時の未成年者の状況等については、比較的詳細な記載が必要となる場合が多いと考えられる。
　4　親権者の主張
　（1）　□□児童相談所に対する親権者の発言内容
　▶「しつけである」「過失である」等の主張を記載する。
　（2）　親権者の主張に対する反論
　▶具体的な行為態様等を指摘しつつ、個別具体的な反論を行う。

第4　未成年者の身体的・心理的状況
　1　親権者の親権行使が未成年者に与える影響について
　▶上記親権行使による影響について、具体的に記載する。
　　なお、一時保護等によって未成年者が親権者の影響下から離脱している場合には、一時保護「前」の状況と一時保護「後」の状況とを比較し、一時保護によって当該状況に関して何らかの改善が見られることを記載することによって、親権者の影響下にて生活することにより未成年者に生じていた悪影響を明らかにすることが考えられる。
　2　未成年者の発言・意見について
　▶未成年者が年齢・知的能力等の観点から自身の意見を表明可能な場合には、必要に応じて、上記親権行使に対する意見や、親権者に対する感情等を記載する。

第5　親権停止の要件該当性について

　1　親権者による不適当な親権の行使

　▶主に「第3」にて記載した具体的な行為態様を指摘し、標記の評価を行う。

　2　不適当な親権行使により未成年者の利益が害されていること

　▶主に「第4」にて記載した未成年者の状況を指摘し、標記の評価を行う。

　3　親権停止の原因が消滅するまでに要すると見込まれる期間

　▶行為態様及び従来の指導に対する親権者の対応等を指摘し、親権停止が相当な期間を主張する。

第5　親権喪失の要件該当性について

　1　親権者による虐待及び著しく不適当な親権の行使

　▶「虐待」該当性を主張する場合には、児童虐待の防止等に関する法律2条各号に列挙された虐待類型を意識した記載を行うべきと思われる。

　2　虐待及び著しく不適当な親権行使により未成年者の利益が著しく害されていること

　3　2年以内に親権喪失の原因が消滅する見込みがないこと

　▶通常は、従来の親権者に対する指導等の経緯、同指導等が奏功しなかった事実、虐待行為そのものの重大性、未成年者に生じている悪影響の重大性・不可逆性等を指摘し、標記要件の充足を主張することになるものと思料する。

第6　結語

　以上のとおり、申立人は、親権者による親権行使の態様に鑑み、民法834条の2第1項に基づき親権者の親権を停止すべく、本件申立てに及んだ次第である。

添　付　書　類

　1　戸籍謄本　　　　　　　　　　　　　1通
　2　住民票の写し　　　　　　　　　　　1通
　3　児童相談所長の在職証明書　　　　　1通
　4　委任状　　　　　　　　　　　　　　1通

以上

当事者目録

〒○○○－○○○○　　　　○○市○○区○○―○○
　　　　　　　　　　　申立人　□□児童相談所長　　○○○○

〒○○○－○○○○　　　　○○市○○区○○―○○
　　　　　　　　　　　○○○○法律事務所（送達場所）
　　　　　　　　　　　TEL
　　　　　　　　　　　FAX
　　　　　　　　　　　上記申立人手続代理人弁護士　　○○○○

（本籍）　○○市○○区○○―○○
（住所）　〒○○○－○○○○　○○市○○区○○―○○
　　　　　　　　　未成年者　　○○○○
　　　　　　　　　（平成○○年○月○日生）

（本籍）　○○市○○区○○―○○
（住所）　〒○○○－○○○○　○○市○○区○○―○○
　　　　　　　　　親権者　　○○○○
　　　　　　　　　（平成○○年○月○日生）

審判前の保全処分申立書

審判前の保全処分申立書

令和　　年　　月　　日

○○家庭裁判所　御中

申立人手続代理人弁護士　　○○○○

当事者及び送達場所は、別紙当事者目録記載のとおり。

審判前の保全処分申立事件

申立ての趣旨

1　本案審判申立事件の審判が効力を生ずるまでの間、親権者A及び親権者Bの未成年者に対する親権者としての職務の執行を停止する
2　上記期間中、下記の者をその職務代行者に選任する
との審判を求める。

記

　本籍地　　　　○○県○○市○○─○○
　住　所　　　　○○県○○市○○区○○─○○
　氏　名　　　　○○○○

申立ての理由

第1　事案の概要

　未成年者は、○○症候群に罹患しており、令和○年○月○日付で、その生命を維持するために緊急の外科手術が必要であるとの診断を受けている。

　しかし、未成年者の親権者父Ａ及び親権者母Ｂ（以下、「親権者ら」という。）は、未成年者の病状に関する医師の説明を受け入れず、未成年者の外科手術に関する同意を拒否している。

　以上のとおり、本件はいわゆる医療ネグレクト事案であり、未成年者の生命・身体の安全を確保するため、本件申立てに及んだ次第である。

第2　当事者

　1　親権者らについて

　▶婚姻時期、養子縁組時期、当事者以外の家族関係等について、必要に応じて記載する。

　2　未成年者について

　▶出生時期、生育状況等について、必要に応じて記載する。

第3　未成年者の状態と必要とされる医療行為

　1　未成年者の状態

　▶本件のような医療ネグレクト事案においては、未成年者において客観的に何らかの治療行為を必要とする状態が生じていることが前提となる。よって、診断書、カルテ等の疎明資料を引用しつつ、これまでの治療経過、現在の診断内容等を記載する。

　2　必要とされる医療行為

　▶医療行為を行わなかった場合の予後について記載した上で、予定されている医療行為の効果・リスク等を述べ、医療行為の必要性・合理性・緊急性を具体的に記載する。

第4　親権停止の審判を求める申立て

　1　手術の不同意に至る経緯

　（1）医療機関からの説明内容及び説明の経過

　（2）上記説明に対する親権者らの反応・主張

　2　手術の不同意が不適切な親権行使に該当すること（民法834条の2第1項）

　▶上記経緯を前提に、親権者らが手術に同意しないことについて、合理的理由がなく、親権の行使態様として不適当である旨の評価を記載する。

　3　手術の不同意により未成年者の利益が害されること

　▶上記「2」における評価と重複する可能性もあるが、手術の不同意によって生じるリスクを挙げ、当該リスクの顕在化によって未成年者に生じる不利益を具体的に記載する。

　4　親権停止の審判を求める申立て

　▶本案に関する申立てを行っている旨、記載する。

第5　保全の必要性

　1　外科手術の時期に関する医師の診断内容

　2　早期の外科手術の必要性

　▶「子の利益のため必要があると認めるとき」（家事事件手続法174条1項）との要件を前提に、親権者の職務執行停止及び職務代行者選任の必要性を記載する。

第6　結語

　以上のとおり、未成年者に関しては、その生命及び身体の安全を確保するため、可及的速やか
な外科手術の実施が必要不可欠であるところ、本案審判申立事件が確定するまでの間、親権者ら
の未成年者に対する親権者としての職務執行を放置すれば、親権者らは上記外科手術に関する同
意を合理的理由なく拒否し続けるものと予想されるため、未成年者の生命及び身体につき回復不
可能な悪影響を生ぜしめる可能性が、極めて高い。

　よって、申立ての趣旨記載のとおりの審判を求める次第である。

添　付　書　類

1　戸籍謄本		1通
2　住民票の写し		1通
3　児童相談所長の在職証明書		1通
4　委任状		1通

以上

当事者目録

〒○○○-○○○○　　　　○○市○○区○○—○○
　　　　　　　　　　　申立人　□□児童相談所長　　○○○○

〒○○○-○○○○　　　　○○市○○区○○—○○
　　　　　　　　　　　○○○○法律事務所（送達場所）
　　　　　　　　　　　TEL
　　　　　　　　　　　FAX
　　　　　　　　　　　上記申立人手続代理人弁護士　　○○○○

（本籍）　○○市○○区○○—○○
（住所）　〒○○○-○○○○　○○市○○区○○—○○

　　　　　　　　　　　未成年者　　　　　　　　X
　　　　　　　　　　　（令和○○年○月○日生）

（本籍）　○○市○○区○○—○○
（住所）　〒○○○-○○○○　○○市○○区○○—○○
　　　　　　　　　　　親　権　者　　　　　　　A
　　　　　　　　　　　（平成○○年○月○日生）

（本籍）　○○市○○区○○—○○
（住所）　〒○○○-○○○○　○○市○○区○○—○○
　　　　　　　　　　　親　権　者　　　　　　　B
　　　　　　　　　　　（平成○○年○月○日生）

臨検・捜索許可状請求書

臨検・捜索許可状請求書

令和　　年　月　　日

□□児童相談所
所　長　○○　○○　　　印

　児童虐待の防止等に関する法律 9 条の 3 に基づき、下記の臨検・捜索許可状の発付を請求する。

記

1　保護者の氏名及び生年月日
　　母：○○○○　　　　　　　　　平成○○年○月○日生（○歳）

2　臨検・捜索すべき場所
　　○○県○○市○○町○丁目○番○　○○アパート○○○号室

3　捜索すべき児童の氏名及び生年月日
　　○○○○　　　　　　　　　　平成○年○月○日生（○歳）

4　児童虐待が行われている疑いがあると認められる事由及び資料
　（1）経緯
　　ア　概要
　　　　上記児童（以下「本児」という。）は、保護者からのネグレクトのおそれを理由として、令和○年○月から○○市の要保護児童対策地域協議会の支援対象となっている要保護児童である。
　　イ　保育園への不登園
　　　　本児は、○○市立○○保育園に在籍しているが、同年○月○日以降、同園に登園しなくなった。そこで、同園から相談を受けた○○市の担当保健師は、同年○月○日及び同月○日にそれぞれ「臨検・捜索すべき場所」に家庭訪問を行い、保護者に対し、本児との面会を申し入れたが、いずれの訪問時も保護者がこれを拒否したため、本児

と会うことができなかった。
　ウ　虐待通告
　　　そうした状況の中、同年〇月〇日に、近隣住民から□□児童相談所に対し「臨検・捜索すべき場所」において成人女性の怒鳴り声と子どもの泣き声が聞こえたとの虐待通告が入った。
　エ　児童相談所職員による家庭訪問・出頭要求
　　　上記虐待通告を受けて、□□児童相談所職員は、同年〇月〇日午前〇時〇分頃に「臨検・捜索すべき場所」を家庭訪問したが、当該居室の台所窓付近から食器を洗っているような物音が聞こえたものの、インターホンを複数回鳴らしても全く応答がなかったため、同職員は児童相談所への連絡を求める旨の書簡を玄関ドアの郵便受けに投函した。しかし、その後、保護者からの連絡は一切なかった。
　　　そこで、□□児童相談所職員は、同年〇月〇日午後〇時〇分頃に再度「臨検・捜索すべき場所」を訪問したが、前回同様インターホンを複数回鳴らしても応答がなかったため、同職員は出頭要求書を玄関ドアの郵便受けに投函した。しかし、保護者は出頭を求めた日時に□□児童相談所に出頭しなかった。
　　　なお、上記2回の□□児童相談所職員による家庭訪問の際、「臨検・捜索すべき場所」の玄関ドアの前（アパートの共用部分）に、大量の家庭ゴミや本児のものと思われる玩具・遊具等が広範囲にわたって乱雑に置かれていた。
（2）児童虐待の疑いがあると認められること
　　　前記4（1）のとおり、本児が従前から保護者によるネグレクトのおそれを理由として要保護児童として〇〇市の支援対象となっていたこと、本児が保育園に長期間登園していないこと、近隣住民からいわゆる泣き声通告がなされていること、居室前に大量の家庭ゴミ等が放置されていたことなどの事情に照らせば、本児は保護者からネグレクト等の虐待を受けている疑いがあると認められる。

▶児童虐待の蓋然性につき、「おそれ」より蓋然性の程度が高い「疑い」の存在が必要とされているため、児童相談所以外の関係機関が把握している情報も含め、児童虐待の「疑い」を基礎付ける事情を、できる限り具体的に記載する。
▶臨検・捜索の必要性を基礎付ける事情として、後記6の立入調査時の状況に加えて、家庭訪問時の保護者・児童の状況や出頭要求に対する保護者の反応等も、必要に応じて記載する。
▶虐待通告がなされている場合には、通告内容、虐待行為の態様、通告後の児童相談所の対応、保護者の反応、児童の状況等を、必要に応じて記載する。
▶標記事由を証する資料としては、近隣住民や保育所等の関係機関からの聴き取り調書、市町村における対応記録の写し、児童相談所における記録（児童記録票その他の調査記録）などが考えられる。

5　臨検・捜索すべき住所又は居所に児童が現在すると認められる事由及び資料
（1）児童の現在を基礎付ける事情
　　　保護者及び本児の住民票上の住所は、令和〇年〇月〇日以降現在まで「臨検・捜索すべき場所」のままである。
　　　前記4のとおり、令和〇年〇月〇日に「臨検・捜索すべき場所」について近隣住民から虐待通告がなされている。
　　　前記4の令和〇年〇月〇日及び同年〇月〇日の家庭訪問の際に、□□児童相談所職員

は、「臨検・捜索すべき場所」のベランダに子ども用のピンク色のサンダルが置いてあること、当該居室の玄関ドアの前（アパートの共用部分）に三輪車や縄跳びなどの子ども用の玩具・遊具が複数置いてあることをそれぞれ確認している。

令和○年○月○日に□□児童相談所職員がアパートの管理人に、「臨検・捜索すべき場所」の契約者情報を問い合わせたところ、当該居室の賃借人名義は保護者のままであり、同日時点で同人から解約申入れ等はなされていないとのことであった。

▶ 既に確認済みの事実については個別具体的かつ詳細に記載すべきである。しかしながら、臨検・捜索が必要となるのは、児童の安全確認・確保のため緊急の必要性が認められるケースであると考えられる。よって、児童の現在を基礎付ける具体的な事情が確認できない場合であっても、必ずしも臨検・捜索許可状の請求を遅らせてまで入念な事前調査を行うべきではなく、住民票の記載等々、既に確認済みの情報のみに基づく請求も積極的に検討すべきである。

▶ 直近の虐待通告は、臨検・捜索させようとする住居に児童が現在することを推認させる事情となり得るため、必要に応じて当該通告に係る事情を記載する。

▶ 家庭訪問時に当該住居に子ども用の衣服や玩具等、児童の現在を推認させるような物が存在していた場合には、その旨を具体的に記載する。

▶ 臨検・捜索させようとする住居が、アパート・マンション等の共同住宅である場合には、当該共同住宅の管理人や他の住人から聴き取った情報も、必要に応じて記載する。

▶ 子どもの現在を直接裏付ける事情ではないが、当該住居における何人かの居住の事実を確認するために、電気・ガスのメーターや郵便受けの状況、カーテン・物干し竿・自動車等を確認することも有益である。

（2）「臨検・捜索すべき場所」に児童が現在すると認められること

前記5（1）で述べた諸事情からすれば、「臨検・捜索すべき場所」に保護者及びその子である本児が居住していることは明らかであり、当該住居に本児が現在すると認められる。

▶ 標記事由を証する資料としては、当該児童の住民票の写し、臨検・捜索すべき住居の写真（可能な場合、子ども用の玩具・遊具や洗濯物など当該住居での児童の生活を示す写真を含む。）などが考えられる。また、写真等の客観的な資料がない場合でも、児童相談所職員作成の報告書、近隣住民からの聴き取り調書等も標記事由を証する資料となり得る。

▶ なお、事前の調査の必要性については、「(1)」にて記載したとおり。

6　児童の保護者が同法9条1項の規定による立入り又は調査を拒み、妨げ、又は忌避した事実及びそれを証する資料

令和○年○月○日（上記家庭訪問・出頭要求の後日）午後○時○分に□□児童相談所職員が立入調査のために「臨検・捜索すべき場所」に赴き、当該居室のインターホンを鳴らしたところ、三度目の呼出し音でようやく保護者が応答した。□□児童相談所職員は、今回の訪問が児童虐待防止法9条1項に基づく立入調査であること、これを拒否した場合には、罰金を伴う罰則があること、及び、児童の安全確認ができない場合には裁判官の許可を得て、強制的に立ち入る臨検・捜索手続に移行する旨を保護者に説明した。

しかし、保護者はインターホン越しに「あなたたちにお話しすることはありません。子どもは元気にしています。アパートの方々に迷惑が掛かるので早く帰ってください。」と一方的に述べ、以後はインターホンを鳴らしても一切応答せず、立入調査を拒否した。

▶ 保護者が立入調査を「拒み、妨げ、又は忌避した」ことを基礎付ける事情を、具体的に記

載する。

▶標記事実を証する資料としては、出頭要求や立入調査の実施報告書の写しなどが考えられる。

7　7日を超える有効期間を必要とするときは、その期間及び事由
　　なし

8　日出前又は日没後に行う必要があるときは、その旨及び事由
　▶保護者の生活習慣が定まらず、外出時は常に児童と行動を共にしている場合など、日出前又は日没後でないと児童が在宅していない可能性が高く、夜間執行の必要性がある事案については、本項目に夜間執行の必要性を基礎付ける事情を記載する。

添　付　資　料

・児童及び保護者の住民票の写し、戸籍謄本
・児童相談所長の在職証明書
・児童記録（経過記録）の写し

索　引

執 筆 者 一 覧

第7版執筆者

小豆澤史絵	安孫子健輔	**安保　千秋**	**池田　清貴**
池宗佳名子	**石倉　　尚**	一宮里枝子	伊藤　裕貴
稲毛　正弘	犬飼　敦雄	岩元　　惠	内山智映子
○浦　　弘文	大久保貴則	大畠　礼香	大畑　亮祐
奥野　哲也	尾田　将彦	皆藤　　希	**掛川　亜季**
掛布　真代	柏木慎太郎	粕田　陽子	片倉　弘樹
金井　啓佑	鹿室　辰義	金子　祐子	川廣　純也
木曽久美子	木田　秋津	北川　喜郎	北島　菜月
京野　垂日	清田　美喜	楠田　瑛介	久保　健二
栗田　洋亮	**黒沼　有紗**	**小坂　昌司**	近藤　剛史
佐川　　民	志摩　美聡	下野谷順子	正原　大嗣
鈴木　大樹	鈴木　龍也	高井　弘達	高熊　洋平
高橋　直紹	髙橋　瑞穂	竹内　章子	武田　京子
田畑　智砂	出口　貴大	寺本　佳代	飛田　　桂
中田　憲悟	永田　毅浩	仲地　宗哲	中野　倫嘉
中野　智昭	中濱　孔貴	中村　善彦	那須　　寛
夏目　麻央	西野　優花	根ケ山裕子	野島　香苗
野村　朋加	**浜田　真樹**	原　富祐美	東　　玲子
土方　彬弘	飛驒野　理	**平谷　優子**	広村　春菜
福田　笑美	福谷　朋子	藤沖　　彩	◎**藤田　香織**
藤田　裕子	保木　祥史	**前澤　優也**	**増田　良文**
松浦　里美	松宮　徹郎	松山清一郎	間宮　静香
水野　賢彦	**宮上　佳恵**	宮川香代子	三宅　未来
村上　可奈	森田　梨沙	矢尾　覚史	柳　　優香
山崎　　悠	山谷奈津子	山地美智子	油布　　剛
横江　　崇	吉田　幹生		

太字＝編集委員　　◎＝編集委員長　　○＝副編集委員長

第6版までの執筆者

青山　　嵩	浅野　律子	鮎京眞知子	朝倉　寿宜
安達友基子	有吉美和子	安孫子健輔	安保　千秋
飯島奈津子	飯田　　丘	池田　清貴	石倉　　尚
石田　光史	石田　文三	磯谷　文明	市毛　智子
一宮里枝子	稲毛　正弘	稲村　鈴代	稲森　幸一
犬飼　敦雄	井上　滋子	岩城　正光	岩佐　嘉彦
岩田　祐子	岩本　　朗	岩本　康秀	内田　信也
海野　宏行	浦　　弘文	海老原夕美	大川　宏之

大久保さやか	大崎　克之	大関　亮子	大谷美紀子
大畑　亮祐	小笠原彩子	岡本　充代	岡田　壮平
尾崎　康	小澤　正史	奥野　哲也	尾田　将彦
掛川　亜季	影山　秀人	粕田　陽子	加藤　昌子
河合　良房	川廣　純也	北川　喜郎	橘高真佐美
木下　淳博	木村　雅史	京野　垂日	桐井　弘司
楠田　瑛介	国宗　直子	久保　健二	久保田祐佳
小圷　淳子	国分　妙子	小坂　昌司	小林　正憲
小林　美和	小林理英子	小松　哲也	小村　陽子
佐賀　豪	佐川　民	佐々木和宏	佐野みゆき
澤　登	志摩　美聡	下野谷順子	杉浦　宇子
杉浦智也子	鈴木　郁子	鈴木　大樹	須山　通治
関守麻紀子	髙井　弘達	髙橋　温	高橋　直子
高橋　直紹	髙橋　博史	高橋　聖明	髙橋　瑞穂
宝本　美穂	竹内　章子	竹内　章子	竹内　亮
多田　元	田中　秀一	玉越　浩美	坪井　節子
戸越　照吉	戸張　雄哉	内藤　早苗	内藤　丈嗣
中島　淳子	永野　涼子	中濱　孔貴	中村　仁志
中村　正彦	中村　善彦	成見　幸子	西村英一郎
西村　依子	野口　容子	野澤　佳弘	野田美穂子
萩原　繁之	花島　伸行	羽田野桜子	浜田　雄久
濱田　雄久	浜田　真樹	東　玲子	土方　彬弘
飛彈野　理	秀嶋ゆかり	平湯　眞人	藤井　美江
藤沖　彩	藤田　晶子	藤田　香織	藤田　裕
船橋　民江	古屋　時洋	保木　祥史	本多　麻紀
前澤　優也	増田　良文	松浦　恭子	松原　拓郎
万字　香苗	道　あゆみ	皆川　涼子	宮上　佳恵
三宅　未来	村田　陽子	村松　敦子	村松奈緒美
森　保道	守屋　典子	八塩　弘二	柳　優香
柳瀬　陽子	八尋　八郎	山﨑　則和	山田　麻登
山田由紀子	山谷奈津子	山本　久子	横江　崇
吉野　泉	和田　浩	渡辺　和子	渡邊　淳子

日本弁護士連合会

〒100－0013　東京都千代田区霞が関1－1－3

電話　03－3580－9841（代表）

ファクシミリ　03－3580－2866

子どもの虐待防止・法的実務マニュアル【第7版】

1998 年 6 月 1 日　　初　版 第 1 刷発行
2001 年 11 月 15 日　改訂版 第 1 刷発行
2005 年 9 月 1 日　　第 3 版 第 1 刷発行
2008 年 12 月 15 日　第 4 版 第 1 刷発行
2012 年 12 月 10 日　第 5 版 第 1 刷発行
2017 年 12 月 1 日　　第 6 版 第 1 刷発行
2021 年 12 月 20 日　第 7 版 第 1 刷発行
2024 年 8 月 30 日　　第 7 版 第 3 刷発行

編　者　　日本弁護士連合会
　　　　　子どもの権利委員会
発行者　　大　江　道　雅
発行所　　株式会社　明石書店
　　　〒101-0021 東京都千代田区外神田 6-9-5
　　　　　電　話　03 (5818) 1171
　　　　　ＦＡＸ　03 (5818) 1174
　　　　　振　替　00100-7-24505
　　　　　https://www.akashi.co.jp/
　　　装丁　　　　明石書店デザイン室
　　　編集／組版　有限会社閏月社
　　　印刷／製本　モリモト印刷株式会社

ⓒ 日本弁護士連合会 2021　　　　　　　　ISBN978-4-7503-5308-1
(定価はカバーに表示してあります)

子どもの権利
ガイドブック【第2版】

日本弁護士連合会子どもの権利委員会 編著

■A5判／並製／576頁 ◎3600円

子どもの権利について網羅した唯一のガイドブック。教育基本法、少年法、児童福祉法、児童虐待防止法等の法改正、さらに、新しく制定されたいじめ防止対策推進法にも対応した待望の第2版。専門家、支援者だけでなく、子どもに関わるすべての人のために──。

内容構成 ●

子どもの権利に関する基本的な考え方

各論
1 いじめ／2 不登校／3 学校における懲戒処分／4 体罰・暴力／5 学校事故〔学校災害〕・スポーツ災害／6 教育情報の公開・開示／7 障害のある子どもの権利──学校生活をめぐって／8 児童虐待／9 少年事件〔捜査・審判・公判〕／10 犯罪被害を受けた子ども／11 社会的養護と子どもの権利／12 少年院・少年刑務所と子どもの権利／13 外国人の子どもの権利／14 子どもの貧困

資料

子ども
コミッショナーは
なぜ必要か
子どものSOSに応える人権機関

日本弁護士連合会子どもの権利委員会 編

■B5判／並製／232頁 ◎2600円

子どもの権利を守るために世界に広がる子どもコミッショナー。日本では地方自治体には設置されているものの、国レベルの独立した機関はまだ存在しない。自治体の相談・救済機関のグッド・プラクティスから、国における子どもコミッショナーの制度化について考える。

●内容構成 ●

第1章 こども基本法、こども家庭庁、子どもコミッショナー
第2章 世界に広まる子どもオンブズパーソン／コミッショナー
第3章 自治体で広まる子どもの相談・救済機関
第4章 子どものSOSからの救済
　　　──子どもの相談・救済機関における子どもオンブズワーク
第5章 自治体の子どもの相談・救済機関のグッド・プラクティス
第6章 日弁連の提言から見える課題
第7章 子どもの声を聴く

〈価格は本体価格です〉

子ども若者の権利と政策

【全5巻】

[シリーズ監修]

末冨 芳、秋田喜代美、宮本みち子

◎A5判／並製　◎各巻2,700円

子ども若者自身の権利を尊重した実践、子ども政策、若者政策をどのように進めるべきか。いま(現在)の状況を整理するとともに、これから(今後)の取り組みの充実を展望する。「子ども若者の権利」を根源から考え、それを着実に「政策」につなぐ、議論をはじめるためのシリーズ！

1 子ども若者の権利とこども基本法
末冨 芳［編著］

2 子ども若者の権利と子どもの育ち
秋田喜代美［編著］

3 子ども若者の権利と学び・学校
末冨 芳［編著］

4 若者の権利と若者政策
宮本みち子［編著］

5 子ども若者政策の構想と展望
末冨 芳［編著］

〈価格は本体価格です〉